ERIK M. SCHLERETH

Der Erbnachweis gegenüber Kreditinstituten in der Dogmatik des deutschen Privatrechts

Schriften zum Bürgerlichen Recht

Band 585

Der Erbnachweis gegenüber Kreditinstituten in der Dogmatik des deutschen Privatrechts

Zugleich eine Analyse ausgewählter Nachweismöglichkeiten

Von

Erik M. Schlereth

Duncker & Humblot · Berlin

Die Juristische Fakultät der Julius-Maximilians-Universität Würzburg
hat diese Arbeit im Jahre 2024 als Dissertation angenommen.

Bibliografische Information der Deutschen Nationalbibliothek

Die Deutsche Nationalbibliothek verzeichnet diese Publikation in
der Deutschen Nationalbibliografie; detaillierte bibliografische Daten
sind im Internet über http://dnb.d-nb.de abrufbar.

Erschienen bei Duncker & Humblot GmbH, Berlin
Satz: 3w+p GmbH, Rimpar
Druck: CPI books GmbH, Leck
Printed in Germany

ISSN 0720-7387
ISBN 978-3-428-19300-4 (Print)
ISBN 978-3-428-59300-2 (E-Book)
DOI 10.3790/978-3-428-59300-2

Gedruckt auf alterungsbeständigem (säurefreiem) Papier
entsprechend ISO 9706 ♾

Verlagsanschrift: Duncker & Humblot GmbH, Carl-Heinrich-Becker-Weg 9,
12165 Berlin, Germany | E-Mail: info@duncker-humblot.de
Internet: http://www.duncker-humblot.de

Für Manfred Conrad

Vorwort

Nach anfänglicher Leichtigkeit und Unbedarftheit, mit der man der Anfertigung einer Dissertation entgegenblickte, wurde recht schnell klar: In Wahrheit ist das gar nicht so einfach. Unzählige Stunden an Quellenarbeit, das unablässige (Neu-) Durchdenken der Thematik und schließlich der Kampf mit dem Anspruch an sich selbst. Das entspricht der Realität, zu der auch die Erkenntnis gehört, dass es kaum jemals möglich sein wird, der eigens vorgestellten „Perfektion“ zu entsprechen. Gleichwohl habe ich diese Herausforderung in persönlicher Hinsicht als Bereicherung empfunden und bin äußerst dankbar, diesen Weg mit Erfolg gegangen zu sein.

Die vorliegende Arbeit wurde im Sommersemester 2024 von der Juristischen Fakultät der Julius-Maximilians-Universität Würzburg als Inauguraldissertation angenommen und entstand während meiner Tätigkeit als wissenschaftlicher Mitarbeiter am Lehrstuhl von Frau Prof. Dr. Anja Amend-Traut für Deutsche und Europäische Rechtsgeschichte, Kirchenrecht und Bürgerliches Recht. Die mündliche Prüfung fand am 6. Juni 2024 statt. Die Arbeit befindet sich im Wesentlichen auf dem Stand ihrer Einreichung Ende September/Anfang Oktober 2023.

Diese Arbeit wurde freundlicherweise durch ein Stipendium der Stiftung Vorsorge gefördert.

In erster Linie möchte ich mich bei meiner Doktormutter Frau Prof. Dr. Anja Amend-Traut für die Betreuung dieses Vorhabens sowie die umfassend gewährte Freiheit im Rahmen der Anfertigung herzlich bedanken. Dank gebührt außerdem Herrn Prof. Dr. Peter Limmer für die freundliche Übernahme und Erstellung des Zweitgutachtens.

Danken möchte ich außerdem Dr. Henrik Eibenstein für seine unermüdliche Bereitschaft zur inhaltlichen Diskussion und seinen stetigen Zuspruch. Für die zahlreichen fachlichen Gespräche und das mühselige Korrekturlesen danke ich zudem Stella Barreca, Dr. Katharina Starz, Dr. Fritz Stenger, Dr. Matthias Ehmer und Johannes Romanski.

Bei allem fachlichen Tunnelblick darf schließlich nicht aus den Augen verloren werden, wer einem abseits des Arbeitens die notwendige Energie gibt, ein solches Vorhaben zu meistern. Hierfür danke ich meiner Familie und meiner Partnerin Lorena. Für eure stetige Unterstützung und Förderung gilt euch meine größte Dankbarkeit. Mein Großvater, Manfred Conrad, konnte die Fertigstellung und Veröffentlichung dieser Arbeit leider nicht mehr miterleben. Er war für mich in jeder Hinsicht ein Vorbild und bereicherte nicht nur mein Leben, sondern das all seiner

Mitmenschen. Denn er hatte das, was in dieser Form so selten ist: Talent zum Leben. Ihm sei diese Arbeit daher gewidmet.

Würzburg, im September 2024 *Erik M. Schlereth*

Inhaltsverzeichnis

Kapitel 1

Einleitung

A. Thematische Einführung und Ziel der Untersuchung

Nach dem Grundsatz der Universalsukzession geht mit dem Tode einer Person (Erbfall) deren Vermögen (Erbschaft) als Ganzes auf eine oder mehrere andere Personen (Erben) über, § 1922 Abs. 1 BGB. Der damit verbundene Übergang der Gesamtheit aller vererbbaren Rechtsverhältnisse des Erblassers unter Einschluss der Verbindlichkeiten[1] führt dazu, dass auch alle Rechte desselben aus Verträgen mit Kreditinstituten auf den Erben übergehen. Für Banken[2] hat der mit der Gesamtrechtsfolge einhergehende Wechsel in der Rechtszuständigkeit[3] zur Folge, dass diese fortan den Weisungen des Erben unterliegen und nur an diesen mit schuldbefreiender Wirkung i.S.d. § 362 Abs. 1 BGB leisten können. Will der Rechtsnachfolger Ansprüche gegen Kreditinstitute aus übergegangenem Recht geltend machen, muss dieser sein Erbrecht, mithin seine Aktivlegitimation – entsprechend den allgemeinen Beweislastregeln – nachweisen. Ausdrückliche Vorgaben, wie dieser Nachweis zu erbringen ist, enthält das deutsche Recht nicht. Aus dem Gesetz folgt aber für den Rechtsverkehr die Notwendigkeit eines rechtssicheren Nachweises: Das System des deutschen Erbrechts der Gesamtrechtsnachfolge und des Vonselbsterwerbs bedingt für den Rechtsverkehr ein erhebliches Defizit an Rechtssicherheit im Hinblick auf die Frage, wer Erbe geworden ist.[4] Es fehlt an jedem Publizitätsmoment, etwa in

---

[1] *Muscheler*, Universalsukzession und Vonselbsterwerb, S. 5 ff.; *ders.*, Erbrecht, Band I, Rn. 741 ff.; *Musielak*, ZEV 2016, 353 (354); *Amend-Traut/Hergenröder*, ZEV 2019, 113 (116); *Brox/Walker*, Erbrecht, 29. Aufl. 2021, § 2 Rn. 4; *Leipold*, in: MüKo, BGB, 9. Aufl. 2022, § 1922 Rn. 16 f.; *Weidlich*, in: Grüneberg, BGB, 82. Aufl. 2023, § 1922 Rn. 7; *Müller-Christmann*, in: BeckOK, BGB, 67. Ed. Stand: 01.02.2023, § 1922 Rn. 12, 17.

[2] Im Rahmen der Untersuchung dient der Begriff „Bank" als Oberbegriff. In Anlehnung an: *Hopt*, in: Hopt, HGB, 42. Aufl. 2023, 2. Teil, V. Bankgeschäfte (7) Rn. A/4 wird daher der Terminus „Bank" gleichbedeutend mit dem technischen Ausdruck „Kreditinstitut" verwendet. Sofern sich Unterschiede zwischen Banken und Sparkassen ergeben, erfolgt eine entsprechende Hervorhebung. Vgl. zu dem Thema „Volksbank/Sparkasse als Bank": *Fischer*, in: Fischer/Schulte-Mattler, KWG, CRR-VO, 6. Aufl. 2023, § 39 KWG Rn. 21.

[3] Vgl. zu dieser Terminologie im Rahmen des Sukzessionsrechts: *Larenz*, Lehrbuch des Schuldrechts, 1. Band, Allgemeiner Teil, 14. Aufl. 1987, § 33. III. (= S. 574).

[4] Vgl. *Bartholomeyczik*, Denkschrift, S. 262; *Muscheler*, JURA 2009, 329; *ders.*, Erbrecht, Band II, Rn. 3266; siehe auch: *Grziwotz*, in: MüKo, BGB, 9. Aufl. 2022, Vor § 2353 Rn. 2: „Die Frage dieser Legitimation der Erben stellt sich nicht nur im deutschen Recht, hier aber

Gestalt einer sichtbaren Übertragung, Trennung oder Hervorhebung von Erbschaftsgegenständen.[5] Die Erbfolge ist demnach nicht offenkundig und Nachlassschuldner können die Frage, ob ihnen der wirkliche Erbe oder nur ein Scheinerbe gegenübersteht, typischerweise nicht ohne erhebliche Schwierigkeiten rechtssicher klären. Denn der Dritte hat weder Einblicke in die innerfamiliären Beziehungen des Familienerbrechts[6] noch ist es diesem ohne Weiteres möglich, eine potentielle gewillkürte Erbfolge mit der erforderlichen Rechtssicherheit zu überprüfen.[7] Leistet der Nachlassschuldner gleichwohl an den durch Personenstandsurkunden legitimierten gesetzlichen oder durch Verfügung von Todes wegen legitimierten gewillkürten Erben und stellt sich dieser endlich als Scheinerbe heraus, liegt eine Leistung an einen Nichtberechtigten vor. Eine solche Leistung an den *falsus heres* hat jedoch keine schuldbefreiende Wirkung nach § 362 Abs. 1 BGB und die Bank muss an den *verus heres* oder für diesen befreiend an einen Dritten (§ 362 Abs. 2 BGB i. V. m. § 185 Abs. 1 BGB) erneut leisten. Sie ist im Falle der Leistung an den Nichtberechtigten darauf verwiesen, den Betrag im Wege der Vorschriften über die ungerechtfertigte Bereicherung zurückzufordern und ist dabei neben dem Delkredereauch dem Entreicherungsrisiko ausgesetzt. Vor diesem Hintergrund ist die Frage nach den Anforderungen an den Erbnachweis in der Rechtsbeziehung zwischen Kreditinstitut und Erbe von erheblicher rechtlicher und wirtschaftlicher Bedeutung für die Banken.

Auf den ersten Blick scheint das Gesetz eine sachgerechte Lösung für die beschriebene Verkehrsunsicherheit bereitzuhalten: Mit dem Erbschein als einzigem formalisierten Erbnachweis entspricht das BGB dem Verkehrsinteresse an einer rechtssicheren Legitimation. Aufgrund der Rechtswirkungen der §§ 2366 f. BGB kann die Bank an den im Erbschein ausgewiesenen Erben mit befreiender Wirkung leisten und hat nicht mehr zu befürchten, gegenüber dem wahren Erben nochmals leisten zu müssen. Allerdings entspricht der Nachweis des Erbrechts auf diese Art und Weise nicht ohne Weiteres dem Interesse der Erben, die regelmäßig auf eine schnelle und kostengünstige Nachlassabwicklung bedacht sind. In Ansehung des Umstandes, dass das Erbscheinsverfahren jedenfalls eine gewisse Zeit in Anspruch nimmt und Kosten auslöst, sind die Erben vielmehr bestrebt, ihr Erbrecht durch Verfügung von Todes wegen oder die gesetzliche Erbfolge belegende Dokumente nachzuweisen. Verkehrsschutzinteressen Dritter sind für diese hingegen ohne Bedeutung. Die Frage nach dem richtigen Erbnachweis liegt daher im Spannungsfeld zwischen dem Interesse der Erben an einer raschen und kostengünstigen Nachlassabwicklung und dem Interesse der Kreditinstitute an einer rechtssicheren Legitimation.

---

besonders durch den Grundsatz der Gesamtrechtsnachfolge und des nach dem BGB geltenden Prinzips des Vonselbsterwerbs".

5 Vgl. *Muscheler*, JURA 2009, 329; *ders.*, Erbrecht, Band II, Rn. 3266.

6 *Muscheler*, JURA 2009, 329; *ders.*, Erbrecht, Band II, Rn. 3267.

7 Vgl. *Muscheler*, JURA 2009, 329; *ders.*, Erbrecht, Band II, Rn. 3267.

Es überrascht daher nicht, dass seit Inkrafttreten des BGB immer wieder Gerichte zur Beantwortung der Frage, wie die (wahren) Erben ihr Erbrecht gegenüber dem Nachlassschuldner nachzuweisen haben, angerufen wurden. Bereits im Jahre 1903 konstatierte das Reichsgericht, dass dem BGB ein Satz, dass der Erbnachweis nur durch einen Erbschein geführt werden könne, fremd und auch nicht aus § 2367 BGB zu folgern sei. Außerdem verwies das Gericht auf die Materialien zur Entstehungsgeschichte,[8] welche zum Ausdruck brächten, dass ein Recht auf Erbscheinsvorlage nicht gewollt gewesen sei und vielfach zu einer unerträglichen Belästigung der Erben, zu unnützen Kosten sowie Verzögerungen der Nachlassregulierung führen würde.[9] Diese im Wesentlichen auf die Protokolle der II. Kommission zurückgehenden[10] Grundsätze rezipierte und entwickelte die Rechtsprechung bis heute fort,[11] sodass insoweit Konsens herrscht, als nach deutschem Recht keine Verpflichtung zum Nachweis des Erbrechts durch einen Erbschein bestehe, sondern der Nachweis auch in anderer Form erbracht werden könne, wozu „neben dem öffentlichen Testament auch das eigenhändige Testament oder im Falle gesetzlicher Erbfolge Urkunden, aus denen sich diese ergibt", gehörten. Insbesondere rechtfertige „[d]er Umstand, dass die Gefahr der doppelten Inanspruchnahme allein aus der Risikosphäre des Gläubigers stammt," nicht, „einschränkungslos oder auch nur im Regelfall die Vorlegung eines Erbscheins [zu] verlangen". Im Rahmen der Anforderungen an den Erbfolgenachweis sei auch den Interessen der Erben an einer raschen und kostengünstigen Nachlassabwicklung Rechnung zu tragen.[12]

Hierbei wird indessen augenfällig, dass es in den Entscheidungen der höchstrichterlichen Rechtsprechung an einer näheren Auseinandersetzung mit den gesetzlichen Wertungen und ihrer systematischen Würdigung fehlt. Vielmehr rückten sowohl das Reichsgericht als auch der BGH in seinen nachfolgenden Entscheidungen vor allem die Interessen der Erben in den Vordergrund, die ihren prägenden Niederschlag bereits in den Protokollen der II. Kommission fanden. Der mitgeteilte historische Legislativwille wurde damit Richtmarke heutiger Rechtsanwendung. Ein einmal mitgeteilter Wille des Normsetzers ist allerdings keine unverrückbare

[8] *Mugdan*, Die gesammten Materialien zum Bürgerlichen Gesetzbuch für das Deutsche Reich, V. Band, S. 840 (= Protokolle, S. 7789).

[9] Exemplarisch: RGZ 54, 343 (344).

[10] *Mugdan*, Die gesammten Materialien zum Bürgerlichen Gesetzbuch für das Deutsche Reich, V. Band, S. 840 (= Protokolle, S. 7789).

[11] BGH, WM 1961, 479 (481); BGH, NJW-RR 2005, 599; BGH, NJW 2005, 2779; BGHZ 198, 250 = NJW 2013, 3716; BGHZ 209, 329 = NJW 2016, 2409. Aus der instanzgerichtlichen Rechtsprechung: LG Berlin, BeckRS 2010, 6534; vgl. *Starke*, NJW 2005, 3184: „Die Frage, ob ein Erbe sein Erbrecht nur durch einen Erbschein nachweisen kann, hat das höchste deutsche Zivilgericht bereits sieben Jahre nach In-Kraft-Treten des BGB beschäftigt. Das RG hielt im Jahr 1903 die Ansicht, ein Schuldner habe bis zur Vorlage eines Erbscheins ein Leistungsverweigerungsrecht, für ‚rechtsirrig'. [...] Der BGH hat sich dieser Auffassung in seinem Urteil vom 7.6.2005 ausdrücklich angeschlossen."

[12] BGH, NJW 2005, 2779 (2780); BGHZ 209, 329 = NJW 2016, 2409 Rn. 18, 19, 20.

Größe.[13] Das historische Argument ist vielmehr in seiner Qualität zu würdigen[14] und auf seine fortwährende Gültigkeit hin zu untersuchen, um dessen Bedeutung für die heutige Rechtsanwendung bestimmen zu können. Den Umstand, dass die Rechtsanwendung nicht bei einem historischen Gesetzgeberwillen stehen bleiben, sondern sich vielmehr mit der Frage auseinandersetzen muss, ob dieser weiterhin Geltung beanspruchen und damit eine entscheidende Rolle bei der Bestimmung des gesetzgeberischen Regelungsplans einnehmen kann, bringt die Rechtsprechung damit nicht hinreichend in Anschlag. Hier möchte die vorliegende Untersuchung ansetzen und verpflichtet sich deshalb Petersens Maxime, dass es „die Arbeit der Dogmatik entscheidend verkürzen [würde], wenn sie nur darauf beschränkt wäre, den Willen des historischen Gesetzgebers herauszuarbeiten, und ihr dort Grenzen auferlegt wären, wo sie das bewerkstelligen kann, was nicht zuletzt ihre Aufgabe und ihr Anliegen ist, nämlich Systematik und Wertung des Gesetzes miteinander in Einklang zu bringen und im Verhältnis zueinander zu würdigen."[15]

Daraus folgt für das Ziel dieser Arbeit: Das deutsche Privatrecht ist mit seinem System der Gesamtrechtsnachfolge und des Vonselbsterwerbs selbst der Grund für das Bedürfnis einer rechtssicheren Erbenlegitimation und begegnet diesem prima facie sachgerecht mit einem formalisierten Erbnachweis – dem Erbschein. Vor diesem Hintergrund erscheint es in Entsprechung der vorbezeichneten Maxime angezeigt, die Lösung für die Frage nach dem richtigen Erbnachweis vorrangig *normativ* namentlich anhand Historie, Systematik und Teleologie zu entwickeln, bevor auf Parteiinteressen rekurriert wird, denen – abweichend vom historischen Legislativwillen – nach dem gegenwärtigen gesetzgeberischen Regelungsplan eventualiter keine vorrangige Bedeutung für die hier zu beantwortende Frage zukommt. Ziel der vorliegenden Untersuchung ist es demnach, die grundsätzliche *normative* Antwort des deutschen Privatrechts auf die Frage nach dem richtigen Erbnachweis offen zu legen. Daher bleiben zum einen individualvertragliche Vereinbarungen betreffend die Erbenlegitimation[16] außer Betracht. Zum anderen erfolgt eine an der Kasuistik orientierte[17] selbstbeschränkende Auswahl anderer, neben dem Erbschein in Betracht kommender Nachweismöglichkeiten auf die Verfügungen von Todes wegen des BGB[18] sowie die vom BGH darüber hinausgehend erwähnten[19]

---

[13] Vgl. dazu allgemein: *Jocham*, Die Grenzen der richterlichen Rechtsfortbildung im Privatrecht, S. 187.

[14] Vgl. insoweit: *Würdinger*, JuS 2016, 1 (5).

[15] *Petersen*, in: Liber Amicorum für Detlef Leenen, 219 (226).

[16] Hierzu: *Huynh*, Internationale Nachlassabwicklung im Lichte des Europäischen Nachlasszeugnisses, S. 187.

[17] BGH, NJW 2005, 2779; BGHZ 198, 250 = NJW 2013, 3716; BGHZ 209, 329 = NJW 2016, 2409.

[18] Zur Kategorisierung (praxisrelevanter) Erbnachweise im engeren und im weiteren Sinne: *Huynh*, Internationale Nachlassabwicklung im Lichte des Europäischen Nachlasszeugnisses, S. 9 f.; vgl. ferner: *Siegmann/Höger*, in: BeckOK, BGB, 67. Ed. Stand: 01.08. 2023, § 2353 Rn. 3: „Die in der Praxis wichtigste alternative Erbenlegitimation ist die nota-

Urkunden, aus denen sich das gesetzliche Erbrecht ergeben kann. Überdies geht mit der Beschränkung auf den *Nachweis des Erbrechts* sowie auf *deutsches Privatrecht* einher, dass anderweitig normierte (internationale) Nachweismöglichkeiten wie etwa das Europäische Nachlasszeugnis[20] oder der Nachweis der Verfügungsbefugnis (beispielsweise durch ein Testamentsvollstreckerzeugnis) nach dem Erbfall nicht Gegenstand der Untersuchung sind. Die Beschränkung des Forschungsgegenstandes auf den genuinen Erbnachweis bedingt zugleich eine weitere Einschränkung dahingehend, dass der Arbeit die Konstellation zugrunde liegt, in der keine andere Legitimationsmöglichkeit besteht. Ausdrücklich ausgenommen sind daher auch die Fälle, in welchen eine in einem Sparbuch verbriefte Einlagenforderung zum Nachlass gehört, für die typischerweise keine (besondere) erbrechtliche Legitimation (zwingend) erforderlich ist: Denn der Erbfall tangiert die Liberationswirkung des Sparbuchs (§ 808 Abs. 1 Satz 1 BGB)[21] nicht, sodass es im Grundsatz auch keines Erbnachweises zur Legitimation bedarf, und zwar auch dann nicht, wenn der Forderungsprätendent als Allein- oder Miterbe auftritt.[22]

B. Gang der Untersuchung

Zunächst erfolgt in Kapitel 2 eine Darstellung des Schicksals der Rechtsbeziehung zwischen Erblasser und Kreditinstitut im Erbfall. Im Anschluss daran wird der aus den Grundprinzipien des deutschen Erbrechts folgende Bedarf nach einer rechtssicheren Legitimation ergründet. Hierbei ist von Interesse, welche Möglichkeiten das deutsche Erbrecht kennt, um das eigene Erbrecht nachzuweisen. Die verschiedenen Nachweismöglichkeiten werden unter Berücksichtigung ihrer gutglaubensschützenden Wirkung sowie der anfallenden Kosten auf ihre Legitimationsqualität hin untersucht und im Verhältnis zueinander gewürdigt. Daran anknüpfend erfolgt eine Analyse der Versuche der Bankpraxis, sich die Wirkungen bestimmter Erbnachweise (standardisiert) durch die Vereinbarung allgemeiner Ge-

rielle letztwillige Verfügung". Ausdrücklich ausgeklammert werden demnach außerordentliche Testamente.

[19] BGHZ 209, 329 = NJW 2016, 2409 Rn. 18.

[20] Dazu bereits: *Huynh*, Internationale Nachlassabwicklung im Lichte des Europäischen Nachlasszeugnisses.

[21] Dazu allgemein: *Vogel*, in: BeckOGK, BGB, Stand: 01.04.2023, § 808 Rn. 82–84.

[22] *Schebesta/Kalkbrenner*, Bankprobleme beim Tod eines Kunden, 15. Aufl. 2019, Rn. 658, 663. Gleichwohl bedarf es eines Erbnachweises in diesen Fällen jedenfalls dann, wenn das Kreditinstitut wegen Kenntnis oder grob fahrlässiger Unkenntnis der fehlenden Berechtigung nicht in den Genuss der Liberationswirkung des Sparbuchs kommt. *Schebesta/Kalkbrenner*, Bankprobleme beim Tod eines Kunden, 15. Aufl. 2019, Rn. 664; allgemein zur Einschränkung der Liberationswirkung des § 808 Abs. 1 Satz 1 BGB im Bankverkehr: *Habersack*, in: MüKo, BGB, 8. Aufl. 2020, § 808 Rn. 28, 29.

schäftsbedingungen und daher gleichsam „quasi-gesetzlich“[23] zu sichern respektive bestehende Defizite auf der Ebene des Gutglaubensschutzes aufzufangen.

Anschließend wird in Kapitel 3 die Antwort auf die Frage nach den Anforderungen an den Erbnachweis aus dem Gesetz entwickelt. Im Mittelpunkt steht dabei die Frage, ob ein Leistungsverweigerungsrecht des Nachlassschuldners bis zur Erbscheinsvorlage besteht. Ausgehend von der Rechtsprechung des Reichsgerichts wird nach einem kurzen historischen Abriss analysiert, ob ein solches Recht im Wege der tradierten Auslegungsmethodik oder – nachrangig – durch Rechtsfortbildung gewonnen werden kann. Hierbei wird zunächst der Wille des historischen Gesetzgebers auf seine Widerspruchsfreiheit und seine fortwährende Geltung hin überprüft. Daran schließt sich eine umfassende Analyse der gesetzlichen Wertungen und Systematik betreffend die Frage nach dem Erbnachweis an. Sodann erfolgt eine gesetzesnahe Eingrenzung des gewonnenen Ergebnisses, wobei insbesondere die Eignung von Verfügungen von Todes wegen zum Erbnachweis untersucht wird.

[23] Vgl. insoweit: *Huynh*, Internationale Nachlassabwicklung im Lichte des Europäischen Nachlasszeugnisses, S. 183.

Kapitel 2

Grundlagen der Erbenlegitimation

Bevor in Kapitel 3 die im Zentrum dieser Untersuchung stehende normative Antwort auf die Frage nach dem richtigen Erbnachweis entwickelt wird, soll in diesem Kapitel zunächst ein umfassender Überblick über die Grundlagen der Erbenlegitimation gewonnen werden. Hierbei soll in einem ersten Schritt der in der vorausgegangenen Einführung aufgegriffene Aspekt, dass die Notwendigkeit eines rechtssicheren Erbnachweises gleichsam dem System des deutschen Erbrechts entspringt, vertiefend beleuchtet werden: Zu diesem Zweck ist zunächst von dem Erbfall auszugehen und darzustellen, wie sich dieser nach deutschem Erbrecht auf die Rechtsbeziehungen zwischen Kunde und Bank auswirkt (A.). Auf Grundlage der für das normative Schicksal der Rechtsverhältnisse maßgeblichen Grundprinzipien der Gesamtrechtsnachfolge und des Vonselbsterwerbs wird sodann das Erfordernis einer rechtssicheren Erbenlegitimation näher erläutert. Konsekutiv dazu soll in den Blick genommen werden, welche Legitimationsmöglichkeiten in Betracht kommen und inwieweit sich diese voneinander unterscheiden. Dabei sind insbesondere auch die Interessen der Beteiligten – der Erben und des Kreditinstituts als Nachlassschuldner – von Bedeutung (B.). Schließlich bilden die verschiedenen Eigenschaften der Nachweismöglichkeiten den Ausgangspunkt für den bankseitigen Versuch, die Legitimation zu ihren Gunsten formularmäßig und damit „quasi-gesetzlich"[1] zu gestalten. Aus diesem Grund soll auch die Analyse der Allgemeinen Geschäftsbedingungen (AGB) im Rahmen der Grundlagen der Erbenlegitimation Berücksichtigung finden (C.).

A. Das normative Schicksal der Rechtsbeziehungen zwischen Kunde und Bank nach dem Erbfall

Daher soll zunächst anhand der erbrechtlichen Grundprinzipien der Universalsukzession (I.) und des Vonselbsterwerbs (II.) ein Überblick über das normative Schicksal der Rechtsverhältnisse des Erblassers mit dem Kreditinstitut nach dem Tod des Erblassers gegeben werden.

---

[1] Vgl. insoweit: *Huynh*, Internationale Nachlassabwicklung im Lichte des Europäischen Nachlasszeugnisses, S. 183.

I. Die Universalsukzession

§ 1922 Abs. 1 BGB bestimmt als Leitsatz und Grundregel des Erbrechts,[2] dass mit dem Tode einer Person (Erbfall) deren Vermögen als Ganzes (Erbschaft) auf eine oder mehrere andere Personen (Erben) übergeht. Als Erbschaft i. S. d. § 1922 Abs. 1 BGB wird dabei die Gesamtheit der vererbbaren Rechtsverhältnisse einschließlich der Verbindlichkeiten verstanden.[3]

Von diesem Grundsatz der Universalsukzession werden auch die Rechtsbeziehungen des Erblassers zu seiner Bank umfasst, sodass der Erbe in die Rechtsverhältnisse mit dem Kreditinstitut[4] eintritt und alle Rechte des Erblassers aus den mit Banken geschlossenen Verträgen auf ihn übergehen.[5] Der Erbe wird demnach Gläubiger der beim Erbfall vorhandenen Einlagenforderungen[6] des Erblassers, so-

---

[2] *Lange/Kuchinke*, Erbrecht, 5. Aufl. 2001, § 5. II. 2. b) (= S. 87).

[3] *Muscheler*, Universalsukzession und Vonselbsterwerb, S. 5 ff.; *ders.*, Erbrecht, Band I, Rn. 741 ff.; *Musielak*, ZEV 2016, 353 (354); *Amend-Traut/Hergenröder*, ZEV 2019, 113 (116); *Brox/Walker*, Erbrecht, 29. Aufl. 2021, § 2 Rn. 4; *Leipold*, in: MüKo, BGB, 9. Aufl. 2022, § 1922 Rn. 16 f.; *Weidlich*, in: Grüneberg, BGB, 82. Aufl. 2023, § 1922 Rn. 7; *Müller-Christmann*, in: BeckOK, BGB, 67. Ed. Stand: 01.02.2023, § 1922 Rn. 12, 17. Ausführlich zur erbrechtlichen Universalsukzession insbesondere: *Muscheler*, JURA 1999, 234 und *ders.*, JURA 1999, 289.

[4] Vgl. BGHZ 219, 243 = NJW 2018, 3178 Rn. 22: „Nach § 1922 I BGB geht das Vermögen als Ganzes auf die Erben über. Hierzu gehören grundsätzlich auch Ansprüche und Verbindlichkeiten aus schuldrechtlichen Verträgen wie dem hier vorliegenden Nutzungsvertrag, wobei der Erbe in die vertragliche Rechtsstellung mit sämtlichen Rechten und Pflichten eintritt".

[5] BGHZ 180, 191 = NJW-RR 2009, 979 Rn. 10; BGHZ 209, 329 = NJW 2016, 2409 Rn. 16: „Erben […] gem. §§ 1922 I, 2032 BGB in die Kontoverträge […] eingetreten."; *Werkmüller*, in: Lange/Werkmüller, Der Erbfall in der Bankpraxis, § 11 Rn. 1; *Canaris*, Bankvertragsrecht, 4. Aufl. 2005, Rn. 204; *Kunz*, in: Staudinger, BGB, Neubearbeitung 2017, § 1922 Rn. 515 ff.; *Tanck*, in: Damrau/Tanck, Praxiskommentar Erbrecht, 4. Aufl. 2020, § 1922 Rn. 22; *Batereau/Schröer/Schwiederski*, in: NK-BGB, 6. Aufl. 2022, Anhang II zu § 1922 Rn. 3; *Große-Boymann*, in: Burandt/Rojahn, Erbrecht, 4. Aufl. 2022, § 1922 BGB Rn. 117; *Leipold*, in: MüKo, BGB, 9. Aufl. 2022, § 1922 Rn. 63; *Weidlich*, in: Grüneberg, BGB, 82. Aufl. 2023, § 1922 Rn. 30; *Zimmer*, in: Prütting/Wegen/Weinreich, BGB, 18. Aufl. 2023, § 1922 Rn. 40; *Müller-Christmann*, in: BeckOK, BGB, 67. Ed. Stand: 01.02.2023, § 1922 Rn. 44; *Preuß*, in: BeckOGK, BGB, Stand: 01.08.2023, § 1922 Rn. 242. Einzelheiten zum Sparbuch im Erbfall bei: *Bredemeyer*, ZEV 2013, 483. Zum Sonderfall der Nutzung eines Girokontos des Erblassers für den eigenen Zahlungsverkehr durch Vor- oder Miterben: BGHZ 131, 60 = NJW 1996, 190; BGH, NJW 2000, 1258; aus der Literatur: *Grziwotz*, JR 1996, 286 (286 f.); *Koller*, LM H. 3/1996 § 675 Nr. 222; *Krampe*, ZEV 1996, 63 (63 f.); *Mülbert*, in: FS Kümpel, 395 (396–401); *Kunz*, in: Staudinger, BGB, Neubearbeitung 2017, § 1922 Rn. 517 f.; *Dieker*, Das Gemeinschaftskonto mit Einzelverfügungsbefugnis, S. 217 ff.

[6] *Hüffer/van Look*, Rechtsfragen zum Bankkonto, 4. Aufl. 2000, Rn. 216; DNotI-Report, 2006, 173; *Schebesta/Kalkbrenner*, Bankprobleme beim Tod eines Kunden, 15. Aufl. 2019, Rn. 231; *Tanck*, in: Damrau/Tanck, Praxiskommentar Erbrecht, 4. Aufl. 2020, § 1922 Rn. 22; *Weidlich*, in: Grüneberg, BGB, 82. Aufl. 2023, § 1922 Rn. 30; *Müller-Christmann*, in: BeckOK, BGB, 67. Ed. Stand: 01.02.2023, § 1922 Rn. 44. Bei einem Oder-Konto, bei dem die Kontoinhaber Gesamtgläubiger gem. § 428 BGB sind, geht die Guthabenforderung des Erb-

fern nicht etwa ein Vertrag zugunsten Dritter zwischen Erblasser und Bank existiert, aufgrund dessen die Forderung dem Nachlass entzogen wurde.[7] Das gilt auch für Depots, bei welchen sowohl der verwahrungsrechtliche Herausgabeanspruch des Kunden als auch das Eigentum an den verwahrten Wertpapieren übergeht, soweit dem Erblasser das Eigentum zustand.[8] Der Erbe erwirbt zudem die Hilfsansprüche wie etwa den Anspruch auf Auskunftserteilung gem. §§ 675 Abs. 1, 666 BGB.[9] Nach Eintritt des Erbfalls ist die Bank sodann dem Erben gegenüber verpflichtet, alle Verpflichtungen wahrzunehmen, welche ursprünglich gegenüber dem Erblasser bestanden.[10] Mit Einrücken des Erben in die Rechtsstellung des Erblassers verändert sich die Ausgangslage der Bank insoweit maßgeblich, als damit ein Übergang des Weisungsrechts einhergeht mit der Folge, dass die Bank nur noch auf Weisungen desselben tätig werden darf.[11] Der Rechtsnachfolger kann daher „Gegenweisungen" zu früheren Weisungen des Erblassers treffen und insbesondere auch seitens des Erblassers erteilte (trans- oder postmortale) Vollmachten widerrufen oder überdies

---

lassers auf den oder die Erben über. Das Guthaben steht im Innenverhältnis dem oder den Erben zur Hälfte zu, soweit nichts anderes bestimmt ist (§ 430 BGB). Siehe dazu: *Leipold*, in: MüKo, BGB, 9. Aufl. 2022, § 1922 Rn. 66; *Müller-Christmann*, in: BeckOK, BGB, 67. Ed. Stand: 01.02.2023, § 1922 Rn. 44; *Preuß*, in: BeckOGK, BGB, Stand: 01.08.2023, § 1922 Rn. 246.1; vgl. auch: *Hadding/Häuser*, in: Ellenberger/Bunte, Bankrechts-Handbuch, 6. Aufl. 2022, § 19 Rn. 12; *Kropf*, in: Kümpel/Mülbert/Früh/Seyfried, Bank- und Kapitalmarktrecht, 6. Aufl. 2022, Rn. 3.1010. Bei einem Und-Konto geht lediglich der Anteil an der gemeinschaftlichen Einlagenforderung auf die Erben über. Bei einem Und-Konto bestehen insoweit nicht „mehrere" Forderungen der Kontoinhaber wie bei einem Oder-Konto, sondern lediglich *eine* den Inhabern „gemeinschaftlich" zustehende Forderung. Es kann demnach als Mitgläubiger grundsätzlich nicht selbstständig über das Kontoguthaben verfügt werden. Siehe dazu insbesondere: *Hadding/Häuser*, in: Ellenberger/Bunte, Bankrechts-Handbuch, 6. Aufl. 2022, § 19 Rn. 17, 24b; *Kropf*, in: Kümpel/Mülbert/Früh/Seyfried, Bank- und Kapitalmarktrecht, 6. Aufl. 2022, Rn. 3.1024f.; ferner: *Müller-Christmann*, in: BeckOK, BGB, 67. Ed. Stand: 01.02.2023, § 1922 Rn. 44; *Preuß*, in: BeckOGK, BGB, Stand: 01.08.2023, § 1922 Rn. 246.1; vgl. auch: *Leipold*, in: MüKo, BGB, 9. Aufl. 2022, § 1922 Rn. 66.

[7] *Große-Boymann*, in: Burandt/Rojahn, Erbrecht, 4. Aufl. 2022, § 1922 BGB Rn. 117; *Weidlich*, in: Grüneberg, BGB, 82. Aufl. 2023, § 1922 Rn. 30; *Müller-Christmann*, in: BeckOK, BGB, 67. Ed. Stand: 01.02.2023, § 1922 Rn. 44; vgl. auch: *Jakob*, Das Bankkonto im Nachlass, S. 21 und ausführlich zum „Vererben am Nachlass vorbei" unter: S. 53–71.

[8] *Ott-Eulberg/Schebesta*, in: Ott-Eulberg/Schebesta/Bartsch, Erbrecht und Banken, 3. Aufl. 2018, § 4 Rn. 9; *Schebesta/Kalkbrenner*, Bankprobleme beim Tod eines Kunden, 15. Aufl. 2019, Rn. 240.

[9] *Canaris*, Bankvertragsrecht, 4. Aufl. 2005, Rn. 204; *Leipold*, in: MüKo, BGB, 9. Aufl. 2022, § 1922 Rn. 63; *Zimmer*, in: Prütting/Wegen/Weinreich, BGB, 18. Aufl. 2023, § 1922 Rn. 40. Siehe auch zu Auskunftsansprüchen der Erben gegenüber der Bank: *Weidlich*, in: Grüneberg, BGB, 82. Aufl. 2023, § 1922 Rn. 30; *Müller-Christmann*, in: BeckOK, BGB, 67. Ed. Stand: 01.02.2023, § 1922 Rn. 45; *Preuß*, in: BeckOGK, BGB, Stand: 01.08.2023, § 1922 Rn. 249ff.

[10] *Werkmüller*, in: Lange/Werkmüller, Der Erbfall in der Bankpraxis, § 11 Rn. 1; *Schebesta/Kalkbrenner*, Bankprobleme beim Tod eines Kunden, 15. Aufl. 2019, Rn. 231.

[11] Vgl. *Wurmnest*, WM 2015, 1597; *Preuß*, in: BeckOGK, BGB, Stand: 01.08.2023, § 1922 Rn. 243.

mittels Widerrufs vor Erklärungszugang (§ 130 Abs. 1 Satz 2 BGB) selbst das Wirksamwerden einer vormaligen Willenserklärung des Erblassers verhindern.[12]

Die Universalsukzession hat daher zur Folge, dass die Bank hinsichtlich der vormaligen Rechte des Erblassers ausschließlich an den oder die Erben (§ 362 Abs. 1 BGB) oder für diese(n) an einen Dritten (§ 362 Abs. 2 BGB i. V. m. § 185 Abs. 1 BGB) mit Befreiungswirkung leisten kann.

II. Der Grundsatz des Vonselbsterwerbs

Zu den erbrechtlichen Grundprinzipien gehört auch der Grundsatz des Vonselbsterwerbs. Der Erbe erhält den Nachlass ohne hoheitliche Mitwirkung oder Zwischenschaltung[13] und ohne eigenes Wissen oder Zutun, selbst gegen den eigenen Willen.[14] Ein Antrittserwerb, eine gerichtliche Einweisung oder eine Zwischenschaltung eines Treuhänders findet nach deutschem Erbrecht nicht statt.[15] § 1922 Abs. 1 BGB formuliert „*mit* dem Tode einer Person" und bringt damit zum Ausdruck, dass der Erbanfall von Gesetzes wegen – *ipso iure* – erfolgt.[16] Weiter ergibt sich aus der Gesetzesbestimmung, dass zwischen Erbfall und Erbanfall keine zeitliche Zäsur stattfindet, da der Erbanfall „mit *dem Tode*" des Erblassers erfolgt. Zu keinem Zeitpunkt existiert eine subjektlose „ruhende Erbschaft" („hereditas iacens").[17] Die Erbschaft geht mithin *ipso iure* und *ipso morte* über.[18]

---

[12] *Preuß*, in: BeckOGK, BGB, Stand: 01.08.2023, § 1922 Rn. 243.

[13] *Lange/Kuchinke*, Erbrecht, 5. Aufl. 2001, § 8. I. 1. (= S. 191); *Muscheler*, Universalsukzession und Vonselbsterwerb, S. 142; *ders.*, ErbR 2006, 34 (37); *ders.*, Erbrecht, Band I, Rn. 1030.

[14] *Lange/Kuchinke*, Erbrecht, 5. Aufl. 2001, § 8. I. 1. (= S. 191); *Muscheler*, Universalsukzession und Vonselbsterwerb, S. 142; *ders.*, ErbR 2006, 34 (37); *ders.*, Erbrecht, Band I, Rn. 1030; *Otte*, in: Staudinger, BGB, Neubearbeitung 2017, § 1942 Rn. 5; *Lange*, Erbrecht, 3. Aufl. 2022, § 8 Rn. 21; *Lieder*, in: Erman, BGB, 17. Aufl. 2023, § 1922 Rn. 59.

[15] Vgl. *Lange/Kuchinke*, Erbrecht, 5. Aufl. 2001, § 8. I. 1. (= S. 191); DNotI-Report 2009, 65 (69); *Lange*, Erbrecht, 3. Aufl. 2022, § 38 Rn. 6; *Hergenröder/Schlereth*, JURA 2023, 907 (910). Siehe zu den Systemunterschieden des deutschen und österreichischen Erbrechts allgemein: *Lorenz*, IPRax 2004, 536 (536 ff.). Das österreichische Erbrecht folgt anders als das deutsche Erbrecht dem Prinzip der hereditas iacens: *Lorenz*, IPRax 2004, 536 (536 f.) m. w. N. Zu anderen Systemen des Erbschaftserwerbs: *Lieder*, in: Erman, BGB, 17. Aufl. 2023, § 1922 Rn. 60.

[16] *Muscheler*, Universalsukzession und Vonselbsterwerb, S. 142; *ders.*, ErbR 2006, 34 (37); *ders.*, Erbrecht, Band I, Rn. 1030.

[17] *Muscheler*, Universalsukzession und Vonselbsterwerb, S. 142; *ders.*, ErbR 2006, 34 (37); *ders.*, Erbrecht, Band I, Rn. 1031.

[18] Siehe nur: *Muscheler*, Universalsukzession und Vonselbsterwerb, S. 143; *ders.*, Erbrecht, Band I, Rn. 1031.

B. Besonderes Legitimationsbedürfnis als Folge erbrechtlicher Grundprinzipien

Mit der Feststellung des § 1922 Abs. 1 BGB, dass überhaupt und von Anfang an mit dem Erbfall ein Erbe existiert, ist noch keine unmittelbare Sicherheit für den Rechtsverkehr gewonnen.[19] Vielmehr leidet die Sicherheit des Verkehrs in einem System, in dem das Erblasservermögen als Ganzes ohne äußerlich sichtbaren und nachweisbar dokumentierten Vorgang von selbst übergeht.[20] Denn der Vermögensübergang als Ganzes hat zur Folge, dass eine sichtbare Trennung oder Hervorhebung von Erbschaftsgegenständen nicht stattfindet. Das System der Universalsukzession und des Vonselbsterwerbs kennt keine Einzelübertragungen, welche dem Rechtsverkehr „mehr oder weniger erkennbar oder nachweisbar sind."[21] Dem Erbanfall nach deutschem Erbrecht mangelt es an jedem Publizitätsmoment.[22] Die Rechtsnachfolge des Erben ist für den Rechtsverkehr daher nicht offenkundig und dieser kann auch nicht ohne Weiteres rechtssicher überprüfen, ob ihm der wahre Erbe oder nur ein Scheinerbe gegenübersteht:[23] Einerseits sind ihm die innerfamiliären Beziehungen des Familienerbrechts[24] typischerweise nicht näher bekannt,[25] sodass es regelmäßig an einer rechtssicheren Überprüfbarkeit der gesetzlichen Erbfolge fehlt. Dies gilt umso mehr, als selbst bei Klarheit über die familiären Verhältnisse eine (dem Dritten unbekannte) Verfügung von Todes wegen vorliegen kann, welche die gesetzlichen Erben von der Erbfolge ausschließt. Allerdings ist auch in den Fällen, in denen eine Verfügung von Todes wegen zum Nachweis der Erbenstellung vorgelegt wird, eine mit finaler Sicherheit verbundene Feststellung des Erbrechts typischerweise nicht gewährleistet. Dem Rechtsverkehr ist eine rechtssichere inhaltliche sowie formelle Prüfung der Verfügung von Todes wegen regelmäßig nicht ohne Weiteres möglich.[26] Es ist auch nicht erkennbar, ob die vorgelegte Verfügung von Todes wegen tatsächlich die letzte ist. Vielmehr kann gerade auch eine spätere, nicht vorliegende Verfügung letztendlich für die Erbfolge maßgebend sein.[27] Durch die

---

[19] *Muscheler*, JURA 2009, 329; *ders.*, Erbrecht, Band II, Rn. 3266.

[20] *Bartholomeyczik*, Denkschrift, S. 262; *Muscheler*, JURA 2009, 329; *ders.*, Erbrecht, Band II, Rn. 3266; siehe auch: *Grziwotz*, in: MüKo, BGB, 9. Aufl. 2022, Vor § 2353 Rn. 2: „Die Frage dieser Legitimation der Erben stellt sich nicht nur im deutschen Recht, hier aber besonders durch den Grundsatz der Gesamtrechtsnachfolge und des nach dem BGB geltenden Prinzips des Vonselbsterwerbs".

[21] *Muscheler*, JURA 2009, 329; *ders.*, Erbrecht, Band II, Rn. 3266.

[22] *Ahrens*, in: Hausmann/Hohloch, Handbuch des Erbrechts, 2. Aufl. 2010, Kapitel 17 Rn. 43; vgl. *Lange*, Erbrecht, 3. Aufl. 2022, § 78 Rn. 1.

[23] Vgl. *Keller/von Schrenck*, JA 2016, 51 (52).

[24] Zum Zweck des Familienerbrechts etwa: *Leipold*, Erbrecht, 23. Aufl. 2022, Rn. 86.

[25] *Muscheler*, JURA 2009, 329; *ders.*, Erbrecht, Band II, Rn. 3267.

[26] Vgl. *Muscheler*, JURA 2009, 329; *ders.*, Erbrecht, Band II, Rn. 3267.

[27] Vgl. etwa: *Dorth*, Das Verhältnis von Erbschein und Europäischem Nachlasszeugnis, S. 38.

Zulässigkeit der Ausschlagung der Erbschaft sowie die breite Möglichkeit der Testamentsanfechtung oder die Erbunwürdigkeitsklage wird die rechtssichere Feststellung des Erben durch Dritte zusätzlich erschwert.[28] Aus der mit dem Übergang des Vermögens als Ganzes kraft Gesetzes ohne erkennbaren äußerlichen Akt verbundenen Verkehrsunsicherheit folgt daher die Notwendigkeit einer rechtssicheren Legitimation.[29] Dieses Legitimationsmittel muss dabei mehrere Funktionen erfüllen: Zum einen benötigt der Erbe für seine Stellung als Rechtsnachfolger im Rechtsverkehr ein adäquates Beweismittel, damit ihm Dritte seine Erbenstellung auch glauben.[30] Zum anderen bedarf der Rechtsverkehr des Schutzes seines Vertrauens darin, dass die tatsächliche erbrechtliche Situation derjenigen entspricht, welche im Beweismittel bezeichnet ist,[31] um keine Nachteile zu erleiden, wenn sich später ein anderer als der im Beweismittel Bezeichnete als wahrer Erbe herausstellt. Letzteres ist für Kreditinstitute von besonderer Bedeutung: Denn diese benötigen in ihrer Position als Nachlassschuldner bei jeder Leistung an den oder die Erbprätendenten eine rechtssichere Legitimation, um sicher zu gehen, dass die Leistung mit befreiender Wirkung erfolgt und nicht später an den wahren Erben erneut geleistet werden muss, verbunden mit der Gefahr, aufgrund der ungewissen Liquidität des Scheinerben bei diesem nicht kondizieren zu können.[32]

I. Legitimationsmöglichkeiten

Der aus dem System des deutschen Erbrechts folgenden Notwendigkeit eines rechtssicheren Erbnachweises begegnet das BGB dem Grunde nach mit dem Erbschein (§ 2353 BGB), der in seiner Funktion als Personalzeugnis[33] den Erben benennt.[34] Das Gesetz gibt dem Erben damit einen Verfügungsausweis an die Hand, auf den sich das Vertrauen des Rechtsverkehrs stützen kann und auch soll.[35] Daneben

---

[28] *Muscheler*, JURA 2009, 329; *ders.*, Erbrecht, Band II, Rn. 3266 f.; *Herzog*, in: Staudinger, BGB, Neubearbeitung 2023, Einleitung zu §§ 2353–2370 Rn. 24.

[29] Es zeigt sich gerade auch mit rechtsvergleichendem Blick auf andere Rechtsordnungen, dass das Fehlen eines obligatorischen Verfahrens zum Antritt der Erbschaft oder zur Abwicklung des Erbanfalls ein gesteigertes Bedürfnis nach einem rechtssicheren Nachweis des Erbrechts entstehen lässt. So die Schlussfolgerung von: *Grziwotz*, in: MüKo, BGB, 9. Aufl. 2022, Vor § 2353 Rn. 3. Unter Bezugnahme darauf: *Herzog*, in: Staudinger, BGB, Neubearbeitung 2023, Einleitung zu §§ 2353–2370 Rn. 24a. Rechtsvergleichend zur Legitimation des Erben: *Dallafior*, Die Legitimation des Erben, §§ 3–8.

[30] *Grziwotz*, in: MüKo, BGB, 9. Aufl. 2022, § 2353 Rn. 1.

[31] *Ahrens*, in: Hausmann/Hohloch, Handbuch des Erbrechts, Kapitel 17 Rn. 43.

[32] Vgl. *Schebesta/Kalkbrenner*, Bankprobleme beim Tod eines Kunden, 15. Aufl. 2019, Rn. 240, 586.

[33] *Muscheler*, Universalsukzession und Vonselbsterwerb, S. 97.

[34] Vgl. *Ahrens*, in: Hausmann/Hohloch, Handbuch des Erbrechts, 2. Aufl. 2010, Kapitel 17 Rn. 43.

[35] *Keller/von Schrenck*, JA 2016, 51 (52).

kennt das deutsche Recht zwar keine weiteren formalisierten Erbnachweise.[36] Allerdings sind als alternative Legitimationsmittel grundsätzlich auch Verfügungen von Todes wegen nebst zugehöriger Eröffnungsniederschrift sowie sonstige Unterlagen zum Nachweis der gesetzlichen Erbfolge, etwa Personenstandsurkunden, denkbar.[37]

Die vorbezeichneten Nachweismöglichkeiten weichen insbesondere hinsichtlich ihrer Rechtswirkungen erheblich voneinander ab und tragen den Interessen der Beteiligten, dem der Kreditinstitute am Schutz vor doppelter Inanspruchnahme bei Leistung an den Scheinerben und dem der Erben an einer raschen und kostengünstigen Nachlassabwicklung, in unterschiedlicher Weise Rechnung. Im Nachfolgenden soll daher zunächst (hier unter I.) ein Überblick über die Nachweismöglichkeiten, insbesondere im Hinblick auf ihre Rechtswirkungen, sowie (II.) über die jeweiligen Kosten gegeben werden. Auf dieser Grundlage werden die Legitimationsmöglichkeiten im Rahmen einer abschließenden Betrachtung (III.) gegenübergestellt.

1. Erbschein

Den Ausgangspunkt der Analyse der Nachweismöglichkeiten bildet der formalisierte Erbnachweis des BGB – der Erbschein. Hierbei sollen zunächst die Grundlagen des Erbscheins dargestellt a) und im Anschluss dessen besonderer Nachweiswert anhand seiner Rechtswirkungen b) näher erläutert werden.

a) Grundlagen des formalisierten Erbnachweises

Der Erbschein ist gem. § 2353 BGB ein vom insoweit sachlich, örtlich und international zuständigen[38] Nachlassgericht auf Antrag erteiltes Zeugnis[39] für den oder

---

[36] Darauf weist auch *Starke*, NJW 2005, 3184 (3185) hin.

[37] Ganz allgemein und für viele: *Kroiß*, in: Kroiß/Horn/Solomon, Nachfolgerecht, 2. Aufl. 2019, 1. AGB-Banken Rn. 3.

[38] *Fröhler*, in: BeckOGK, BGB, Stand: 01.11.2022, § 2353 Rn. 40; zur Zuständigkeit umfassend: *Weidlich*, in: Grüneberg, BGB, 82. Aufl. 2023, § 2353 Rn. 4 ff.

[39] Nach dem Wortlaut des § 2353 BGB handelt es sich bei dem Erbschein um ein Zeugnis, allerdings wird teilweise der Terminus „Bescheinigung" für vorzugswürdig gehalten. Denn dem Erbschein mangelt es – konträr zum allgemeinen Urkundenrecht – an einem Bericht über tatsächliche Vorgänge der Außenwelt, die unmittelbar wahrgenommen werden können. Hingegen charakterisiert sich die Bescheinigung dadurch, dass die ausstellende Stelle neben der Tatsachenwahrnehmung eigene rechtliche Schlussfolgerungen zieht und eine entsprechende amtliche Feststellung zur Verwendung im Rechtsverkehr erstellt. So: *Grziwotz*, in: MüKo, BGB, 9. Aufl. 2022, § 2353 Rn. 5; ebenfalls für den Terminus „Bescheinigung": *Fröhler*, in: BeckOGK, BGB, Stand: 01.11.2022, § 2353 Rn. 46; vgl. auch: *Zimmermann*, ZEV 2010, 457: „Dieses Zeugnis ist kein Urteil oder Beschluss mit Rechtskraftwirkung, sondern nur eine Art gutachterlicher Bescheinigung, auf die in anderen Regelungen (§ 35 GBO; §§ 2365 ff. BGB) verwiesen wird." Zum Begriff der Bescheinigung ausführlich: *Limmer*, ZNotP 2002, 261 (263).

die gesetzlichen oder gewillkürten[40] Erben über das Erbrecht im Zeitpunkt des Erbfalls und, bei einer Mehrheit von Erben, über den Umfang des jeweiligen Erbteils.[41] Eine Bezifferung des Erbanteils findet nicht statt, wenn nach § 352a Abs. 2 Satz 2 FamFG alle Antragsteller auf die Aufnahme der Erbteile in den Erbschein verzichten.[42] Bei Anordnung einer Nacherbschaft oder Testamentsvollstreckung (§ 352b Abs. 1 und Abs. 2 FamFG) sind die jeweiligen Beschränkungen im Erbschein anzugeben.[43]

Der Erbschein ist seiner Natur nach ein reines Provisorium.[44] Er wirkt für das Erbrecht nur deklaratorisch, erwächst nicht in materielle Rechtskraft und hat keinen Einfluss auf die materiell-rechtliche Erbfolge.[45] Das Gesetz geht in §§ 2361 f. BGB, 353 FamFG selbst davon aus, dass sich ein erteilter Erbschein als unrichtig erweisen kann, und bestätigt daher implizit die Annahme, dass der Erbschein an der materiellrechtlichen Erbfolge nichts ändert und keine materiell rechtskräftige Entscheidung

---

[40] Der Entwurf 1 der I. Kommission gewährte nur dem gesetzlichen Erben die Möglichkeit, einen Antrag auf Erteilung eines Erbscheins zu stellen, § 2068. Abgedruckt bei: *Horn*, Materialienkommentar Erbrecht, Anhang III: Entwurf 1 der I. Kommission, S. 1537. Diese Differenzierung zwischen gesetzlicher und gewillkürter Erbfolge wurde von der II. Kommission aufgegeben: *Mugdan*, Die gesammten Materialien zum Bürgerlichen Gesetzbuch für das Deutsche Reich, V. Band, S. 833 f. (= Protokolle, S. 7761).

[41] *Herzog*, in: Staudinger, BGB, Neubearbeitung 2023, Einleitung zu §§ 2353–2370 Rn. 26. Zu den verschiedenen Arten des Erbscheins: *Herzog*, in: Staudinger, BGB, Neubearbeitung 2023, § 2353 Rn. 13 ff.

[42] Dabei ist umstritten, ob der Verzicht von allen infrage kommenden Miterben erklärt werden muss. Hierfür etwa: OLG München, NJW-RR 2019, 971 Rn. 6: „Ein solcher Verzicht muss zwar nicht in der Antragstellung selbst, jedoch von allen infrage kommenden Miterben ausdrücklich gegenüber dem NachlassG erklärt werden"; anders hingegen: OLG Düsseldorf, ZEV 2020, 167 n. amtl. Ls: „Für die Erteilung des quotenlosen gemeinschaftlichen Erbscheins nach § 352a Abs. 2 S. 2 FamFG genügt es, dass der antragstellende Miterbe den Verzicht auf die quotenmäßige Feststellung der Erbteile erklärt. Der Verzicht aller (potentiellen) Miterben auf die Angabe der Erbteilsquote ist nicht erforderlich." Siehe dazu die ablehnende Anmerkung von *Zimmermann*, ZEV 2020, 170; wie das OLG Düsseldorf jüngst: OLG Hamm, BeckRS 2022, 35450; zum Ganzen und gegen das Zustimmungserfordernis aller Miterben auch: *Kollmeyer*, NJW 2021, 1136 und dem wohl folgend („mit Recht darauf aufmerksam"): *Litzenburger*, FD-ErbR 2023, 455164; für ein Zustimmungserfordernis und mit weiteren Nachweisen: *Zimmermann*, in: Sternal, FamFG, 21. Aufl. 2023, § 352a Rn. 14.

[43] *Muscheler*, JURA 2009, 329 (330); *ders.*, Erbrecht, Band II, Rn. 3271; *Herzog*, in: Staudinger, BGB, Neubearbeitung 2023, Einleitung zu §§ 2353–2370 Rn. 26.

[44] *Mugdan*, Die gesammten Materialien zum Bürgerlichen Gesetzbuch für das Deutsche Reich, V. Band, S. 298 (= Motive, S. 558); dazu auch: BGH, ZEV 2010, 468 (469); *Scheer*, Der Erbschein, S. 32; *Grziwotz*, in: MüKo, BGB, 9. Aufl. 2022, § 2353 Rn. 2; *Herzog*, in: Staudinger, BGB, Neubearbeitung 2023, Einleitung zu §§ 2353–2370 Rn. 32.

[45] *Muscheler*, JURA 2009, 329 (330); *ders.*, Erbrecht, Band II, Rn. 3272; *Grziwotz*, in: MüKo, BGB, 9. Aufl. 2022, § 2353 Rn. 2; *Lange*, Erbrecht, 3. Aufl. 2022, § 78 Rn. 4; *Leipold*, Erbrecht, 23. Aufl. 2022, Rn. 651; vgl. auch: *Scheer*, Der Erbschein, S. 32.

über das Erbrecht darstellt.[46] Der Erbschein hat demnach keine Rechtsbegründungs-, sondern lediglich eine Klarstellungsfunktion.[47]

b) Rechtswirkungen der §§ 2365 ff. BGB unter besonderer Berücksichtigung des Gutglaubensschutzes

Für die Bankpraxis ist die Legitimation durch einen Erbschein von besonderer Bedeutung. Denn derjenige, dem ein (richtiger oder unrichtiger) Erbschein erteilt wurde, kann über Nachlassgegenstände insbesondere grundsätzlich wirksam verfügen, Bankkonten des Erblassers auflösen sowie wirksam Forderungen einziehen.[48] Die Bank kann daher an den im Erbschein ausgewiesenen Erben mit befreiender Wirkung leisten und ist wirksam davor geschützt, nochmals von dem möglicherweise später offenbar werdenden wahren Erben in Anspruch genommen zu werden. Der Grund dafür liegt in den Rechtswirkungen des Erbscheins:

Nach § 2365 BGB[49] wird vermutet, dass demjenigen, welcher in dem Erbschein als Erbe bezeichnet ist, das in dem Erbschein angegebene Erbrecht zum angegebenen Teil zustehe und dass er nicht durch andere als die angegebenen Anordnungen beschränkt sei.[50] Bei der Vermutung des § 2365 BGB handelt es sich um eine Rechtsvermutung, da das Bestehen eines materiellen Rechts (das Erbrecht) und nicht

---

[46] So auch: *Herzog*, in: Staudinger, BGB, Neubearbeitung 2023, Einleitung zu §§ 2353–2370 Rn. 32; *Leipold*, Erbrecht, 23. Aufl. 2022, Rn. 651; vgl. auch: BGH, ZEV 2010, 468 (469).

[47] Vgl. *Mugdan*, Die gesammten Materialien zum Bürgerlichen Gesetzbuch für das Deutsche Reich, V. Band, S. 301 (= Motive, S. 563), S. 838 (= Protokolle, S. 7784 f.); *Scheer*, Der Erbschein, S. 31; vgl. auch: *Muscheler*, JURA 2009, 329 (330); *ders.*, Erbrecht, Band II, Rn. 3272; *Lieder*, JURA 2010, 801 (801); *Dorth*, Das Verhältnis von Erbschein und Europäischem Nachlasszeugnis, S. 47; *Grziwotz*, in: MüKo, FamFG, 3. Aufl. 2019, § 352 Rn. 2; *ders.*, in: MüKo, BGB, 9. Aufl. 2022, § 2353 Rn. 2; *Lange*, Erbrecht, 3. Aufl. 2022, § 78 Rn. 4. Zur Klarstellungsfunktion auch: RGZ 154, 330 (333): „volle Klarheit und Sicherheit für alle Beteiligten".

[48] *Grziwotz*, FamRZ 2016, 417.

[49] Zur strukturellen Ähnlichkeit zwischen § 2365 BGB und § 891 BGB exemplarisch: *Muscheler*, JURA 2009, 731 (731); *ders.*, Erbrecht, Band II, Rn. 3335; *Ahrens*, in: Hausmann/Hohloch, Handbuch des Erbrechts, 2. Aufl. 2010, Kapitel 17 Rn. 78; *Leipold*, Erbrecht, 23. Aufl. 2022, Rn. 654.

[50] Über die Vorschrift des § 857 BGB erstreckt sich die Vermutungswirkung des § 2365 BGB auch darauf, dass der ausgewiesene Erbe Nachlassbesitzer geworden ist mit der Konsequenz, dass Besitzschutzmaßnahmen nach den §§ 859 ff. ergriffen werden können. Hingegen gilt die Vermutung nicht dahingehend, dass der im Erbschein Bezeichnete etwas aus der Erbschaft i. S. d. § 2018 BGB erlangt habe. Ebenso wenig erstreckt sich die Vermutung auf die Zugehörigkeit bestimmter Gegenstände zum Nachlass. Dazu nur: *Lange/Kuchinke*, Erbrecht, 5. Aufl. 2001, § 39. VII. 2. B) (= S. 1032) Fn. 224. Siehe auch: *Brox/Walker*, Erbrecht, 29. Aufl. 2021, § 35 Rn. 6; vgl. *Dorth*, Das Verhältnis von Erbschein und Europäischem Nachlasszeugnis, S. 49.

das Vorliegen einer Tatsache vermutet wird.[51] Diese Vermutung wirkt für und gegen den im Erbschein ausgewiesenen Erben, mithin in positiver Hinsicht die Vermutung für seine Erbenstellung (Richtigkeitsvermutung) und in negativer Hinsicht das Nichtbestehen anderer als der ausgewiesenen Beschränkungen (Vollständigkeitsvermutung).[52]

Die systematisch auf die Vermutung der Richtigkeit des Erbscheins folgenden §§ 2366 f. BGB bauen auf § 2365 BGB auf[53] und ermöglichen – zum Schutz der Verkehrssicherheit – im Umfang der Vermutungswirkung des § 2365 BGB den gutgläubigen Erwerb vom nichtberechtigten Erbscheinserben.[54] Der Gutglaubensschutz der §§ 2366 f. BGB setzt dabei – wie jeder gutgläubige Erwerb – ein Rechtsgeschäft in Form eines Verkehrsgeschäfts voraus.[55] §§ 2366 f. BGB schützen auch nur den guten Glauben an die Erbenstellung. Derjenige, der rechtsgeschäftlich mit dem Erbscheinserben in Kontakt tritt, wird so gestellt, als wäre dieser auch tatsächlich Erbe gewesen.[56]

Nach § 2366 BGB gilt der Inhalt des Erbscheins, soweit die Vermutung des § 2365 reicht,[57] zugunsten desjenigen als richtig, der von demjenigen, welcher in einem Erbschein als Erbe bezeichnet ist, durch Rechtsgeschäft[58] einen Erbschaftsgegenstand,[59] ein Recht an einem solchen Gegenstand oder die Befreiung von einem zur Erbschaft gehörenden Recht erwirbt, es sei denn, dass er die Unrichtigkeit kennt oder weiß, dass das Nachlassgericht die Rückgabe des Erbscheins wegen Unrichtigkeit verlangt hat. Durch § 2366 BGB wird dem Erbschein öffentlicher Glaube beigemessen und dadurch die Möglichkeit des Gutglaubenserwerbs vom Nichterben

---

[51] *Leipold*, Erbrecht, 23. Aufl. 2022, Rn. 654; *Grziwotz*, in: MüKo, BGB, 9. Aufl. 2022, § 2365 Rn. 6; *Herzog*, in: Staudinger, BGB, Neubearbeitung 2023, § 2365 Rn. 13; *Wall*, in: BeckOGK, BGB, Stand: 01.04.2023, § 2365 Rn. 2.

[52] Exemplarisch: *Muscheler*, JURA 2009, 731 (732 f.); *ders.*, Erbrecht, Band II, Rn. 3335; *Ahrens*, in: Hausmann/Hohloch, Handbuch des Erbrechts, 2. Aufl. 2010, Kapitel 17 Rn. 79; *Lange*, Erbrecht, 3. Aufl. 2022, § 78 Rn. 77.

[53] *Muscheler*, JURA 2009, 329 (330); *ders.*, Erbrecht, Band II, Rn. 3346.

[54] *Lange*, Erbrecht, 3. Aufl. 2022, § 78 Rn. 86.

[55] BGH, NJW 2015, 1881 Rn. 12; *Kindler/Paulus*, JuS 2013, 393 (395); *Leipold*, Erbrecht, 23. Aufl. 2022, Rn. 657a.

[56] *Dorth*, Das Verhältnis von Erbschein und Europäischem Nachlasszeugnis, S. 325; *Lange*, Erbrecht, 3. Aufl. 2022, § 78 Rn. 87; *Leipold*, Erbrecht, 23. Aufl. 2022, Rn. 658.

[57] Durch den Verweis des § 2366 BGB auf § 2365 BGB wird deutlich, dass die Wirkung des § 2366 BGB von der Vermutungswirkung des § 2365 BGB abhängig sein soll. Bei Entfall der Vermutung kommt ein Gutglaubenserwerb nicht mehr in Betracht. Das gilt in gleichem Maße für § 2367 BGB, der auf § 2366 BGB verweist. Siehe dazu: *Dorth*, Das Verhältnis von Erbschein und Europäischem Nachlasszeugnis, S. 325 f.

[58] Exemplarisch: *Lange*, Erbrecht, 3. Aufl. 2022, § 78 Rn. 89.

[59] Es muss sich mithin objektiv um einen Nachlassbestandteil handeln. Siehe nur: *Lange*, Erbrecht, 3. Aufl. 2022, § 78 Rn. 90; *Leipold*, Erbrecht, 23. Aufl. 2022, Rn. 656 Fn. 131.

geschaffen.[60] Demnach wird derjenige, der von dem im Erbschein zu Unrecht als Erben Bezeichneten einen Gegenstand aus dem Nachlass erwirbt, in seinem Vertrauen auf das Bestehen des im Erbschein ausgewiesenen Erbrechts geschützt.[61] Der Gutglaubensschutz setzt indessen nicht voraus, dass der Erwerber Kenntnis vom Erbschein hatte oder Einsicht nahm.[62] § 2366 BGB erfordert lediglich die Existenz eines wirksam erteilten, in Kraft befindlichen Erbscheins als Rechtsscheinträger.[63] In subjektiver Hinsicht ist zu beachten, dass der öffentliche Glaube des Erbscheins nur bei Rechtsgeschäften mit Bezug auf den Nachlass gilt.[64] Erforderlich ist demnach, dass der Erwerber die Vorstellung hat, einen Nachlassgegenstand zu erwerben.[65] Denn der Erbschein knüpft an die Unsicherheiten an, die sich aus den Grundprinzipien des Erbrechts ergeben. Lediglich der Anfall der Erbschaft gem. § 1922 Abs. 1 BGB steht fest, allerdings nicht die konkrete Person des Erben. Der Erbschein soll den Erben zur Verfügung über Nachlassgegenstände legitimieren und so vorbezeichnete Unsicherheiten vermeiden.[66] Wenn aber in Ermangelung eines Bewusstseins über die Nachlasszugehörigkeit des Erwerbsgegenstandes nicht auf das Erbrecht des Vertragspartners vertraut wird, es mithin von vornherein nicht auf die Eigenschaft des Erben ankommt, greift auch der Schutzzweck des § 2366 BGB – der Schutz des redlichen Dritten, der davon ausgeht, mit dem (wirklichen) Erben zu kontrahieren[67] – nicht Platz.[68] Wenn der im Erbschein ausgewiesene Erbe aber aus

---

[60] *Leipold*, Erbrecht, 23. Aufl. 2022, Rn. 656; siehe auch: *Terner*, Die Erbscheinserteilung nach dem FamFG, S. 7: „§§ 2366, 2367 BGB legen dem Erbschein öffentlichen Glauben bei." Die Voraussetzungen des gutgläubigen Erwerbs müssen dabei grundsätzlich bei Vollendung des Rechtserwerbs vorliegen. *Lange*, Erbrecht, 3. Aufl. 2022, § 78 Rn. 88. Weiterführend: *Dorth*, Das Verhältnis von Erbschein und Europäischem Nachlasszeugnis, S. 333.

[61] *Leipold*, Erbrecht, 23. Aufl. 2022, Rn. 656.

[62] BGHZ 33, 314 (317) = NJW 61, 605 (606); *Lieder*, JURA 2010, 801 (802, 804); *Kindler/Paulus*, JuS 2013, 393 (395); *Dorth*, Das Verhältnis von Erbschein und Europäischem Nachlasszeugnis, S. 328 f.; *Leipold*, Erbrecht, 23. Aufl. 2022, Rn. 656; *Lange*, Erbrecht, 3. Aufl. 2022, § 78 Rn. 88, 94; *Grziwotz*, in: MüKo, BGB, 9. Aufl. 2022, § 2366 Rn. 25; *Herzog*, in: Staudinger, BGB, Neubearbeitung 2023, § 2366 Rn. 5 m. w. N.

[63] *Lieder*, JURA 2010, 801 (802); vgl. auch: *Lange*, Erbrecht, 3. Aufl. 2022, § 78 Rn. 93.

[64] *Lange*, Erbrecht, 3. Aufl. 2022, § 78 Rn. 91.

[65] *Schlinker/Zickgraf*, JuS 2013, 876 (877); *Dorth*, Das Verhältnis von Erbschein und Europäischem Nachlasszeugnis, S. 331; *Röthel*, Erbrecht, 18. Aufl. 2020, § 30 Rn. 18; *Brox/Walker*, Erbrecht, 29. Aufl. 2021, § 35 Rn. 8; *Grziwotz*, in: MüKo, BGB, 9. Aufl. 2022, § 2366 Rn. 24; *Lange*, Erbrecht, 3. Aufl. 2022, § 78 Rn. 87; *Herzog*, in: Staudinger, BGB, Neubearbeitung 2023, § 2366 Rn. 6 f.; *Weidlich*, in: Grüneberg, BGB, 82. Aufl. 2023, § 2366 Rn. 2.

[66] *Lieder*, JURA 2010, 801 (804).

[67] Und in diesem Vorhaben durch den Inhalt des Erbscheins geschützt wird. *Herzog*, in: Staudinger, BGB, Neubearbeitung 2023, § 2366 Rn. 8.

[68] Vgl. *Lieder*, JURA 2010, 801 (804); *Dorth*, Das Verhältnis von Erbschein und Europäischem Nachlasszeugnis, S. 331; *Grziwotz*, in: MüKo, BGB, 9. Aufl. 2022, § 2366 Rn. 24; vgl. auch: *Schlinker/Zickgraf*, JuS 2013, 876 (877). Weitergehend wird es teilweise auch für ausreichend erachtet, wenn lediglich der Erbscheinserbe eine entsprechende Vorstellung hat. Hierfür etwa: *Grziwotz*, in: MüKo, BGB, 9. Aufl. 2022, § 2366 Rn. 24; dagegen: *Herzog*, in: Staudinger, BGB, Neubearbeitung 2023, § 2366 Rn. 8.

der Sicht des Erwerbers beziehungsweise Leistenden nicht als Erbe, sondern als allgemein Berechtigter auftritt, kann Gutglaubensschutz allenfalls nach den allgemeinen Vorschriften erfolgen.[69]

§ 2367 BGB ergänzt § 2366 BGB und erweitert den Gutglaubensschutz auf Leistungen, die an den Erbscheinserben „aufgrund eines zur Erbschaft gehörenden Rechts“[70] bewirkt werden, dessen Verfügungsbeschränkungen nicht im Erbschein ausgewiesen sind (Alt. 1).[71] An den Erbscheinserben kann mit befreiender Wirkung geleistet werden.[72] Die Leistung ist gegenüber dem wahren Erben wirksam, sodass der Nachlassschuldner von seiner Verbindlichkeit frei wird.[73] Der wahre Erbe kann sodann Ansprüche aus § 816 Abs. 2 BGB sowie §§ 2018 ff. BGB gegen den Erbscheinserben geltend machen, soweit eine Leistung an den Erbscheinserben zum Erlöschen einer zum Nachlass gehörenden Forderung führt.[74] Zudem erweitert § 2367 Alt. 2 BGB den Schutz des öffentlichen Glaubens auf Verfügungen „in Ansehung eines solchen Rechts“, die nicht unter § 2366 BGB fallen.[75] Infolge des Verweises auf § 2366 BGB („Die Vorschrift des § 2366 findet entsprechende Anwendung“) sind die Voraussetzungen dieser Vorschrift zu beachten.[76] Für den Erbfall in der Bankpraxis bedeutet dies, dass die Bank an den als Erben auftretenden Erbscheinserben Geldbeträge zulasten des Nachlasskontos rechtssicher auszahlen sowie Schecks des Erblassers einlösen darf und darüber hinaus den Widerruf einer Vollmacht ebenso wie die Löschung eines Dauerauftrags zu akzeptieren hat. Auch kann sie das Konto des Erblassers auf den Erbscheinserben umschreiben.[77] Dies verdeutlicht, warum der Erbschein auch als der „beste“[78] Nachweis der Erbfolge – insbesondere für den Rechtsverkehr – bezeichnet werden kann. Denn selbst für den

[69] *Lange*, Erbrecht, 3. Aufl. 2022, § 78 Rn. 87.

[70] Deshalb fallen solche Leistungen, die an den Erbscheinserben, aber *nicht* „aufgrund eines zur Erbschaft gehörenden Rechts“ bewirkt werden, nicht unter § 2367 BGB. Siehe: *Herzog*, in: Staudinger, BGB, Neubearbeitung 2023, § 2367 Rn. 9.

[71] Exemplarisch: *Röthel*, Erbrecht, 18. Aufl. 2020, § 30 Rn. 23; *Grziwotz*, in: MüKo, BGB, 9. Aufl. 2022, § 2367 Rn. 1; *Lange*, Erbrecht, 3. Aufl. 2022, § 78 Rn. 99; *Weidlich*, in: Grüneberg, BGB, 82. Aufl. 2023, § 2367 Rn. 1.

[72] *Lieder*, JURA 2010, 801 (804); *Wall*, in: BeckOGK, BGB, Stand: 01.04.2023, § 2367 Rn. 4.

[73] *Lieder*, JURA 2010, 801 (804); *Röthel*, Erbrecht, 18. Aufl. 2020, § 30 Rn. 23.

[74] *Leipold*, Erbrecht, 23. Aufl. 2022, Rn. 660; *Lange*, Erbrecht, 3. Aufl. 2022, § 78 Rn. 101; *Wall*, in: BeckOGK, BGB, Stand: 01.04.2023, § 2367 Rn. 42; *Herzog*, in: Staudinger, BGB, Neubearbeitung 2023, § 2367 Rn. 17; *Rottmann*, JuS 2023, 815 (819).

[75] *Röthel*, Erbrecht, 18. Aufl. 2020, § 30 Rn. 24; *Lange*, Erbrecht, 3. Aufl. 2022, § 78 Rn. 99; *Herzog*, in: Staudinger, BGB, Neubearbeitung 2023, § 2367 Rn. 2.

[76] *Lange*, Erbrecht, 3. Aufl. 2022, § 78 Rn. 101; vgl. *Grziwotz*, in: MüKo, BGB, 9. Aufl. 2022, § 2367 Rn. 2.

[77] *Gößmann/Rodi*, in: Hellner/Steuer, Bankrecht und Bankpraxis, 141. EL. Juni 2019, Rn. 1/142; *Bunte/Artz*, in: Ellenberger/Bunte, Bankrechts-Handbuch, 6. Aufl. 2022, § 3 Nr. 5 AGB-Banken Rn. 26.

[78] Ganz allgemein: *Grziwotz*, in: MüKo, BGB, 9. Aufl. 2022, § 2353 Rn. 4.

Fall, dass später offenbar wird, dass der Erbscheinserbe nicht wahrer Erbe ist, liegt eine rechtmäßige, gegenüber dem wahren Erben wirksame Leistung vor.[79]

Die Vermutungswirkung des § 2365 BGB und damit auch die Wirkungen der §§ 2366 f. BGB[80] entfallen jedoch bei mehreren in Kraft befindlichen Erbscheinen, soweit ein Widerspruch besteht.[81] Denn der Gutglaubenserwerb knüpft nach allgemeinen Grundsätzen an einen tauglichen Rechtsscheinträger an.[82] Letzterer ist im Rahmen der §§ 2366 f. BGB *der* Erbschein; eine Mehrheit von Erbscheinen ist – soweit sie sich widersprechen – kein tauglicher Rechtsscheinträger.[83] Auf sich widersprechende Umstände kann nicht vertraut werden.[84] In gleichem Maße ist eine Vermutung hinsichtlich sich inhaltlich widersprechender Umstände unmöglich.[85] Bei den §§ 2365 ff. BGB geht es gerade um abstrakten Vertrauensschutz[86] und ein

---

[79] *Gößmann/Rodi*, in: Hellner/Steuer, Bankrecht und Bankpraxis, 141. EL. Juni 2019, Rn. 1/142.

[80] Für viele: *Dorth*, Das Verhältnis von Erbschein und Europäischem Nachlasszeugnis, S. 338; *Grziwotz*, in: MüKo, BGB, 9. Aufl. 2022, § 2366 Rn. 6; *Herzog*, in: Staudinger, BGB, Neubearbeitung 2023, § 2366 Rn. 42; mit umfassenden Nachweisen: *Wall*, in: BeckOGK, BGB, Stand: 01.04.2023, § 2366 Rn. 65. Dass der Gutglaubensschutz von der Vermutung des § 2365 BGB abhängig ist, ergibt sich aus dem klaren Wortlaut des § 2366 BGB („soweit die Vermutung des § 2365 reicht"), auf den wiederum § 2367 BGB verweist.

[81] BGHZ 33, 314 (317) = NJW 1961, 605 (606); BGHZ 58, 105 (107 f.) = NJW 1972, 582; BGH, NJW-RR 1990, 1159 (1160); *Kipp/Coing*, Erbrecht, 14. Aufl. 1990, § 103 III. (= S. 574); *Muscheler*, JURA 2009, 731 (732); *ders.*, Erbrecht, Band II, Rn. 3336; *Lieder*, JURA 2010, 801 (802); *Omlor*, ERbR 2015, 286 (290); *Dorth*, Das Verhältnis von Erbschein und Europäischem Nachlasszeugnis, S. 337 f.; *Brox/Walker*, Erbrecht, 29. Aufl. 2021, § 35 Rn. 7, allerdings unter Hinweis darauf, dass zu erwägen sei, ob der auf einen ihm vorgelegten, unrichtigen Erbschein Vertrauende nach allgemeinen Rechtsgrundsätzen Schutz verdiene; *Lange*, Erbrecht, 3. Aufl. 2022, § 78 Rn. 93; *Gierl*, in: Burandt/Rojahn, Erbrecht, 4. Aufl. 2022, § 2365 BGB Rn. 3; *Grziwotz*, in: MüKo, BGB, 9. Aufl. 2022, § 2365 Rn, 4, § 2366 Rn. 6; *Kroiß*, in: NK-BGB, 6. Aufl. 2022, § 2365 Rn. 5; *Herzog*, in: Staudinger, BGB, Neubearbeitung 2023, § 2365 Rn. 25; *Weidlich*, in: Grüneberg, BGB, 82. Aufl. 2023, § 2366 Rn. 3; *Wall*, in: BeckOGK, BGB, Stand: 01.04.2023, § 2366 Rn. 64; siehe auch: *Röthel*, Erbrecht, 18. Aufl. 2020, § 30 Rn. 12, wonach sich in diese Richtung auch der Wortlaut des § 2365 BGB verstehen lasse, wo zweimal von „dem Erbschein" die Rede ist. Abweichend: *Canaris*, Die Vertrauenshaftung im deutschen Privatrecht, S. 508; *Lemke*, Der Erbschein im System der Gutglaubensvorschriften, S. 57; *Parodi*, AcP 185 (1985), 362 (372 f.); *Herminghausen*, NJW 1986, 571 (571 ff.); *Lange/Kuchinke*, Erbrecht, 5. Aufl. 2001, § 39. VII. 2. b) (= S. 1032) Fn. 223; wohl mit Tendenzen in diese Richtung: *Ahrens*, in: Hausmann/Hohloch, Handbuch des Erbrechts, 2. Aufl. 2010, Kapitel 17 Rn. 79.

[82] *Lieder*, JURA 2010, 801 (802).

[83] *Lieder*, JURA 2010, 801 (802).

[84] *Lieder*, JURA 2010, 801 (802).

[85] *Lieder*, JURA 2010, 801 (802); im Anschluss daran: *Wall*, in: BeckOGK, BGB, Stand: 01.04.2023, § 2366 Rn. 64.

[86] *Lieder*, JURA 2010, 801 (802); *ders.*, AcP 210 (2010), 857 (895 f.); *Omlor*, ERbR 2015, 286 (290); *Dorth*, Das Verhältnis von Erbschein und Europäischem Nachlasszeugnis, S. 337 f.; *Wall*, in: BeckOGK, BGB, Stand: 01.04.2023, § 2366 Rn. 66.

abstrakter Vertrauenstatbestand kann bei sich inhaltlich widersprechenden Erbscheinen nicht bestehen.[87]

Im Übrigen enden die vorbezeichneten Wirkungen des Erbscheins (§§ 2365 ff. BGB) mit Kraftloswerden durch Einziehung (§ 2361 BGB), Kraftloserklärung (§ 353 FamFG)[88] oder Herausgabe[89] an das Nachlassgericht auf Verlangen des wirklichen Erben (§ 2362 Abs. 1 BGB).[90] Die Rückgabe des Erbscheins aufgrund einstweiliger Anordnung respektive Verfügung[91] wirkt sich dagegen nicht auf die Vermutungswirkung und damit auf den Gutglaubensschutz aus. Denn der abstrakte Gutglaubensschutz setzt gerade nicht voraus, dass der im Erbschein als Erbe bezeichnete Erbe tatsächlich auch im Besitz des Erbscheins ist.[92]

2. Verfügungen von Todes wegen

Wie zuvor aufgezeigt, ist neben dem Nachweis des Erbrechts durch einen Erbschein – ungeachtet der an späterer Stelle näher zu erörternden Frage nach der konkreten Nachweiseignung – auch ein Nachweis durch Verfügungen von Todes wegen, also durch einseitige Verfügungen von Todes wegen (Testament, letztwillige Verfügung) gem. § 1937 BGB oder durch Erbvertrag gem. § 1941 BGB, in *Verbindung mit dem zugehörigen gerichtlichen Eröffnungsprotokoll* gem. § 348 Abs. 1 Satz 2 FamFG denkbar. Hierbei ist in einem ersten Schritt a) zu erläutern, warum der Nachweis der Erbfolge durch Verfügung von Todes wegen überhaupt nur i. V. m. der zugehörigen Eröffnungsniederschrift in Betracht kommt. Anschließend b) werden

---

[87] So auch bereits: *Lieder*, JURA 2010, 801 (802); im Anschluss daran: *Wall*, in: BeckOGK, BGB, Stand: 01.04.2023, § 2366 Rn. 66.

[88] Zu den Risiken der Bank bei der Kraftloserklärung: *Gößmann/Rodi*, in: Hellner/Steuer, Bankrecht und Bankpraxis, 141. EL. Juni 2019, Rn. 1/146.

[89] Vgl. dazu mit umfassenden Nachweisen: *Grziwotz*, in: MüKo, BGB, 9. Aufl. 2022, § 2362 Rn. 11.

[90] *Grziwotz*, in: MüKo, BGB, 9. Aufl. 2022, § 2365 Rn. 8; *Herzog*, in: Staudinger, BGB, Neubearbeitung 2023, § 2365 Rn. 12; vgl. auch zur Bedeutung der Fälle der Einziehung des Erbscheins sowie der Abwicklung des Herausgabeanspruchs des wahren Erben gegen den Erbscheinserben: *Gößmann/Rodi*, in: Hellner/Steuer, Bankrecht und Bankpraxis, 141. EL. Juni 2019, Rn. 1/144 f. und konkret Rn. 1/145: „Diese beiden Fälle sind für die Bank unproblematisch, weil das Erlöschen des Gutglaubensschutzes mit dem Verschwinden der Urkunde aus dem Rechtsverkehr einhergeht."

[91] Zu den unterschiedlichen Fällen des einstweiligen Rechtsschutzes: *Herzog*, in: Staudinger, BGB, Neubearbeitung 2023, § 2361 Rn. 110 ff., § 2362 Rn. 19 ff.

[92] Zu Vorstehendem: *Muscheler*, JURA 2009, 731 (732); *ders.*, Erbrecht, Band II, Rn. 3337; vgl. auch: *Grziwotz*, in: MüKo, BGB, 9. Aufl. 2022, § 2361 Rn. 47 mit umfangreichen weiteren Nachweisen und dem praktischen Hinweis: „Da aber die Vorlage der Erbscheinsausfertigung im Rechtsverkehr regelmäßig vor Abschluss eines Geschäfts verlangt wird, wird ihre praktische Ausnutzung erheblich erschwert bzw. bei einer Hinterlegung sogar unmöglich gemacht."; siehe auch: *Weidlich*, in: Grüneberg, BGB, 82. Aufl. 2023, § 2361 Rn. 8; *Herzog*, in: Staudinger, BGB, Neubearbeitung 2023, § 2361 Rn. 113; § 2362 Rn. 20; insbesondere zum Schutz vor den Vorschriften der §§ 2365 ff. BGB: Rn. 24 ff.

die Rechtswirkungen dieser Nachweisform dargestellt, um die Unterschiede zum Erbschein sichtbar zu machen.

a) Die Notwendigkeit der Eröffnungsniederschrift

Sofern man ein Testament oder einen Erbvertrag zum Nachweis der Erbfolge genügen lassen möchte, ist die Vorlage der zugehörigen Eröffnungsniederschrift zwingende Voraussetzung.[93] Dies rechtfertigt sich daraus, dass durch die von Gesetzes wegen vorgesehene Eröffnung (§ 348 Abs. 1 Satz 1 FamFG) gerade auch im Interesse des Rechtsfriedens und der Rechtssicherheit eine geordnete Nachlassabwicklung sicherstellen soll[94] und das Eröffnungsprotokoll insoweit – trotz fehlender Gutglaubensschutzvorschriften bei Verfügungen von Todes wegen (dazu unter b)) – jedenfalls zu einer gewissen Absicherung des Rechtsverkehrs führt:[95]

§ 348 Abs. 1 FamFG normiert die Eröffnungs*pflicht* des Nachlassgerichts für Verfügungen von Todes wegen.[96] Die Eröffnung hat gem. § 348 Abs. 1 Satz 1 FamFG von Amts wegen zu erfolgen.[97] Nach § 348 Abs. 1 Satz 2 FamFG muss eine Niederschrift über die Eröffnung gefertigt werden. Das Gericht kann gem. § 348 Abs. 2 Satz 1 FamFG zur Eröffnung der Verfügung von Todes wegen einen Termin bestimmen und die gesetzlichen Erben sowie die sonstigen Beteiligten zum Termin laden, wobei den Erschienenen der Inhalt der Verfügung von Todes wegen mündlich bekannt zu geben ist (§ 348 Abs. 2 Satz 2 FamFG).[98] Inhaltlich hat die Niederschrift über die Eröffnung neben der Feststellung, ob der Verschluss einer verschlossenen Verfügung von Todes wegen unversehrt war (§ 348 Abs. 1 Satz 3 FamFG), die die Eröffnung betreffenden wesentlichen Tatsachen zu enthalten.[99] In der Niederschrift sind auch alle dem Gericht bekannten[100] Verfügungen und deren zeitliche Reihen-

---

[93] So offenbar auch die Ansicht des BGH: BGHZ 209, 329 = NJW 2016, 2409 Rn. 25; zu dieser Schlussfolgerung ebenso: *Gößmann/Rodi*, in: Hellner/Steuer, Bankrecht und Bankpraxis, 141. EL. Juni 2019, Rn. 1/137f; vgl. ferner: *Keim*, ZEV 2014, 277 (279 f.); *Szalai*, NotBZ 2016, 370 (378); *Schebesta/Kalkbrenner*, Bankprobleme beim Tod eines Kunden, 15. Aufl. 2019, Rn. 632; *Litzenburger*, in: BeckOK, BGB, 67. Ed. Stand: 01.08.2023, § 2232 Rn. 22.

[94] Vgl. LG München I, NJW-RR 2000, 1319; *Muscheler*, in: MüKo, FamFG, 3. Aufl. 2019, § 348 Rn. 1; *Schlögel*, in: BeckOK, FamFG, 47. Ed. Stand: 01.08.2023, § 348 Rn. 1.

[95] In diese Richtung auch: *Gößmann/Rodi*, in: Hellner/Steuer, Bankrecht und Bankpraxis, 141. EL. Juni 2019, Rn. 1/137f.

[96] *Zorn*, in: Prütting/Helms, FamFG, 6. Aufl. 2023, § 348 Rn. 2.

[97] *Zimmermann*, in: Sternal, FamFG, 21. Aufl. 2023, § 348 Rn. 16.

[98] Zu den Besonderheiten bei der Eröffnung von gemeinschaftlichen Testamenten und Erbverträgen: § 349 FamFG und im Einzelnen: *Muscheler*, in: MüKo, FamFG, 3. Aufl. 2019, § 349 Rn. 1–6.

[99] *Muscheler*, in: MüKo, FamFG, 3. Aufl. 2019, § 348 Rn. 17.

[100] Allgemein zu den verwahrten Verfügungen: *Zimmermann*, in: Sternal, FamFG, 21. Aufl. 2023, § 348 Rn. 9.

folge zu erwähnen.[101] Insoweit ist zu sehen, dass durch die Einführung des elektronischen[102] zentralen Testamentsregisters (§§ 78c ff. BNotO) die Gefahr, dass die als Erbnachweis vorgelegte und eröffnete Verfügung von Todes wegen durch ein spätere, nicht im Eröffnungsprotokoll erwähnte widerrufen worden ist, verringert wurde.[103] Hierdurch erfolgte eine Totalrevision des Benachrichtigungswesens, welches nunmehr ein einfacheres, schnelleres und effizienteres Gesamtsystem darstellt.[104] Wichtige Angaben zu in gerichtlicher oder notarieller Verwahrung befindlichen erbfolgerelevanten Urkunden werden in das zentrale Testamentsregister[105] aufgenommen.[106] Die Verwahrstellen übermitteln – entsprechend der Mitteilungspflicht gem. § 347 FamFG sowie § 34a Abs. 1 BeurkG –[107] die Verwahrangaben

---

[101] *Keim*, WM 2006, 753; *Gößmann/Rodi*, in: Hellner/Steuer, Bankrecht und Bankpraxis, 141. EL. Juni 2019, Rn. 1/154a; vgl. *Keim*, ZEV 2014, 277 (280).

[102] Vgl. § 78c Abs. 1 Satz 1 BNotO.

[103] *Keim*, ZEV 2014, 277 (280); *Szalai*, NotBZ 2016, 370 (378); *Gößmann/Rodi*, in: Hellner/Steuer, Bankrecht und Bankpraxis, 141. EL. Juni 2019, Rn. 1/154a.

[104] BT-Drs. 17/2583, S. 11 f.

[105] Zum Inhalt des Zentralen Testamentsregisters: § 78d BNotO: „(1) [1]In das Zentrale Testamentsregister werden Verwahrangaben zu erbfolgerelevanten Urkunden aufgenommen, die

1. von Notaren nach § 34a Absatz 1 oder 2 des Beurkundungsgesetzes zu übermitteln sind oder

2. von Gerichten nach Absatz 4 Satz 1 sowie nach § 347 des Gesetzes über das Verfahren in Familiensachen und in den Angelegenheiten der freiwilligen Gerichtsbarkeit zu übermitteln sind.

[2]Weiterer Inhalt des Zentralen Testamentsregisters sind

1. Verwahrangaben, die nach § 1 des Testamentsverzeichnis-Überführungsgesetzes überführt worden sind, und

2. Mitteilungen, die nach § 9 des Testamentsverzeichnis-Überführungsgesetzes überführt worden sind.

[3]Die gespeicherten Daten sind mit Ablauf des 30. auf die Sterbefallmitteilung folgenden Kalenderjahres zu löschen.

(2) [1]Erbfolgerelevante Urkunden sind Testamente, Erbverträge und alle Urkunden mit Erklärungen, welche die Erbfolge beeinflussen können, insbesondere Aufhebungsverträge, Rücktritts- und Anfechtungserklärungen, Erb- und Zuwendungsverzichtsverträge, Ehe- und Lebenspartnerschaftsverträge und Rechtswahlen. [2]Verwahrangaben sind Angaben, die zum Auffinden erbfolgerelevanter Urkunden erforderlich sind.

(3) Registerfähig sind nur erbfolgerelevante Urkunden, die

1. öffentlich beurkundet worden sind oder

2. in amtliche Verwahrung genommen worden sind.

(4) [1]Handelt es sich bei einem gerichtlichen Vergleich um eine erbfolgerelevante Urkunde im Sinne von Absatz 2 Satz 1, übermittelt das Gericht unverzüglich die Verwahrangaben an die das Zentrale Testamentsregister führende Registerbehörde nach Maßgabe der nach § 78c Absatz 2 und 3 erlassenen Rechtsverordnung. [2]Der Erblasser teilt dem Gericht die zur Registrierung erforderlichen Daten mit.“

[106] *Lange*, Erbrecht, 3. Aufl. 2022, § 37 Rn. 153.

[107] *Lange*, Erbrecht, 3. Aufl. 2022, § 37 Rn. 153.

i. S. d. § 78d Abs. 2 Satz 2 BNotO an das Zentrale Testamentsregister.[108] Soweit im Zentralen Testamentsregister Verwahrangaben registriert sind, teilt die Registerbehörde, nachdem sie vom zuständigen Standesamt eine Sterbefallmitteilung erhalten hat, dem nach § 343 FamFG zuständigen Nachlassgericht mit, welche Verwahrangaben im Register enthalten sind, welche Verwahrstelle sie benachrichtigt hat und übersendet die Sterbemitteilung, § 7 Abs. 3 Satz 1 ZTRV, § 78e Satz 3 BNotO. Auch den betroffenen Verwahrstellen wird die Sterbefallmitteilung sowie die Zuständigkeiten aller beteiligten Stellen übermittelt, § 7 Abs. 1 ZTRV, § 78e Satz 3 BNotO.[109]

Daher ist mit der Eröffnungsniederschrift jedenfalls die Gefahr (unbekannter) gegenläufiger, *in Verwahrung befindlicher* Verfügungen von Todes wegen erheblich entschärft.[110] Wenngleich damit eine generelle Abschwächung der Gefahr (späterer) widerläufiger und potentiell aufhebender Verfügungen einhergeht, ist diese nicht vollständig beseitigt.[111] Denn eine entsprechende Mitteilung der Verwahrangaben durch die Registerbehörde setzt die amtliche Verwahrung der nachlassrelevanten Urkunden voraus und diese ist bei privatschriftlichen Testamenten nicht weit verbreitet.[112] Des Weiteren ist auch nicht gänzlich auszuschließen, dass dem zuständigen Nachlassgericht andernorts verwahrte[113] Verfügungen von Todes wegen zum Zeitpunkt der Eröffnung (noch) nicht bekannt sind.[114] Der Grund liegt darin, dass das Nachlassgericht nach § 348 Abs. 1 FamFG eröffnen muss, sobald es vom Tod des Erblassers Kenntnis erlangt, mithin schnellstmöglich und daher im Zweifel auch

---

[108] *Gößmann/Rodi*, in: Hellner/Steuer, Bankrecht und Bankpraxis, 141. EL. Juni 2019, Rn. 1/154a. Vgl. zu den Verwahrangaben § 1 ZTRV. Dazu gehören die Personenstandsdaten des Erblassers (§ 1 Satz 1 Nr. 1 ZTRV), die Bezeichnung und Anschrift der Verwahrstelle (§ 1 Satz 1 Nr. 2 ZTRV), die Verwahrnummer, Verwahrbuchnummer oder Aktenzeichen des Verfahrens der Verwahrstelle (§ 1 Satz 1 Nr. 3 ZTRV 3), Art und Datum der Errichtung der erbfolgerelevanten Urkunde (§ 1 Satz 1 Nr. 4 ZTRV) und Name, Amtssitz und Urkundenrollen-Nummer des Notars bei notariellen Urkunden (§ 1 Satz 1 Nr. 5 ZTRV). Nach § 1 Satz 2 ZTRV kann die Registerbehörde zusätzliche Angaben aufnehmen, die für das Auffinden der erbfolgerelevanten Urkunde erforderlich sind.

[109] *Zorn*, in: Prütting/Helms, FamFG, 6. Aufl. 2023, § 348 Rn. 17.

[110] *Keim*, ZEV 2014, 277 (280); *Szalai*, NotBZ 2016, 370 (378 f.); *Gößmann/Rodi*, in: Hellner/Steuer, Bankrecht und Bankpraxis, 141. EL. Juni 2019, Rn. 1/154a.

[111] So: *Szalai*, NotBZ 2016, 370 (378).

[112] *Szalai*, NotBZ 2016, 370 (378).

[113] Vgl. etwa die besondere Zuständigkeit: § 344 Abs. 6 FamFG: „Hat ein anderes Gericht als das nach § 343 zuständige Gericht eine Verfügung von Todes wegen in amtlicher Verwahrung, ist dieses Gericht für die Eröffnung der Verfügung zuständig." Daran anknüpfend: § 350 FamFG: „Hat ein nach § 344 Abs. 6 zuständiges Gericht die Verfügung von Todes wegen eröffnet, hat es diese und eine beglaubigte Abschrift der Eröffnungsniederschrift dem Nachlassgericht zu übersenden; eine beglaubigte Abschrift der Verfügung von Todes wegen ist zurückzubehalten."

[114] *Gößmann/Rodi*, in: Hellner/Steuer, Bankrecht und Bankpraxis, 141. Lfg., Rn. 1/154a; ferner: *Keim*, ZEV 2014, 277 (280).

bevor Kenntnis über anderweitige Verfügungen von Todes wegen erlangt wurde.[115] Daher kann das Eröffnungsprotokoll gegenwärtig nicht den Anschein der Vollständigkeit hinsichtlich der Existenz vorhandener Verfügungen begründen,[116] gewährt jedoch immerhin eine gewisse Absicherung gegen das Vorhandensein widerläufiger Verfügungen.[117]

Daneben ist die Eröffnung zwar nur ein bloßer Formalakt, der ohne Wirksamkeits- oder Inhaltsprüfung erfolgt,[118] sodass folglich für die Eröffnung bereits die Möglichkeit des Vorliegens einer Verfügung von Todes wegen genügt.[119] Allerdings dient die Eröffnungsniederschrift immerhin der Feststellung, ob überhaupt eine (potentiell wirksame) Verfügung vorliegt[120] und macht zusätzlich die Vorlage der Sterbeurkunde obsolet, da der Tod des Erblassers bereits in der Eröffnungsverhandlung nachzuweisen ist.[121]

In Ansehung dessen und des Umstandes, dass das Eröffnungsprotokoll i. S. e. geordneten Nachlassabwicklung jedenfalls eine gewisse Absicherung gegen die Existenz aufhebender Verfügungen von Todes wegen gewährt,[122] kommt eine Erbenlegitimation im Privatrechtsverkehr durch Vorlage einer Verfügung von Todes wegen überhaupt nur dann in Betracht, wenn diese in Verbindung mit der Eröffnungsniederschrift i. S. d. § 348 Abs. 1 FamFG vorgelegt wird. Dem entspricht es, wenn die Rechtsordnung für den behördlichen Rechtsverkehr, beispielsweise in § 35 Abs. 1 Satz 2 GBO, vorsieht, dass an die Stelle des Erbscheins eine öffentliche Verfügung von Todes wegen *und* die Niederschrift über die Eröffnung der Verfügung treten kann. Sachliche Gründe für eine abweichende Behandlung des Privatrechtsverkehrs sind nicht ersichtlich.

---

[115] Siehe nur: *Zorn*, in: Prütting/Helms, FamFG, 6. Aufl. 2023, § 348 Rn. 16; darauf im Kontext der Frage nach dem Erbnachweis hinweisend: *Keim*, ZEV 2014, 277 (280); *Szalai*, NotBZ 2016, 370 (378); *Gößmann/Rodi*, in: Hellner/Steuer, Bankrecht und Bankpraxis, 141. Lfg., Rn. 1/154a.

[116] Ebenso: *Szalai*, NotBZ 2016, 370 (378).

[117] *Gößmann/Rodi*, in: Hellner/Steuer, Bankrecht und Bankpraxis, 141. EL. Juni 2019, Rn. 1/137f.

[118] OLG München, NJW-RR 2022, 10 Rn. 8; *Keim*, WM 2006, 753: „prüft das Nachlassgericht in keiner Weise die Rechtswirksamkeit des abgelieferten Testaments.“; *Krug*, in: FS Spiegelberger, 1025 (1029); *Schebesta/Kalkbrenner*, Bankprobleme beim Tod eines Kunden, 15. Aufl. 2019, Rn. 625; *Burandt/Krämer*, in: Schulte-Bunert/Weinreich, FamFG, 7. Aufl. 2023, § 348 Rn. 6: „Die genaue Prüfung der Wirksamkeit ist dem späteren Nachlassverfahren vorbehalten.“ Ebenso: *Gierl*, in: Burandt/Rojahn, Erbrecht, 4. Aufl. 2022, § 348 FamFG Rn. 2: „Für eine inhaltliche Prüfung des Regelungsinhalts und -umfangs letztwilliger Verfügungen ist im Eröffnungsverfahren kein Raum“; *Krätzschel*, in: Krätzschel/Falkner/Döbereiner, Nachlassrecht, § 37 Rn. 1.

[119] *Burandt/Krämer*, in: Schulte-Bunert/Weinreich, FamFG, 7. Aufl. 2023, § 348 Rn. 4.

[120] OLG München, NJW-RR 2022, 10 Rn. 8; *Szalai*, NotBZ 2016, 370 (378 Fn. 64 a. E.).

[121] *Schebesta/Kalkbrenner*, Bankprobleme beim Tod eines Kunden, 15. Aufl. 2019, Rn. 633.

[122] *Gößmann/Rodi*, in: Hellner/Steuer, Bankrecht und Bankpraxis, 141. EL. Juni 2019, Rn. 1/137f.

Um dem Erfordernis einer Eröffnungsniederschrift zu genügen, reicht der bloße „Eröffnet"-Stempel mit Datum und Unterschrift des Rechtspflegers[123] auf der Urschrift der Verfügung selbst allerdings nicht aus.[124] Dagegen streitet der Wortlaut des § 348 Abs. 1 Satz 3 FamFG.[125] Danach ist für den Fall, dass die Verfügung verschlossen war, in der Niederschrift festzustellen, ob der Verschluss unversehrt war. Die Formulierung „in der Niederschrift" legt vielmehr nahe, dass damit ein gesondertes Dokument und gerade nicht die Verfügung selbst gemeint ist. Weiter tritt durch § 350 FamFG zu Tage, dass eine separate Urkunde zu fordern ist.[126] § 350 FamFG sieht vor: „Hat ein nach § 344 Abs. 6 zuständiges Gericht die Verfügung von Todes wegen eröffnet, hat es diese und eine beglaubigte Abschrift der Eröffnungsniederschrift dem Nachlassgericht zu übersenden; eine beglaubigte Abschrift der Verfügung von Todes wegen ist zurückzubehalten." Halbsatz 1 verdeutlicht, dass der Gesetzgeber die Niederschrift als eine separate Urkunde versteht.[127]

Nach alldem gilt für die nachfolgende Untersuchung: Sofern von einem Erbnachweis durch Verfügung von Todes wegen die Rede ist, gilt dies – im Einklang mit der bisherigen Rechtsprechung[128] – nur für die Vorlage der Verfügung von Todes wegen *nebst zugehöriger separater Eröffnungsniederschrift.* Denn nur dann kommt ein Erbnachweis durch Verfügung von Todes wegen überhaupt in Betracht.

b) Rechtswirkungen

Zwar besteht nach dem zuvor Gesagten mit dem Eröffnungsprotokoll ein gewisses Sicherungsmoment für den Rechtsverkehr, allerdings unterscheidet sich der Nachweis der Erbenstellung durch eine Verfügung von Todes wegen erheblich von dem durch einen Erbschein. Grund dafür sind die unterschiedlichen Rechtswirkungen:

---

[123] *Schlögel*, in: BeckOK, FamFG, 47. Ed. Stand: 01.08.2023, § 348 Rn. 10.

[124] Ebenso: zur damaligen Rechtslage §§ 2260–2262 BGB: *Hagena*, in: MüKo, BGB, 4. Aufl. 2004, § 2260 Rn. 34; zum geltenden Recht: *Muscheler*, in: MüKo, FamFG, 3. Aufl. 2019, § 348 Rn. 19; *Zimmermann*, in: Sternal, FamFG, 21. Aufl. 2023, § 348 Rn. 33; *Schlögel*, in: BeckOK, FamFG, 47. Ed. Stand: 01.08.2023, § 348 Rn. 10; siehe bereits: *Westphal*, Rpfleger 1980, 458 (460); vermittelnd hingegen: *Rellermeyer*, in: Dutta/Jacoby/Schwab, FamFG, 4. Aufl. 2022, § 348 Rn. 6, wonach der Eröffnungsvermerk auf der Urschrift die Niederschrift jedenfalls dann nicht ersetze, „wenn nicht alle wesentlichen Angaben enthalten sind."

[125] *Muscheler*, in: MüKo, FamFG, 3. Aufl. 2019, § 348 Rn. 19.

[126] *Muscheler*, in: MüKo, FamFG, 3. Aufl. 2019, § 348 Rn. 19; *Zimmermann*, in: Sternal, FamFG, 21. Aufl. 2023, § 348 Rn. 33.

[127] Vgl. auch zu § 2261 S. 2 BGB a.F.: *Hagena*, in: MüKo, BGB, 4. Aufl. 2004, § 2260 Rn. 34; vgl. auch: *Muscheler*, in: MüKo, FamFG, 3. Aufl. 2019, § 348 Rn. 19.

[128] Vgl. BGH, NJW 2005, 2779; BGHZ 198, 250 = NJW 2013, 3716; BGHZ 209, 329 = NJW 2016, 2409.

Das geltende Recht gewährt (eröffneten) Testamenten keinen Gutglaubensschutz.[129] Insofern wird auch nicht zwischen den in § 2231 BGB genannten Testamentsformen unterschieden. Auch das notarielle Testament in Verbindung mit der zugehörigen Eröffnungsniederschrift hat keine dem Erbschein vergleichbaren Wirkungen.[130] Die Legitimation durch ein eröffnetes Testament bietet dem Schuldner daher keine Sicherheit, dass die Leistung an den darin ausgewiesenen Erbprätendenten mit befreiender Wirkung erfolgt. Vielmehr droht die doppelte Inanspruchnahme, wenn die Erbfolge tatsächlich eine andere ist als diejenige, die in dem vorgelegten Testament scheinbar niedergelegt ist. Denn der Nachlassschuldner wird nicht in seinem Vertrauen auf die Wirksamkeit des Testaments oder ein bestimmtes Auslegungsergebnis geschützt. Aufgrund der einseitigen Ausrichtung der Widerrufsvorschriften (vgl. §§ 2253 ff. BGB) an den Interessen und Belangen des Erblassers besteht für den Rechtsverkehr auch keine rechtssichere Möglichkeit, allein auf Grundlage des vorgelegten Testaments zu prüfen, ob dieses tatsächlich für die Erbfolge maßgeblich ist.[131] Insofern gewährt auch das Eröffnungsprotokoll keine finale Sicherheit, da dieses nicht notwendigerweise alle Verfügungen des Erblassers erwähnt. Lediglich bei der Rücknahme aus amtlicher Verwahrung wird der Widerruf kenntlich gemacht: In diesen Fällen soll auf der Urkunde vermerkt werden, dass der Erblasser über die Folgen des Widerrufs belehrt worden ist (§ 2256 Abs. 1 Satz 2 BGB). Die Rücknahme gilt gem. § 2256 Abs. 1 Satz 1 BGB als Widerruf, sodass ein Vermerk die Unwirksamkeit indiziert. Dies gilt bei einem eigenhändigen Testament gleichwohl nicht, da das Gesetz anordnet, dass die Rückgabe die Wirksamkeit nicht tangiert, vgl. § 2256 Abs. 3 BGB; ein Vermerk erfolgt demnach nicht.[132]

Die gemeinschaftliche Errichtung nach § 2265 BGB bedingt kein wesentlich höheres Schutzniveau des Rechtsverkehrs.[133] Zwar werden wechselbezügliche Verfügungen nach dem Tod eines Ehegatten grundsätzlich bindend, § 2271 Abs. 2 Satz 1 BGB, sodass für den Rechtsverkehr bei Vorlage eines gemeinschaftlichen Testaments eine gewisse Sicherheit besteht, dass der darin Bedachte tatsächlich Erbe ist. Jedoch kann im Privatrechtsverkehr die Wechselbezüglichkeit i. S. d. § 2270 BGB in der Regel nicht mit abschließender Sicherheit festgestellt werden. Darüber hinaus ist für den Rechtsverkehr nicht ersichtlich, ob möglicherweise ein lebzeitiger

---

[129] Grundlegend dazu: *Gößmann/Rodi*, in: Hellner/Steuer, Bankrecht und Bankpraxis, 141. EL. Juni 2019, Rn. 1/156; *Bunte/Artz*, in: Ellenberger/Bunte, Bankrechts-Handbuch, 6. Aufl. 2022, § 3 Nr. 5 AGB-Banken Rn. 36.

[130] Das stellt *Grziwotz*, EWiR 2016, 357 (358) heraus.

[131] Siehe nur: *Gößmann/Rodi*, in: Hellner/Steuer, Bankrecht und Bankpraxis, 141. EL. Juni 2019, Rn. 1/156.

[132] Darauf weisen *Gößmann/Rodi*, in: Hellner/Steuer, Bankrecht und Bankpraxis, 141. EL. Juni 2019, Rn. 1/156 hin.

[133] *Gößmann/Rodi*, in: Hellner/Steuer, Bankrecht und Bankpraxis, 141. EL. Juni 2019, Rn. 1/157; *Bunte/Artz*, in: Ellenberger/Bunte, Bankrechts-Handbuch, 6. Aufl. 2022, § 3 Nr. 5 AGB-Banken Rn. 37.

Widerruf der wechselbezüglichen Verfügung oder eine Ausschlagung der Erbschaft erfolgten.[134]

Auch ein Erbvertrag bietet dem Rechtsverkehr ebenso wenig wie Testamente hinreichend Sicherheit.[135] Es bestehen keine dem Erbschein vergleichbaren Vorschriften, die Gutglaubensschutz vermitteln. Auch wenn der Erbvertrag eine Einschränkung der Testierfreiheit bedingt, weil der Erblasser an bestimmte, vertragsmäßige Verfügungen gebunden (§ 2289 BGB) ist,[136] folgt hieraus keine Sicherheit für den Rechtsverkehr: Denn zum einen können Abgrenzungsprobleme zwischen einseitigen und vertragsmäßigen Verfügungen bestehen.[137] Zum anderen kann die Bindungswirkung des Erbvertrags durch Aufhebung i. S. d. §§ 2290 ff. BGB, Anfechtung i. S. d. §§ 2281 ff. BGB, Rücktritt gem. §§ 2293 ff. BGB oder Gegenstandsloswerden wegfallen[138] und zwar ohne dass dies für den Rechtsverkehr aus der Urkunde hervorgeht. Finale Sicherheit ist mit dem Erbvertrag daher ebenfalls nicht verbunden.[139]

Die Verfügungen von Todes wegen werden in Ermangelung entsprechender gesetzlicher Vorschriften auch nicht durch die Vorlage i. V. m. der dazugehörigen Eröffnungsniederschrift mit Gutglaubensschutz ausgestattet.

3. Die Eröffnungsniederschrift als Erbnachweis

Während Verfügungen von Todes wegen in Kombination mit dem dazugehörigen Eröffnungsprotokoll grundsätzlich denkbare Legitimationsmöglichkeiten darstellen, gilt dies nicht für die beglaubigte Abschrift der Eröffnungsniederschrift allein.

Inhaltlich hat die Niederschrift über die Eröffnung neben der Feststellung ob der Verschluss einer verschlossenen Verfügung von Todes wegen unversehrt war (§ 348 Abs. 1 Satz 3 FamFG) die die Eröffnung betreffenden wesentlichen Tatsachen zu enthalten.[140] Hierzu zählen mitunter der Tag und Ort der Eröffnung, die gerichtliche Entscheidung für oder gegen eine Terminsbestimmung sowie Ladung der gesetzlichen Erben oder anderer, sonstiger Beteiligten zum Eröffnungstermin. Weiter ist an

---

[134] *Gößmann/Rodi*, in: Hellner/Steuer, Bankrecht und Bankpraxis, 141. EL. Juni 2019, Rn. 1/157; *Bunte/Artz*, in: Ellenberger/Bunte, Bankrechts-Handbuch, 6. Aufl. 2022, § 3 Nr. 5 AGB-Banken Rn. 37.

[135] *Gößmann/Rodi*, in: Hellner/Steuer, Bankrecht und Bankpraxis, 141. EL. Juni 2019, Rn. 1/158a; *Bunte/Artz*, in: Ellenberger/Bunte, Bankrechts-Handbuch, 6. Aufl. 2022, § 3 Nr. 5 AGB-Banken Rn. 38.

[136] *Brox/Walker*, Erbrecht, 29. Aufl. 2021, § 14 Rn. 1.

[137] *Bunte/Artz*, in: Ellenberger/Bunte, Bankrechts-Handbuch, 6. Aufl. 2022, § 3 Nr. 5 AGB-Banken Rn. 38.

[138] Darauf ebenfalls hinweisend: *Bunte/Artz*, in: Ellenberger/Bunte, Bankrechts-Handbuch, 6. Aufl. 2022, § 3 Nr. 5 AGB-Banken Rn. 38.

[139] *Gößmann/Rodi*, in: Hellner/Steuer, Bankrecht und Bankpraxis, 141. EL. Juni 2019, Rn. 1/158.

[140] *Muscheler*, in: MüKo, FamFG, 3. Aufl. 2019, § 348 Rn. 17.

die Namen der Erschienenen, etwaige Vertretungsverhältnisse oder den Tod des Erblassers, die Tatsache der Öffnung und Umfang der Eröffnung zu denken.[141] Wie bereits der Wortlaut in § 348 Abs. 1 Satz 2 FamFG zum Ausdruck bringt („Über die Eröffnung ist eine Niederschrift aufzunehmen"), ersetzt die Eröffnungsniederschrift aber nicht den Testamentsinhalt. Aufgrund eines bloßen Eröffnungsprotokolls ist noch nicht ersichtlich, wer Erbe geworden ist.

Ohne die dazugehörige Verfügung von Todes wegen kann die Eröffnungsniederschrift bereits von vornherein keinen tauglichen Erbnachweis darstellen. Aus ihr geht weder eine Erbenstellung hervor noch beinhaltet sie eine Prüfung derselben für den Rechtsverkehr. Anders als Verfügungen von Todes wegen oder Urkunden, die die gesetzliche Erbfolge – soweit man die negative Tatsache unterstellt, dass keine Verfügung von Todes wegen errichtet wurde – belegen können, belegt das isolierte Eröffnungsprotokoll überhaupt keine Erbfolge. Seinen eigentlichen Wert erlangt es – wie zuvor dargestellt – erst in Kombination mit der dazugehörigen Verfügung von Todes wegen. Insbesondere ist das Protokoll auch nicht mit Gutglaubensschutz ausgestattet, als dass sich unter diesem Gesichtspunkt eine für den Rechtsverkehr brauchbare Nachweiseignung ergeben könnte.

4. Urkunden zum Nachweis der gesetzlichen Erbfolge

Nach Analyse des Erbscheins als Nachweismöglichkeit für die gesetzliche sowie gewillkürte Erbfolge und der Verfügungen von Todes wegen zum Nachweis der gewillkürten Erbfolge sind – ebenfalls ungeachtet der konkreten, an späterer Stelle näher zu behandelnden Nachweiseignung – schließlich Urkunden zum Nachweis der gesetzlichen Erbfolge in den Blick zu nehmen, aus welchen sich diese ergibt.[142] Diesen kann nur im Falle der gesetzlichen Erbfolge eigenständige, das Erbrecht bezeugende Bedeutung zukommen. Im Falle des Erbnachweises durch Verfügung von Todes wegen können diese allenfalls ergänzende Bedeutung als Auslegungshilfe erlangen.[143]

Als Urkunden zum Nachweis der gesetzlichen Erbfolge kommen insbesondere Personenstandsurkunden[144] in Betracht. So stellt das Standesamt gem. § 55 Abs. 1 PStG beispielsweise folgende Personenstandsurkunden aus: Gem. § 55 Abs. 1 Nr. 2 PStG aus dem Eheregister Eheurkunden (§ 57 PStG); bis zu der Beurkundung der Eheschließung im Eheregister können Eheurkunden auch aus der Niederschrift über die Eheschließung ausgestellt werden; gem. § 55 Abs. 2 Nr. 4 PStG aus dem Geburtenregister Geburtsurkunden (§ 59 PStG) sowie nach § 55 Abs. 2 Nr. 5 PStG aus dem Sterberegister Sterbeurkunden (§ 60 PStG). Inhaltlich richten sich die Personenstandsurkunden nach den Vorgaben des PStG. In die Geburtsurkunde werden

[141] Ausführlich: *Muscheler*, in: MüKo, FamFG, 3. Aufl. 2019, § 348 Rn. 17.

[142] Vgl. BGHZ 209, 329 = NJW 2016, 2409 Rn. 18 (*obiter dictum*).

[143] Dazu unter: Kapitel 3 B. I. 3. c) aa).

[144] Vgl. BGHZ 209, 329 = NJW 2016, 2409 Rn. 25.

beispielsweise gem. § 59 Abs. 1 Nr. 1–4 PStG die Vornamen und der Geburtsname des Kindes, das Geschlecht des Kindes, Ort sowie Tag, Stunde und Minute der Geburt und die Vornamen und die Familiennamen der Eltern des Kindes aufgenommen.

Ebenso wenig wie Verfügungen von Todes wegen vermitteln Urkunden, aus denen sich die gesetzliche Erbfolge ergeben kann, Gutglaubensschutz.

5. Erb- und Zuwendungsverzicht

Zu den weiteren denkbaren Urkunden, aus welchen sich das gesetzliche Erbrecht ergibt, kann auch ein Erbverzichtsvertrag zählen.[145] Dies wird beispielsweise relevant, wenn zu den gesetzlichen Erben neben den Abkömmlingen des Erblassers ein Ehegatte gehört. Verzichtet Letzterer auf sein Erbrecht, kann hierdurch das alleinige gesetzliche Erbrecht der Abkömmlinge begründet und in Verbindung mit den jeweiligen Personenstandsurkunden nachgewiesen werden.[146] Hingegen kommt die alleinige Vorlage eines Zuwendungs- respektive Erbverzichtsvertrages von vornherein nicht als Erbnachweis in Betracht. Denn ein solcher Verzicht hat im Gegensatz zu einer Verfügung von Todes wegen einen rein negativen Inhalt.[147] In positiver Hinsicht geht isoliert aus dieser Urkunde nicht hervor, wer Erbe geworden ist. Der Verzicht verhindert nur den Erwerb einer Rechtsstellung (Erbe, Vermächtnisnehmer) und zwar so, als hätte der Verzichtende den Erbfall nicht erlebt, (analog) § 2346 Abs. 1 S. 2 BGB.[148] Zur Ermittlung der Erbenstellung sind deshalb weitere Urkunden erforderlich: Im Falle der gesetzlichen Erbfolge etwa Personenstandsurkunden zur Klärung der innerfamiliären Verhältnisse[149] und im Falle der gewillkürten Erbfolge die Verfügung von Todes wegen.

II. Kostenvergleich

Die Legitimationsmöglichkeiten unterscheiden sich nicht nur im Hinblick auf ihre Rechtswirkungen, sondern auch hinsichtlich der anfallenden Kosten. Bevor eine abschließende Betrachtung der Nachweismöglichkeiten erfolgen kann (III.), ist es daher erforderlich, einen Überblick über die jeweiligen Kosten zu geben. Denn gerade die Höhe der Kosten ist für die Erben von besonderem Interesse, da diese darauf bedacht sind, den Erbnachweis möglichst kostengünstig zu erbringen.

---

[145] Vgl. AG Kiel, BeckRS 2020, 52606 Rn. 4.

[146] Vgl. AG Kiel, BeckRS 2020, 52606 Rn. 4.

[147] OLG Celle, BeckRS 2023, 11397 Rn. 9.

[148] Vgl. OLG Celle, BeckRS 2023, 11397 Rn. 9.

[149] Vgl. beispielsweise: AG Kiel, BeckRS 2020, 52606 Rn. 4.

1. Erbschein

Die Erteilung von Erbscheinen fällt in den Zuständigkeitsbereich der Nachlassgerichte gem. § 343 Abs. 1 Nr. 6 FamFG i. V. m. § 23a Abs. 2, Abs. 1 Nr. 2 GVG. Der Erbschein wird auf Antrag des oder der Erben erteilt, § 2353 BGB, wobei § 352 FamFG den Antragsinhalt regelt. In der Regel sind die erforderlichen Angaben des Antrags, die nicht in § 352 Abs. 3 Satz 1 FamFG genannt sind, an Eides statt zu versichern, § 352 Abs. 3 Satz 3 FamFG. Die Höhe der anfallenden Kosten ist abhängig vom Geschäftswert, der sich nach § 40 GNotKG bestimmt,[150] wobei der Wert des Nachlasses zum Zeitpunkt des Erbfalls entscheidend ist, § 40 Abs. 1 Satz 1 GNotKG, und die vom Erblasser herrührenden Verbindlichkeiten abzuziehen sind, § 40 Abs. 1 Satz 2 GNotKG.[151] § 34 Abs. 1 GNotKG sieht vor, dass sich die Höhe der Gebühr nach Tabelle A oder Tabelle B bestimmt, wenn sich die Gebühren nach dem Geschäftswert richten. Für das Erbscheinsverfahren ist Tabelle B maßgebend, vgl. KV GNotKG.[152] Für das gesamte Verfahren vom Eingang des Antrags auf Erbscheinserteilung bis zur Erteilung des Erbscheins fällt gem. KV 12210 GNotKG[153] grundsätzlich eine volle 1,0-Gebühr nach Tabelle B an,[154] sofern keiner der Ermäßigungstatbestände nach KV 12211, 12212 GNotKG vorliegt.[155] Die Abnahme der regelmäßig erforderlichen[156] eidesstattlichen Versicherung durch das Gericht nach § 352 Abs. 3 Satz 3 FamFG löst wegen der Verweisung in KV Vorb. 1 Abs. 2 GNotKG auf KV 23300 GNotKG auch eine volle Gebühr aus, welche gesondert zu erheben ist.[157] Sofern der Erbscheinsantrag beim Nachlassgericht entgegengenommen und zugleich die eidesstattliche Versicherung beurkundet wird, fallen insgesamt 2,0 Gerichtsgebühren an.[158] Sofern der Notar die eidesstattliche Versicherung be-

---

[150] Näher: *Horn/Krätzschel*, NJW 2016, 3350 (3352).

[151] Zum Geschäftswert bei einem Teilerbschein oder einem gegenständlich beschränkten Erbschein sowie weiteren Einzelheiten hinsichtlich des Geschäftswerts: *Grziwotz*, in: MüKo, BGB, 9. Aufl. 2022, § 2353 Rn. 171.

[152] *Zimmermann*, Erbschein – Erbscheinsverfahren – Europäisches Nachlasszeugnis, 4. Aufl. 2022, Rn. 645.

[153] Dazu: *Zimmermann*, Erbschein – Erbscheinsverfahren – Europäisches Nachlasszeugnis, 4. Aufl. 2022, Rn. 649: „Die Gebühr KV 12210 GNotKG ist eine Verfahrensgebühr, keine ‚Aktgebühr'. Sie fällt mit Eingang des Antrags beim Nachlassgericht an […], der Feststellungsbeschluss […] und die [Erbscheinserteilung] lösen keine weitere Gebühr aus."

[154] *Kroiß*, ZEV 2013, 413 (414); *Sikora*, NJW 2018, 1572 (1574); *Kroiß*, in: NK-BGB, 6. Aufl. 2022, § 2353 Rn. 44; *Zimmermann*, Erbschein – Erbscheinsverfahren – Europäisches Nachlasszeugnis, 4. Aufl. 2022, Rn. 643.

[155] *Grziwotz*, in: MüKo, BGB, 9. Aufl. 2022, § 2353 Rn. 167.

[156] Vgl. insoweit: § 352 Abs. 3 Satz 4 FamFG: „Das Nachlassgericht kann dem Antragsteller die Versicherung erlassen, wenn es sie für nicht erforderlich hält."

[157] *Kroiß*, ZEV 2016, 619; *Pfeiffer*, in: Bormann/Diehn/Sommerfeldt, GNotKG, 4. Aufl. 2021, § 40 Rn. 25; *Sikora*, in: Korintenberg, GNotKG, 22. Aufl. 2022, § 40 Rn. 60; *Felix*, in: BeckOK, Kostenrecht, 42. Ed. Stand: 01.07.2023, § 40 GNotKG Rn. 3.

[158] *Zimmermann*, Erbschein – Erbscheinsverfahren – Europäisches Nachlasszeugnis, 4. Aufl. 2022, Rn. 639, 643.

urkundet, löst dies nach KV 23300 GNotKG eine 1,0-Gebühr aus, die auch einen Antrag auf Erteilung eines Erbscheins oder eines Testamentsvollstreckerzeugnisses an das Nachlassgericht miteinschließt, KV Vorb. 2.3.3 Abs. 2 GNotKG.[159] Dies gilt auch für die Übermittlung des Antrags, weil der Notar eine Beurkundung vorgenommen hat, KV Vorb. 2.1 Abs. 2 Nr. 2 GNotKG.[160] Hinzu kommen 19 % Umsatzsteuer (KV 32014 GNotKG) und Auslagen.[161] Die exakte Höhe der anfallenden Kosten ergibt sich endlich aus § 34 GNotKG i. V. m. Anlage 2 zu § 34 Abs. 3 GNotKG (bis 3.000.000,00 EUR).

Im Regelfall löst ein Erbschein demnach eine 2,0 Gebühr aus.[162] Darüber hinaus kann die Gebühr für die Eröffnung der Verfügung von Todes wegen i. H. v. 100,00 EUR (KV 12101 GNotKG) hinzukommen. Sofern mehrere Testamente vorliegen und diese zu verschiedenen Zeitpunkten eröffnet werden, ist die Gebühr mehrfach zu erheben. Bei Nichtvorliegen einer Verfügung von Todes wegen entfällt diese Gebühr. Zusätzliche Kosten können für bestimmte Erklärungen wie eine Ausschlagung hinzukommen.[163] Weiter können Auslagen des Gerichts für den Erbschein anfallen.[164]

So lassen sich zur Veranschaulichung die im Einzelfall entstehenden Kosten eines Erbscheins anhand eines Nachlasswertes von 100.000,00 EUR beispielhaft darstellen. Sofern vom Regelfall ausgegangen wird, fallen an: Eine 2,0 Gebühr, die nach Tabelle B 546,00 EUR (zwei 1,0 Gebühren i. H. v. 273,00 EUR) beträgt, zuzüglich Auslagen und – bei Beurkundung der eidesstattlichen Versicherung durch einen Notar – Umsatzsteuer sowie Kosten für eine etwaige Eröffnung einer Verfügung von Todes wegen (100,00 EUR). Diese Kosten sind von dem oder den *Erben* zu tragen.

2. Verfügungen von Todes wegen

Sofern der Erblasser ein eigenhändiges Testament i. S. d. § 2247 BGB ohne Hilfe oder Beratung verfasst, löst dies überhaupt keine Kosten aus. Kosten können sich aber im Einzelfall ergeben, etwa wenn der Erblasser einen Rechtsanwalt mit der

---

[159] *Dietz*, in: Beck'sches Notar-Handbuch, 7. Aufl. 2019, § 17 Rn. 427; *Zimmermann*, Erbschein – Erbscheinsverfahren – Europäisches Nachlasszeugnis, 4. Aufl. 2022, Rn. 642, 710; *Sikora*, in: Korintenberg, GNotKG, 22. Aufl. 2022, § 40 Rn. 59.

[160] *Sikora*, in: Korintenberg, GNotKG, 22. Aufl. 2022, § 40 Rn. 59.

[161] *Zimmermann*, Erbschein – Erbscheinsverfahren – Europäisches Nachlasszeugnis, 4. Aufl. 2022, Rn. 642, 710.

[162] *Zimmermann*, Erbschein – Erbscheinsverfahren – Europäisches Nachlasszeugnis, 4. Aufl. 2022, Rn. 643. Zu möglichen Anwaltskosten in diesem Zusammenhang: Rn. 702 f.; *Grziwotz*, in: MüKo, BGB, 9. Aufl. 2022, § 2353 Rn. 168.

[163] *Zimmermann*, Erbschein – Erbscheinsverfahren – Europäisches Nachlasszeugnis, 4. Aufl. 2022, Rn. 643.

[164] Einzelheiten bei: *Zimmermann*, Erbschein – Erbscheinsverfahren – Europäisches Nachlasszeugnis, 4. Aufl. 2022, Rn. 646. Außerdem zu (potentiellen) Privatgutachten der Beteiligten: *Horn*/*Krätzschel*, NJW 2016, 3350.

Fertigung eines Entwurfs beauftragt oder im Falle anwaltlicher Beratung. Die Vergütung bemisst sich dann nach § 34 RVG.[165]

Die Gebührenhöhe für die Beurkundung eines öffentlichen Testaments bemisst sich nach dem Wert, den der Gegenstand des Geschäfts hat (Geschäftswert, § 3 GNotKG). Der Geschäftswert bei der Beurkundung einer Verfügung von Todes wegen ergibt sich aus § 102 GNotKG.[166] Nach § 102 Abs. 1 Satz 1 GNotKG ist Geschäftswert bei der Beurkundung einer Verfügung von Todes wegen, wenn über den ganzen Nachlass oder einen Bruchteil verfügt wird, der Wert des Vermögens oder der Wert des entsprechenden Bruchteils des Vermögens. Nach § 102 Abs. 1 Satz 2 GNotKG werden Verbindlichkeiten des Erblassers abgezogen, jedoch nur bis zur Höhe des hälftigen Aktivvermögens.[167] Gem. § 102 Abs. 1 Satz 3 GNotKG werden Vermächtnisse und Auflagen nur bei Verfügung über einen Bruchteil und nur mit dem Anteil ihres Werts hinzugerechnet, der dem Bruchteil entspricht, über den nicht verfügt wird, hinzugerechnet. Für künftige Vermögenswerte gilt § 102 Abs. 2 GNotKG. Wenn nur über einzelne Vermögenswerte verfügt wird, ist deren Wert maßgebend (§ 102 Abs. 3 GNotKG); hierbei findet ein Abzug von Verbindlichkeiten bis zur Höhe des hälftigen Werts statt.[168]

Für die Beurkundung eines öffentlichen Testaments fällt ein Gebührensatz von 1,0 nach KV 21200 GNotKG zuzüglich Umsatzsteuer (KV 32014 GNotKG) und Auslagen an.[169] Für gemeinschaftliche (öffentliche) Testamente wird das doppelte der vollen Gebühr erhoben (KV 21100 GNotKG i. V. m. KV Vorb. 2.1.1 Nr. 1 GNotKG).[170] Ferner löst die Beurkundung eines Erbvertrags eine 2,0 Gebühr aus,

---

[165] Eingehend dazu: BGH, NJW 2018, 1479 Rn. 5 ff.; BGH, NJW 2021, 1680 Rn. 6 ff.

[166] Dazu: *Sikora*, NJW 2018, 1572 (1573); siehe auch: *Grziwotz*, in: BeckOGK, BGB, Stand: 01.07.2023, § 2232 Rn. 5 ff. Vgl. für gemeinschaftliche Testamente und Erbverträge: *Pfeiffer*, in: Bormann/Diehn/Sommerfeldt, GNotKG, 4. Aufl. 2021, § 102 Rn. 21: „Bei der Beurkundung eines gemeinschaftlichen Testaments sind die Werte der beiden Nachlässe zunächst getrennt nach Abs. 1–3 zu ermitteln und anschließend zu addieren. Verbindlichkeiten werden also […] nur vom Vermögen des Schuldners abgezogen, nicht auch vom Vermögen des anderen […]. Gleiches gilt beim Erbvertrag, sofern beide Vertragsteile erbrechtlich verfügen. Verfügt nur einer erbrechtlich, ist § 102 nur für dessen Verfügung anwendbar; die Erklärungen des anderen sind nach allgemeinen Grundsätzen zu bewerten und zu addieren."; siehe auch: *Tiedtke*, in: Korintenberg, GNotKG, 22. Aufl. 2022, § 102 Rn. 54: „Der jeweils ermittelte modifizierte Reinwert ist dann zu addieren und bildet den Geschäftswert der Verfügungen."

[167] *Sikora*, NJW 2018, 1572 (1573): „modifiziertes Reinvermögen".

[168] *Dietz*, in: Beck'sches Notar-Handbuch, 7. Aufl. 2019, § 17 Rn. 415. Weiterführend zu § 102 Abs. 2 und § 102 Abs. 3 GNotKG: *Tiedtke*, in: Korintenberg, GNotKG, 22. Aufl. 2022, § 102 Rn. 46 ff., 58 ff.; *Pfeiffer*, in: Bormann/Diehn/Sommerfeldt, GNotKG, 4. Aufl. 2021, § 102 Rn. 25 ff.

[169] *Sikora*, NJW 2018, 1572 (1573); *Hey'l*, in: Korintenberg, GNotKG, 22. Aufl. 2022, KV 21200 Rn. 7; dazu auch: *Kroiß*, in: NK-BGB, 6. Aufl. 2022, § 2232 Rn. 31.

[170] *Kroiß*, in: NK-BGB, 6. Aufl. 2022, § 2232 Rn. 31; vgl. *Tiedtke*, in: Korintenberg, GNotKG, 22. Aufl. 2022, Vorb. 2.1.1 GNotKG Rn. 2. Zuzüglich Auslagen und Umsatzsteuer. Vgl. *Sikora*, NJW 2018, 1572 (1575).

KV 21100 GNotKG i. V. m. KV Vorb. 2.1.1 Nr. 1 GNotKG,[171] wobei sich der Geschäftswert ebenfalls nach § 102 GNotKG bestimmt.[172] Mit der Gebühr ist zugleich die gesamte notarielle Beratung und Gestaltung abgegolten, vgl. KV Vorb. 2.1 Abs. 1 GNotKG.[173] Die exakte Gebührenhöhe bemisst sich nach § 34 GNotKG i. V. m. Anlage 2 zu § 34 Abs. 3 GNotKG (bis 3.000.000,00 EUR). Die Tabelle B des Kostenverzeichnisses findet Anwendung, vgl. KV GNotKG.

Hinzu kommen Kosten (75,00 EUR) für die – bei öffentlichen Verfügungen von Todes wegen gem. § 34 Abs. 1 Satz 4, Abs. 2 BeurkG grundsätzlich verpflichtende – besondere amtliche Verwahrung gem. KV 12100 GNotKG,[174] die beim Erbvertrag entfallen, wenn die Beteiligten die besondere amtliche Verwahrung ausschließen (§ 34 Abs. 2 BeurkG).[175] Außerdem kommt eine Gebühr für die Registrierung im Zentralen Testamentsregister der Bundesnotarkammer gem. § 78g Abs. 1 BNotO i. V. m. Testamentsregister-Gebührensatzung hinzu, die derzeit – bei Erhebung durch den registrierenden Notar – 12,50 EUR oder – bei Erhebung durch die Registerbehörde – 15,50 EUR beträgt.[176] Hingegen fällt für die notarielle Tätigkeit in Form der veranlassten Registrierung im Testamentsregister keine Gebühr an.[177] Diese Kosten können auch bei eigenhändiger Errichtung entstehen, wenn der Erblasser die Aufnahme des privatschriftlichen Testaments in die besondere amtliche Verwahrung verlangt (§ 2248 BGB).[178]

Schließlich fällt eine Gebühr für die Eröffnung (§ 348 FamFG) der Verfügung von Todes wegen i. H. v. 100,00 EUR an, KV 12101 GNotKG.[179] Die Gebühr wird durch gemeinschaftliche Testamente oder Erbverträge, welche Verfügungen für den Tod beider Ehepartner beinhalten, zweimal ausgelöst, und zwar nach dem Tod jedes Erblassers.[180] Nach KV 12101 GNotKG ist nur eine Gebühr zu erheben, wenn mehrere Verfügungen von Todes wegen desselben Erblassers bei demselben Gericht gleichzeitig eröffnet werden.

---

[171] *Diehn*, in: Bormann/Diehn/Sommerfeldt, GNotKG, 4. Aufl. 2021, KV 21100 Rn. 6; *Tiedtke*, in: Korintenberg, GNotKG, 22. Aufl. 2022, KV 21100 Rn. 9. Zuzüglich Auslagen und Umsatzsteuer, vgl. *Sikora*, NJW 2018, 1572 (1575).

[172] *Diehn*, in: Bormann/Diehn/Sommerfeldt, GNotKG, 4. Aufl. 2021, KV 21100 Rn. 6; *Tiedtke*, in: Korintenberg, GNotKG, 22. Aufl. 2022, KV 21100 Rn. 9, § 102 GNotKG Rn. 12; *Keim*, in: Keim/Lehmann, Beck'sches Formularbuch Erbrecht, 5. Aufl. 2023, B. IV. Rn. 9.

[173] *Sikora*, NJW 2018, 1572 (1573). Vgl. KV 2.4.1 Abs. 1 GNotKG bei der Fertigung eines bloßen Entwurfs.

[174] Vgl. *Sikora*, NJW 2018, 1572 (1573).

[175] *Sikora*, NJW 2018, 1572 (1573).

[176] *Grziwotz*, in: BeckOGK, BeurkG, Stand: 01.07.2023, § 34a Rn. 20.

[177] *Grziwotz*, in: BeckOGK, BeurkG, Stand: 01.07.2023, § 34a Rn. 19.

[178] *Sikora*, NJW 2018, 1572 (1574); vgl. *Sticherling*, in: MüKo, BGB, 9. Aufl. 2022, § 2231 Rn. 28.

[179] *Sikora*, NJW 2018, 1572 (1573 f.).

[180] *Sikora*, NJW 2018, 1572 (1574) m. w. N.

Es ist jedoch zu bedenken, dass insbesondere die Beurkundungskosten – und damit der in der Höhe relevante Teil der Kosten – typischerweise vom Erblasser zu tragen sind.[181] Lediglich die Kosten für die – nach dem Erbfall erfolgende – Eröffnung der Verfügung von Todes wegen fallen dem oder den Erben zur Last. Insofern unterscheidet sich der Nachweis durch öffentliche Verfügung von Todes wegen vom Nachweis durch Erbschein. Bei Letzterem tragen die Erben[182] die Kosten der eidesstattlichen Versicherung und des Erbscheins sowie der Eröffnung einer potentiellen Verfügung von Todes wegen.[183]

Zieht man wie im obigen Beispiel der Erbscheinskosten einen Nachlasswert i. H. v. 100.000,00 EUR heran, beträgt die 1,0 Gebühr für die Beurkundung eines notariellen Einzeltestaments 273,00 EUR. Hinzu kommen Auslagen und Umsatzsteuer sowie die Kosten für die besondere amtliche Verwahrung (75,00 EUR) und die Registrierung im Zentralen Testamentsregister (12,50 EUR oder 15,50 EUR). Diese Kosten sind vom *Testierenden* zu tragen. Die nach dem Erbfall anfallenden Kosten für die Eröffnung der Verfügung von Todes wegen (100,00 EUR) sind hingegen von den oder dem *Erben* zu tragen, vgl. § 24 Nr. 1 GNotKG.

---

[181] *Baumann*, in: Staudinger, BGB, Neubearbeitung 2022, § 2231 Rn. 22; *Grziwotz*, in: BeckOGK, BGB, Stand: Stand: 01.07.2023, § 2231 Rn. 10. Hinzukommen können Kosten für (zusätzliche) anwaltliche Tätigkeiten.

[182] Näher: *Grziwotz*, in: MüKo, BGB, 9. Aufl. 2022, § 2353 Rn. 173: „Kostenschuldner ist im nachlassgerichtlichen Erbscheinserteilungsverfahren nach § 22 Abs. 1 GNotKG der Antragsteller. Daher haften die Miterben, die keinen Antrag stellen, grds. nicht. Wird der Erbscheinsantrag dagegen durch mehrere Miterben gestellt, haften sie als Gesamtschuldner (§ 31 Abs. 1 GNotKG)." Unter Rn. 174 zum Kostenschuldner beim Notar: „grundsätzlich derjenige, der den Beurkundungsauftrag erteilt oder den diesbezüglichen Antrag gestellt hat (§ 29 Nr. 1 GNotKG). Schuldner eines Erbscheins ist zudem jeder Miterbe, dessen Erklärungen beurkundet werden (§ 30 Abs. 1 GNotKG). Mehrere Kostenschuldner haften als Gesamtschuldner (§ 32 Abs. 1 GNotKG)." Ferner sind die Erben Kostenschuldner für die Eröffnung einer Verfügung von Todes wegen nach § 24 Nr. 1 GNotKG. Näher zu den Auslagen des Gerichts: *Zimmermann*, Erbschein – Erbscheinsverfahren – Europäisches Nachlasszeugnis, 4. Aufl. 2022, Rn. 646: „Zur Zahlung der Auslagen (§ 1 GNotKG) ist der Erbscheinsantragsteller verpflichtet (§ 22 I GNotKG), trotz § 26 FamFG. Dem Antragsteller können keine Sachverständigenkosten auferlegt werden, die in einem früheren (abgeschlossenen) Erbscheinsverfahren (betr. denselben Erbfall) angefallen sind. [...] Mehrere Antragsteller sind Gesamtschuldner bezüglich der Auslagen (vgl. § 32 I GNotKG); wenn durch besondere Anträge eines Beteiligten Mehrkosten entstanden sind, fallen ihm diese allein zur Last (§ 32 II FamFG)."

[183] Darauf weist auch *Baumann*, in: Staudinger, BGB, Neubearbeitung 2022, § 2231 Rn. 22 hin. Siehe auch: *Sticherling*, in: MüKo, BGB, 9. Aufl. 2022, § 2231 Rn. 24, 27; *Lauck*, in: Burandt/Rojahn, Erbrecht, 4. Aufl. 2022, § 2231 BGB Rn. 9, 13. Sofern der Testamentsvollstrecker den Erbschein beantragt, ist er Kostenschuldner und der Betrag wird dem Nachlass entnommen. Dazu: *Zimmermann*, Erbschein – Erbscheinsverfahren – Europäisches Nachlasszeugnis, 4. Aufl. 2022, Rn. 650.

3. Sonstige Urkunden

Schließlich fallen auch Kosten für die Beschaffung von sonstigen Urkunden zum Nachweis der gesetzlichen Erbfolge an,[184] die grundsätzlich von der beantragenden Person, folglich in der hier zugrunde liegenden Konstellation von den Erben, zu tragen sind. Insoweit hängen die Kosten von der ausstellenden Stelle und der Anzahl der benötigten Urkunden ab. Beispielsweise beträgt die Gebühr für eine Geburtsurkunde in Bayern 12,00 EUR.[185] Die Beurkundungsgebühr für Erbverzichtsverträge[186] richtet sich nach KV 21100 GNotKG, wobei sich gem. § 102 Abs. 4 GNotKG der Geschäftswert wie bei einer Verfügung von Todes wegen bestimmt; hinzu kommen Kosten für die Registrierung im Zentralen Testamentsregister. Diese Kosten dürften in der Regel nicht von den (nicht verzichtenden) gesetzlichen Erben getragen werden.

III. Die Nachweismöglichkeiten in der Schlussbetrachtung

Insgesamt ist festzuhalten, dass das geltende Recht bei der Legitimation durch Verfügung von Todes wegen oder durch sonstige Urkunden weder eine gesetzliche Rechtsscheinregelung enthält noch lässt sich eine solche in Ermangelung einer hinreichenden Rechtsscheinbasis rechtsfortbildend entwickeln.[187] Dies unterstreicht den Wert der Rechtswirkungen des Erbscheins für den Rechtsverkehr. Nur dieser ermöglicht eine Leistung mit befreiender Wirkung (§§ 2366, 2367 BGB). Vor diesem Hintergrund wird auch die funktionelle Ausrichtung der jeweiligen Legitimationsmöglichkeiten deutlich: Während der Erbschein die Funktion hat, das Erbrecht nachzuweisen, verfolgen die alternativen Legitimationsmöglichkeiten primär eine andere Funktion. So dienen etwa Verfügungen von Todes wegen primär der Bestimmung der gewillkürten Erbfolge und Personenstandsurkunden dem Beweis bestimmter Tatsachen (vgl. § 54 Abs. 1 PStG). Sekundär kann darin ein Nachweis des Erbrechts gesehen werden.[188]

---

[184] Ein Überblick findet sich unter: https://www.wuerzburg.de/rathaus/standesamt/537555.Urkunden.html (zuletzt abgerufen am: 01.07.2024).

[185] Vgl. https://www.eap.bayern.de/informationen/leistungsbeschreibung/0624583194180 (zuletzt abgerufen am: 01.07.2024); https://www.wuerzburg.de/rathaus/standesamt/537555.Urkunden.html (zuletzt abgerufen am: 01.07.2024).

[186] Dies gilt auch für Zuwendungsverzichtsverträge.

[187] *Gößmann/Rodi*, in: Hellner/Steuer, Bankrecht und Bankpraxis, 141. EL. Juni 2019, Rn. 1/158a; implizit: *Grziwotz*, EWiR 2016, 357 (358).

[188] Vgl. *Huynh*, Internationale Nachlassabwicklung im Lichte des Europäischen Nachlasszeugnisses, S. 10.

Der Nachweis der Erbfolge durch Erbschein hat aus Kostengesichtspunkten allerdings den Nachteil, dass diese von den oder dem Erben zu tragen sind,[189] wobei allerdings der Blick nicht dafür verstellt werden darf, dass ein Erbschein nicht nur singulär im Verhältnis zu einem Kreditinstitut als Nachlassschuldner dienlich ist, sondern gegenüber sämtlichen Vertragspartnern oder auch gegenüber dem Grundbuchamt,[190] wodurch die Kostenfolge gewissermaßen relativiert wird.[191]

In der Gesamtschau zeigen die Divergenzen zwischen den verschiedenartigen Legitimationsmöglichkeiten deutlich, wie den unterschiedlichen Interessenlagen der Beteiligten am besten entsprochen werden kann: Für den oder die Erben ist der Nachweis durch andere Legitimationsmittel als den Erbschein kostengünstig(er) und unkompliziert. Die Erben müssen in dem vorbezeichneten Beispielsfall bei einem Nachweis durch Vorlage durch notarielles Einzeltestament nur die Kosten für die Eröffnung einer Verfügung von Todes wegen tragen, die pauschal 100,00 EUR beträgt. Bei einem Nachlasswert von 100.000,00 EUR fällt mithin der größere Teil der Kosten für die Beurkundung i. H. v. 273,00 EUR sowie für die besondere amtliche Verwahrung i. H. v. 75,00 EUR und die Registrierung im Zentralen Testamentsregister (12,50 EUR oder 15,50 EUR) beim Erblasser an. Während die Erben sonach nur Kosten i. H. v. 100,00 EUR belasten, hat der Erblasser Kosten i. H. v. ca. 360,00 EUR zu tragen, die er allerdings vermeiden kann, wenn er sich für die Errichtung eines privatschriftlichen Testaments ohne Hinzuziehung rechtlicher Beratung und ohne besondere amtliche Verwahrung entscheidet. Im Übrigen entfällt den Erben der zeitliche Aufwand für das Erbscheinsverfahren. Insgesamt wird durch den Nachweis auf andere Weise als durch Erbschein dem Interesse an einer raschen und kostengünstigen Nachlassregulierung Rechnung getragen.

Demgegenüber treffen die Kosten des Erbscheins die Erben. Im obigen Beispiel für den Erbnachweis durch Erbschein bei einem Nachlasswert von 100.000,00 EUR fallen den Erben insgesamt 2,0 Gebühren, mithin 546,00 EUR Kosten zuzüglich Auslagen und unter Umständen Umsatzsteuer sowie Kosten für eine Eröffnung einer Verfügung von Todes wegen (100,00 EUR) an. Durch die Kosten des Erbscheins entsteht daher eine nicht unerhebliche finanzielle Mehrbelastung. Letztere wiegt bei einem höherem Nachlasswert noch schwerer: Denn je höher der Nachlasswert, desto höher werden auch die Kosten des Erbscheins. So löst ein Erbschein bei

---

[189] *Baumann*, in: Staudinger, BGB, Neubearbeitung 2022, § 2231 Rn. 22; vgl. auch: *Horn/Krätzschel*, NJW 2016, 3350; *Zimmermann*, Erbschein – Erbscheinsverfahren – Europäisches Nachlasszeugnis, 4. Aufl. 2022, Rn. 650.

[190] Vgl. § 35 Abs. 1 Satz 1 GBO; vgl. ferner die Regelungen der § 41 Abs. 1 Satz 1 SchRegO, § 86 Abs. 1 Satz 1 LuftRG.

[191] *Harter*, BKR 2013, 306 (308) Fn. 30; siehe ferner: *Grziwotz*, in: BeckOGK, BGB, Stand: 01.07.2023, § 2231 Rn. 9: „Das notarielle Testament kann bei namentlicher Angabe eines oder mehrerer Erben zwar einen kostenpflichtigen Erbschein überflüssig machen; anders als ein Erbschein genießt dieser Erbnachweis im Rechtsverkehr jedoch nicht die Richtigkeitsvermutung und damit den öffentlichen Glauben nach § 2366, sodass mitunter zusätzlich ein Erbschein im Rechtsverkehr erforderlich ist."

einem Nachlasswert von 400.000,00 EUR 2,0 Gebühren, folglich Kosten i. H. v. 1.570,00 EUR aus. Diese (zusätzlichen) Kosten möchten Erben im Sinne einer raschen und kostengünstigen Nachlassregulierung vermeiden.

Der Nachweis durch Verfügung von Todes wegen oder Urkunden, aus denen die gesetzliche Erbfolge hervorgeht, vermittelt jedoch keinen Gutglaubensschutz mit der Konsequenz, dass die Banken bei Leistung an den – beispielsweise durch eigenhändiges Testament legitimierten – Erbprätendenten, welcher sich letztendlich nicht als wirklicher Erbe herausstellt, nicht gem. § 362 Abs. 1 BGB von ihrer Leistungspflicht frei werden. Vielmehr müssen diese erneut an den oder die wirklichen Erben oder für diese(n) befreiend an einen Dritten (§ 362 Abs. 2 BGB i. V. m. § 185 Abs. 1 BGB) leisten und beim *falsus heres* nach den bereicherungsrechtlichen Vorschriften kondizieren. Bei der Leistung auf eine Nachweismöglichkeit ohne Gutglaubensschutz droht daher die Gefahr doppelter Inanspruchnahme. Dieser Gefahr wird nur durch den mit Gutglaubensschutz ausgestatteten Erbschein wirksam begegnet, sodass dieser den Interessen des Kreditinstituts am besten Rechnung trägt. Der Erbnachweis durch einen Erbschein erweist sich nach alldem für den Rechtsverkehr als sicheres Legitimationsmittel, zugleich aber für die Erben als kostenintensiver. Umgekehrt ist der Nachweis durch andere Legitimationsmittel für die Erben kostengünstig, hingegen für den Rechtsverkehr wegen der fehlenden Gutglaubensschutzvorschriften nachteilig.

C. Formularmäßige Gestaltung der Erbenlegitimation

Da die einzelnen Legitimationsmöglichkeiten hinsichtlich ihres Verkehrsschutzes erheblich differieren, kann dies Kreditinstituten Anlass geben, sich die gutglaubensschützenden Rechtswirkungen der §§ 2366 f. BGB formularmäßig über Regelungen der Erbenlegitimation zu sichern.[192] Daher sah Nr. 5 Satz 1, 2 a. F. der AGB-Banken vor, dass diese nach dem Tod des Kunden grundsätzlich einen Erbschein verlangen können:[193]

---

[192] Zur Entstehungsgeschichte der Legitimationsklausel: *Gößmann/Rodi*, in: Hellner/Steuer, Bankrecht und Bankpraxis, 141. EL. Juni 2019, Rn. 1/136.

[193] Abgedruckt bei: *Bunte*, AGB-Banken und Sonderbedingungen, 3. Aufl. 2011, vor Rn. 139 [Hervorhebung v. Verfasser]. Nr. 5 Abs. 1 AGB-Sparkassen a. F. lautete: „Nach dem Tode des Kunden kann die Sparkasse zur Klärung der rechtsgeschäftlichen Berechtigung die Vorlegung eines Erbscheins, eines Testamentsvollstreckerzeugnisses oder ähnlicher gerichtlicher Zeugnisse verlangen; fremdsprachige Urkunden sind auf Verlangen der Sparkasse mit deutscher Übersetzung vorzulegen. Die Sparkasse kann auf die Vorlegung eines Erbscheins oder eines Testamentsvollstreckerzeugnisses verzichten, wenn ihr eine Ausfertigung oder eine beglaubigte Abschrift vom Testament oder Erbvertrag des Kunden sowie der Niederschrift über die zugehörige Eröffnungsverhandlung vorgelegt wird." Abgedruckt bei: BGHZ 198, 250 = NJW 2013, 3716.

„*Nach dem Tod des Kunden kann die Bank zur Klärung der Verfügungsberechtigung die Vorlegung eines Erbscheins, eines Testamentsvollstreckerzeugnisses oder weiterer hierfür notwendiger Unterlagen verlangen; fremdsprachige Urkunden sind auf Verlangen der Bank in deutscher Übersetzung vorzulegen. Die Bank kann auf die Vorlage eines Erbscheins oder eines Testamentsvollstreckerzeugnisses verzichten, wenn ihr eine Ausfertigung oder eine beglaubigte Abschrift der letztwilligen Verfügung (Testament, Erbvertrag) nebst zugehöriger Eröffnungsniederschrift vorgelegt wird.* Die Bank darf denjenigen, der darin als Erbe oder als Testamentsvollstrecker bezeichnet ist, als Berechtigten ansehen, ihn verfügen lassen und insbesondere mit befreiender Wirkung an ihn leisten. Dies gilt nicht, wenn der Bank bekannt war, dass der dort Genannte (zum Beispiel nach Anfechtung oder wegen Nichtigkeit des Testaments) nicht verfügungsberechtigt war oder wenn ihr dies infolge Fahrlässigkeit nicht bekannt geworden ist.“

Mit Urteil vom 08. Oktober 2013 hat der BGH die der Nr. 5 Satz 1, 2 AGB-Banken a. F. nahezu wortgleiche Nr. 5 Abs. 1 AGB-Sparkassen a. F.[194] wegen Verstoßes gegen § 307 Abs. 1 und Abs. 2 Nr. 1 BGB für unwirksam erklärt.[195] Dies begründete der XI. Zivilsenat insbesondere damit, dass die Klausel Kreditinstituten das Recht einräume, „generell und unabhängig davon, ob im Einzelfall das Erbrecht zweifelhaft ist oder durch andere Dokumente einfacher und/oder kostengünstiger nachgewiesen werden kann, […] auf der Vorlage eines Erbscheins zu bestehen.“[196] Die Klausel gehe damit sogar über die gesetzlichen Anforderungen an den Erbfolgenachweis im ohnehin sensiblen Bereich des Grundbuchrechts hinaus. „Eine schon im Wortlaut in keiner Weise zum Ausdruck kommende Beschränkung auf (Zweifels-)Fälle, in denen auch ein Grundbuchamt gem. § 35 I 2 Halbs. 2 GBO die Vorlage eines Erbscheins verlangen könnte, kommt zudem vor dem Hintergrund des Gebots der kundenfeindlichsten Auslegung […] nicht in Betracht“.[197] Zwar hätten Kreditinstitute dem Grunde nach ein berechtigtes Interesse daran, den Rechtswirkungen der §§ 2366, 2367 BGB ausgesetzt zu sein, um der doppelten Inanspruchnahme zu entgehen. Eine schrankenlose Pflicht zur Vorlage eines Erbscheins lasse aber die Interessen der wahren Erben, die im Wege der Gesamtrechtsnachfolge in die Stellung des Erblassers einrückten und auf dessen Benachteiligung es daher ankomme, vollständig außer Acht.[198]

Die höchstrichterliche Rechtsprechung zur Unwirksamkeit der überkommenen Erbnachweisklausel bewog die Banken dazu, ihre Nr. 5 der AGB im Hinblick auf die

---

[194] Darauf weisen auch *Gößmann/Rodi*, in: Hellner/Steuer, Bankrecht und Bankpraxis, 141. EL. Juni 2019, Rn. 1/137a hin.

[195] BGHZ 198, 250 = NJW 2013, 3716. Nach *Werkmüller*, ZEV 2014, 45 lag „[d]as Urteil […] nach der Entscheidung vom 7. 6. 2005 gewissermaßen ‚in der Luft‘. Es war nur eine Frage der Zeit, wann der Senat Gelegenheit haben würde, seine Rechtsprechung auf Ziff. 5 AGB der Banken und Sparkassen zu übertragen.“ Die Entscheidung ist auf die AGB-Banken übertragbar. So zutreffend: *Wurmnest*, WM 2015, 1597 (1598 Fn. 22).

[196] BGHZ 198, 250 = NJW 2013, 3716 Rn. 35, 38.

[197] BGHZ 198, 250 = NJW 2013, 3716 Rn. 38.

[198] BGHZ 198, 250 = NJW 2013, 3716 Rn. 41.

Erbnachweisklausel (Satz 1) zu modifizieren,[199] sodass Nr. 5 AGB-Banken n.F. nunmehr wie folgt lautet:

> „5. Verfügungsberechtigung nach dem Tod des Kunden
>
> Nach dem Tod des Kunden hat derjenige, der sich gegenüber der Bank auf die Rechtsnachfolge des Kunden beruft, der Bank seine erbrechtliche Berechtigung in geeigneter Weise nachzuweisen [Erbnachweisklausel]. Wird der Bank eine Ausfertigung oder eine beglaubigte Abschrift der letztwilligen Verfügung (Testament, Erbvertrag) nebst zugehöriger Eröffnungsniederschrift vorgelegt, darf die Bank denjenigen, der darin als Erbe oder Testamentsvollstrecker bezeichnet ist, als Berechtigten ansehen, ihn verfügen lassen und insbesondere mit befreiender Wirkung an ihn leisten [Liberationsklausel]. Dies gilt nicht, wenn der Bank bekannt ist, dass der dort Genannte (zum Beispiel nach Anfechtung oder wegen Nichtigkeit des Testaments) nicht verfügungsberechtigt ist oder wenn ihr dies infolge Fahrlässigkeit nicht bekannt geworden ist.“[200]

Die substituierte Erbnachweisklausel statuiert in Satz 1 deklaratorisch, dass der Rechtsnachfolger seine erbrechtliche Berechtigung in geeigneter Weise nachzuweisen hat (I.). Zum anderen enthält Nr. 5 der AGB-Banken – nach wie vor – in Satz 2 eine Liberationsklausel, welche nicht Gegenstand der Entscheidung des BGH zur Erbnachweisklausel war (II.). Infolge der Gesamtrechtsnachfolge entfalten vorstehende Klauseln unmittelbare Wirksamkeit gegenüber den Erben.[201] Es erhebt sich nunmehr die Frage, inwieweit Nr. 5 AGB-Banken n.F. und die damit bezweckte – im Vergleich zur Vorgängerregelung indes abgeschwächte – Risikobegrenzung[202] mit dem AGB-Recht vereinbar ist. Grund dafür ist namentlich der

---

[199] *Dreyer/Mahlmann*, in: Kontoführung und Zahlungsverkehr, 5. Aufl. 2017, Kapitel 4 Rn. 971; *Bonefeld*, ZErb 2014, 157.

[200] Die Darstellung erfolgt am Beispiel der AGB-Banken. Nr. 5 Abs. 1, 2 AGB-Sparkassen enthält eine entsprechende Regelung: „Nr. 5 Legitimationsurkunden:

(1) Erbnachweis

Nach dem Tod des Kunden hat derjenige, der sich gegenüber der Sparkasse auf die Rechtsnachfolge des Kunden beruft, der Sparkasse seine erbrechtliche Berechtigung nachzuweisen.

(2) Leistungsbefugnis der Sparkasse

Werden der Sparkasse eine Ausfertigung oder eine beglaubigte Abschrift der letztwilligen Verfügung (Testament, Erbvertrag) sowie der Niederschrift über die zugehörige Eröffnungsverhandlung vorgelegt, darf die Sparkasse denjenigen, der darin als Erbe oder Testamentsvollstrecker bezeichnet ist, als Berechtigten ansehen, ihn verfügen lassen und insbesondere mit befreiender Wirkung an ihn leisten. Dies gilt nicht, wenn der Sparkasse die Unrichtigkeit oder Unwirksamkeit dieser Urkunden bekannt oder infolge Fahrlässigkeit nicht bekannt geworden ist.“ Darüber hinaus sieht Nr. 5 Abs. 3 AGB-Sparkassen eine Regelung für sonstige ausländische Urkunden vor. Die AGB-Banken und AGB-Sparkassen sind jeweils abgedruckt bei: *Bunte/Zahrte*, AGB-Banken. AGB-Sparkassen. Sonderbedingungen, 6. Aufl. 2023, 2. und 3. Teil.

[201] Vgl. etwa: BGHZ 198, 250 = NJW 2013, 3716 Rn. 41; AG Mannheim, WM 2007, 2240 (2241); *Ott-Eulberg*, in: Ott-Eulberg/Schebesta/Bartsch, Erbrecht und Banken, 3. Aufl. 2018, § 1 Rn. 4.

[202] Auf diesen Zweck der AGB allgemein hinweisend: *Müller-Christmann*, in: Langenbucher/Bliesener/Spindler, Bankrechts-Kommentar, 3. Aufl. 2020, Kapitel 1 Rn. 13; siehe auch

Umstand, dass die Liberationsklausel die lediglich für den Erbschein normierten Rechtswirkungen der §§ 2366 f. BGB auf Verfügungen von Todes wegen ausdehnt, indem sie auch bei Vorlage der Verfügung inklusive der Niederschrift über die zugehörige Eröffnungsverhandlung eine Leistung mit befreiender Wirkung ermöglicht.

I. Wirksamkeit der neugefassten Erbnachweisklausel

Die neugefasste Erbnachweisklausel beschränkt sich auf die bloße Formulierung einer Selbstverständlichkeit und zwar in Form einer im Zivilrecht anerkannten allgemeinen Beweislastregel.[203] Danach hat derjenige, der den Eintritt einer Rechtsfolge geltend macht, die Voraussetzungen des ihm günstigen Rechtssatzes zu beweisen.[204] Die Erben müssen somit – ohnehin und unabhängig von der neugefassten Klausel – den Anfall der Erbschaft beweisen.[205] Es handelt sich demnach bei der neuen Bestimmung um eine deklaratorische Klausel,[206] welche bloß das im Zivilrecht anerkannte Beweislastprinzip aufgreift und folglich den Inhalt einer Rechtsvorschrift i. S. d. § 307 Abs. 3 Satz 1 BGB – hierzu zählen neben dem positivierten Recht auch ungeschriebene Regeln sowie allgemeine Rechtsgrundsätze[207] – wiedergibt. Deklaratorische Klauseln sind nur auf ihre Transparenz hin zu überprüfen, vgl. § 307 Abs. 3 Satz 2 BGB i. V. m. Abs. 1 Satz 2 und Satz 1 BGB.[208]

Die Klausel genügt dem Transparenzgebot des § 307 Abs. 1 Satz 2 BGB. Denn nach Ansicht des BGH kann der Nachweis des Erbrechts auch in anderer Form als

die Überschrift „5. Die Notwendigkeit der Risikobegrenzung durch AGB" bei: *Nouvertné*, BKR 2014, 496 (498), der mitunter beispielhaft formuliert: „Wird z. B. eine Einlage nach dem Tode des Kunden an einen Nichterben ausgezahlt, ohne dass die Bank gem. §§ 2367, 2366 BGB von der Leistung befreit wird, verwirklicht sich ein operationelles Risiko. U. a. durch standardisierte Verträge und damit durch AGB versuchen die Banken, dieses Risiko einzugrenzen."

[203] *Nouvertné*, BKR 2014, 496 (497); *Wurmnest*, WM 2015, 1597 (1599); vgl. *Gößmann/Rodi*, in: Hellner/Steuer, Bankrecht und Bankpraxis, 141. EL. Juni 2019, Rn. 1/137b.

[204] BGH, NJW 1991, 1052 (1053); BGH, NJW 2017, 386 Rn. 18; BGH, NZI 2023, 259 Rn. 44; zur Rosenbergschen Formel: *Rosenberg*, Die Beweislast, 5. Aufl. 1965, S. 98.

[205] *Nouvertné*, BKR 2014, 496 (497).

[206] Zur Einordnung als deklaratorische Klausel: *Nouvertné*, BKR 2014, 496 (497); *Wurmnest*, WM 2015, 1597 (1599); *Gößmann/Rodi*, in: Hellner/Steuer, Bankrecht und Bankpraxis, 141. EL. Juni 2019, Rn. 1/137b.

[207] Vgl. nur BGH, NJW 1984, 1182 (1182 f.); BGH, NJW 1985, 3013 (3014); *Wendland*, in: Staudinger, BGB, Neubearbeitung 2022, § 307 Rn. 294; *Wurmnest*, in: MüKo, BGB, 9. Aufl. 2022, § 307 Rn. 7.

[208] *Wendland*, in: Staudinger, BGB, Neubearbeitung 2022, § 307 Rn. 309; *H. Schmidt*, in: BeckOK, BGB, 67. Ed. Stand: 01.08.2023, § 307 Rn. 92. Weiterführend: BGHZ 91, 55 = NJW 1984, 2161; BGH, ZIP 2012, 1445 Rn. 15; BGH, NJW-RR 2015, 114 Rn. 12; BGH, NJW-RR 2018, 486 Rn. 12; OLG Köln, WM 2020, 878 Rn. 25. Vgl. auch: *Wurmnest*, in: MüKo, BGB, 9. Aufl. 2022, § 307 Rn. 6.

durch Vorlage eines Erbscheins erbracht werden.[209] Zu den Nachweismöglichkeiten „gehören neben dem öffentlichen Testament auch das eigenhändige Testament oder im Falle gesetzlicher Erbfolge Urkunden, aus denen sich diese ergibt."[210] Nur konkrete und begründete Zweifel an der Richtigkeit der Erbfolge rechtfertigten das Verlangen der Vorlage eines Erbscheins, sodass es sich nach den in der Rechtsprechung entwickelten Maßstäben[211] um eine Frage des Einzelfalls handelt, ob das vorgelegte Legitimationsmittel einen tauglichen Erbnachweis darstellt.[212] Auch wenn man von der Rechtsprechung absieht, erscheint es als ausgeschlossen, jeden denkbaren Einzelfall, wann ein Erbschein notwendig beziehungsweise entbehrlich ist, formularmäßig aufzunehmen. Es ist daher nicht möglich, im Klauselwerk näher umrissene Kriterien aufzunehmen, anhand derer bestimmt werden kann, in welchen Fällen etwa die Vorlage eines Testaments nebst zugehöriger Eröffnungsniederschrift genügt und wann die Vorlage eines Erbscheins geboten ist.[213] Als „unvermeidbare Generalisierung"[214] genügt die neugefasste Erbnachweisklausel dem Transparenzgebot und ist insoweit als wirksam einzuordnen.[215] Es ist überdies zu sehen, dass die Anforderungen an die Transparenz nicht überspannt werden dürfen – eine Darstellung aller denkbaren Nachweismöglichkeiten im Einzelfall würde die Klausel umgekehrt intransparent(er) gestalten.[216]

II. Wirksamkeit der Liberationsklausel

Anders als die Erbnachweisklausel war die Regelung zur Leistung mit befreiender Wirkung nicht Gegenstand der Senatsentscheidung vom 8. Oktober 2013.[217] Für die

[209] BGH, NJW-RR 2005, 599 (600); BGH, NJW 2005, 2779 (2780) und 1. Ls.; BGHZ 198, 250 = NJW 2013, 3716 Rn. 24; BGHZ 209, 329 = NJW 2016, 2409 Rn. 18.

[210] BGHZ 209, 329 = NJW 2016, 2409 Rn. 18.

[211] Näher zum Stand der Rechtsprechung unter: Kapitel 3 am Anfang.

[212] BGH, NJW 2005, 2779 (2780); BGHZ 209, 329 = NJW 2016, 2409 Rn. 25. Auf die Abhängigkeit der Beurteilung vom Einzelfall ebenfalls hinweisend: *Bunte/Zahrte*, AGB-Banken. AGB-Sparkassen. Sonderbedingungen, 6. Aufl. 2023, 2. Teil Rn. 102 f.; ebenfalls darauf hinweisend: *Gößmann/Rodi*, in: Hellner/Steuer, Bankrecht und Bankpraxis, 141. EL. Juni 2019, Rn. 1/137b.

[213] Ebenso: *Wurmnest*, WM 2015, 1597 (1599); *Bunte/Zahrte*, AGB-Banken. AGB-Sparkassen. Sonderbedingungen, 6. Aufl. 2023, 2. Teil Rn. 102.

[214] So: *Bunte/Zahrte*, AGB-Banken. AGB-Sparkassen. Sonderbedingungen, 6. Aufl. 2023, 2. Teil Rn. 102.

[215] *Wurmnest*, WM 2015, 1597 (1599); *Gößmann/Rodi*, in: Hellner/Steuer, Bankrecht und Bankpraxis, 141. EL. Juni 2019, Rn. 1/137b; *Bunte/Zahrte*, AGB-Banken. AGB-Sparkassen. Sonderbedingungen, 6. Aufl. 2023, 2. Teil Rn. 102; siehe ferner: *Kropf*, in: Kümpel/Mülbert/Früh/Seyfried, Bankrecht und Kapitalmarktrecht, 6. Aufl. 2022, Rn. 3.337.

[216] So nur: *Gößmann/Rodi*, in: Hellner/Steuer, Bankrecht und Bankpraxis, 141. EL. Juni 2019, Rn. 1/137b.

[217] Vgl. BGHZ 198, 250 = NJW 2013, 3716; darauf ebenfalls hinweisend: *Fest*, JZ 2014, 152 (154); *Wurmnest*, WM 2015, 1597 (1599).

darin enthaltene Haftungsminimierung[218] besteht ein nachvollziehbares Bedürfnis. Denn das BGB stattet – anders als den Erbschein in den §§ 2366 f. BGB – weder das öffentliche noch das privatschriftliche Testament nebst Eröffnungsprotokoll mit Gutglaubensschutz aus.[219] Nach der gesetzgeberischen Grundkonzeption tritt daher bei Leistung an den Scheinerben keine Liberation i. S. d. § 362 BGB ein. Gutglaubensschutz ist indessen für die Geldinstitute von Bedeutung. Denn es besteht das Risiko, dass der vorgeblich Legitimierte als Nichtberechtigter auftritt und die Bank an diesen ohne schuldbefreiende Wirkung leistet und sodann der doppelten Inanspruchnahme ausgesetzt ist.[220] Die Leistungsbefreiungsklausel erweitert deshalb den gesetzlich gewährten Gutglaubensschutz dergestalt, dass die Bank auch denjenigen, welcher eine Ausfertigung oder eine beglaubigte Abschrift der Verfügung von Todes wegen nebst Eröffnungsniederschrift vorlegt und darin als Erbe oder Testamentsvollstrecker bezeichnet ist, grundsätzlich als Berechtigten ansehen darf und mit befreiender Wirkung an ihn leisten kann.[221] Hierdurch kommt dem Kreditinstitut ein den §§ 2366 f. BGB vergleichbarer Gutglaubensschutz zu und es wird auch – in Abweichung von § 362 BGB – bei Leistung an den in der vorgelegten eröffneten Verfügung von Todes wegen als Berechtigter ausgewiesenen Scheinerben von seiner Leistungspflicht frei.

Die Frage nach der Wirksamkeit der Regelung zur Leistung mit befreiender Wirkung ist bis heute höchstrichterlich nicht geklärt. Im Schrifttum und der Rechtsprechung wird diese (noch) überwiegend für wirksam erachtet.[222] Im Fol-

---

[218] *Wurmnest*, WM 2015, 1597 (1599): „Um Haftungsrisiken zu minimieren".

[219] Vgl. *Knauss*, ErbR 2014, 27 (28); *ders.*, ErbR 2014, 310 (311); *Grziwotz*, EWiR 2016, 357 (358); ferner: *Gößmann/Rodi*, in: Hellner/Steuer, Bankrecht und Bankpraxis, 141. EL. Juni 2019, Rn. 1/156: „Nach materiellem recht gewährt ein Testament allein keinerlei Schutz" sowie Rn. 1/158a; vgl. ferner: *Lange/Werkmüller*, Der Erbfall in der Bankpraxis, § 12 Rn. 9.

[220] Darauf ebenso hinweisend: *Fest*, JZ 2014, 152 (153); vgl. auch: *Nouvertné*, BKR 2014, 496 (500).

[221] Ähnlich: *Fest*, JZ 2014, 152 (154); *Bunte/Artz*, in: Ellenberger/Bunte, Bankrechts-Handbuch, 6. Aufl. 2022, § 3 Nr. 5 AGB-Banken Rn. 24, 40.

[222] Aus der Rechtsprechung: OLG Celle, NJW 1998, 82 (82 f.); ebenfalls von der Wirksamkeit ausgehend: LG Lüneburg, ZEV 2009, 303 (304); aus dem Schrifttum: *Canaris*, Bankvertragsrecht, 2. Aufl. 1981, Rn. 2714; *Burghardt*, ZEV 1996, 136 (138); *Keim*, WM 2006, 753 (756); *ders.*, ZEV 2014, 277 (279); *Wurmnest*, WM 2015, 1597 (1599 f.); *Casper*, in: Derleder/Knops/Bamberger, Deutsches und europäisches Bank- und Kapitalmarktrecht, Band 1, 3. Aufl. 2017, § 4 Rn. 46; *Fandrich*, in: von Westphalen/Thüsing, Vertragsrecht und AGB-Klauselwerke, 39. EL. Mai 2017, Teil „Klauselwerke", Banken- und Sparkassen-AGB Rn. 22; *Bunte/Artz*, in: Ellenberger/Bunte, Bankrechts-Handbuch, 6. Aufl. 2022, § 3 Nr. 5 AGB-Banken Rn. 42; *Kropf*, in: Kümpel/Mülbert/Früh/Seyfried, Bankrecht und Kapitalmarktrecht, 6. Aufl. 2022, Rn. 3.345; *Fuchs/Zimmermann*, in: Ulmer/Brandner/Hensen, AGB-Recht, 13. Aufl. 2022, Teil 2, (8) Banken Rn. 19a; *Hopt*, in: Hopt, HGB, 42. Aufl. 2023, 2. Teil, V. Bankgeschäfte (8) Nr. 5 AGB-Banken Rn. 3; *Bunte/Zahrte*, AGB-Banken. AGB-Sparkassen. Sonderbedingungen, 6. Aufl. 2023, 2. Teil Rn. 104 ff.; a. A.: *Mischke/Nouvertné*, ZErb 2005, 234 (236 ff.); *Fest*, JZ 2014, 152 (154); *Nouvertné*, BKR 2014, 496 (500); *Gößmann/Rodi*, in: Hellner/Steuer, Bankrecht und Bankpraxis, 141. EL. Juni 2019, Rn. 1/159a ff.;

genden soll an dieser Stelle angesetzt und untersucht werden, ob die Liberationsklausel tatsächlich einer AGB-Kontrolle standhält.[223]

Vorbezeichnete Regelung ist zunächst der Inhaltskontrolle i. S. d. § 307 Abs. 3 Satz 1 BGB zugänglich. Gem. § 362 Abs. 1 BGB führt nur die Leistung an den Gläubiger oder gem. § 362 Abs. 2 i. V. m. § 185 BGB die Leistung an einen ermächtigten Dritten zur Erfüllung. Von diesen Rechtsvorschriften weicht Nr. 5 Satz 2 AGB-Banken ab, da hiernach – sofern kein Fall von Nr. 5 Satz 3 AGB-Banken (s. o.) vorliegt – auch mit befreiender Wirkung an den sich durch Verfügung von Todes wegen nebst zugehöriger Eröffnungsniederschrift ausweisenden Scheinerben geleistet werden darf.[224] Betreffend die Wirksamkeit der Klausel kommt es demnach darauf an, ob diese eine unangemessene Benachteiligung des Kunden i. S. d. § 307 Abs. 1 Satz 1 BGB darstellt.[225] Nr. 5 Satz 2 AGB-Banken weicht, weil das BGB Verfügungen von Todes wegen nicht mit Gutglaubensschutz ausstattet, deutlich von der gesetzlichen Risikoverteilung ab: Nach dispositivem Gesetzesrecht trägt nämlich der Nachlassschuldner – sofern die Leistung nicht gutgläubig an den durch Erbschein Legitimierten erbracht wird (§§ 2366 f. BGB) – das Risiko der bereicherungsrechtlichen Rückforderung bei Leistung an den Scheinerben und damit das Risiko, die Leistung an den richtigen Gläubiger zu bewirken.[226] Dieses Risiko wälzt Nr. 5 Satz 2 AGB-Banken auf den Erben über, der infolge der Befreiungswirkung seinerseits gegen den Scheinerben vorgehen muss, wobei er dessen Entreicherungs- sowie Bonitätsrisiko trägt.[227] Die fehlende Liberationswirkung bei Leistung an den Putativgläubiger stellt hierbei einen *wesentlichen Grundgedanken* i. S. d. § 307 Abs. 2 Nr. 1 BGB dar, sodass die Abweichung von diesem Grundsatz eine i. S. d. § 307 Abs. 1 Satz 1 BGB gegen Treu und Glauben verstoßende, unangemessene Benachteiligung des Vertragspartners bereits indiziert.[228] Diese Vermutung ist indes

---

Rodi, WM 2021, 2217 (2218 f.); *Rodi*, in: Staudinger, BGB, Neubearbeitung 2022, Anhang zu §§ 305–310 Rn. F140a.

[223] Strukturell orientieren sich die nachfolgenden Ausführungen an: *Gößmann/Rodi*, in: Hellner/Steuer, Bankrecht und Bankpraxis, 141. EL. Juni 2019, Rn. 1/159a ff.; *Rodi*, WM 2021, 2217 (2217 ff.).

[224] *Gößmann/Rodi*, in: Hellner/Steuer, Bankrecht und Bankpraxis, 141. EL. Juni 2019, Rn. 1/159a.

[225] Ebenso: *Gößmann/Rodi*, in: Hellner/Steuer, Bankrecht und Bankpraxis, 141. EL. Juni 2019, Rn. 1/159a.

[226] *Gößmann/Rodi*, in: Hellner/Steuer, Bankrecht und Bankpraxis, 141. EL. Juni 2019, Rn. 1/159b; *Rodi*, WM 2021, 2217 (2218); vgl. auch: *Keim*, WM 2006, 753 (754); *Fest*, JZ 2014, 152 (155); *Wurmnest*, WM 2015, 1597 (1599).

[227] *Gößmann/Rodi*, in: Hellner/Steuer, Bankrecht und Bankpraxis, 141. EL. Juni 2019, Rn. 1/159b; *Rodi*, WM 2021, 2217 (2218).

[228] Ausdrücklich: *Fest*, JZ 2014, 152 (155); *Gößmann/Rodi*, in: Hellner/Steuer, Bankrecht und Bankpraxis, 141. EL. Juni 2019, Rn. 1/159b; vgl. auch: *Nouvertné*, BKR 2014, 496 (500); andeutungsweise: *Bunte/Artz*, in: Ellenberger/Bunte, Bankrechts-Handbuch, 6. Aufl. 2022, § 3 Nr. 5 AGB-Banken Rn. 24, 40. Allgemein dazu, wann eine unangemessene Benachteiligung indiziert ist: BGH, NJW 2005, 1275 (1276); BGH, NJW 2009, 2051 Rn. 21; BGH, BeckRS 2012, 24814 Rn. 56. Vgl. auch: BT-Drs. 7/3919, S. 22.

widerleglich, wenn eine Gesamtwürdigung aller Umstände ergibt, dass die Regelung den Kunden nicht unangemessen benachteiligt.[229] Es ist daher zu untersuchen, ob das Indiz der unangemessenen Benachteiligung entkräftet werden kann.

1. Rechtfertigungsversuche aus der Rechtsprechung

Das OLG Celle erblickte in der Klausel keine unangemessene Benachteiligung und entkräftete das Indiz der unangemessenen Benachteiligung wie folgt: Die Liberationsregelung laufe darauf hinaus, dass es der Bank „gestattet wird, ohne weitere Prüfung der Rechtsnachfolge an denjenigen zu leisten, der sich durch ein sicher von ihrem Kunden herrührendes Dokument als von diesem bei Errichtung desselben gewollter Rechtsnachfolger ausweisen kann."[230] Die Klausel knüpfe daher an einen vom Erblasser willentlich gesetzten Erklärungstatbestand an, der mit der Erteilung einer postmortalen Vollmacht vergleichbar sei. Letztere ermögliche es dem Bevollmächtigten, unabhängig vom Willen der Erben und vor ihrer Ermittlung tätig zu werden.[231] Durch die Verfügung von Todes wegen bringe der Erblasser zum Ausdruck, dass der Begünstigte im Erbfall in dem von ihm bestimmten Umfang in seine Rechtsstellung eintreten soll; dies gehe inhaltlich sogar über eine Vollmachtserteilung hinaus.[232] Die Bank respektiere mit der Leistung lediglich den mit der Verfügung von Todes wegen mitgeteilten Willen des Erblassers. Hierdurch werde der Erblasser gerade nicht benachteiligt.[233] Nur hinsichtlich des tatsächlichen Erben liege eine Benachteiligung vor, auf welchen es jedoch im Rahmen der Inhaltskontrolle nicht ankomme. Dieser sei zum Zeitpunkt der Vereinbarung der AGB noch nicht Vertragspartner gewesen und überdies stünde es dem Erblasser – wie der Fall der postmortalen Vollmacht zeige – frei, seinen Rechtsnachfolger zu benachteiligen.[234]

Vorstehende Rechtfertigungsversuche greifen in ihrer Begründung zu kurz: Zunächst kann eine Benachteiligung i. S. d. § 307 Abs. 1 Satz 1 BGB nicht schon deshalb verneint werden, weil die Klausel lediglich den Erben benachteilige.[235] Denn der Erbe rückt im Wege der Universalsukzession (§ 1922 Abs. 1 BGB) in die Stellung des Erblassers als Vertragspartner ein, sodass es im Rahmen der Inhalts-

---

[229] Vgl. BGHZ 232, 227 = NJW 2022, 1086 Rn. 22; BGHZ 209, 71 = NJW 2016, 1875 Rn. 43; *Grüneberg*, in: Grüneberg, BGB, 82. Aufl. 2023, § 307 Rn. 28.

[230] OLG Celle, NJW 1998, 82 (83).

[231] OLG Celle, NJW 1998, 82 (83); vgl. auch: *Hopt*, in: Hopt, HGB, 42. Aufl. 2023, 2. Teil, V. Bankgeschäfte (8) Nr. 5 AGB-Banken Rn. 3.

[232] OLG Celle, NJW 1998, 82 (83).

[233] OLG Celle, NJW 1998, 82 (83 f.).

[234] OLG Celle, NJW 1998, 82 (84).

[235] OLG Celle, NJW 1998, 82 (84).

kontrolle *gerade und nur noch* auf dessen Benachteiligung ankommt.[236] Wollte man auf die Interessen des Erblassers abstellen, würde dies unter Verkennung der Dimension der Gesamtrechtsnachfolge zu dem hier durchaus irritierenden Ergebnis führen, dass letztlich die Interessen der Person erheblich wären, die nicht mehr Vertragspartner ist und überdies zu keinem Zeitpunkt mit der in Rede stehenden Klausel in Berührung kommen kann.

Auch der Vergleich mit einer postmortalen Vollmacht[237] kann nicht durchgreifend überzeugen, da die wahren Erben eine postmortale Vollmacht grundsätzlich jederzeit einseitig durch Widerruf beseitigen und so ein für sie nachteiliges Handeln des Bevollmächtigten unterbinden können, während sie im Gegensatz dazu als Rechtsnachfolger im Wege der Universalsukzession ohne einseitiges Lösungsrecht an die AGB gebunden sind.[238] Der Vergleich geht aber auch deshalb fehl, weil eine postmortale Vollmacht anders als eine Erbeinsetzung selbst keine Vermögenszuordnung beinhaltet und daher eine ganz andere Regelungsqualität als Verfügungen von Todes wegen aufweist.[239] Schließlich unterscheidet sich eine postmortale Vollmacht von Verfügungen von Todes wegen dadurch, dass der Erblasser mit der Vollmacht – anders als mit der Errichtung der Verfügung von Todes wegen – einen Rechtsschein setzt, an den das Gesetz selbst eine Rechtsscheinhaftung (§ 172 BGB) knüpft.[240] Demgegenüber fehlt es an einer entsprechenden Regelung für Testamente und Erbverträge. Insbesondere sind diese keine Urkunden i. S. d. § 172 BGB.

Überdies wird der Wille des Erblassers gerade dann nicht respektiert, wenn die Verfügung unwirksam ist. Denn im Falle einer unwirksamen Verfügung entspricht die Leistung an den dort Ausgewiesenen nicht dem Erblasserwillen;[241] vielmehr bedingt die Unwirksamkeit der Verfügung auf normativer Ebene ein Legitimationsdefizit auf Seiten des Erblassers,[242] das es zu respektieren gilt. Auch wenn zu

---

[236] BGHZ 198, 250 = NJW 2013, 3716 Rn. 41; *Mischke/Nouvertné*, ZErb 2005, 234 (238); *Keim*, WM 2006, 753 (755); *Fest*, JZ 2014, 152 (154 f.); *Gößmann/Rodi*, in: Hellner/Steuer, Bankrecht und Bankpraxis, 141. EL. Juni 2019, Rn. 1/159c; *Rodi*, WM 2021, 2217 (2218); *Kropf*, in: Kümpel/Mülbert/Früh/Seyfried, Bankrecht und Kapitalmarktrecht, 6. Aufl. 2022, Rn. 3.345; vgl. auch: *Grüneberg*, in: Grüneberg, BGB, 82. Aufl. 2023, § 307 Rn. 11; a. A.: OLG Celle, NJW 1998, 82 (84); *Bunte/Artz*, in: Ellenberger/Bunte, Bankrechts-Handbuch, 6. Aufl. 2022, § 3 Nr. 5 AGB-Banken Rn. 40; *Bunte/Zahrte*, AGB-Banken. AGB-Sparkassen. Sonderbedingungen, 6. Aufl. 2023, 2. Teil Rn. 105.

[237] OLG Celle, NJW 1998, 82 (83 f.).

[238] *Fest*, JZ 2014, 152 (155); ebenso: *Wurmnest*, WM 2015, 1597 (1600); *Gößmann/Rodi*, in: Hellner/Steuer, Bankrecht und Bankpraxis, 141. EL. Juni 2019, Rn. 1/159c; *Rodi*, WM 2021, 2217 (2218).

[239] *Nouvertné*, BKR 2014, 496 (500); *Gößmann/Rodi*, in: Hellner/Steuer, Bankrecht und Bankpraxis, 141. EL. Juni 2019, Rn. 1/159c; *Rodi*, WM 2021, 2217 (2218).

[240] Vgl. *Keim*, WM 2006, 753 (755); *Gößmann/Rodi*, in: Hellner/Steuer, Bankrecht und Bankpraxis, 141. EL. Juni 2019, Rn. 1/159c; *Rodi*, WM 2021, 2217 (2218).

[241] *Nouvertné*, BKR 2014, 496 (500); *Gößmann/Rodi*, in: Hellner/Steuer, Bankrecht und Bankpraxis, 141. EL. Juni 2019, Rn. 1/159c; *Rodi*, WM 2021, 2217 (2218).

[242] Vgl. *Röthel*, AcP 210 (2010), 32 (59 f.).

sehen ist, dass bisweilen Gründe zur Unwirksamkeit von Verfügungen von Todes wegen führen, die der Erblasser nicht erkannt hat und so jedenfalls in tatsächlicher Hinsicht ein Erblasserwille – ganz abgesehen davon, dass es auf diesen infolge der konsequenten Anwendung des Grundsatzes der Universalsukzession nicht mehr ankommt – durchaus (fort-)bestehen kann, führt dies nicht zu einer abweichenden Beurteilung. Denn jedenfalls in den Fällen der Unwirksamkeit aufgrund Testierunfähigkeit oder infolge eines Widerrufs mangelt es (sogar) an einem solchen tatsächlichen Willen. Im erstgenannten Fall fehlt es – wie die Formulierung in § 2229 Abs. 4 BGB zeigt – an der Fähigkeit, einen für die Testamentserrichtung tauglichen Willen zu bilden, und im letzteren Fall hat der Erblasser von seinem vormaligen Willen Abstand genommen.[243] Daher erweist sich der Rechtfertigungsansatz des OLG Celle – selbst wenn man den Erblasserwillen insoweit noch als erheblich erachtete – auch aus tatsächlicher Perspektive als zu pauschal.

Schließlich kann der Verweis darauf, dass es dem Erblasser freistehe, die Erben durch Vereinbarung der AGB zu benachteiligen, nicht durchgreifend überzeugen. Denn die aus der Vereinbarung resultierende Benachteiligung ist kein Produkt freier Entscheidung, sondern wird dem Erblasser vonseiten der Banken oktroyiert[244] und diese gestörte Vertragsparität ist bei Licht besehen doch gerade der Grund für die – auf die Verhinderung des Missbrauchs der einseitigen Vertragsgestaltungsmacht abzielende – AGB-Kontrolle.[245]

2. §§ 2018 ff. BGB als gesetzgeberische Wertentscheidung für den Vorrang der Haftung des Scheinerben

Teilweise wird zur Rechtfertigung der Klausel darauf abgestellt, dass sich aus den §§ 2018 ff. BGB ergebe, dass fehlerhafte Leistungen an den Scheinerben vorrangig zwischen dem Erbschaftsbesitzer und dem wahren Erben abzuwickeln und Kreditinstitute als Dritte hierbei außen vor zu lassen seien.[246] Dies kann nicht überzeugen.[247] Denn die Vorschriften der §§ 2018 ff. BGB regeln den Erbschaftsanspruch als zu-

[243] Vgl. *Nouvertné*, BKR 2014, 496 (500).

[244] *Gößmann/Rodi*, in: Hellner/Steuer, Bankrecht und Bankpraxis, 141. EL. Juni 2019, Rn. 1/159c; *Rodi*, WM 2021, 2217 (2218); siehe auch: *Mischke/Nouvertné*, ZErb 2005, 234 (238).

[245] *Gößmann/Rodi*, in: Hellner/Steuer, Bankrecht und Bankpraxis, 141. EL. Juni 2019, Rn. 1/159c; vgl. insoweit auch: *Bunte/Zahrte*, AGB-Banken. AGB-Sparkassen. Sonderbedingungen, 6. Aufl. 2023, 1. Teil Rn. 3 f.

[246] *Gößmann*, in: Gößmann/Wagner-Wieduwilt/Weber, AGB der Banken, Rn. 1/163; vgl. *Bunte/Artz*, in: Ellenberger/Bunte, Bankrechts-Handbuch, 6. Aufl. 2022, § 3 Nr. 5 AGB-Banken Rn. 42; *Kropf*, in: Kümpel/Mülbert/Früh/Seyfried, Bankrecht und Kapitalmarktrecht, 6. Aufl. 2022, Rn. 3.345; *Bunte/Zahrte*, AGB-Banken. AGB-Sparkassen. Sonderbedingungen, 6. Aufl. 2023, 2. Teil Rn. 107.

[247] So auch: *Mischke/Nouvertné*, ZErb 2005, 234 (238); *Keim*, WM 2006, 753 (755); *Gößmann/Rodi*, in: Hellner/Steuer, Bankrecht und Bankpraxis, 141. EL. Juni 2019, Rn. 1/159d: „Diese Annahme ist jedoch unhaltbar."

sätzlichen, neben die Einzelansprüche (etwa § 985 BGB) tretenden Gesamtanspruch des wahren Erben gegen den Erbschaftsbesitzer[248] und zielen darauf ab, dem Erben den Nachlass zumindest dem vollen Wert nach vollständig zu verschaffen und ihm die Rechtsverfolgung gegen den Erbschaftsbesitzer zu erleichtern.[249] Die §§ 2018 ff. BGB bezwecken demnach in erster Linie den *Schutz des Erben.*[250] Mit diesem Normzweck wäre es nicht vereinbar, diesen Regelungen ein Leitbild zur vorrangigen Abwicklung zwischen Scheinerbe und Erbe und damit letztlich eine negative Ausschlusswirkung zulasten der Erben hinsichtlich der (weiteren) Ansprüche gegen den Nachlassschuldner zu entnehmen.[251] Vielmehr bestehen die Ansprüche gegen Letzteren, der aufgrund seiner Leistung an den nichtberechtigten Scheinerben nicht von seiner Leistungspflicht frei geworden ist, und gegen den Erbschaftsbesitzer nebeneinander.[252] Es gilt der Grundsatz der Anspruchskonkurrenz. Eine Abweichung hiervon bedürfte einer spezifischen Rechtfertigung und daran fehlt es.[253]

Es sei schließlich angemerkt, dass selbst bei unterstelltem gesetzlichem Leitbild einer vorrangigen Abwicklung zwischen Erbe und Scheinerbe eine Benachteiligung anzunehmen wäre, weil die Klausel *auch* die *nachrangige* Haftung der Kreditinstitute ausschließen und somit über das gesetzliche Leitbild der *vorrangigen* Abwicklung hinausgehen würde.[254]

---

248 BGH, ZEV 2004, 378 (379); *Raff*, in: Staudinger, BGB, Neubearbeitung 2020, Vorbemerkungen zu §§ 2018 ff. Rn. 13; *Lange*, Erbrecht, 3. Aufl. 2022, § 43 Rn. 21. Der Wortlaut des § 2029 BGB zeigt, dass neben dem Gesamtanspruch auch Einzelansprüche nach den §§ 985, 861, 1007, 812 ff. oder 823 ff. BGB bestehen; dazu: *Helms*, in: Frank/Helms, Erbrecht, 7. Aufl. 2018, § 17 Rn. 2; *Brox/Walker*, Erbrecht, 29. Aufl. 2021, § 33 Rn. 1. § 2029 BGB regelt zugleich das Konkurrenzverhältnis von Erbschaftsanspruch und Einzelansprüchen.

249 BGH, ZEV 2004, 378 (379); *Gierl*, in: Burandt/Rojahn, Erbrecht, 4. Aufl. 2022, § 2018 BGB Rn. 1.

250 *Raff*, in: Staudinger, BGB, Neubearbeitung 2020, Vorbemerkungen zu §§ 2018 ff. Rn. 1; *Helms*, in: MüKo, BGB, 9. Aufl. 2022, § 2018 Rn. 3; *Müller-Christmann*, in: BeckOK, BGB, 67. Ed. Stand: 01.05.2023, § 2018 Rn. 1; vgl. auch: *Gierl*, in: Burandt/Rojahn, Erbrecht, 4. Aufl. 2022, § 2018 BGB Rn. 1. Vgl. dazu, dass die §§ 2018 ff. BGB in gewissem Umfang auch den Schutz des gutgläubigen Erbschaftsbesitzers bezwecken: *Helms*, in: MüKo, BGB, 9. Aufl. 2022, § 2018 Rn. 3.

251 *Mischke/Nouvertné*, ZErb 2005, 234 (237); *Gößmann/Rodi*, in: Hellner/Steuer, Bankrecht und Bankpraxis, 141. EL. Juni 2019, Rn. 1/159d.

252 So auch: *Mischke/Nouvertné*, ZErb 2005, 234 (237); *Gößmann/Rodi*, in: Hellner/Steuer, Bankrecht und Bankpraxis, 141. EL. Juni 2019, Rn. 1/159d.

253 *Mischke/Nouvertné*, ZErb 2005, 234 (237); *Gößmann/Rodi*, in: Hellner/Steuer, Bankrecht und Bankpraxis, 141. EL. Juni 2019, Rn. 1/159d. Allgemein zur Anspruchskonkurrenz: *Peters/Jacoby*, in: Staudinger, BGB, Neubearbeitung 2019, § 195 Rn. 30 ff.

254 *Keim*, WM 2006, 753 (755 f.); so auch: *Gößmann/Rodi*, in: Hellner/Steuer, Bankrecht und Bankpraxis, 141. EL. Juni 2019, Rn. 1/159d.

3. Das Eröffnungsverfahren als Rechtfertigungsansatz

Auch der Umstand, dass die Klausel eine Befreiungswirkung nur bei Vorlage einer eröffneten Verfügung von Todes wegen vorsieht, rechtfertigt die Angemessenheit der Klausel nicht.[255] Es kann nicht überzeugend darauf abgestellt werden, dass das gesetzlich vorgesehene Eröffnungsverfahren (§ 348 FamFG) zur Sicherheit im Rechtsverkehr darauf abziele, Übersicht über die vorhandenen Verfügungen von Todes wegen des Erblassers zu geben und es aus diesem Grund legitim sei, dass das Kreditinstitut diese gesetzliche Wertung für sich beanspruche, indem es den Prätendenten verfügen respektive Forderungen einziehen lasse, der eine Verfügung von Todes wegen mit einem dazugehörigen eindeutigen Eröffnungsprotokoll vorlegt.[256] Auch wenn das Eröffnungsverfahren der Verwirklichung des öffentlichen Interesses an einer geordneten Nachlassabwicklung dient, worunter auch der Schutz des Rechtsverkehrs gefasst werden könnte, ist es eine bewusste gesetzgeberische Wertentscheidung, eröffneten Verfügungen von Todes wegen keinen Gutglaubensschutz zuzusprechen.[257] Außerhalb der §§ 2366 f. BGB gilt eine klare Risikozuweisung zulasten des Rechtsverkehrs.[258] Dafür spricht auch, dass im Rahmen des Eröffnungsverfahrens gerade keine umfassende rechtliche Prüfung erfolgt, die dem Rechtsverkehr eine vergleichbare Sicherheit wie das Erbscheinsverfahren[259] gewährt. Denn die Eröffnung ist ein bloßer Formalakt, der ohne Wirksamkeits- oder Inhaltsprüfung erfolgt.[260] Erst die Eröffnung der Verfügung ermöglicht eine Prüfung

---

[255] So: *Gößmann/Rodi*, in: Hellner/Steuer, Bankrecht und Bankpraxis, 141. EL. Juni 2019, Rn. 1/159d; ebenfalls darauf hinweisend: *Keim*, WM 2006, 753 (755).

[256] Vgl. aber: *Gößmann*, in: Gößmann/Wagner-Wieduwilt/Weber, AGB der Banken, Rn. 1/161; mit Recht dagegen nur: *Keim*, WM 2006, 753 (755); *Gößmann/Rodi*, in: Hellner/Steuer, Bankrecht und Bankpraxis, 141. EL. Juni 2019, Rn. 1/159d. Näher zur Argumentation: *Gößmann/Rodi*, in: Hellner/Steuer, Bankrecht und Bankpraxis, 141. Lfg. Juni 2019, Rn. 1/159d.

[257] *Gößmann/Rodi*, in: Hellner/Steuer, Bankrecht und Bankpraxis, 141. EL. Juni 2019, Rn. 1/159d; siehe auch: *Keim*, WM 2006, 753 (755); vgl. ferner: *Bunte/Artz*, in: Ellenberger/Bunte, Bankrechts-Handbuch, 6. Aufl. 2022, § 3 Nr. 5 AGB-Banken Rn. 39. Zum Normzweck des § 348 FamFG: *Muscheler*, in: MüKo, FamFG, 3. Aufl. 2019, § 348 Rn. 1: „Im Interesse des Rechtsfriedens und der Rechtssicherheit soll die Vorschrift durch zeitnahe amtliche Feststellung und Bekanntgabe der vorhandenen Verfügungen von Todes wegen ganz gleich welcher Art eine geordnete Nachlassabwicklung sicherstellen; sie dient damit dem öffentlichen Interesse." Aus der Rechtsprechung: OLG Düsseldorf, ZEV 2022, 727 Rn. 10.

[258] *Keim*, WM 2006, 753 (755); vgl. *Gößmann/Rodi*, in: Hellner/Steuer, Bankrecht und Bankpraxis, 141. EL. Juni 2019, Rn. 1/159d.

[259] Zum abgestuften Verhältnis zwischen Eröffnung und Erbscheinsverfahren: OLG München, NJW-RR 2022, 10 Rn. 8.

[260] OLG München, NJW-RR 2022, 10 Rn. 8; *Keim*, WM 2006, 753: „prüft das Nachlassgericht in keiner Weise die Rechtswirksamkeit des abgelieferten Testaments."; *Krug*, in: FS Spiegelberger, 1025 (1029); *Schebesta/Kalkbrenner*, Bankprobleme beim Tod eines Kunden, 15. Aufl. 2019, Rn. 625; *Burandt/Krämer*, in: Schulte-Bunert/Weinreich, FamFG, 7. Aufl. 2023, § 348 Rn. 6: „Die genaue Prüfung der Wirksamkeit ist dem späteren Nachlassverfahren vorbehalten." Ebenso: *Gierl*, in: Burandt/Rojahn, Erbrecht, 4. Aufl. 2022, § 348 FamFG Rn. 2: „Für eine inhaltliche Prüfung des Regelungsinhalts und -umfangs letztwilliger Verfü-

der Wirksamkeit und Auslegungsbedürftigkeit.[261] Folglich genügt für die Eröffnung bereits die Möglichkeit des Vorliegens einer Verfügung von Todes wegen;[262] die Eröffnungsniederschrift dient daher der Feststellung, ob überhaupt eine (potentiell wirksame) Verfügung von Todes wegen vorliegt.[263]

4. Grundsätze der Haftung nach Gefahrenbereichen

Überzeugender lässt sich der Gedanke der Haftung nach Gefahrenbereichen als Rechtfertigungsansatz fruchtbar machen,[264] welcher auf der Erwägung beruht, dass eine Verlagerung der Risiken auf einen Vertragsteil zulässig ist, die ihre Ursache in dessen Sphäre haben und deren Beherrschbarkeit seitens des anderen Teils ausgeschlossen ist.[265] Das Geldinstitut hat auf die Verfügungen von Todes wegen respektive die rechtssichere Gestaltung der Erbfolge des Kunden keinen Einfluss. Vielmehr schafft der Erblasser die Gründe für die Ungewissheiten über die Erbfolge, namentlich wenn er widersprüchlich oder unvollständig testiert oder ein widerrufenes und damit nicht mehr für die Erbfolge maßgebliches Testament nicht vernichtet.[266] Nach dem Gedanken der Sphärenhaftung folgt daraus, dass die Verlagerung des aus den Ungewissheiten über die Rechtsnachfolge resultierenden Haftungsrisikos, das bei der Interaktion mit dem Scheinerben droht, auf den Erblasser im Ausgangspunkt zulässig erscheint. Dies gilt in konsequenter Anwendung des Grundsatzes der Universalsukzession (§ 1922 Abs. 1 BGB) auch für den (wahren)

gungen ist im Eröffnungsverfahren kein Raum"; *Krätzschel*, in: Krätzschel/Falkner/Döbereiner, Nachlassrecht, § 37 Rn. 1.

261 OLG München, NJW-RR 2022, 10 Rn. 8; *Zimmermann*, in: Sternal, FamFG, 21. Aufl. 2023, § 348 Rn. 11.

262 *Burandt/Krämer*, in: Schulte-Bunert/Weinreich, FamFG, 7. Aufl. 2023, § 348 Rn. 4.

263 OLG München, NJW-RR 2022, 10 Rn. 8; *Szalai*, NotBZ 2016, 370 (378 Fn. 64 a.E.).

264 Hierzu: *Mischke/Nouvertné*, ZErb 2005, 234 (237); *Keim*, WM 2006, 753 (756); *ders.*, ZEV 2014, 277 (279); *Fandrich*, in: von Westphalen/Thüsing, Vertragsrecht und AGB-Klauselwerke, 39. EL. Mai 2017, Teil „Klauselwerke", Banken- und Sparkassen-AGB Rn. 22; *Gößmann/Rodi*, in: Hellner/Steuer, Bankrecht und Bankpraxis, 141. EL. Juni 2019, Rn. 1/159e; *Rodi*, WM 2021, 2217 (2218); *Bunte/Artz*, in: Ellenberger/Bunte, Bankrechts-Handbuch, 6. Aufl. 2022, § 3 Nr. 5 AGB-Banken Rn. 41 f.; *Bunte/Zahrte*, AGB-Banken. AGB-Sparkassen. Sonderbedingungen, 6. Aufl. 2023, 2. Teil Rn. 106 f.

265 BGHZ 114, 238 (244 f.) = NJW 1991, 1886 (1888); BGHZ 115, 38 (45) = NJW 1991, 2414 (2416).

266 *Keim*, WM 2006, 753 (756); *Nouvertné*, BKR 2014, 496 (500); *Fandrich*, in: von Westphalen/Thüsing, Vertragsrecht und AGB-Klauselwerke, 39. EL. Mai 2017, Teil „Klauselwerke", Banken- und Sparkassen-AGB Rn. 22; *Gößmann/Rodi*, in: Hellner/Steuer, Bankrecht und Bankpraxis, 141. EL. Juni 2019, Rn. 1/159e; *Rodi*, WM 2021, 2217 (2219); *Bunte/Artz*, in: Ellenberger/Bunte, Bankrechts-Handbuch, 6. Aufl. 2022, § 3 Nr. 5 AGB-Banken Rn. 42; *Bunte/Zahrte*, AGB-Banken. AGB-Sparkassen. Sonderbedingungen, 6. Aufl. 2023, 2. Teil Rn. 107. Vgl. insoweit auch: BGH, NJW 2005, 2779 (2780); BGHZ 209, 329 = NJW 2016, 2409 Rn. 19.

Erben:[267] Denn der Übergang der Erbschaft i. S. d. § 1922 Abs. 1 BGB meint nicht nur die Nachfolge in einzelne subjektive Rechte,[268] sondern den Übergang der Gesamtheit der vererbbaren Rechtsverhältnisse unter Einschluss der Verbindlichkeiten.[269] Die Rechtspositionen gehen dabei auf den Erben über „so wie sie sind".[270] Konsequenterweise wird mit dem Einrücken in die Rechtsstellung des Erblassers im Wege der Gesamtrechtsnachfolge das originär vom Erblasser ausgehende Risiko nunmehr postmortal grundsätzlich dem oder den Erben zugwiesen.[271] Insoweit war die frühere Vorstellung, dass der Rechtsnachfolger die Persönlichkeit des Erben fortsetze, adäquat.[272]

Aus der Zuordnung der Ungewissheiten über die Rechtsnachfolge und der damit verbundenen Haftungsrisiken zur Sphäre des Erblassers folgt allerdings nicht unmittelbar, dass eine formularmäßige Auferlegung einer Zufallshaftung des Kunden stets wirksam ist.[273] Eine rechtswirksame Risikoverlagerung erfordert neben dem

---

[267] Im Ergebnis ebenso: *Keim*, WM 2006, 753 (756); *Bunte/Artz*, in: Ellenberger/Bunte, Bankrechts-Handbuch, 6. Aufl. 2022, § 3 Nr. 5 AGB-Banken Rn. 42; *Kropf*, in: Kümpel/Mülbert/Früh/Seyfried, Bankrecht und Kapitalmarkrecht, 6. Aufl. 2022, Rn. 3.345; *Bunte/Zahrte*, AGB-Banken. AGB-Sparkassen. Sonderbedingungen, 6. Aufl. 2023, 2. Teil Rn. 107.

[268] Anschaulich: *Leipold*, in: MüKo, BGB, 9. Aufl. 2022, § 1922 Rn. 16: „Der Übergang der Erbschaft ist ein Übergang der Rechtsverhältnisse, nicht der atomisierten einzelnen Berechtigungen und Verpflichtungen."

[269] *Muscheler*, Universalsukzession und Vonselbsterwerb, S. 5 ff.; *ders.*, Erbrecht, Band I, Rn. 741 ff.; *Musielak*, ZEV 2016, 353 (354); *Amend-Traut/Hergenröder*, ZEV 2019, 113 (116); *Brox/Walker*, Erbrecht, 29. Aufl. 2021, § 2 Rn. 4; *Leipold*, in: MüKo, BGB, 9. Aufl. 2022, § 1922 Rn. 16 f.; *Weidlich*, in: Grüneberg, BGB, 82. Aufl. 2023, § 1922 Rn. 7; *Müller-Christmann*, in: BeckOK, BGB, 67. Ed. Stand: 01.02.2023, § 1922 Rn. 12, 17. Ausführlich zur erbrechtlichen Universalsukzession insbesondere: *Muscheler*, JURA 1999, 234, und 289.

[270] In diesem Sinne auch: *Lange/Kuchinke*, Erbrecht, 5. Aufl. 2001, § 5. III. 3. b) (= S. 92): „Der Erbe tritt darum in die gesamte Rechtsposition im Schuldverhältnis auf der Seite des Erblassers ein, setzt insoweit dessen Rechts- und Pflichtleben fort." Und unter Bezug auf *Lange/Kuchinke*, Erbrecht, 5. Aufl. 2001, § 5. III. 3.: *Preuß*, in: BeckOGK, BGB, Stand: 01.08.2023, § 1922 Rn. 179: „Die Rechtsposition geht so auf den Erben über, wie sie in der Person des Erben bestand, also mit allen ‚ihren Vorzügen und Mängeln'." Siehe auch: *Kunz*, in: Staudinger, BGB, Neubearbeitung 2017, § 1922 Rn. 14; *Lieder*, in: Erman, BGB, 17. Aufl. 2023, § 1922 Rn. 52.

[271] In diese Richtung geht auch die Rechtsprechung: BGH, NJW 2005, 2779 (2780); BGHZ 209, 329 = NJW 2016, 2409 Rn. 19; ferner: *Fandrich*, in: von Westphalen/Thüsing, Vertragsrecht und AGB-Klauselwerke, 39. EL. Mai 2017, Teil „Klauselwerke", Banken- und Sparkassen-AGB Rn. 22; *Bunte/Artz*, in: Ellenberger/Bunte, Bankrechts-Handbuch, 6. Aufl. 2022, § 3 Nr. 5 AGB-Banken Rn. 42; *Bunte/Zahrte*, AGB-Banken. AGB-Sparkassen. Sonderbedingungen, 6. Aufl. 2023, 2. Teil Rn. 107.

[272] Vgl. ganz generell: *Leipold*, in: MüKo, BGB, 9. Aufl. 2022, § 1922 Rn. 16, der dies allerdings nicht für den hier erörterten Fall formuliert, sondern bezüglich des Umstands, dass der Übergang der Erbschaft den Übergang der Rechtsverhältnisse meint.

[273] Ähnlich: *Gößmann/Rodi*, in: Hellner/Steuer, Bankrecht und Bankpraxis, 141. EL. Juni 2019, Rn. 1/159f; *Rodi*, WM 2021, 2217 (2219).

Interesse, in der Sphäre des Kunden liegende und den Rechtsnachfolgern zuzuweisende Risiken von sich abzuwälzen, das Hinzutreten weiterer Umstände:[274]

Ein solcher Umstand kann zunächst darin gesehen werden, dass im täglichen Massenverkehr des Bankwesens eine eingehende Legitimationsprüfung weder möglich noch zumutbar ist;[275] Kreditinstitute trifft insbesondere keine gesteigerte Pflicht zur rechtlichen Würdigung, insbesondere der Auslegung der Verfügung von Todes wegen.[276] Weiter kann für die rechtswirksame Risikoverlagerung die inhaltliche Ausgewogenheit der Klausel ins Feld geführt werden:[277] Diese gilt nicht einschränkungslos für alle Erbfälle. Sie sieht die Liberationswirkung nur für die Fälle vor, in welchen die Legitimation durch Verfügung von Todes wegen erfolgt. Eine Regelung für die gesetzliche Erbfolge beinhaltet diese indes nicht.[278] Ohne Indiz für die konkrete Erbfolge in Gestalt einer Verfügung ist der Anwendungsbereich der Klausel sonach nicht eröffnet. Außerdem greift die Klausel bei positiver Kenntnis und fahrlässiger Unkenntnis[279] der fehlenden Verfügungsberechtigung nicht,[280] sodass der wahre Erbe hinreichend davor geschützt ist, vorschnell aufgrund der Leistungsbefreiungsklausel seines Erfüllungsanspruchs verlustig zu gehen. Denn der Bank ist es verwehrt, sich auf den Gutglaubensschutz zu berufen, wenn ihr etwa die fehlende Verfügungsberechtigung des Scheinerben infolge von Anfechtung oder

---

[274] BGHZ 114, 238 (243) = NJW 1991, 1886 (1888); BGHZ 115, 38 (45) = NJW 1991, 2414 (2416).

[275] *Canaris*, Bankvertragsrecht, 2. Aufl. 1981, Rn. 2714; *Fandrich*, in: von Westphalen/Thüsing, Vertragsrecht und AGB-Klauselwerke, 39. EL. Mai 2017, Teil „Klauselwerke“, Banken- und Sparkassen-AGB Rn. 22; *Bunte/Artz*, in: Ellenberger/Bunte, Bankrechts-Handbuch, 6. Aufl. 2022, § 3 Nr. 5 AGB-Banken Rn. 42; *Fuchs/Zimmermann*, in: Ulmer/Brandner/Hensen AGB-Recht, 13. Aufl. 2022, (8) Banken-AGB, Rn. 19a; *Bunte/Zahrte*, AGB-Banken. AGB-Sparkassen. Sonderbedingungen, 6. Aufl. 2023, 2. Teil Rn. 107.

[276] Vgl. BGHZ 209, 329 = NJW 2016, 2409 Rn. 25; OLG Frankfurt a.M., RNotZ 2011, 611 (613); *Kroiß*, NJW 2016, 2411 (2412); *Szalai*, NotBZ 2016, 370 (373); *Sarres*, EE 2018, 173 (174); ansatzweise schon: *Burghardt*, ZEV 1996, 136 (138); in diese Richtung ebenfalls: *Keim*, WM 2006, 753 (757); vgl. *Litzenburger*, FD-ErbR 2009, 291786; *ders.*, MittBayNot 2014, 349 (350); *ders.*, in: BeckOK, BGB, 67. Ed. Stand: 01.08.2023, § 2232 Rn. 22; ferner: *Herzog*, in: Staudinger, BGB, Neubearbeitung 2023, Einleitung zu §§ 2353–2370 Rn. 46; etwas anders noch: *Herzog*, in: Staudinger, BGB, Neubearbeitung 2016, Einleitung zu §§ 2353–2370 Rn. 36: „So hat die Bank nicht die Pflicht, das Testament eigenständig auszulegen“.

[277] Vgl. BGHZ 114, 238 (245) = NJW 1991, 1886 (1888).

[278] *Wurmnest*, WM 2015, 1597 (1600).

[279] Mit Beispielen: *Wurmnest*, WM 2015, 1597 (1600).

[280] Dazu bereits: *Burghardt*, ZEV 1996, 136 (138); *Werkmüller*, ZEV 2001, 340. Im Übrigen: *Wurmnest*, WM 2015, 1597 (1600); *Wessels*, in: EBJS, HGB, 4. Aufl. 2020, A. Bank- und Börsenrecht I Rn. 226; *Bunte/Artz*, in: Ellenberger/Bunte, Bankrechts-Handbuch, 6. Aufl. 2022, § 3 Nr. 5 AGB-Banken Rn. 42; *Hopt*, in: Hopt, HGB, 42. Aufl. 2023, 2. Teil, V. Bankgeschäfte (8) Nr. 5 AGB-Banken Rn. 3; *Bunte/Zahrte*, AGB-Banken. AGB-Sparkassen. Sonderbedingungen, 6. Aufl. 2023, 2. Teil Rn. 107.

Nichtigkeit bekannt oder fahrlässig unbekannt ist.[281] Für gefälschte Testamente greift die Leistungsbefreiungsklausel ebenfalls nicht.[282] Darüber hinaus gehen auch fahrlässige Falschauslegungen des Testaments zulasten der Bank.[283] Freilich darf nicht übersehen werden, dass die Klausel jedenfalls dann keine relevante Entlastung der Erben beinhaltet, wenn es um die Nichtberechtigung des Erbprätendenten begründende Umstände geht, die für Kreditinstitute unerkennbar sind. Etwa das Vorliegen eines Widerrufstestaments ist für die Bank ebenso wenig erkennbar wie potentielle Testierunfähigkeit des Erblassers, sodass in diesen Fällen Bankinstituten kein Fahrlässigkeitsvorwurf gemacht werden kann.[284] Schließlich ließe sich für den rechtswirksamen Charakter der Klausel auch ins Feld führen, dass die formularmäßige Liberationswirkung mit der Regelung zum Erbnachweis korrespondiert.[285] Die Haftungsbeschränkung der Kreditinstitute könnte insofern als Korrelat dafür verstanden werden, dass – im Interesse der Kunden – geringere Anforderungen an den Nachweis der Erbfolge gestellt werden.[286]

Eingedenk der vorbezeichneten Umstände und der Erwägung, dass das Haftungsrisiko der Bank infolge der Unsicherheiten über die Erbfolge aus der Sphäre des Erblassers stammt und damit endlich zulasten der Erben gehen muss, erscheint es grundsätzlich sachgerecht, dieses Risiko formularmäßig auf diese abzuwälzen.[287] Auch kann nicht durchgreifend darauf abgestellt werden, dass der Nachlassschuldner das Risiko durch das Verlangen einer Haftungsfreistellungserklärung besser beherrschen könne als der Erbe.[288] Denn weder hat das Kreditinstitut einen Anspruch auf Abgabe einer solchen Erklärung, noch sichert eine solche gegen das Bonitätsrisiko.[289]

---

[281] *Fandrich*, in: von Westphalen/Thüsing, Vertragsrecht und AGB-Klauselwerke, 39. EL. Mai 2017, Teil „Klauselwerke“, Banken- und Sparkassen-AGB Rn. 22.

[282] *Wurmnest*, WM 2015, 1597 (1600).

[283] *Burghardt*, ZEV 1996, 136 (138); *Werkmüller*, ZEV 2001, 340; *Wurmnest*, WM 2015, 1597 (1600).

[284] In diese Richtung: *Fest*, JZ 2014, 152 (155).

[285] *Wurmnest*, WM 2015, 1597 (1600): „In der Gesamtschau korrespondiert diese Lösung auch mit der Regelung zum Erbnachweis. Wenn die Bank den Erben insofern entgegenkommt, dass sie in größerem Umfang andere Urkunden als einen Erbschein als Nachweis akzeptiert, um die Nachlassabwicklung für den Erben zu erleichtern, ist es nur legitim, wenn sie im Gegenzug auch ihre Haftung beschränken kann.“

[286] In diese Richtung: *Wurmnest*, WM 2015, 1597 (1600); *Wessels*, in: EBJS, HGB, 4. Aufl. 2020, A. Bank- und Börsenrecht I Rn. 226: „Die Liberationsklausel ist – recht verstanden – die Kehrseite der im Kundeninteresse gesenkten Nachweislast“; vgl. ferner: *Keim*, WM 2006, 753 (756): „gerade dem Kunden zugute kommt“; *ders.*, ZEV 2014, 277 (279).

[287] Im Ergebnis ebenso: *Wurmnest*, WM 2015, 1597 (1600); *Gößmann/Rodi*, in: Hellner/Steuer, Bankrecht und Bankpraxis, 141. EL. Juni 2019, Rn. 1/159f; *Rodi*, WM 2021, 2217 (2219).

[288] So aber: *Mischke/Nouvertné*, ZErb 2005, 234 (236).

[289] *Gößmann/Rodi*, in: Hellner/Steuer, Bankrecht und Bankpraxis, 141. EL. Juni 2019, Rn. 1/159f.

Allerdings ist der Sphärengedanke dann nicht zielführend und zur Rechtfertigung der Klausel geeignet, wenn das Risiko nicht mehr dem Kunden zuzurechnen ist.[290] So ist der Fall gelagert, wenn die Wirksamkeit der Verfügung von Todes wegen an der fehlenden Testierfähigkeit (§ 2229 BGB) respektive Geschäftsfähigkeit (§ 2275 BGB)[291] scheitert.[292] Fehlt es dem rechtsgeschäftlich Handelnden an der Geschäftsfähigkeit (und damit automatisch an der Testierfähigkeit),[293] genießt dieser uneingeschränkten Schutz, welcher den §§ 104 ff. BGB als gesetzgeberische Wertentscheidung entspringt.[294] Diese besondere Stellung des absoluten Schutzes Geschäftsunfähiger exemplifiziert der Umstand, dass dieses Regelungsregime keinen Schutz des guten Glaubens an die unbeschränkte Geschäftsfähigkeit vorsieht – der Schutz des Rechtsverkehrs hat hinter dem Schutz Geschäftsunfähiger zurückzustehen.[295] Dies gründet in der Annahme, dass Geschäftsunfähige nicht in der Lage sind, eigenverantwortlich einen Willen zu bilden und nicht über die Fähigkeit verfügen, für ihre Person zu sorgen und die Konsequenzen ihres (rechtsgeschäftlichen) Verhaltens zu umreißen. Daher versagt der Gesetzgeber den durch Geschäftsunfähige vorgenommenen Rechtsgeschäften mit gebotener Rigorosität[296] die rechtliche Anerkennung.[297] Hierdurch werden Geschäftsunfähige vor den Risiken des rechtsgeschäftlichen Verkehrs, die sie nicht hinreichend erfassen können, und damit im Ergebnis „vor sich selbst“[298] geschützt.[299] Dieser rigorose Schutz Geschäftsunfähiger und das kehrseitige, nachrangige Schutzbedürfnis des Rechtsverkehrs besteht in dieser Form auch dann, wenn die Geschäftsunfähigkeit bei Abschluss des Rechtsgeschäfts unerkennbar war.[300] Es ist daher nur konsequent, dass die Vorschriften der

[290] Grundlegend: *Gößmann/Rodi*, in: Hellner/Steuer, Bankrecht und Bankpraxis, 141. EL. Juni 2019, Rn. 1/159f; *Rodi*, WM 2021, 2217 (2219).

[291] Der Vertragserblasser bindet sich vertragsmäßig. Daher genügt nicht dessen Testierfähigkeit, sondern er muss unbeschränkt geschäftsfähig sein. Dies richtet sich nach den §§ 104 ff. BGB. Siehe nur: *Brox/Walker*, Erbrecht, 29. Aufl. 2021, § 14 Rn. 3.

[292] So für das Fehlen der Testierfähigkeit: *Gößmann/Rodi*, in: Hellner/Steuer, Bankrecht und Bankpraxis, 141. EL. Juni 2019, Rn. 1/159f; *Rodi*, WM 2021, 2217 (2219).

[293] Testierfähigkeit und Geschäftsfähigkeit sind insoweit kongruent, „als jeder Geschäftsfähige auch testierfähig ist, während dem Geschäftsunfähigen diese Fähigkeit fehlt“. Dazu: *Brox/Walker*, Erbrecht, 29. Aufl. 2021, § 9 Rn. 1 und vgl. Rn. 3.

[294] Siehe: BGHZ 115, 38 (44) = NJW 1991, 2414 (2416).

[295] RGZ 120, 170 (174); BGH, NJW 1977, 622 (623); BGHZ 115, 38 (44 f.) = NJW 1991, 2414 (2416); *Wedemann*, AcP 209 (2009), 668 (691); *Völzmann-Stickelbrock*, in: Prütting/Wegen/Weinreich, BGB, 18. Aufl. 2023, § 104 Rn. 2; zum Fehlen des Gutglaubensschutzes ganz generell: *Klumpp*, in: Staudinger, BGB, Neubearbeitung 2021, Vorbemerkungen zu §§ 104 ff. Rn. 23.

[296] Vgl. *Flume*, BGB AT, II. Band, 4. Aufl. 1992, § 13 2. (= S. 183).

[297] *Spickhoff*, in: MüKo, BGB, 9. Aufl. 2021, § 104 Rn. 6; *Schneider*, in: BeckOGK, BGB, Stand: 01.02.2023, § 105 Rn. 3.

[298] *Spickhoff*, in: MüKo, BGB, 9. Aufl. 2021, § 104 Rn. 6; vgl. *Klumpp*, in: Staudinger, BGB, Neubearbeitung 2021, § 105 Rn. 1.

[299] *Schneider*, in: BeckOGK, BGB, Stand: 01.05.2023, § 105 Rn. 3.

[300] RGZ 120, 170 (174); *Schneider*, in: BeckOGK, BGB, Stand: 01.05.2023, § 104 Rn. 4.

§§ 171, 172 BGB nicht zulasten geschäftsunfähiger Personen anwendbar sind.[301] In der Gesamtschau ist es daher eine gesetzgeberische Grundentscheidung, Geschäftsunfähige uneingeschränkt zu schützen und Bedürfnisse des Rechtsverkehrs zurückstehen zu lassen.[302] Für den Gedanken der Haftung nach Sphären bedeutet dies, dass zwar die Unsicherheiten hinsichtlich der Erbfolge aus der Sphäre des Erblassers respektive der Erben stammen und somit ein Bedürfnis nach rechtssicherer Legitimation zu Tage tritt. Jedoch sind nach der gesetzgeberischen Wertung der §§ 104 ff. BGB das Risiko der rechtsgeschäftlichen Interaktion mit einem Geschäftsunfähigen und die damit verbundenen Folgen vom Rechtsverkehr zu tragen.[303] Das ist auch insoweit systemgerecht, als das Gesetz bewusst nur dann eine Risikozuweisung zulasten der Erben (§§ 2366 f. BGB) vorsieht, wenn die Leistung des Nachlassschuldners auf ein amtliches Zeugnis über das Erbrecht (§ 2353 BGB) erfolgt, das nach Prüfung der erbrechtlichen Verhältnisse durch das darauf spezialisierte Nachlassgerichtsgericht ausgestellt wurde. Erst durch das Dazwischentreten der nachlassgerichtlichen Prüfung wird der Rechtsverkehr von der Risikotragung hinsichtlich der Folgen einer potentiell wegen Testierunfähigkeit unwirksamen Verfügung von Todes wegen losgesagt.

Der Sphärengedanke stößt nach alldem im Hinblick auf die Risikotragung der Folgen rechtsgeschäftlicher Erklärung, welche aufgrund fehlender Geschäftsfähigkeit unwirksam sind, an seine Grenzen.[304] Denn dieses Risiko ist nach der gesetzgeberischen Wertentscheidung dem Rechtsverkehr zugewiesen, sodass eine formularmäßige Abwälzung – wie sie infolge der weiten Formulierung in Nr. 5 Satz 2 AGB-Banken vorgesehen ist – zulasten des Kunden nicht möglich ist.[305] Da die Klausel keine Einschränkung für die Unwirksamkeit infolge Geschäftsunfähigkeit beziehungsweise Testierunfähigkeit enthält, obgleich eine Risikoabwälzung in diesen Fällen unzulässig ist, ist die Klausel insgesamt unwirksam; einer ein-

---

[301] BGH, NJW 1977, 622 (623); LG München II, BeckRS 2019, 15775 Rn. 17; *Bork*, Allgemeiner Teil des Bürgerlichen Gesetzbuchs, 4. Aufl. 2016, Rn. 1524, 1526; *Schilken*, in: Staudinger, BGB, Neubearbeitung 2019, § 167 Rn. 39; *ders.*, in: Staudinger, BGB, Neubearbeitung 2019, § 172 Rn. 2; *Schubert*, in: MüKo, BGB, 9. Aufl. 2021, § 167 Rn. 121, § 172 Rn. 17; darauf im Kontext der vorliegenden AGB-Kontrolle allein hinweisend: *Gößmann/Rodi*, in: Hellner/Steuer, Bankrecht und Bankpraxis, 141. EL. Juni 2019, Rn. 1/159f; *Rodi*, WM 2021, 2217 (2219).

[302] Grundlegend in dem vorliegend behandelten Kontext: *Gößmann/Rodi*, in: Hellner/Steuer, Bankrecht und Bankpraxis, 141. EL. Juni 2019, Rn. 1/159f; *Rodi*, WM 2021, 2217 (2219); plastisch: BGHZ 115, 38 (44 f.) = NJW 1991, 2414 (2416): „Man mag darüber streiten, ob die geltende Regelung der §§ 104 ff. BGB als überzeugendes Postulat der Gerechtigkeit anzusehen ist. Sie ist vom Gesetzgeber so getroffen worden."

[303] So auch: *Gößmann/Rodi*, in: Hellner/Steuer, Bankrecht und Bankpraxis, 141. EL. Juni 2019, Rn. 1/159f; *Rodi*, WM 2021, 2217 (2219).

[304] *Gößmann/Rodi*, in: Hellner/Steuer, Bankrecht und Bankpraxis, 141. EL. Juni 2019, Rn. 1/159g; *Rodi*, WM 2021, 2217 (2219).

[305] Ebenso: *Gößmann/Rodi*, in: Hellner/Steuer, Bankrecht und Bankpraxis, 141. EL. Juni 2019, Rn. 1/159g; *Rodi*, WM 2021, 2217 (2219).

schränkenden Auslegung steht das Verbot der geltungserhaltenden Reduktion entgegen.[306]

Es bleibt daher festzuhalten, dass die (vorbehaltslose) Liberationsklausel unwirksam ist und so nach dem gegenwärtigen Klauselmodell eine rechtswirksame Leistung mit befreiender Wirkung bei Vorlage einer Verfügung von Todes wegen nebst zugehöriger Eröffnungsniederschrift nicht in Betracht kommt.

III. Folgen für den Erbnachweis gegenüber Kreditinstituten

Die gegenwärtige Legitimationsklausel vermag die Frage nach den Anforderungen an den Nachweis der Erbfolge nicht zu beantworten und ist zur Auflösung des Spannungsfeldes der kontrastierenden Interessen ungeeignet. Die Nachweisklausel erschöpft sich in einem rein deklaratorischen, den allgemeinen Grundsatz der Beweislastverteilung wiederholenden Inhalt. Obschon die Regelung zur Liberationswirkung dem grundsätzlich berechtigten Interesse in Gestalt der Verhütung von Rechtsnachteilen durch Leistung nach Vorlage einer Verfügung von Todes wegen dient, ist diese wegen ihrer vorbehaltslosen Formulierung unwirksam.[307] Damit legt gegenwärtig keine Regelung in den AGB (wirksam) fest, welchen Erbnachweis Kreditinstitute konkret verlangen dürfen.

---

[306] Im Anschluss an: *Gößmann/Rodi*, in: Hellner/Steuer, Bankrecht und Bankpraxis, 141. EL. Juni 2019, Rn. 1/159g; *Rodi*, WM 2021, 2217 (2219); zum Verbot geltungserhaltender Reduktion exemplarisch: BGHZ 84, 109 = NJW 1982, 2309 (2310); BGH, NJW 2013, 991 (992). Das gilt entsprechend für Nr. 5 Abs. 2 AGB-Sparkassen.

[307] Ein alternativer wirksamer Formulierungsvorschlag für Nr. 5 Satz 3 AGB-Banken findet sich bei: *Rodi*, WM 2021, 2217 (2220): „Dies gilt nicht, wenn der Bank bekannt oder infolge Fahrlässigkeit nicht bekannt ist, dass der dort Genannte (zum Beispiel nach Anfechtung oder wegen Widerrufs des Testaments) nicht verfügungsberechtigt ist, oder wenn dies auf einem Umstand beruht, der außerhalb des Einflussbereichs des Kunden liegt (zum Beispiel bei Nichtigkeit des Testaments wegen Testierunfähigkeit oder bei einer vollständigen Fälschung)." Eine entsprechende Formulierung wäre sonach auch in Nr. 5 Abs. 2 AGB-Sparkassen aufzunehmen.

Kapitel 3

Der Erbfolgenachweis gegenüber Kreditinstituten

Im Rahmen des vorangegangenen Kapitels ließ sich ausgehend von dem im System des deutschen Erbrechts wurzelnden Bedürfnis nach einer möglichst aussagekräftigen Legitimation aufzeigen, dass zwar grundsätzlich eine Vielzahl denkbarer Legitimationsmöglichkeiten besteht. Allerdings stellt der Erbschein im deutschen Recht die einzige formalisierte Nachweismöglichkeit dar und trägt den Bedürfnissen des (Privat-)Rechtsverkehrs am umfangreichsten Rechnung. So schafft ein Erbschein eine rechtssichere Grundlage für Eintragungen im Grundbuch- oder Registerverkehr und räumt Kreditinstituten namentlich die Möglichkeit ein, in den Grenzen der Gutgläubigkeit an den Erbscheinserben mit befreiender Wirkung leisten zu können (§§ 2366 f. BGB). Dies dürfte auch der Grund gewesen sein, warum der Teilentwurf zum Erbrecht (§ 329)[1] noch wie folgt lautete:

> „(1) Derjenige, welchem der Erbschein ertheilt ist, kann auf Grund desselben von jeder dritten Person seine Anerkennung als Erbe und die Eintragung dieser Eigenschaft in die öffentlichen Bücher und Register, insbesondere das Grundbuch verlangen. [...] (2) Kein Dritter braucht sich auf *keine andere Legitimation* des Erben einzulassen."

Anders als § 329 Abs. 2 Teil E ErbR trifft das BGB jedoch keine ausdrückliche Aussage über die Legitimation des Erben im Privatrechtsverkehr.[2] Nach deutschem Privatrecht besteht daher keine ausdrücklich formulierte gesetzliche Verpflichtung zur Vorlage eines bestimmten Erbnachweises in Form des Erbscheins.[3] Dennoch war und ist das Verlangen der Banken, das Erbrecht durch Vorlage eines Erbscheins nachzuweisen, Gegenstand der bankrechtlichen Praxis, wie die immer wiederkehrenden gerichtlichen Entscheidungen[4] verdeutlichen. Im Folgenden soll daher auf

---

[1] Abgedruckt bei: *Horn*, Materialienkommentar Erbrecht, Anhang II: Teil E ErbR 1879, S. 1501 [Hervorhebung v. Verfasser].

[2] Insbesondere werden die Anforderungen an den Erbnachweis auch nicht – wie zuvor dargestellt – bankseitig durch AGB näher konkretisiert und die insofern an die Legitimation durch Verfügung von Todes wegen anknüpfende (vorbehaltslose) Liberationsklausel ist unwirksam.

[3] Freilich könnte insofern eine individualvertragliche Vereinbarung Abhilfe leisten. Die Vereinbarung einer solchen dürfte indes den Ausnahmefall darstellen.

[4] Exemplarisch: RGZ 54, 343 (344); BGH, WM 1961, 479 (481); BGH, NJW-RR 2005, 599; BGH, NJW 2005, 2779; BGHZ 198, 250 = NJW 2013, 3716; BGHZ 209, 329 = NJW 2016, 2409. Aus der instanzgerichtlichen Rechtsprechung: LG Berlin, BeckRS 2010, 6534; LG Lüneburg, ZEV 2009, 303 (304); LG Augsburg, BeckRS 2019, 22307; AG Mannheim, WM 2007, 2240.

Grundlage der ständigen Rechtsprechung in methodischer Hinsicht darauf eingegangen werden, welche Antwort dem gesetzgeberischen Regelungsplan – gerade weil es an einer ausdrücklichen Regelung fehlt – auf die Frage nach dem richtigen Erbnachweis entnommen werden kann.

Der BGH verneint in seiner ständigen Rechtsprechung[5] ein Leistungsverweigerungsrecht des Nachlassschuldners bis zur Vorlage eines Erbscheins und geht davon

[5] Im Anschluss an RGZ 54, 343 (344): BGH, WM 1961, 479 (481); BGH, NJW-RR 2005, 599 (600); BGH, NJW 2005, 2779 (2780) und 1. Ls.; BGHZ 198, 250 = NJW 2013, 3716 Rn. 24; BGHZ 209, 329 = NJW 2016, 2409 Rn. 18. Ganz generell zur Möglichkeit des Nachweises des Erbrechts bereits: RG, JW 1900, 729. Die Instanzgerichte schließen sich der ständigen Rechtsprechung überwiegend an: LG Berlin, BeckRS 2010, 6534; LG Lüneburg, ZEV 2009, 303 (304); anders hingegen: OLG Hamburg, Beschl. v. 23.04.2002 – 14 W 22/02 –, Rn. 3, juris, das einen Anspruch darauf, dass die Erbfolge in der im Gesetz vorgesehenen Weise – nämlich durch Vorlage eines Erbscheins – nachgewiesen wird annimmt: „Ohne Vorlage des Erbscheins war die Beklagte entgegen der Ansicht des LG nicht zur Leistung an die Klägerin als Erbin des Mitberechtigten verpflichtet. Die Beklagte hatte Anspruch darauf, dass ihr die Erbfolge in der im Gesetz vorgesehenen Weise, nämlich durch Vorlage eines Erbscheines nachgewiesen wurde. Die bloße Vorlage des eröffneten Testamentes reichte dazu nicht aus. Die Beklagte hatte keine Möglichkeit dessen Echtheit und Wirksamkeit zu prüfen, und brauchte das auch nicht.“; ferner: AG Berlin-Charlottenburg, BeckRS 2003, 30844099, das im Rahmen eines Mieträumungsprozesses zur Begründung der Aktivlegitimation die Vorlage eines Erbscheins verlangte. Auch die herrschende Ansicht der Literatur verneint eine Verpflichtung des Erben, sein Erbrecht durch Erbschein nachzuweisen. Exemplarisch: *Zimmermann*, in: Soergel, BGB, 13. Aufl. 2002, § 2365 Rn. 7, § 2367 Rn. 2; *Starke*, NJW 2005, 3184 (3185 ff.); *Muscheler*, JURA 2009, 567 (574); *ders.*, Erbrecht, Band II, Rn. 3332 ff.; *Lieder*, JURA 2010, 801; *Günther*, NJW 2013, 3681 (3682); *Werkmüller*, ZEV 2014, 45 (46); *Kroiß*, NJW 2016, 2409 (2411); *Bredemeyer*, ZEV 2016, 65; *Braun*, MittBayNot 2017, 71 (72); *Placzek*, in: Beck'sches Mandatshandbuch Bankrecht, 2. Aufl. 2019, § 20 Rn. 10; *Brox/Walker*, Erbrecht, 29. Aufl. 2021, § 35 Rn. 6; *Christ*, in: Ebeling/Geck, Handbuch der Erbengemeinschaft, 56. EL. März 2021, I. Teil § 9 Rn. 342.11; *Lange*, Erbrecht, 3. Aufl. 2022, § 78 Rn. 5; *Leipold*, Erbrecht, 23. Aufl. 2022, Rn. 642; *Kroiß*, in: NK-BGB, 6. Aufl. 2022, § 2367 Rn. 2; *Leipold*, in: MüKo, BGB, 9. Aufl. 2022, § 1922 Rn. 231; *Grziwotz*, in: MüKo, BGB, 9. Aufl. 2022, § 2353 Rn. 205, § 2365 Rn. 32; *Weidlich*, in: Grüneberg, BGB, 82. Aufl. 2023, § 2367 Rn. 1; *Herzog*, in: Staudinger, BGB, Neubearbeitung 2023, Einleitung zu §§ 2353–2370 Rn. 38; *Wall*, in: BeckOGK, BGB, Stand: 01.04.2023, § 2367 Rn. 5; *Preuß*, in: BeckOGK, BGB, Stand: 01.08.2023, § 1922 Rn. 139; a. A.: siehe schon: *Hellwig*, Anspruch und Klagerecht, S. 357 ff.; *ders.*, SeuffBl. 69 (1904), 473 (473 ff.); ferner: *Paech*, DJZ 8 (1903), 496 (496 ff.); kritisch auch: *Kohler*, ArchBürgR 1904, 179 (186), wenn er kritisch fragt, wie ein Erbschaftsschuldner ohne Erbschein mit Sicherheit zahlen könne und konstatiert, dass die Auffassung des Reichsgerichts, dass man aus einem öffentlichen Testament etwas Sicheres folgern könne, unrichtig sei. Außerdem: *Scherer*, JR 1994, 401 (402): „Der Gegner ist in materiell-rechtlicher Hinsicht dadurch abgesichert, daß er an den vermeintlichen Erben nur nach Vorlage eines Erbscheins zu leisten braucht“; kritisch gegenüber der Rechtsprechung und der h. M.: *Knauss*, ErbR 2014, 27 (28); *ders.*, ErbR 2014, 310 (311), der sich grundsätzlich für ein Recht auf Erbscheinsvorlage ausspricht; ebenfalls kritisch: *Szalai*, NotBZ 2016, 370 (372); wohl auch kritisch: *Voit*, in: Reimann/Bengel/Dietz, Testament und Erbvertrag, 7. Aufl. 2020, § 2231 Rn. 5; *Trautwein*, in: Herberger/Martinek/Rüßmann/Weth/Würdinger, jurisPK-BGB, Band 1, 10. Aufl. 2023, Stand: 15.05.2023, § 185 Rn. 15: „In der Praxis wird oft zumindest zeitweilig unklar sein, ob der Verfügende tatsächlich Erbe ist, weshalb z. B. ein Kreditinstitut in der Regel ohne weiteres die Auszahlung eines Guthabens

aus, dass der Erbe außerhalb der gesetzlichen Sonderregelungen nicht verpflichtet sei, den Erbnachweis durch einen Erbschein zu führen, sondern die Möglichkeit habe, sein Erbrecht auch in anderer Form nachzuweisen. Dazu gehören nach Ansicht des BGH neben dem eröffneten öffentlichen Testament auch das eröffnete eigenhändige Testament oder im Falle gesetzlicher Erbfolge Urkunden, aus denen sich diese ergibt.[6] Ein Leistungsverweigerungsrecht im Falle der Nichtvorlage des Erbscheins respektive ein Recht auf Vorlage des Erbscheins bestehe ohne entsprechende vertragliche Vereinbarung nicht und lasse sich auch nicht aus § 2367 BGB ableiten.[7] Auch folge aus dem berechtigten Interesse der Bank, in den Genuss der Rechtswirkungen der §§ 2366, 2367 BGB zu kommen und so der aus der Risikosphäre des Gläubigers stammenden Gefahr einer doppelten Inanspruchnahme zu entgehen, nicht, dass sie einschränkungslos oder auch nur im Regelfall die Vorlegung eines Erbscheins verlangen könne.[8] Nach der Rechtsprechung „[würde] [e]ine solche Sichtweise [...] die Interessen des (wahren) Erben, der im Wege der Universalsukzession (§ 1922 BGB) in die Stellung des Erblassers als Vertragspartner der Bank eingerückt ist, über Gebühr vernachlässigen."[9] Im Rahmen der Anforderungen an den Nachweis der Erbfolge sei auch dem berechtigten Interesse des oder der Erben an einer möglichst raschen und kostengünstigen Nachlassregulierung Rechnung zu tragen.[10] Den Erben „ist regelmäßig nicht daran gelegen, in Fällen, in denen das Erbrecht unproblematisch anders als durch Vorlage eines Erbscheins nachgewiesen werden kann, das unnütze Kosten verursachende und zu einer Verzögerung der Nachlassregulierung führende Erbscheinsverfahren anstrengen zu müssen."[11] In klaren Erbfolgefällen habe das Kreditinstitut kein schutzwürdiges Eigeninteresse,

von der Vorlage eines Erbscheins, der den Verfügenden als Erben ausweist, verlangen darf"; ausdrücklich für das Testamentsvollstreckerzeugnis: *Dutta*, in: Staudinger, BGB, Neubearbeitung 2021, Vorbemerkungen zu §§ 2197 ff. Rn. 118: „Im rechtsgeschäftlichen Verkehr kann immer die Vorlage des Testamentsvollstreckerzeugnisses verlangt werden, insbesondere von Banken, ohne dass ein derartiges Begehren Schadensersatzansprüche auslösen würde"; ebenso: *Röhl*, in: Bengel/Reimann/Holtz/Röhl, Handbuch der Testamentsvollstreckung, 8. Aufl. 2023, § 2 Rn. 293; ferner: *Herget*, in: Zöller, ZPO, 34. Aufl. 2022, § 93 Rn. 6.19, der konstatiert, dass der Nachlassschuldner erst nach Vorlage des Erbscheins leisten müsse. Zur Legitimation im Rahmen des digitalen Nachlasses: *Herzog*, in: Kroiß/Horn/Solomon, Nachfolgerecht, 2. Aufl. 2019, 9. Digitaler Nachlass Rn. 74, wonach die Dienstanbieter in der Regel die Vorlage eines Erbscheins oder eines Europäischen Nachlasszeugnisses verlangen könnten und mit Verweis auf: *Hoeren*, NJW 2005, 2113 (2115) sowie *Brisch/Müller-ter Jung*, CR 2013, 446 (448 ff.).

[6] BGHZ 209, 329 = NJW 2016, 2409 Rn. 18.

[7] Siehe schon: RGZ 54, 343 (344); im Kontext der Vorlage eines Testamentsvollstreckerzeugnisses: BGH, WM 1961, 479 (481); zur Erbscheinsvorlage explizit: BGH, NJW 2005, 2779 (2780); BGHZ 198, 250 = NJW 2013, 3716 Rn. 40; BGHZ 209, 329 = NJW 2016, 2409 Rn. 19.

[8] BGHZ 209, 329 = NJW 2016, 2409 Rn. 19.

[9] BGHZ 209, 329 = NJW 2016, 2409 Rn. 20.

[10] BGH, NJW 2005, 2779 (2780); BGHZ 209, 329 = NJW 2016, 2409 Rn. 20.

[11] BGHZ 209, 329 = NJW 2016, 2409 Rn. 20.

regelmäßig einen Erbschein zu verlangen, um den Rechtswirkungen der §§ 2366 f. BGB ausgesetzt zu sein.[12] Lediglich in unklaren Fällen beziehungsweise bei konkreten und begründeten Zweifeln an der Erbfolge könne die Vorlage eines Erbscheins verlangt werden.[13] Damit bewegt sich der BGH auf einer Linie mit der – soweit ersichtlich – ältesten Entscheidung des Reichsgerichts vom 1. Mai 1903 zur Frage, ob eine Bank gegenüber den Erben seines Gläubigers die Zahlung bis zur Vorlage eines Erbscheins verweigern darf.

Der dritte Zivilsenat des Reichsgerichts konstatierte:[14]

> „Ein Satz, daß der Nachweis des Erbrechts den Schuldnern gegenüber nur durch einen Erbschein geführt werden könne, wäre etwas so Außerordentliches, insbesondere auch dem preußischen Recht, an welches die Bestimmungen über den Erbschein sich angelehnt haben, so Widersprechendes, daß er einer ausdrücklichen Festsetzung bedurft haben würde. Ein solcher Satz ist aber im Bürgerlichen Gesetzbuch nirgends ausgesprochen und aus der Bestimmung des § 2367 BGB über die Wirkung des Erbscheins unmöglich zu folgern. Dazu aber kommt, daß sich aus der Entstehungsgeschichte der bezüglichen §§ 2366, 2367, insbesondere den Protokollen der II. Kommission Bd. 5 S. 686, 687 [...] klar ergibt, daß ein solches Recht des Schuldners, die Vorlegung eines Erbscheins verlangen zu können, nicht gewollt ist. Ein solches Recht würde [...] in vielen Fällen zu einer geradezu unerträglichen Belästigung der Erben, zu unnützen Kosten und Verzögerung der Nachlaßregulierung führen."

Der vorstehende Überblick verdeutlicht, dass die Rechtsprechung den Erbnachweis durch einen Erbschein nicht als Regelfall versteht, sondern nur bei unklarer Erbfolge respektive bei konkreten und begründeten Zweifeln an der Rechtsnachfolge ein Recht auf Erbscheinsvorlage zugesteht, wobei es diesbezüglich an einer näheren Konkretisierung, etwa wann dies grundsätzlich der Fall ist, fehlt. Dem Kreditinstitut wird demnach die Prüfung der Erbenstellung des Prätendenten weitgehend überantwortet, insbesondere muss es nach dem gegenwärtigen Stand der Rechtsprechung die (Form-)Wirksamkeit und den Inhalt der Verfügungen von Todes wegen prüfen.[15] Dies stellt die Finanzinstitute vor ein haftungsrechtliches Dilemma: Macht die Bank ihre Leistung von der Vorlage eines (noch nicht erteilten) Erbscheins abhängig und erachtet das angerufene Gericht – etwa weil es die geltend gemachten Zweifel an der Erbfolge nicht als konkret und begründet einordnet – dies als pflichtwidrig, muss sie dem oder den Erben den daraus entstehenden Schaden nach § 280 Abs. 1 bzw. §§ 280

---

[12] BGHZ 209, 329 = NJW 2016, 2409 Rn. 20.

[13] BGH, NJW 2005, 2779 (2780); BGHZ 209, 329 = NJW 2016, 2409 Rn. 25.

[14] RGZ 54, 343 (344). Vgl. zum Testamentsvollstreckerzeugnis unter Verweis auf vorbezeichnete Entscheidung: RG, JW 1910, 802 Nr. 9: „Für den Erbschein besteht keine Bestimmung, wonach (allgemein) nur durch diesen Schein der Nachweis der Erbfolge erbracht werden könnte. Das Gegenteil ergibt sich aus der Entstehungsgeschichte der §§ 2366, 2367 BGB und ist auch vom RG wiederholt ausgesprochen worden."; auf die Entscheidung zum Testamentsvollstreckerzeugnis wiederum bezugnehmend: RGZ 100, 279.

[15] Vgl. *Szalai*, NotBZ 2016, 370 (376); *Hartlich*, RNotZ 2016, 527 (528).

Abs. 1, Abs. 2, 286 BGB ersetzen;[16] verzichtet das Kreditinstitut hingegen auf einen Erbschein und stellt sich im Nachgang ein anderer als wahrer Erbe heraus, muss es an diesen erneut leisten, gegebenenfalls ohne beim Scheinerben kondizieren zu können. Dem Nachlassschuldner, der sich den oder die Erben als konkrete(n) Gläubiger gerade nicht ausgesucht hat, wird demnach die Prüfung von Umständen, die nicht aus seiner Sphäre stammen und auch nicht von ihm zu kontrollieren sind, *auf eigenes Risiko* auferlegt und damit das Haftungsrisiko *einseitig und kompensationslos* in die Schuldnersphäre verlagert.[17] Vor diesem Hintergrund und eingedenk des Umstandes, dass die Rechtsprechung eine nähere Auseinandersetzung mit den Schuldnerschutzerwägungen oder den gesetzlichen Wertungen, etwa im Rahmen einer potentiell angezeigten Rechtsfortbildung, vermissen lässt, ist in besonderem Maße klärungsbedürftig, ob ein Leistungsverweigerungsrecht des Nachlassschuldners bis zur Erbscheinsvorlage tatsächlich zu verneinen ist (A.) und auf welche neben dem Erbschein in Betracht kommende Nachweismöglichkeiten sich Kreditinstitute, namentlich mit Rücksicht auf die Wertentscheidungen des Gesetzgebers, verlassen können oder dies sogar müssen (B.).

A. Leistungsverweigerungsrecht bis zur Vorlage eines Erbscheins?

Der Ausgangspunkt im Rahmen der Diskussion um den Nachweis der Rechtsnachfolge gegenüber Finanzinstituten ist in Konsequenz zu den vorausgegangenen Ausführungen zunächst in einem potentiellen Leistungsverweigerungsrecht bis zur Vorlage eines Erbscheins zu suchen. Dabei geht die ständige Rechtsprechung des BGH – wie aufgezeigt – im Wesentlichen auf die Entscheidung des Reichsgerichts vom 1. Mai 1903[18] zurück.[19] Die Argumente sind überwiegend kongruent. Bei Lektüre der Entscheidung des Reichsgerichts fällt zunächst auf, dass die vom dritten Zivilsenat seinerzeit formulierten Bedenken im Wesentlichen auf die Erwägungen der II. Kommission im Rahmen der Entstehung des BGB zurückgehen.[20] Dies ist insoweit beachtlich, als sich der BGH – obgleich teilweise stillschweigend – der Rechtsprechung des Reichsgerichts generationenübergreifend ohne eigene Prüfung

---

[16] Vgl. dazu: BGH, NJW 2005, 2779; BGHZ 209, 329 = NJW 2016, 2409; näher: *Herzog*, in: Staudinger, BGB, Neubearbeitung 2023, Einleitung zu §§ 2353–2370 Rn. 41.

[17] Siehe auch: *Szalai*, NotBZ 2016, 370 (376).

[18] RGZ 54, 343.

[19] Im Kontext der Vorlage eines Testamentsvollstreckerzeugnisses: BGH, WM 1961, 479 (481); zum Erbnachweis: BGH, NJW-RR 2005, 599 (600); BGH, NJW 2005, 2779 (2780); BGHZ 198, 250 = NJW 2013, 3716 Rn. 24; ohne ausdrückliche Erwähnung des RG, allerdings BGH, NJW 2005, 2779 fortführend: BGHZ 209, 329 = NJW 2016, 2409.

[20] *Mugdan*, Die gesammten Materialien zum Bürgerlichen Gesetzbuch für das Deutsche Reich, V. Band, S. 840 f. (= Protokolle, S. 7788 ff.). Vgl. zu dieser Schlussfolgerung auch: *Szalai*, NotBZ 2016, 370 (375).

der leitenden Vorstellungen des historischen Gesetzgebers angeschlossen hat.[21] Im Folgenden soll an dieser Lücke angesetzt werden, wobei hinter das vom historischen Gesetzgeber Gedachte zurückzugehen und zu prüfen ist, ob die leitenden Gründe für die Ablehnung eines Leistungsverweigerungsrechts unter Zugrundelegung des modernen Regelungsumfelds und der modernen Wertungen fortwährend Geltung beanspruchen können. Verneinendenfalls ist zu ergründen, ob ein Leistungsverweigerungsrecht dann aber aus den gegenwärtigen gesetzlichen Wertungen entwickelt werden kann. Insoweit stellt die Argumentationsstruktur des Reichsgerichts eine zweckorientierte strukturelle Leitlinie dar: Es wird von einem rechtshistorischen Standpunkt (I.) ausgegangen. Anschließend wird eine Auslegung des geltenden Rechts (II.) vorgenommen und schließlich eine mögliche Rechtsfortbildung (II. und III.) untersucht, wobei der Wille des historischen Gesetzgebers von zentraler Bedeutung ist.

I. Widerspruch zum preußischen Recht

Grundlage bildet daher das geschichtliche Argument, wonach ein Rechtssatz, welcher Schuldnern ein Leistungsverweigerungsrecht bis zur Erbscheinsvorlage einräumt, insbesondere auch *dem preußischen Recht, an welches sich die Bestimmungen des BGB anlehnten*, widerspreche. Dies macht eine überblicksartige Darstellung des preußischen Rechts im Hinblick auf die Entwicklung gerichtlicher Erbbescheinigungen erforderlich. Daneben sollen die Legitimationsanforderungen analysiert und schließlich die qualitativen Unterschiede zwischen dem geltenden und dem preußischen Recht erörtert werden. Der Grund für die Beschränkung der Untersuchung auf das preußische Recht liegt zum einen in der Argumentation des Reichsgerichts und zum anderen in dem Umstand, dass das preußische Gesetz vom 12. März 1869 – der Schlusspunkt der nachfolgend dargestellten Entwicklung in Preußen – gemeinhin als Vorläufer des Erbscheins des BGB verstanden wird.[22]

[21] Ebenfalls kritisch: *Szalai*, NotBZ 2016, 370 (376), der die ungeprüfte Übernahme der Vorstellungen des historischen Gesetzgebers als „ausgesprochen unglücklich“ bezeichnet.

[22] Vgl. etwa: *Endemann*, Lehrbuch des Bürgerlichen Rechts, III/2, 9. Aufl. 1920, § 142. III. (= S. 1079); *Bartholomeyczik*, Denkschrift, S. 261; *Coing*, Europäisches Privatrecht II, S. 642; vgl. auch: *Eßlinger*, Der Erbschein, S. 8: „Auch das BGB schließt sich in seinen Bestimmungen über den Erbschein eng an das preußische Gesetz an.“; *von Lübtow*, Erbrecht, 2. Halbband, S. 1002; vgl. ferner: *Grziwotz*, FamRZ 2016, 417 (418); *Dorth*, Das Verhältnis von Erbschein und Europäischem Nachlasszeugnis, S. 40, 45 f.; *Zimmermann*, Erbschein – Erbscheinsverfahren – Europäisches Nachlasszeugnis, 4. Aufl. 2022, Rn. 6.

1. Entwicklung gerichtlicher Erbbescheinigungen im 18. Jahrhundert: Allgemeine Hypothekenordnung, Allgemeine Gerichtsordnung für die Preußischen Staaten und Allgemeines Landrecht für die Preußischen Staaten

Die Einführung öffentlicher Bücher und Register, insbesondere das Hypothekenbuch im 18. Jahrhundert, markierte den Beginn der Entwicklung zur Ausstellung amtlicher, den Erben ausweisender Zeugnisse.[23] Die register- beziehungsweise buchführenden Behörden benötigten für die Eintragung einer Rechtsänderung zugunsten des Antragsstellers einen ausreichenden Nachweis über dessen Erbrecht.[24] Denn diesen oblag vor Eintragung der Rechtsänderung die häufig schwierige Prüfung der Erbberechtigung desjenigen, der die Eintragung begehrte.[25] Es erwies sich daher als naheliegend, die Nachlassbehörden – zu deren Aufgabenkreis auch die Ermittlung der Erben gehörte und welche über die hierfür erforderlichen Rechtskenntnisse verfügten – zu konsultieren.[26] Die Nachlassbehörden erteilten sodann Auskunft über die erbrechtlichen Verhältnisse mittels einer Erbbescheinigung.[27] Diese Rechtspraxis wurde erstmalig in der (preußischen) Allgemeinen Hypothekenordnung vom 20. Dezember 1783 positiviert,[28] welche in 2. Titel, 2. Abschnitt,

---

[23] *Dernburg*, Lehrbuch des Preußischen Privatrechts und der Privatrechtsnormen des Reichs, Band III, § 228 I. (= S. 670); *Bartholomeyczik*, Denkschrift, S. 255 Fn. 2; *Scheer*, Der Erbschein, S. 27; *Hirsch*, Von der Erbbescheinigung des Preußischen Rechts zum Erbschein des Bürgerlichen Gesetzbuchs, S. 27; *Dorth*, Das Verhältnis von Erbschein und Europäischem Nachlasszeugnis, S. 44. Umfassend und prägend für die Darstellung: *Scheer*, Der Erbschein, S. 24 ff.

[24] *Hirsch*, Von der Erbbescheinigung des Preußischen Rechts zum Erbschein des Bürgerlichen Gesetzbuchs, S. 47; vgl. Motive zum preußischen Gesetz betreffend die Ausstellung gerichtlicher Erbbescheinigungen vom 12. März 1869, Herrenhaus, Sammlung sämtlicher Drucksachen des Herrenhauses, Sitzungsperiode 1868/1869, Band I, Nr. 7, S. 8; ebenfalls abgedruckt bei: Stenographische Berichte, Herrenhaus, Anlagen Band II, Nr. 7, S. 21; *Dernburg*, Lehrbuch des Preußischen Privatrechts und der Privatrechtsnormen des Reichs, Band III, § 228 I. (= S. 670); *Bartholomeyczik*, Denkschrift, S. 255 Fn. 2; *von Lübtow*, Erbrecht, 2. Halbband, S. 1002; *Herzog*, in: Staudinger, BGB, Neubearbeitung 2023, Einleitung zu §§ 2353–2370 Rn. 56.

[25] *Dernburg*, Lehrbuch des Preußischen Privatrechts und der Privatrechtsnormen des Reichs, Band III, § 228 I. (= S. 670); *Scheer*, Der Erbschein, S. 27; vgl. ferner: *Bartholomeyczik*, Denkschrift, S. 255 Fn. 2.

[26] *Bartholomeyczik*, Denkschrift, S. 255 Fn. 2; *Scheer*, Der Erbschein, S. 27; vgl. ferner: *Eßlinger*, Der Erbschein, S. 5.

[27] *Scheer*, Der Erbschein, S. 27; ferner: *Bartholomeyczik*, Denkschrift, S. 255 Fn. 2. Eine umfassende Darstellung zur Geschichte der Ausstellung von Erbbescheinigungen findet sich in den Motiven zum preußischen Gesetz betreffend die Ausstellung gerichtlicher Erbbescheinigungen vom 12. März 1869, Verhandlungen des Herrenhauses, Nr. 7, S. 7 ff.; ebenfalls abgedruckt bei: Stenographische Berichte, Herrenhaus, Anlagen Band II, Nr. 7, S. 21 ff. Darauf weisen die vorbezeichneten Autoren ebenfalls hin.

[28] So: *Bartholomeyczik*, Denkschrift, S. 255 Fn. 2; *Scheer*, Der Erbschein, S. 27; vgl. ferner: *Dernburg*, Lehrbuch des Preußischen Privatrechts und der Privatrechtsnormen des Reichs, Band III, § 228 I. Fn. 1 (= S. 670); dazu auch: *von Lübtow*, Erbrecht, 2. Halbband, S. 1002.

§ 72 Satz 1 eine Regelung enthielt, die den gesetzlichen Erben zur Vorlage eines gerichtlichen Attests über seine Erbberechtigung verpflichtete:[29]

> „Gründet [der Erbprätendent] sich auf eine Intestat-Erbfolge, so muß, außer dem Ableben des Vorgängers, zugleich sein eignes Successions-Recht, in sofern solches nicht notorisch ist, durch gerichtliche Atteste, bei dem Hypotheken-Buche beglaubiget werden."

Hintergrund dieser Regelung war das Ziel, die Hypothekenbuchbehörden von der oftmals schwierigen Prüfung des Erbnachweises im Falle der gesetzlichen Erbfolge zu entlasten.[30] Im Falle gewillkürter Erbfolge genügte die Vorlage des gerichtlichen Testaments.[31]

Schließlich war die Bedeutung der Bescheinigung nicht nur auf die Eintragung in das Grundbuch beschränkt, sondern war auch im Verfahren vor dem Prozessgericht relevant. Nach 1. Teil, 5. Titel, § 4 Nr. 6 Satz 5 AGO[32] musste der gesetzliche Erbe[33] ein Erblegitimationsattest vorlegen, sofern das Erbrecht dem Gericht nicht bekannt oder bei anderen Gelegenheiten bereits nachgewiesen worden war.

Obgleich das ALR die Ausstellung eines Erblegitimationsattests in seinen Bestimmungen über die Legitimation des Erben, 1. Teil, 9. Titel, §§ 482 ff., nicht ausdrücklich erwähnte,[34] erfolgte die Erteilung solcher Atteste auf Antrag des (gesetzlichen)[35] Erben.[36] Das Erblegitimationsverfahren im Gebiet des ALR hatte seine

---

[29] Anmerkungen durch den Verfasser. Die Hypothekenordnung und alle dieselbe ergänzenden und abändernden Gesetze wurden mit Inkrafttreten der Grundbuchordnung am 01. 10. 1872 aufgehoben. Vgl. § 143 GBO vom 05. 05. 1872.

[30] *Hirsch*, Von der Erbbescheinigung des Preußischen Rechts zum Erbschein des Bürgerlichen Gesetzbuchs, S. 27.

[31] 2. Titel, 2. Abschnitt, § 68 HypO; siehe nur: *Scheer*, Der Erbschein, S. 27 f.; ferner: *Coing*, Europäisches Privatrecht I, S. 630; *Kipp/Coing*, Erbrecht, 14. Aufl. 1990, § 102 II. (= S. 570); vgl. auch: Jahrbücher für die preußische Gesetzgebung, Rechtswissenschaft und Rechtsverwaltung, Band 43 (1834), S. 448.

[32] „Gründet sich der Kläger in einem gesetzlichen Erbrechte, und ist dieses bei dem Gerichte, wo die Klage angestellt wird, nicht etwa schon bekannt, oder bei anderen Gelegenheiten bereits nachgewiesen worden; so muß er von dem Gerichte, unter welchem ihm die Erbschaft angefallen ist, ein seine Legitimation nachweisendes Attest beibringen."

[33] Gegenläufig genügte im Falle der gewillkürten Erbfolge die Vorlage der vorhandenen Urkunden (Testament oder Erbvertrag). Vgl. 1. Teil, 5. Titel. § 4 Nr. 6 Satz 3 AGO. Darauf hinweisend: *Hirsch*, Von der Erbbescheinigung des Preußischen Rechts zum Erbschein des Bürgerlichen Gesetzbuchs, S. 26; vgl. auch: Jahrbücher für die preußische Gesetzgebung, Rechtswissenschaft und Rechtsverwaltung, Band 43 (1834), S. 448; *Kipp/Coing*, Erbrecht, 14. Aufl. 1990, § 102 II. (= S. 570).

[34] *Scheer*, Der Erbschein, S. 28; *Hirsch*, Von der Erbbescheinigung des Preußischen Rechts zum Erbschein des Bürgerlichen Gesetzbuchs, S. 27 und 29; siehe auch: *Münchmeyer*, Der deutsche Erbnachweis, S. 11 Fn. Ähnlich auch: Entscheidung des Königlichen Obertribunals vom 15. 07. 1859 = Ob.Tr. 41, 74 (77).

[35] Zum gewillkürten Erben: *Lemke*, Der Erbschein im System der Gutglaubensvorschriften, S. 15.

Grundlage nicht in besonderen Gesetzen, sondern bildete sich aus den Vorschriften des ALR, der AGO, der Hypothekenordnung und der ergänzenden „Macht der Praxis“ heraus.[37] So wurden auf das Verfahren der Ausstellung der Erblegitimationsatteste die 1. Teil, 9. Titel §§ 484 ff. ALR angewendet und die gerichtliche Praxis billigte ein Antragsrecht zu, wenn die Legitimation als gesetzlicher Erbe im eigenen Interesse festgestellt werden sollte.[38] Diese Erblegitimationsatteste ermöglichten den darin bezeichneten Erben vor dem Prozessgericht und den Hypothekenbuchbehörden den Erbnachweis, stellten die Erbfolge klar[39] und erbrachten den vollen Beweis für die ausgewiesene Erbfolge.[40] Allerdings bewirkten derlei Erblegitimationsatteste keinen unmittelbaren Schutz des Rechtsverkehrs, etwa in Entsprechung der §§ 2365 ff. BGB.[41] Verfügungen des „Attestserben“ waren daher auch im Vertrauen auf dessen Berechtigung unwirksam.[42] Nur durch ein Präklusionsurteil wurde der Rechtsverkehr geschützt.[43] Der Schutz erfolgte aber in den wichtigsten Fällen mittelbar:[44] Durch das Legitimationsattest konnte der gesetzliche Erbe – ebenso wie der gewillkürte Erbe – die Änderung des Hypothekenbuchs erreichen mit der Folge, dass

---

[36] So: *Scheer*, Der Erbschein, S. 28. Ausführlich zum Verfahren zur Ausstellung von Erblegitimationsattesten: *Hirsch*, Von der Erbbescheinigung des Preußischen Rechts zum Erbschein des Bürgerlichen Gesetzbuchs, S. 29–33.

[37] *Wachler*, Gesetz betreffend die Ausstellung gerichtlicher Erbbescheinigungen vom 12. März 1869 nebst den die Kostenerhebung und das Erbschaftsstempel-Wesen regulirenden Bestimmungen, Einleitung (= S. 10 f.).

[38] Einzelheiten bei: *Hirsch*, Von der Erbbescheinigung des Preußischen Rechts zum Erbschein des Bürgerlichen Gesetzbuchs, S. 29–33.

[39] *Scheer*, Der Erbschein, S. 28; *Hirsch*, Von der Erbbescheinigung des Preußischen Rechts zum Erbschein des Bürgerlichen Gesetzbuchs, S. 33.

[40] *Bartholomeyczik*, Denkschrift, S. 255 Fn. 2.

[41] Ebenso: *Lemke*, Der Erbschein im System der Gutglaubensvorschriften, S. 14; *Dorth*, Das Verhältnis von Erbschein und Europäischem Nachlasszeugnis, S. 45; vgl auch: *Münchmeyer*, Der deutsche Erbnachweis, S. 11.

[42] *Bartholomeyczik*, Denkschrift, S. 255 Fn. 2.

[43] *Eßlinger*, Der Erbschein, S. 6; unter Verweis auf diesen: *Scheer*, Der Erbschein, S. 28; ferner: *Lemke*, Der Erbschein im System der Gutglaubensvorschriften, S. 16; *Hirsch*, Von der Erbbescheinigung des Preußischen Rechts zum Erbschein des Bürgerlichen Gesetzbuchs, S. 28, 35; vgl. auch: *Bartholomeyczik*, Denkschrift, S. 255 Fn. 2; vgl. außerdem: Motive zum preußischen Gesetz betreffend die Ausstellung gerichtlicher Erbbescheinigungen vom 12. März 1869, Herrenhaus, Sammlung sämtlicher Drucksachen des Herrenhauses, Sitzungsperiode 1868/1869, Band I, Nr. 7, S. 13; ebenfalls abgedruckt bei: Stenographische Berichte, Herrenhaus, Anlagen Band II, Nr. 7, S. 24.

[44] Ausdrücklich: *Scheer*, Der Erbschein, S. 28; dazu auch: Motive zum preußischen Gesetz betreffend die Ausstellung gerichtlicher Erbbescheinigungen vom 12. März 1869, Herrenhaus, Sammlung sämtlicher Drucksachen des Herrenhauses, Sitzungsperiode 1868/1869, Band I, Nr. 7, S. 13; ebenfalls abgedruckt bei: Stenographische Berichte, Herrenhaus, Anlagen Band II, Nr. 7, S. 24; ferner: *Eßlinger*, Der Erbschein, S. 7; *Bartholomeyczik*, Denkschrift, S. 255 Fn. 2; *Lemke*, Der Erbschein im System der Gutglaubensvorschriften, S. 15; *Hirsch*, Von der Erbbescheinigung des Preußischen Rechts zum Erbschein des Bürgerlichen Gesetzbuchs, S. 33.

der Eintragung nach 1. Teil, 10. Titel §§ 7 f. ALR öffentlicher Glaube zukam und diese zugleich Verkehrsschutz bewirkte.[45]

2. Legitimationsanforderungen im Privatrechtsverkehr

Die Frage nach der Legitimation des Erben im Privatrechtsverkehr spielte im preußischen Recht – soweit ersichtlich – eine untergeordnete Rolle. Die wenigen Äußerungen dazu stehen sich diametral gegenüber. Der Vorschrift 1. Teil, 5. Titel, § 4 Nr. 6 AGO entnahm Gruchot, dass ein Nachlassschuldner befugt sei, die Vorlage eines Erblegitmationsattestes zu verlangen[46] und räumte diesem damit implizit[47] ein Leistungsverweigerungsrecht bei Nichtvorlage ein. Das Königliche Obertribunal hatte in einem Verfahren, welches die Frage zum Gegenstand hatte, ob die Legitimation des Erben nur in einem ausschließlich dafür vorgesehenen Legitimationsverfahren festgestellt werden könne,[48] Gelegenheit, sich zum Bedeutungsgehalt des 1. Teil, 5. Titel § 4 Nr. 6 AGO zu äußern. Zunächst führte das Obertribunal aus, dass die Legitimation des Erben – nach den damaligen gesetzlichen Regeln des ALR – nicht Vorbehaltsgut des förmlichen Legitimationsverfahrens gewesen sei und stellte darüber hinaus zur Vorschrift des 1. Teil, 5. Titel § 4 Nr. 6 AGO fest, dass das Legitimationsattest zwar das beste, jedoch nicht das einzige Beweismittel sei.[49] Vielmehr könne die Legitimation auch in einem einen anderen Gegenstand betreffenden Rechtsstreit festgestellt werden.[50] Daraus wurde zum Teil der Schluss gezogen, dass auch außerhalb des Prozessrechts nicht jeder Nachlassschuldner ein Recht auf Vorlage des Attests und ein Leistungsverweigerungsrecht im Falle der Nichtvorlage habe.[51] Aufgrund des Umstandes, dass der Entscheidung des Obertribunals die prozessrechtliche Frage nach dem zulässigen Beweismittel zugrunde lag,[52] erscheint

---

[45] *Scheer*, Der Erbschein, S. 28.

[46] *Gruchot*, Preußisches Erbrecht, S. 233; unter Zitation *des.* neutral: *Scheer*, Der Erbschein, S. 28.

[47] Zu dieser Schlussfolgerung ebenso: *Hirsch*, Von der Erbbescheinigung des Preußischen Rechts zum Erbschein des Bürgerlichen Gesetzbuchs, S. 34.

[48] Entscheidung des Königlichen Obertribunals vom 15.07.1859 = Ob.Tr. 41, 74.

[49] Entscheidung des Königlichen Obertribunals vom 15.07.1859 = Ob.Tr. 41, 74 (77).

[50] Entscheidung des Königlichen Obertribunals vom 15.07.1859 = Ob.Tr. 41, 74 (77–79).

[51] *Hirsch*, Von der Erbbescheinigung des Preußischen Rechts zum Erbschein des Bürgerlichen Gesetzbuchs, S. 35.

[52] Entscheidung des Königlichen Obertribunals vom 15.07.1859 = Ob.Tr. 41, 74 (74, 77); vgl. die Eingangsfragestellung: „Fordert die Legitimation eines Erben stets ein, lediglich zu diesem Zwecke bestimmtes Verfahren und die Ausstellung eines Legitimations-Attestes des Erbschaftsrichters, oder darf dieselbe auch in einem, einen anderen Gegenstand betreffenden Rechtsstreite, unter diesen Parteien festgestellt werden?" sowie die vielfache Verwendung der Terminologie „Beweismittel". Unter anderem unter (77): „Man darf daher auch einen solchen Grundsatz als einen, für den *Proceßrichter* leitenden, und die allgemeinen Regeln der *Beweisführung im Processe*, in Bezug auf den Nachweis der Erbesqualität aufhebenden, nicht aufstellen." [Hervorhebungen v. Verfasser].

ein Schluss auf die materiell-rechtliche Frage als zu weitgehend. Denn es muss gesehen werden, dass die Legitimation des Erben im Prozess zum einen und der Erbnachweis im Privatrechtsverkehr zum anderen nicht wesensgleichen Anforderungen unterliegen konnte. Der Rechtsverkehr verfügte weder über die gleichen Erkenntnisquellen zur Überzeugungsgewinnung noch über vergleichbare Rechtskenntnisse, um die Erbfolge mit der im Rechtsverkehr erforderlichen Eindeutigkeit zu bestimmen. Deshalb überrascht es auch nicht, dass das Obertribunal konstatierte:[53]

> „Es wird hierdurch dem förmlichen Legitimations-Verfahren vor dem Erbschaftsgerichte von seiner Bedeutung nichts entzogen, da dasselbe und ein auf dessen Grund ausgestelltes Legitimations-Attest, allerdings in sehr vielen Fällen, und namentlich in den *nicht zum Processe gediehenen Rechtsangelegenheiten* ein *unentbehrliches*, auch vollkommen ausreichendes Mittel ist, um die Erbeslegitimation darzuthun, man darf nur nicht den Grundsatz aufstellen, den der Richter zweiter Instanz angenommen hat: daß die Frage, wer Erbe sei? immer nur in einem, lediglich zu diesem Zwecke eingeleiteten Legitimations-Verfahren, erörtert, niemals aber in einem, über einen *anderen Anspruch anhängig gemachten Processe*, unter diesen Parteien, entscheiden werden dürfe. Das geht zu weit und würde folgerechter Weise dahin führen, auch wenn der Verklagte die Legitimation gar nicht bestritten, vielmehr dieselbe anerkannt hätte, dennoch ein Legitimations-Attest des Erbschaftsrichters zu verlangen."

Daran wird deutlich, dass das Obertribunal lediglich einen Grundsatz negierte, wonach auch im gerichtlichen Verfahren über andere Ansprüche die Legitimation immer und ausschließlich durch Erblegitimationsattest geführt werden muss. Beiläufig positionierte es sich dahingehend, dass das Attest außerhalb des gerichtlichen Verfahrens ein unentbehrlicher Erbnachweis war. Das war auch insoweit konsequent, als das Gericht die Besonderheiten des Prozesses herausstellte,[54] die nicht ohne Weiteres auf den privaten Rechtsverkehr übertragbar sind.

In Ansehung der qualitativ limitierten Möglichkeiten des Privatrechtsverkehrs erscheint die damalige Interpretation des 1. Teil, 5. Titel § 4 Nr. 6 AGO zugunsten des Rechtsverkehrs *aus heutiger Sicht* richtiger: Wenn bereits nach normativer Wertung im Zivilprozess grundsätzlich die Legitimation durch ein gerichtliches Attest über das Erbrecht notwendig war, musste dies umso mehr gegenüber dem Rechtsverkehr gelten. Nachvollziehbar erscheint der Schluss des Obertribunals, im gerichtlichen Verfahren auch andere Beweismittel zuzulassen und die Bestimmung in dieser Hinsicht einzuschränken. Der fragmentarische gesetzliche Rahmen und die fehlende ausdrückliche gesetzgeberische Positionierung lassen jedenfalls aus heutiger Perspektive keine abschließende und absolut geltende Schlussfolgerung für den Privatrechtsverkehr zu.

---

[53] Entscheidung des Königlichen Obertribunals vom 15.07.1859 = Ob.Tr. 41, 74 (78 f.) [Hervorhebungen v. Verfasser].

[54] Vgl. insoweit auch die Interpretation von: *Hirsch*, Von der Erbbescheinigung des Preußischen Rechts zum Erbschein des Bürgerlichen Gesetzbuchs, S. 35: „Vielmehr sei der Prozeßrichter befugt, über die Legitimation zwischen den Parteien zu entscheiden."

3. Das Gesetz betreffend die Ausstellung gerichtlicher Erbbescheinigungen vom 12. März 1869 und der Einfluss auf die Frage nach der Legitimation im Rechtsverkehr

Mit dem Gesetz betreffend die Ausstellung gerichtlicher Erbbescheinigungen vom 12. März 1869 wurde das „Vorbild“[55] für das Institut des Erbscheins des BGB geschaffen[56] und der tatsächliche Rechtszustand für das gesamte Königreich Preußen kodifiziert.[57] Nach § 1 dieses Gesetzes konnte jeder gesetzliche Erbe[58] die Ausstellung einer Erbbescheinigung[59] bei dem zuständigen Gericht beantragen. Diese wurde ihm sodann erteilt, wenn das Gericht die Erbfolge für nachgewiesen erachtete, vgl. § 5 Abs. 1.[60] Der wahre Erbe musste die von redlichen dritten Personen mit dem in der Erbbescheinigung bezeichneten Erben über den Nachlass vorgenommenen Rechtsgeschäfte, insbesondere auch die demselben von Nachlassschuldnern geleisteten Zahlungen, gegen sich gelten lassen, vgl. § 6 Abs. 1.[61] Für den Fall, dass das

---

[55] *Bartholomeyczik*, Denkschrift, S. 261; vgl. auch: *Endemann*, Lehrbuch des Bürgerlichen Rechts, III/2, 9. Aufl. 1920, § 142. III. (= S. 1079); *Eßlinger*, Der Erbschein, S. 8: „Auch das BGB schließt sich in seinen Bestimmungen über den Erbschein eng an das preußische Gesetz an.“; *von Lübtow*, Erbrecht, 2. Halbband, S. 1002.

[56] Vgl. *Coing*, Europäisches Privatrecht II, S. 642: „Das BGB hat dies übernommen.“

[57] Vgl. Bericht der Kommission für Justizangelegenheiten des Herrenhauses, Drucksachen Herrenhaus, Sitzungsperiode 1868/1869, Band I, Nr. 33, S. 1 f.; *Dernburg*, Lehrbuch des Preußischen Privatrechts und der Privatrechtsnormen des Reichs, Band III, § 228 I. (= S. 670); *Scheer*, Der Erbschein, S. 29; *Lange/Kuchinke*, Erbrecht, 5. Aufl. 2001, § 39. I. 2. (= S. 1000); ferner: *Eßlinger*, Der Erbschein, S. 7; vgl. auch: *Wachler*, Gesetz betreffend die Ausstellung gerichtlicher Erbbescheinigungen vom 12. März 1869 nebst den die Kostenerhebung und das Erbschaftsstempel-Wesen regulirenden Bestimmungen, Einleitung (= S. 5, 11).

[58] Dazu: *Wachler*, Gesetz betreffend die Ausstellung gerichtlicher Erbbescheinigungen vom 12. März 1869 nebst den die Kostenerhebung und das Erbschaftsstempel-Wesen regulirenden Bestimmungen, § 1 Anm. 1 (= S. 15); zur Entstehungsgeschichte insbesondere: *Hirsch*, Von der Erbbescheinigung des Preußischen Rechts zum Erbschein des Bürgerlichen Gesetzbuchs, S. 64 ff.

[59] Eine mögliche Darstellung der Urkunde findet sich bei: *Wachler*, Gesetz betreffend die Ausstellung gerichtlicher Erbbescheinigungen vom 12. März 1869 nebst den die Kostenerhebung und das Erbschaftsstempel-Wesen regulirenden Bestimmungen, § 5 Anm. 20 (= S. 29).

[60] Das Verfahren war in §§ 3, 4 dieses Gesetzes geregelt. Einzelheiten bei: *Wachler*, Gesetz betreffend die Ausstellung gerichtlicher Erbbescheinigungen vom 12. März 1869 nebst den die Kostenerhebung und das Erbschaftsstempel-Wesen regulirenden Bestimmungen, § 3 und § 4 mit Anmerkungen. § 5 Abs. 2 machte bestimmte Vorgaben für den Inhalt der Erbbescheinigung für den Fall, dass eine letztwillige Anordnung des Erblassers vorlag, die allerding keine Erbeinsetzung enthielt. Ausführlich dazu: *Wachler*, Gesetz betreffend die Ausstellung gerichtlicher Erbbescheinigungen vom 12. März 1869 nebst den die Kostenerhebung und das Erbschaftsstempel-Wesen regulirenden Bestimmungen, § 5 Anm. 21 (= S. 30).

[61] Siehe: *Wachler*, Gesetz betreffend die Ausstellung gerichtlicher Erbbescheinigungen vom 12. März 1869 nebst den die Kostenerhebung und das Erbschaftsstempel-Wesen regulirenden Bestimmungen, § 5 Anm. 24 (= S. 32): „Die Bescheinigung *berechtigt* also den Drit-

Rechtsgeschäft eine „freigiebige Verfügung" zum Gegensand hatte, wurde dem wahren Erben ein Anspruch gegen den Erwerber zugestanden, soweit dieser noch bereichert war (§ 6 Abs. 2). Die vorgelegte Erbbescheinigung ermöglichte die Umschreibung von Rechten des Erblassers in öffentlichen Büchern, § 6 Abs. 3. Hingegen konnten gewillkürte Erben und sonstige Berechtigte – also auch Vermächtnisnehmer – nach § 9 Abs. 1 nur eine ergänzende Bescheinigung erhalten, wenn die Verfügung den Bedachten (Erbe oder Vermächtnisnehmer) nicht mit der zur Beschaffung der Legitimation erforderlichen Bestimmtheit bezeichnete. Damit waren die Fälle gemeint, in welchen die Legitimation der Erben durch die Verfügung nicht vollständig geführt wurde; etwa dann, wenn die Identität infolge unklarer Bezeichnung (z. B. Geschwister, Kinder) nicht hinreichend erkennbar war.[62] Im Übrigen hatte der gewillkürte Erbe keine Möglichkeit eine Erbbescheinigung zu erhalten. § 9 Abs. 3 erstreckte die Wirkungen des § 6 auch auf die ergänzende Bescheinigung der gewillkürten Erben, allerdings nur, soweit es auf die darin bescheinigte Tatsache ankam; sie ergänzte mithin die letztwillige Verfügung.[63] Die ergänzende Bescheinigung ließ jedoch die Frage nach der Wirksamkeit des Testaments oder Erbvertrags, mithin gerade auch die Wirksamkeit der Erbeinsetzung, unberührt.[64]

Zweck der Einführung von Erbbescheinigungen war zum einen, dem Erben den Nachweis seiner Erbenstellung zu erleichtern, zum anderen, dem Rechtsverkehr die Prüfung der Berechtigung des Erbprätendenten abzunehmen und so vor den nachteiligen Folgen – für den Privatrechtsverkehr in Sonderheit die Gefahr doppelter Inanspruchnahme – zu bewahren.[65] Für solche Erben, die ihr Erbrecht auf eine

---

ten mit dem dadurch als Erben Legitimierten sich in Rechtsgeschäfte einzulassen, *verpflichtet ihn aber nicht dazu*" [Hervorhebungen v. Verfasser].

[62] Vgl. *Wachler*, Gesetz betreffend die Ausstellung gerichtlicher Erbbescheinigungen vom 12. März 1869 nebst den die Kostenerhebung und das Erbschaftsstempel-Wesen regulirenden Bestimmungen, Einleitung (= S. 15) und zu den Stellungnahmen des Abgeordnetenhauses: § 9 Anm. 31 (= S. 35 f.).

[63] *Wachler*, Gesetz betreffend die Ausstellung gerichtlicher Erbbescheinigungen vom 12. März 1869 nebst den die Kostenerhebung und das Erbschaftsstempel-Wesen regulirenden Bestimmungen, § 9 Anm. 32–33 (= S. 36).

[64] *Wachler*, Gesetz betreffend die Ausstellung gerichtlicher Erbbescheinigungen vom 12. März 1869 nebst den die Kostenerhebung und das Erbschaftsstempel-Wesen regulirenden Bestimmungen, § 9 Anm. 33 (= S. 36).

[65] Motive zum preußischen Gesetz betreffend die Ausstellung gerichtlicher Erbbescheinigungen vom 12. März 1869, Herrenhaus, Sammlung sämtlicher Drucksachen des Herrenhauses, Sitzungsperiode 1868/1869, Band I, Nr. 7, S. 14; ebenfalls abgedruckt bei: Stenographische Berichte, Herrenhaus, Sitzungsperiode 1868/1869, Anlagen Band II, Nr. 7, S. 24; vgl. auch: Stenographische Berichte, Abgeordnetenhaus, Sitzungsperiode 1868/1869, Anlagen Band III, Nr. 248, S. 1382; ferner: Bericht der Kommission für Justizangelegenheiten des Herrenhauses, Drucksachen Herrenhaus, Sitzungsperiode 1868/1869, Band I, Nr. 33, S. 1; *Eßlinger*, Der Erbschein, S. 7: „im Interesse der Sicherheit des Verkehrs"; vgl. auch: *Dernburg*, Lehrbuch des Preußischen Privatrechts und der Privatrechtsnormen des Reichs, Band III, § 228 I. (= S. 669); *Hirsch*, Von der Erbbescheinigung des Preußischen Rechts zum Erbschein des Bürgerlichen Gesetzbuchs, S. 66, 70, 87.

letztwillige Verfügung gründeten, bedurfte es nach Auffassung des Gesetzgebers keiner generellen Legitimationsprüfung und Bescheinigung. Die Verfügung selbst wurde als grundsätzlich ausreichendes Legitimationsmittel erachtet.[66] Diese Trennung zwischen gesetzlicher und gewillkürter Erbfolge[67] dürfte nicht zuletzt von dem Gedanken getragen gewesen sein, dass das preußische Recht lediglich das gerichtliche Testament als ordentliche Testamentsform kannte und auch ein Erbvertrag der gerichtlichen Form bedurfte.[68] Dies dürfte zu der Einschätzung geführt haben, dass die gerichtliche Errichtungsform die Wirksamkeit hinreichend sichert und so der Nachweis der Erbfolge durch Verfügung von Todes wegen als ausreichend erachtet wurde.[69]

Die Anforderungen an den Nachweis des Erbrechts im Privatrechtsverkehr regelte das Gesetz vom 12. März 1869 hingegen nicht. Es enthielt trotz seines erklärten Zwecks, den Rechtsverkehr vor einer Falschbeurteilung der (gesetzlichen) Erbfolge zu bewahren, kein Recht auf Vorlage gerichtlicher Erbbescheinigungen respektive keine Regelung, welche den Erbnachweis im Falle gesetzlicher Erbfolge durch Erbbescheinigung vorschrieb.[70]

4. Die Einführung des BGB

Auf dem Gedanken des preußischen Rechts aufbauend[71] und motiviert durch das behördliche und private Verkehrsinteresse an einer amtlichen Bescheinigung über das Erbrecht erfolgte die Aufnahme des Erbscheinsrechts durch das BGB vom

[66] Motive zum preußischen Gesetz betreffend die Ausstellung gerichtlicher Erbbescheinigungen vom 12. März 1869, Herrenhaus, Sammlung sämtlicher Drucksachen des Herrenhauses, Sitzungsperiode 1868/1869, Band I, Nr. 7, S. 12; ebenfalls abgedruckt bei: Stenographische Berichte, Herrenhaus, Sitzungsperiode 1868/1869, Anlagen Band II, Nr. 7, S. 23; vgl. dazu auch: Stenographische Berichte, Abgeordnetenhaus, Sitzungsperiode 1868/1869, Anlagen Band III, Nr. 248, S. 1382; Bericht der Kommission für Justizangelegenheiten des Herrenhauses, Drucksachen Herrenhaus, Sitzungsperiode 1868/1869, Band I, Nr. 33, S. 2 f.; dazu auch: *Wachler*, Gesetz betreffend die Ausstellung gerichtlicher Erbbescheinigungen vom 12. März 1869 nebst den die Kostenerhebung und das Erbschaftsstempel-Wesen regulirenden Bestimmungen, Einleitung (= S. 14 f.).

[67] Kritisch dazu: *Hirsch*, Von der Erbbescheinigung des Preußischen Rechts zum Erbschein des Bürgerlichen Gesetzbuchs, S. 77.

[68] Vgl. ALR I 12 §§ 66, 621; *Beutgen*, Die Geschichte der Form des eigenhändigen Testaments, S. 49; umfassend zur Form der Errichtung der letztwilligen Verfügungen im Preußischen Recht: *Dernburg*, Lehrbuch des Preußischen Privatrechts und der Privatrechtsnormen des Reichs, Band III, § 106 ff. (= S. 327 ff.).

[69] Vgl. *Dernburg*, Lehrbuch des Preußischen Privatrechts und der Privatrechtsnormen des Reichs, Band III, § 228 I. (= S. 670); *Paech*, DJZ 8 (1903), 496 (497); vgl. ferner: *Coing*, Europäisches Privatrecht I, S. 630.

[70] Dies herausstellend: *Hirsch*, Von der Erbbescheinigung des Preußischen Rechts zum Erbschein des Bürgerlichen Gesetzbuchs, S. 35 Fn. 91.

[71] Vgl. *Zimmermann*, Erbschein – Erbscheinsverfahren – Europäisches Nachlasszeugnis, 4. Aufl. 2022, Rn. 6.

18. August 1896, welches am 1. Januar 1900 in Kraft getreten ist.[72] Der Erbschein soll im Interesse des Erben und derjenigen, die mit diesem in seiner Funktion als Erbe in Kontakt treten, als Legitimationsausweis in Form einer „vorläufige[n] amtliche[n] Beurkundung des Rechtes des Erben nach Inhalt und Umfang" im Zeitpunkt des Erbfalls fungieren.[73] Nach seinem Zweck ist der Erbschein in erster Linie darauf gerichtet, dem Rechtsverkehr die Prüfung des Erbrechts abzunehmen und ihm die notwendige Sicherheit beim rechtsgeschäftlichen Kontakt mit den als Erben auftretenden Personen geben, indem er vor den Gefahren der rechtsgeschäftlichen Interaktion mit dem Scheinerben geschützt wird.[74] Im Zentrum steht demnach der Schutz des Rechtsverkehrs.[75]

5. Stellungnahme zur Position des Reichsgerichts

Wenn das Gesetz vom 12. März 1869 als Vorgänger des Erbscheinsrechts nach dem BGB verstanden wird, erscheint es auf den ersten Blick nachvollziehbar, wenn bei der Frage, ob dem Nachlassschuldner nach dem geltenden Recht ein Leistungsverweigerungsrecht bis zur Erbscheinsvorlage einzuräumen ist, ein Vergleich mit dem preußischen Recht als Argument ins Feld geführt wird. Ob ein solcher Vergleich und damit das Argument des Reichsgerichts, wonach ein Leistungsverweigerungsrecht bis zur Erbscheinsvorlage dem preußischen Recht (an welches sich die Bestimmungen des BGB anlehnten) widerspreche, tatsächlich tragfähig ist, soll im Folgenden untersucht werden. Dabei sollen zunächst die insoweit maßgeblichen Unterschiede zwischen dem preußischen Recht und dem BGB sowie die Auseinandersetzung des BGB-Gesetzgebers mit der historischen Gesetzeslage dargestellt werden. Auf dieser Grundlage soll sodann das Argument des Reichsgerichts eingeordnet werden.

---

[72] Siehe dazu *Mugdan*, Die gesammten Materialien zum Bürgerlichen Gesetzbuch für das Deutsche Reich, V. Band, S. 298 (= Motive, S. 557), S. 877 (= Denkschrift, S. 291); *Münchmeyer*, Der deutsche Erbnachweis, S. 14; *Scheer*, Der Erbschein, S. 30.

[73] *Mugdan*, Die gesammten Materialien zum Bürgerlichen Gesetzbuch für das Deutsche Reich, V. Band, S. 838 (= Protokolle, S. 7784), vgl. S. 298 (= Motive, S. 558), S. 301 (= Motive, S. 563); vgl. dazu: *Grziwotz*, in: MüKo, FamFG, 3. Aufl. 2019, § 352 Rn. 2: „Diese ‚Beurkundung des Erbrechts' ist inhaltlich eine Bescheinigung, die auf einer Würdigung der Rechtslage beruht."

[74] *Mugdan*, Die gesammten Materialien zum Bürgerlichen Gesetzbuch für das Deutsche Reich, V. Band, S. 301 (= Motive, S. 563), S. 833 (= Protokolle, S. 7761), S. 877 (= Denkschrift, S. 291); vgl. auch: *Bartholomeyczik*, Denkschrift, S. 262 f.; *Lange/Kuchinke*, Erbrecht, 5. Aufl. 2001, § 39. I. 4. a) (= S. 1003); *Klinck*, AcP 215 (2015), 1 (1 f.); allgemein auch: *Dorth*, Das Verhältnis von Erbschein und Europäischem Nachlasszeugnis, S. 38; siehe ferner: *Keller/von Schrenck*, JA 2016, 51 (52); *Grziwotz*, in: MüKo, BGB, 9. Aufl. 2022, § 2353 Rn. 1; *Weidlich*, in: Grüneberg, BGB, 82. Aufl. 2023, § 2353 Rn. 2.

[75] *Mugdan*, Die gesammten Materialien zum Bürgerlichen Gesetzbuch für das Deutsche Reich, V. Band, S. 877 (= Denkschrift, S. 291); vgl. *Lemke*, Der Erbschein im System der Gutglaubensvorschriften, S. 17: „Das Erfordernis, eine Regelung betreffend den Erbschein in das BGB aufzunehmen, wurde ausschließlich mit dem Verkehrsinteresse begründet."

Der Vergleich der Erbbescheinigung im Gesetz vom 12. März 1869 mit dem Erbschein des BGB und dessen Regelungsumfeld zeigt deutlich, dass sich das geltende Recht erheblich von der Rechtslage in Preußen unterscheidet.[76] Dabei ist zunächst ein zentrales Augenmerk auf die Ausdehnung des Erbscheins auf die gewillkürte Erbfolge zu richten. Diese Ausweitung des gerichtlichen Zeugnisses über das Erbrecht auf die gewillkürte Erbfolge wurde zunächst noch von der I. Kommission abgelehnt.[77] Dies gründete in der Annahme, dass in diesen Fällen eine Ausstellung eines nachlassgerichtlichen Zeugnisses nicht erforderlich sei. Die Verfügung von Todes wegen sei bereits zur Legitimation ausreichend. Es sei zudem nicht sachgerecht, dem Nachlassgericht auch die Auslegung der Verfügung von Todes wegen und eine provisorische Entscheidung über das Erbrecht zu überantworten.[78] Insofern befand sich die Position der I. Kommission auf einer Linie mit dem preußischen Recht. Dem folgte die II. Kommission allerdings nicht und eröffnete jedem Erben die Möglichkeit, einen Erbschein zu erlangen.[79] Bemerkenswert ist die in den Protokollen ersichtliche Auseinandersetzung mit der historischen Entwicklung. Man stellte heraus, dass das Institut des Erbscheins erst neueren Datums und in seiner Entwicklung noch nicht abgeschlossen sei. Außerdem betonte die II. Kommission ausdrücklich, dass die historische Entwicklung für die Frage nach der Ausdehnung des Instituts nicht maßgeblich sei und sich der Gesetzgeber vielmehr von Gründen der Zweckmäßigkeit und der Praktikabilität leiten lassen müsse. Davon ausgehend erachtete es die II. Kommission mit Blick auf die Verkehrsinteressen als sachgerecht, den Erbschein auf die gewillkürte Erbfolge auszudehnen und so mit dem Erben interagierenden Privatpersonen „die Prüfung der vielfach schwierigen Frage, ob das Erbrecht begründet sei, durch eine provisorische Entscheidung des Nachlaßgerichtes“ abzunehmen. Die Prüfung der Formgültigkeit der Verfügung, die Auslegung des Inhaltes sowie die Beurteilung des Verhältnisses mehrerer Verfügungen zueinander setzten häufig Rechtskenntnisse voraus, die juristischen Laien in der Regel nicht zumutbar seien. In den weiteren Entwicklungsphasen des BGBs erfolgte keine Änderung im Hinblick auf die vorgenommene Ausdehnung des Erbscheins. Vielmehr kommen die Beweggründe, welche die II. Kommission schlussendlich zu einer Abkehr von der Position der I. Kommission bewogen, nochmals besonders illustrativ in der Denkschrift zum BGB zum Ausdruck. Das Bedürfnis, den Verkehr durch die Erteilung eines Erbscheins zu erleichtern und zu sichern, bestehe bei der gewillkürten Erbfolge in gleichem Maße wie

[76] *Eßlinger*, Der Erbschein, S. 8: „[Der Erbschein des Bürgerlichen Gesetzbuches] bildet […] das Institut in konsequenter und glücklicher Wei[s]e aus.“; siehe auch die Schlussfolgerung von: *Hirsch*, Von der Erbbescheinigung des Preußischen Rechts zum Erbschein des Bürgerlichen Gesetzbuchs, S. 87.

[77] *Mugdan*, Die gesammten Materialien zum Bürgerlichen Gesetzbuch für das Deutsche Reich, V. Band, S. 298 (= Motive, S. 558).

[78] *Mugdan*, Die gesammten Materialien zum Bürgerlichen Gesetzbuch für das Deutsche Reich, V. Band, S. 298 (= Motive, S. 558).

[79] Dazu und zum Folgenden: *Mugdan*, Die gesammten Materialien zum Bürgerlichen Gesetzbuch für das Deutsche Reich, V. Band, S. 833 f. (= Protokolle, S. 7760 f.).

bei der gesetzlichen.[80] Die Prüfung der Verfügung von Todes wegen – hinsichtlich ihres Inhalts und ihrer Wirksamkeit – setze regelmäßig besondere Rechtskenntnis voraus. Überdies biete „die Vorlegung einer Verfügung von Todes wegen keinerlei Gewähr dafür, daß nicht noch andere Verfügungen vorhanden sind, welche jene Verfügungen aufgehoben oder geändert haben."[81]

Es lässt sich daher festhalten, dass mit dem Inkrafttreten des BGB eine grundsätzliche Weiterentwicklung[82] stattgefunden hat: Anders als im preußischen Recht kann de lege lata auch der gewillkürte Erbe einen Erbschein erlangen (§ 2353 BGB).[83] Damit hat man sich ganz bewusst – motiviert durch die Interessen des Rechtsverkehrs und aus Gründen der Praktikabilität sowie der Zweckmäßigkeit – von der historischen Rechtslage abgewendet und sich positiv für eine weitreichendere Bedeutung des Erbscheins entschieden. Die bewusste Durchbrechung des auch in das BGB übergegangenen Prinzips der Nichteinmischung des Gerichts in Nachlassangelegenheiten geht erheblich weiter als im preußischen Recht.[84]

Diese Fortentwicklung des Instituts wird umso bedeutsamer, wenn man das Regelungsumfeld der preußischen Erbbescheinigungen mit dem des Erbscheins vergleicht. Anders als das preußische Recht sieht das BGB als ordentliche Testamentsform auch das privatschriftliche Testament vor, § 2231 BGB. Die gerichtliche Errichtung als ordentliche Testamentsform[85] im ALR dürfte wohl Grund dafür gewesen sein, dass man Verfügungen von Todes wegen (stets) als ausreichenden Nachweis des Erbrechts erachtete und dem gewillkürten Erben keine Möglichkeit eröffnete, eine Erbbescheinigung zu erlangen.[86] Davon kehrte der BGB-Gesetzgeber bereits durch die Ausdehnung des Erbscheins auf die gewillkürte Erbfolge ab und erkannte ausdrücklich das Interesse des Verkehrs an einer nachlassgerichtlichen Prüfung der Verfügung an. Vor dem Hintergrund, dass die II. Kommission die Ausweitung des Erbscheins bereits bei einem Rechtszustand für erforderlich er-

---

80 *Mugdan*, Die gesammten Materialien zum Bürgerlichen Gesetzbuch für das Deutsche Reich, V. Band, S. 877 (= Denkschrift, S. 291): „Das Bedürfnis, den Verkehr durch Ertheilung von Erbscheinen zu erleichtern und zu sichern, macht sich hier nicht minder geltend."

81 *Mugdan*, Die gesammten Materialien zum Bürgerlichen Gesetzbuch für das Deutsche Reich, V. Band, S. 877 (= Denkschrift, S. 291).

82 Vgl. *Eßlinger*, Der Erbschein, S. 8: „Zugleich aber bildet [das Bürgerliche Gesetzbuch] das Institut in konsequenter und glücklicher Weise aus."

83 § 2353 BGB eröffnet jedem Erben die Möglichkeit der Antragsstellung auf Erteilung eines Zeugnisses über sein Erbrecht und differenziert nicht zwischen gesetzlicher und gewillkürter Erbfolge.

84 Vgl. *Paech*, DJZ 8 (1903), 496 (497).

85 *Beutgen*, Die Geschichte der Form des eigenhändigen Testaments, S. 49.

86 *Dernburg*, Lehrbuch des Preußischen Privatrechts und der Privatrechtsnormen des Reichs, Band III, § 228 I. (= S. 670); *Paech*, DJZ 8 (1903), 496 (497); *Coing*, Europäisches Privatrecht I, S. 630. Außerdem: ALR I 12 § 66; umfassend zur Form der Errichtung der letztwilligen Verfügungen im Preußischen Recht: *Dernburg*, Lehrbuch des Preußischen Privatrechts und der Privatrechtsnormen des Reichs, Band III, §§ 106 ff. (= S. 327 ff.). Mit Zweifeln gegen die generelle Eignung: *Münchmeyer*, Der deutsche Erbnachweis, S. 14 f.

achtete, der als ordentliche Testamentsform noch nicht einmal das eigenhändige – die Aufnahme in das BGB erfolgte erst durch die Reichstagskommission und den Reichstag[87] – vorsah, erscheint die Weiterentwicklung im BGB als noch gewichtiger. Denn das Bedürfnis des Rechtsverkehrs nach einem rechtssicheren Erbnachweis besteht nach Einführung des privatschriftlichen Testaments verstärkt fort.

Auf der Grundlage der gewonnenen Erkenntnisse ist nunmehr das Argument, dass ein Leistungsverweigerungsrecht unter Geltung des BGB dem preußischen Recht widerspreche, einzuordnen: Vergleichbar mag noch der Umstand sein, dass dem preußischen Recht ein solches Recht fremd war und das BGB gleichermaßen keinen entsprechenden Rechtssatz enthält. Allerdings ist zu sehen, dass die in den Gesetzesmaterialien mitgeteilten Gründe für die nicht erfolgte Aufnahme dieses Rechts in das BGB gerade nicht auf die Regelungen des preußischen Rechts oder anderer Partikularrechtsordnungen rekurrieren.[88] Vielmehr war sich die II. Kommission an anderer Stelle der Weiterentwicklung des Erbscheins bewusst und rückte augenscheinlich vermehrt die Aspekte der Zweckmäßigkeit und Praktikabilität in den Vordergrund. Insbesondere stellte sich die II. Kommission auch keineswegs absolut gegen ein Recht auf Erbscheinsvorlage, sondern begriff dieses vielmehr als zu schwerfällig.[89] Auch das verdeutlicht, dass man sich nicht sklavisch am preußischen Recht, sondern vielmehr an den vorbezeichneten Parametern orientieren wollte. Daneben müssen die qualitativen Unterschiede zwischen dem preußischen Recht und dem BGB in den Blick genommen werden. Es darf nicht übersehen werden, dass in zentralen Bereichen eine bedeutsame Weiterentwicklung stattgefunden hat. Insbesondere das ergänzte gesetzliche Regelungsumfeld, namentlich die Zulassung des eigenhändigen Testaments als ordentliche Errichtungsform, sowie die bewusste Abkehr von dem Zustand, Zeugnisse über das Erbrecht nur dem gesetzlichen Erben auszustellen, erlauben keinen unumschränkten Rückschluss des früheren Rechts auf das geltende. Vielmehr führen die Entwicklung des Erbscheins zu einem jedem Erben zugänglichen Zeugnis über dessen Erbrecht und die durch die Einführung des privatschriftlichen Testaments verstärkten Erschwernisse betreffend die Beurteilung der Erbfolge dazu, dem Vergleich mit dem preußischen Recht keine durchschlagende Bedeutung zuzusprechen.

---

[87] Näher dazu unter: Kapitel 3 A. III. 1 b) bb) (1) (a).

[88] *Mugdan*, Die gesammten Materialien zum Bürgerlichen Gesetzbuch für das Deutsche Reich, V. Band, S. 568 (= Motive, S. 304), S. 840 (= Protokolle, S. 7789).

[89] So auch: *Szalai*, NotBZ 2016, 370 (375).

II. Auslegung des § 2367 BGB und das Erfordernis der ausdrücklichen normativen Festsetzung eines Leistungsverweigerungsrechts

Das Reichsgericht führte neben dem Widerspruch zum preußischen Recht weiter ins Feld, dass ein Rechtssatz, nach welchem der Erbnachweis ausschließlich durch einen Erbschein geführt werden könne, derart außerordentlich wäre, dass er der ausdrücklichen Normierung bedurft hätte. Allerdings sei ein solches Recht dem BGB nicht zu entnehmen und aus § 2367 BGB nicht zu folgern.[90] Dem lassen sich zweierlei Argumentationslinien entnehmen: Einerseits steht in Rede, ob der streitige Rechtssatz aus der Vorschrift § 2367 BGB zu folgern ist, sodass es zunächst um eine Auslegungsfrage (1.) geht. Andererseits geht das Reichsgericht mit der Äußerung, dass eine legislative Festsetzung erforderlich sei, augenscheinlich von einem engen Gesetzespositivismus[91] (2.) aus.

1. § 2367 BGB im Lichte der Auslegungsmethodik

In einem ersten Schritt ist folglich danach zu fragen, ob ein Leistungsverweigerungsrecht aus der Vorschrift des § 2367 BGB im Wege der Auslegung gewonnen werden kann. Hierbei ist auf die anerkannten Auslegungsmethoden zurückzugreifen, zu welchen die grammatische, systematische, historische und genetische sowie die teleologische Auslegung zählen.[92] Ausgangspunkt jeder Auslegung ist der Wortlaut.[93] Im Rahmen der grammatischen Auslegung ist der semantisch mögliche

---

[90] RGZ 54, 343 (344); daran anschließend: BGH, WM 1961, 479 (481); BGH, NJW 2005, 2779 (2780); BGHZ 198, 250 = NJW 2013, 3716 Rn. 40; BGHZ 209, 329 = NJW 2016, 2409 Rn. 19.

[91] Exemplarisch zum Gesetzespositivismus: *Möllers*, Juristische Methodenlehre, 4. Aufl. 2021, § 1 Rn. 48; *Rüthers/Fischer/Birk*, Rechtstheorie und Juristische Methodenlehre, 12. Aufl. 2022, § 13 Rn. 471 ff., 492.

[92] Etwa: *Larenz/Canaris*, Methodenlehre der Rechtswissenschaft, 3. Aufl. 1995, S. 141 ff.; *Schwacke*, Juristische Methodik, 5. Aufl. 2011, S. 88; *Honsell*, ZfPW 2016, 106 (120 f.); *Zippelius*, Juristische Methodenlehre, 12. Aufl. 2021, S. 35 ff.; *Looschelders*, in: NK-BGB, 4. Aufl. 2021, Anhang zu § 133 Rn. 14 ff. Der „klassische" Auslegungskanon nach von Savigny umfasst hingegen die grammatische, logische, systematische und historische Auslegung. Dazu: *von Savigny*, System des heutigen römischen Rechts, 1. Band, S. 213. Mit Kritik: *Bydlinski*, Juristische Methodenlehre und Rechtsbegriff, 2. Aufl. 2011, S. 437. Zu den anerkannten Auslegungsgrundsätzen bekennt sich auch das BVerfG in ständiger Rechtsprechung. Vgl. etwa: BVerfGE 15, 256 (264) = NJW 1963, 899; BVerfGE 69, 1 (55) = NJW 1985, 1519 (1527); BVerfGE 88, 145 (166) = NJW 1993, 2861 (2863); BVerfGE 93, 37 (81) = NVwZ 1996, 574 (578); BVerfGE 145, 20 = NVwZ 2017, 1111 Rn. 98.

[93] BVerfGE 116, 271 (313) = NVwZ 2007, 190 (194); BVerfGE 122, 248 (283) = NJW 2009, 1469 (1477); *Larenz/Canaris*, Methodenlehre der Rechtswissenschaft, 3. Aufl. 1995, S. 141; *Schäfers*, JuS 2015, 875 (877); *Honsell*, ZfPW 2016, 106 (120). Zur Frage, ob der entstehungs- oder geltungszeitliche Sprachgebrauch maßgebend ist: *Jocham*, Die Grenzen der richterlichen Rechtsfortbildung im Privatrecht, S. 162 f. (geltungszeitliche Deutung).

Wortsinn, mithin der Bedeutungsumfang der Gesetzesworte, zu ergründen.[94] Dabei ist auf den spezifischen juristischen Sprachgebrauch des Gesetzes, nachgeordnet auf den allgemeinen juristischen Sprachgebrauch und nur, wenn ein solcher für diesen Ausdruck nicht besteht, auf die Bedeutung in der Umgangssprache (allgemeiner Sprachgebrauch) abzustellen.[95] Ausgehend von dieser Direktive ist der Wortlaut des § 2367 BGB im Wege der grammatischen Auslegung sorgfältig wahrzunehmen und zu analysieren:[96]

> „Die Vorschrift des § 2366 findet entsprechende Anwendung, wenn an denjenigen, welcher in einem Erbschein als Erbe bezeichnet ist, auf Grund eines zur Erbschaft gehörenden Rechts eine Leistung bewirkt oder wenn zwischen ihm und einem anderen in Ansehung eines solchen Rechts ein nicht unter die Vorschrift des § 2366 fallendes Rechtsgeschäft vorgenommen wird, das eine Verfügung über das Recht enthält."

§ 2367 BGB erweitert den Gutglaubensschutz auf Verfügungsgeschäfte und Leistungen an den Erbscheinserben respektive den wahren Erben, dessen Verfügungsbeschränkungen nicht durch den Erbschein ausgewiesen sind.[97] Dem Wortlaut lässt sich kein Recht auf Erbscheinsvorlage beziehungsweise kein Leistungsverweigerungsrecht bei Nichtvorlage im Rahmen der Auslegung entnehmen. Der Verweis auf § 2366 BGB, welcher für sich genommen den öffentlichen Glauben des Erbscheins normiert und den gutgläubigen Erwerb vom Erbscheinserben ermöglicht, verdeutlicht vielmehr, dass § 2367 BGB am öffentlichen Glauben ansetzt und diesen erweitert. Ein neues Rechtsinstitut im vorbezeichneten Sinne kann daraus nicht gefolgert werden.

Diese Feststellung ist bereits deshalb von besonderem Gewicht, da durch den möglichen Wortsinn die Grenze der Auslegung markiert wird[98] und eine jenseits des

---

[94] *Larenz/Canaris*, Methodenlehre der Rechtswissenschaft, 3. Aufl. 1995, S. 141; *Schäfers*, JuS 2015, 875 (877); *Zippelius*, Juristische Methodenlehre, 12. Aufl. 2021, S. 35; *Säcker*, in: MüKo, BGB, 9. Aufl. 2021, Einleitung BGB Rn. 139; vgl. *Bydlinski*, Juristische Methodenlehre und Rechtsbegriff, 2. Aufl. 2011, S. 437.

[95] *Larenz*, Methodenlehre der Rechtswissenschaft, 6. Aufl. 1991, S. 324; *Larenz/Canaris*, Methodenlehre der Rechtswissenschaft, 3. Aufl. 1995, S. 145; *Wank/Maties*, Die Auslegung von Gesetzen, 7. Aufl. 2023, S. 43. Vgl. allgemein für einen Vorrang des juristischen Sprachgebrauchs auch: *Jocham*, Die Grenzen der richterlichen Rechtsfortbildung im Privatrecht, S. 160 f.; *Früh*, JuS 2021, 905 (907); vgl. ferner: *Rüthers/Fischer/Birk*, Rechtstheorie und Juristische Methodenlehre, 12. Aufl. 2022, § 22 Rn. 741–742. Zur Frage, ob dem entstehungs- oder geltungszeitlichen Sprachgebrauch Vorrang gebührt: *Larenz/Canaris*, Methodenlehre der Rechtswissenschaft, 3. Aufl. 1995, S. 144 f.; *Looschelders*, in: NK-BGB, 4. Aufl. 2021, Anhang zu § 133 Rn. 15 m. w. N.

[96] *Rüthers/Fischer/Birk*, Rechtstheorie und Juristische Methodenlehre, 12. Aufl. 2022, § 22 Rn. 743.

[97] *Lange*, Erbrecht, 3. Aufl. 2022, § 78 Rn. 99; *Gierl*, in: Burandt/Rojahn, Erbrecht, 4. Aufl. 2022, § 2367 BGB Rn. 1; *Grziwotz*, in: MüKo, BGB, 9. Aufl. 2022, § 2367 Rn. 1.

[98] BVerfGE 71, 108 (115) = NJW 1986, 1671 (1672); BVerfGE 87, 209 (224) = NJW 1993, 1457 (1458); BVerfGE 92, 1 (12) = NJW 1995, 1141 (1141); BVerfGE 118, 212 (244) = NJW 2007, 2977 (2982); *Larenz*, Methodenlehre der Rechtswissenschaft, S. 322, 324; *ders./Canaris*, Methodenlehre der Rechtswissenschaft, 3. Aufl. 1995, S. 143; *Schwacke*,

Wortsinnes befindliche Deutung erst auf Ebene der Rechtsfortbildung zum Tragen kommen kann.[99] Die Grenze des möglichen Wortsinnes ist spätestens dann überschritten, sobald die Deutung dahingeht, dass § 2367 BGB positiv ein Leistungsverweigerungsrecht bis zur Erbscheinsvorlage oder ein Recht auf Erbscheinsvorlage enthalte mit der Konsequenz, dass die Grenze der Auslegung bereits insoweit festgesetzt ist.[100] Dem Reichsgericht ist also darin zuzustimmen, dass insoweit ein Leistungsverweigerungsrecht der Vorschrift des § 2367 BGB nicht zu entnehmen sei und eine ein solches Recht begründende Auslegung den möglichen Wortsinn überschreiten würde. Obgleich hieraus zunächst folgt, dass der Rückgriff auf die weiteren Methoden der Gesetzesinterpretation im Hinblick auf die Frage, ob im Wege der Auslegung ein Leistungsverweigerungsrecht gewonnen werden kann, aufgrund der Grenze des Wortsinns entbehrlich ist, erfolgen diese – in gebotener Kürze – gleichwohl aus Darstellungsgründen im Sinne einer gewissen Grundlegung für die nachfolgende Untersuchung der Rechtsfortbildung.[101] Dafür soll in einem ersten Schritt die jeweilige Auslegungsmethode abstrakt dargelegt und in einem zweiten Schritt angewendet werden:

Die systematische Auslegung setzt am Wissen um die Gesetzessystematik inklusive der Regeln der Logik an[102] und gründet in der Annahme, dass die in Rede stehende Vorschrift im Gesamtzusammenhang des Gesetzes und der gesamten Rechtsordnung zu verstehen ist.[103] Im Rahmen der Auslegung der Rechtssätze sind Wertungswidersprüche und inkonsistente Gesetzesinterpretationen zu vermeiden.[104] Ziel der Auslegung ist daher die Ermittlung desjenigen Auslegungsergebnisses, „das die einen Wirklichkeitsausschnitt beherrschenden Rechtssätze zu einem möglichst

---

Juristische Methodik, 5. Aufl. 2011, S. 93; *Bydlinski*, Juristische Methodenlehre und Rechtsbegriff, 2. Aufl. 2011, S. 441; *Engisch*, Einführung in das juristische Denken, 12. Aufl. 2018, S. 143; *Looschelders*, in: NK-BGB, 4. Aufl. 2021, Anhang zu § 133 Rn. 12; *Zippelius*, Juristische Methodenlehre, 12. Aufl. 2021, S. 39; weitere Nachweise etwa bei: *Meier*, ZGR 2020, 124 (133 Fn. 57).

[99] *Larenz/Canaris*, Methodenlehre der Rechtswissenschaft, 3. Aufl. 1995, S. 143; *Schwacke*, Juristische Methodik, 5. Aufl. 2011, S. 93; *Zippelius*, Juristische Methodenlehre, 12. Aufl. 2021, S. 39; *Looschelders*, in: NK-BGB, 4. Aufl. 2021, Anhang zu § 133 Rn. 12, 17.

[100] Vgl. dazu: *Zippelius*, Juristische Methodenlehre, 12. Aufl. 2021, S. 51.

[101] Die Aspekte der textexternen Auslegung können für die Notwendigkeit einer Rechtsfortbildung sprechen. So: *Looschelders*, in: NK-BGB, 4. Aufl. 2021, Anhang zu § 133 Rn. 17.

[102] *Bydlinski*, Juristische Methodenlehre und Rechtsbegriff, 2. Aufl. 2011, S. 442; *Honsell*, in: Staudinger, BGB, Neubearbeitung 2018, Einleitung BGB Rn. 143; *Rüthers/Fischer/Birk*, Rechtstheorie und Juristische Methodenlehre, 12. Aufl. 2022, § 22 Rn. 744 ff.

[103] *Honsell*, in: Staudinger, BGB, Neubearbeitung 2018, Einleitung BGB Rn. 143; *Zippelius*, Juristische Methodenlehre, 12. Aufl. 2021, S. 43.

[104] *Bydlinski*, Juristische Methodenlehre und Rechtsbegriff, 2. Aufl. 2011, S. 443 ff.; *Schäfers*, JuS 2015, 875 (878); *Honsell*, in: Staudinger, BGB, Neubearbeitung 2018, Einleitung BGB Rn. 144; *Möllers*, Juristische Methodenlehre, 4. Aufl. 2021, § 4 Rn. 92; *Zippelius*, Juristische Methodenlehre, 12. Aufl. 2021, S. 43; *Rüthers/Fischer/Birk*, Rechtstheorie und Juristische Methodenlehre, 12. Aufl. 2022, § 22 Rn. 744 ff.

widerspruchsfreien, kohärenten Sinnganzen im Sinne einer Wertungseinheit zusammenfügt (Prinzip der inneren Kohärenz).“[105]

Eine systematische Gesamtschau zeigt eine gewisse Inkohärenz, zugleich aber auch einen deutlichen Unterschied zu der jeweiligen normativen Ausgestaltung der Rechtssätze auf. Soweit das Gesetz Urkunden kennt, aus welchen sich für den Schuldner ein Gutglaubensschutz ergibt, billigt es diesem einredeweise die Möglichkeit zu, die Vorlage oder Aushändigung derselben zu verlangen, vgl. §§ 410, 1160 BGB. Das Sukzessionsrecht etwa gewährt mit der Regelung des § 410 BGB dem Schuldner ein Leistungsverweigerungsrecht bis zur Aushändigung der Abtretungsurkunde, welche gem. § 409 BGB mit Gutglaubensschutz ausgestattet ist. Vergleichbar ist die Situation einer hypothekarisch gesicherten Forderung. § 1160 Abs. 1 BGB erlaubt dem Schuldner, neben Vorlage des Hypothekenbriefs gem. §§ 1154, 1155 BGB auch die Vorlage öffentlich beglaubigter Abtretungserklärungen zu verlangen, um in den Genuss der Rechtswirkungen der §§ 1155, 891–899 BGB zu kommen. Nicht fern liegt hiernach ein Systemgedanke dergestalt, dass Urkunden, durch die der redliche Schuldner geschützt wird, vorzulegen und erforderlichenfalls auszuhändigen sind.[106] Indessen ist im Wege der systematischen Auslegung auch zu sehen, dass in den §§ 2365 ff. BGB gerade keine den §§ 410, 1160 BGB vergleichbare Regelung enthalten ist. Daraus folgt zwar einerseits, dass es an einer entsprechenden Regelung im Erbscheinsrecht fehlt, andererseits aber auch, dass im weiteren Verlauf der Untersuchung des gesetzgeberischen Regelungsplans eine präzise Prüfung dahingehend erfolgen muss, ob die in den Vorschriften verkörperten Wertungen nicht auch auf die Konstellation des Erbnachweises zu übertragen sind.

Im Rahmen der historischen sowie genetischen Auslegung[107] wird zum einen (historische Auslegung) bei den Vorläufern der in Rede stehenden Vorschrift angesetzt und ausgehend davon der Versuch unternommen, von dem damaligen Verständnis auf den Inhalt der interessierenden Vorschrift zu schließen.[108] Zum anderen wird – mittels genetischer Auslegung – die Entstehungsgeschichte beleuchtet, wobei die Gesetzesmaterialien das wichtigste Hilfsmittel darstellen.[109]

---

[105] Ausdrücklich: *Säcker*, in: MüKo, BGB, 9. Aufl. 2021, Einleitung BGB Rn. 142; vgl. für die Verfassungsinterpretation: *Eibenstein*, Das mit Parité-Gesetzen verfolgte Leitbild der Gruppensouveränität vor dem grundgesetzlichen Demokratieprinzip, S. 118: „innere Einheit der Verfassung“.

[106] Siehe nur: *Jansen*, Freiwillige Gerichtsbarkeit und Notariat, 6. Aufl. 1971, S. 176.

[107] Zur Unterscheidung: *Müller/Christensen*, Juristische Methodik, Band I, 11. Aufl. 2013, Rn. 360.

[108] *Larenz/Canaris*, Methodenlehre der Rechtswissenschaft, 3. Aufl. 1995, S. 149; *Bydlinski*, Juristische Methodenlehre und Rechtsbegriff, 2. Aufl. 2011, S. 449; *Müller/Christensen*, Juristische Methodik, Band I, 11. Aufl. 2013, Rn. 360 ff.

[109] *Looschelders*, in: NK-BGB, 4. Aufl. 2021, Anhang zu § 133 Rn. 22 mit umfassenden Nachweisen zur Bedeutung der Gesetzesmaterialien.

Das Vorbild des Erbscheins des BGB war das preußische Gesetz vom 12. März 1869.[110] Diesem Regelwerk war ein Recht auf Vorlage der Legitimationsurkunde respektive eine Einrede bei Nichtvorlage fremd.

Auch die Gesetzesmaterialien des BGB zeichnen augenscheinlich ein klares Bild. So wird in den Motiven der I. Kommission ein Recht auf Erbscheinsvorlage als zu weitgehend erachtet. Der Erbe könne insoweit in eine missliche Lage geraten, als die Erbscheinserteilung vom Ermessen des Nachlassgerichts abhänge. Bei Versagung sei ihm der Prozessweg versperrt, wobei „nicht abzusehen ist, weshalb dieser Weg nicht in der Art, daß der Erbe seine Legitimation in der gewöhnlichen Weise führt, gestattet werden sollte." Außerdem „würde der Erbe damit in den nicht seltenen Fällen, in welchen die Eigenschaft als Erbe allen Betheiligten hinreichend bekannt ist, mit nutzlosen Kosten belastet werden."[111] Auf dieser Linie bewegt sich auch die aus den Protokollen ersichtliche Position der II. Kommission: Diese setzte sich inhaltlich mit der Frage, ob dem Nachlassschuldner ein Leistungsverweigerungsrecht bis zur Erbscheinsvorlage zuzubilligen ist, auseinander und gelangte zur Ablehnung eines solchen Zusatzes. Die Begründung lautete wie folgt:[112]

> „Die vorgeschlagene Erweiterung des § 2077 [in Gestalt eines Leistungsverweigerungsrechts bis zur Erbscheinsvorlage] sei durchaus nicht unbedenklich. Sie müsse zunächst zu einer außerordentlichen Vermehrung der Erbscheine führen, was insofern nicht erwünscht sein könne, als es sich bei dem Erbscheine doch nur um eine vorläufige und in Folge dessen unsichere Entscheidung über das Erbrecht handele. Ferner sei die Gefahr nicht von der Hand zu weisen, daß die Bestimmung zu Chikanen benutzt werde. Es sei zu beachten, daß die Kom. den Erbschein auch auf testamentarische Erben ausgedehnt habe. Vielfach werde gerade bei letztwilligen Verfügungen die Sachlage so klar und einfach sein, daß ein Erbschein völlig überflüssig sei. Gebe man dem Schuldner das Recht, auch in diesen Fällen die Vorlegung des Erbscheines zu verlangen, so werde dadurch die Möglichkeit eröffnet, dem Erben einen ganz unnöthigen Kostenaufwand zu machen und ihn an der raschen Durchführung seiner Ansprüche zu hindern. Die Erlangung des Erbscheines werde zudem für den Erben nicht selten mit großen Schwierigkeiten verknüpft sein. Das Nachlaßgericht müsse die positive Ueberzeugung von seinem Erbrechte gewinnen. Die Beschaffung des dazu erforderlichen Materials sei vielfach kostspielig und mit großen Weitläufigkeiten verknüpft. Der Erbe werde deshalb oft versuchen, ohne einen Erbschein auszukommen. Da man im Verkehre vielfach nicht so rigorose Anforderungen zu stellen pflege, wie dies ein Gericht bei amtlichen Untersuchungen thun müsse, so werde eine Regelung des Nachlasses oft ohne Erbschein möglich sein. Unter diesen Umständen werde man sich nur dann dazu entschließen können, dem Schuldner das Recht zu geben, die Vorlegung eines Erbscheines zu verlangen, wenn ein wirklich dringendes Bedürfniß dargethan sei. Dies sei aber keineswegs der Fall. [...] Namentlich soweit es sich um Testamente handele, begnüge man sich – und dies gelte auch für den Geschäftsverkehr der Banken und Kassen – häufig damit, daß das

---

[110] So etwa: *von Lübtow*, Erbrecht, 2. Halbband, S. 1002.

[111] *Mugdan*, Die gesammten Materialien zum Bürgerlichen Gesetzbuch für das Deutsche Reich, V. Band, S. 304 (= Motive, S. 568).

[112] *Mugdan*, Die gesammten Materialien zum Bürgerlichen Gesetzbuch für das Deutsche Reich, V. Band, S. 840 f. (= Protokolle, S. 7789 f.).

Testament vorgelegt werde. Darnach erscheine es richtiger, von der Aufnahme der vorgeschlagenen Zusätze Abstand zu nehmen."

Dieser mitgeteilte Legislativwille ist aber vor dem Hintergrund des historischen Kontextes einzuordnen. Das Regelungskonzept, welches die II. Kommissionen vor Augen hatte, entsprach nicht dem heutigen. Vielmehr sind sowohl in normativer als auch tatsächlicher Hinsicht, wie beispielsweise die im Gesetzgebungsverfahren nachfolgende – noch von der II. Kommission ausdrücklich abgelehnte – durch die Reichstagskommission und den Reichstag erfolgte Aufnahme des eigenhändigen Testaments als ordentliche Testamentsform,[113] wesentliche Änderungen zu Tage getreten. Zudem widersprechen die angeführten Erwägungen anderen Stellen in den Materialien zur Entstehungsgeschichte.[114] All dies wirkt sich auf die Bedeutung der Gesetzesmaterialien in der Rechtsanwendung aus. Sofern hieraus eine klare, fortwährende Geltung beanspruchende Wertentscheidung hervorgeht, genießt sie einen hohen Stellenwert. Widersprüchlichen, unklaren oder aktualisierungsbedürftigen Materialien kommt keine große Bedeutung zu.[115] Eine hierdurch offenbar werdende Lücke im gesetzgeberischen Regelungsplan ist sodann unter Rückgriff auf die anerkannten Auslegungsgrundsätze zu schließen, um zu ermitteln, welche Regelungsabsicht der Gesetzgeber konkludent bestimmt hatte oder hätte.[116] Auf der im Folgenden (III.) näher zu erörternden Ebene der Rechtsfortbildung sind daher die Äußerungen des Gesetzgebers zu analysieren und diese auf ihre fortwährende Geltung hin zu untersuchen. Maßgeblich ist dabei nicht nur, ob ein Legislativwille bereits von vornherein unklar oder perplex und bereits deshalb aktualisierungsbedürftig ist, sondern insbesondere auch, ob dieser gemessen an dem modernen Regelungsumfeld und dessen Wertungen fortgelten kann.

Auf der letzten Stufe des Interpretationskanons ist schließlich nach der Ratio legis der Vorschrift, mithin dem Zweck einer Regelung sowie ihrem Sinn als Element einer gerechten und zweckmäßigen Ordnung, auszulegen.[117] § 2367 BGB erweitert den Gutglaubensschutz des § 2366 BGB auf Verfügungsgeschäfte und Leistungen an den Erbscheinserben beziehungsweise den wahren Erben, dessen Verfügungsbeschränkungen nicht durch den Erbschein ausgewiesen sind[118] und dient dem Verkehrsschutzinteresse.[119] Das ist insofern ein bemerkenswerter Aspekt, als mit der Auf-

[113] Näher dazu unter: Kapitel 3. A. III. 1 b) bb) (1) (a).

[114] Ausführlich zur Frage, ob die Stellungnahmen in den Materialien noch Geltung beanspruchen können: Kapitel 3. A. III. 1. b).

[115] *Looschelders/Roth*, Juristische Methodik im Prozess der Rechtsanwendung, S. 159; *Looschelders*, in: NK-BGB, 4. Aufl. 2021, Anhang zu § 133 Rn. 24.

[116] Vgl. *Jocham*, Die Grenzen der richterlichen Rechtsfortbildung im Privatrecht, S. 188.

[117] *Honsell*, in: Staudinger, BGB, Neubearbeitung 2018, Einleitung BGB Rn. 148.

[118] *Lange*, Erbrecht, 3. Aufl. 2022, § 78 Rn. 99; *Gierl*, in: Burandt/Rojahn, Erbrecht, 4. Aufl. 2022, § 2367 BGB Rn. 1; *Grziwotz*, in: MüKo, BGB, 9. Aufl. 2022, § 2367 Rn. 1.

[119] *Grziwotz*, in: MüKo, BGB, 9. Aufl. 2022, § 2367 Rn. 1; *Kroiß*, in: NK-BGB, 6. Aufl. 2022, § 2367 Rn. 1; vgl. auch allgemein zur Zweckrichtung des Erbscheins: *Mugdan*, Die

nahme solcher Gutglaubensschutzvorschriften eine gewisse Wertentscheidung im Sinne einer normativ intendierten Risikoverteilung einhergeht, der auf Rechtsfortbildungsebene eine näher zu beleuchtende Relevanz zukommt.

Im Ergebnis ist der Rechtsprechung darin zuzustimmen, dass ein Leistungsverweigerungsrecht nicht im Wege der Auslegung entnommen werden kann. Die dem entgegenstehende Hürde der möglichen Wortsinngrenze steht einer solchen Interpretation unüberwindbar entgegen.

2. Enger Gesetzespositivismus als Grenze des Rechts?

Wenn nun aber feststeht, dass ein Leistungsverweigerungsrecht bis zur Erbscheinsvorlage nicht im Wege der Auslegung aus § 2367 BGB gewonnen werden kann, schließt sich die Frage nach einer möglichen Rechtsfortbildung an. Insofern ist die Feststellung des Reichsgerichts in den Blick zu nehmen, wonach ein Rechtssatz, welcher den Erbnachweis nur durch Erbschein als geführt ansehe, der ausdrücklichen normativen Festsetzung bedurft hätte. Augenscheinlich ging das Reichsgericht von einem engen Gesetzespositivismus aus.[120] Es erhebt sich folglich die Frage, ob Letzterer einer Rechtsfortbildung entgegensteht.

Auch wenn zur Zeit der reichsgerichtlichen Entscheidung noch gewisse Unklarheit über die Zulässigkeit richterlicher Rechtsfortbildung herrschte,[121] gilt das nach heutiger Gesetzeslage nicht mehr: Richtigerweise erteilte das BVerfG einem strengen Gesetzespositivismus vor dem Hintergrund des Rechtsstaatsprinzips eine deutliche Absage und erkannte die Befugnis zur richterlichen Rechtsfortbildung ausdrücklich an.[122] Die besondere Formulierung des Art. 20 Abs. 3 GG, wonach im Verfassungsstaat (auch) die Rechtsprechung an *Gesetz und Recht* gebunden ist, erhält das Bewusstsein dafür aufrecht, dass sich Gesetz und Recht zwar allgemein,

---

gesammten Materialien zum Bürgerlichen Gesetzbuch für das Deutsche Reich, V. Band, S. 877 (= Denkschrift, S. 291).

[120] RGZ 54, 343 (344).

[121] Vgl. insofern: *Hirsch*, JR 1966, 334 (336 f.); *Hillgruber*, JZ 2008, 745 (747 f.); *Honsell*, in: Staudinger, BGB, Neubearbeitung 2018, Einleitung BGB Rn. 201 ff. Vgl. auch: *Horn*, NJW 2000, 40 (45): „Fest steht, dass die Aufgaben des Zivilrichters heute anders gesehen werden als um 1900. Ursprünglich steckte in der Kodifikationsidee die Illusion der Vollständigkeit der Normen. Wenn aber alles im Gesetzbuch geregelt ist, so besteht Rechtsanwendung und Rechtswissenschaft nur noch in logischen Ableitungen aus dem Gesetz, und der Richter ist, wie Montesquieu es gefordert hatte, nur ‚la bouche qui prononce les paroles de la loi'. So glaubte es in Frankreich nach Schaffung des Code Civil die so genannte école de l'exegèse, und in Deutschland herrschten nach Einführung des BGB ähnliche Vorstellungen, begleitet von wütender Kritik der so genannten Freirechtsschule".

[122] Siehe nur: BVerfGE 34, 269 (286) = NJW 1973, 1221 (1225); vgl. weitergehend im Kontext familienrechtlicher Rechtsfortbildung auch: *Amend-Traut/Schlereth*, FamRZ 2021, 1599 (1602). Ausführliche Nachweise zur Anerkennung der Rechtsfortbildung bei: *Classen*, in: von Mangoldt/Klein/Starck, GG, 7. Aufl. 2018, Art. 97 Rn. 13 Fn. 52; ebenso bei: *Looschelders*, in: NK-BGB, 4. Aufl. 2021, Anhang zu § 133 Rn. 38 Fn. 137.

gleichwohl nicht notwendig und immer decken müssen. Die Gesamtheit der geschriebenen Gesetze und das Recht sind nicht zwingend kongruent. Über das gesetzte Recht hinausgehend ist es nicht ausgeschlossen, dass ein „Mehr an Recht" besteht, das in der Rechtsordnung keimt und dem geschriebenen Gesetz gegenüber als Korrektiv zu wirken vermag.[123] Dieses „Mehr an Recht" zu finden und zu verwirklichen, ist Aufgabe der Rechtsprechung.[124] Der Ausschluss jedweder Rechtsfortbildung würde verkennen, dass auch ein mit größter Sorgfalt bedachtes Gesetz nicht für jeden regelungsbedürftigen Fall eine Lösung enthalten kann.[125] Eine grundsätzliche Lückenlosigkeit der positivierten Rechtsordnung ist praktisch unerreichbar.[126] Die Aufgabe des Richters beschränkt sich gerade nicht nur auf das Erkennen und Aussprechen von Entscheidungen des Gesetzgebers. Vielmehr kann es erforderlich sein, „Wertvorstellungen, die der verfassungsmäßigen Rechtsordnung immanent, aber in den Texten der geschriebenen Gesetze nicht oder nur unvollkommen zum Ausdruck gelangt sind, in einem Akt des bewertenden Erkennens, dem auch willenhafte Elemente nicht fehlen, ans Licht zu bringen und in Entscheidungen zu realisieren."[127] Die Rechtsanwendung lässt sich demnach nicht allein durch den Wortlaut der Norm begrenzen,[128] sondern ist anhand der gesamten Rechtsordnung immanenten Wertentscheidungen und Regelungsabsichten zu bewerkstelligen.[129] Auch abseits der geschriebenen Gesetze kann daher in abstrakt-genereller Weise *Recht* im Wege der Rechtsfortbildung zulässigerweise gewonnen werden.

Unter Zugrundelegung des geltenden Rechts kann daher die Annahme eines strengen Gesetzespositivismus nicht mehr überzeugen. Die Befugnis zur richterlichen Rechtsfortbildung ist richtigerweise durch das BVerfG anerkannt und im Grundgesetz in Art. 20 Abs. 3 GG angelegt.[130] Diese verfassungsrechtlich verankerte Rechtsfortbildungskompetenz hat auch der (einfache) Gesetzgeber ausdrücklich für das Zivilrecht normiert, vgl. §§ 511 Abs. 4 Satz 1 Nr. 1 Var. 2, 543 Abs. 1 Nr. 2 Alt. 1 ZPO.[131]

---

[123] BVerfGE 34, 269 (287) = NJW 1973, 1221 (1225).

[124] BVerfGE 34, 269 (287) = NJW 1973, 1221 (1225).

[125] *Larenz/Canaris*, Methodenlehre der Rechtswissenschaft, 3. Aufl. 1995, S. 187.

[126] BVerfGE 34, 269 (286) = NJW 1973, 1221 (1225).

[127] BVerfGE 34, 269 (287) = NJW 1973, 1221 (1225).

[128] *Looschelders*, in: NK-BGB, 4. Aufl. 2021, Anhang zu § 133 Rn. 38 Fn. 137.

[129] Vgl. *Bydlinski*, Juristische Methodenlehre und Rechtsbegriff, 2. Aufl. 2011, S. 473; *Looschelders*, in: NK-BGB, 4. Aufl. 2021, Anhang zu § 133 Rn. 38.

[130] *Hirsch*, ZRP 2012, 205 (207); vgl. auch: *Drechsler*, ZJS 2015, 344 (346): „Damit liegt die wesentliche verfassungsrechtliche Stütze der Kompetenz zur richterlichen Rechtsfortbildung – neben dem Grundsatz der Gewaltenteilung in Art. 20 Abs. 2 S. 2 GG – in der Bindung an Gesetz und Recht durch Art. 20 Abs. 3 GG." Vgl. insofern auch zu weiteren (ergänzenden) verfassungsrechtlichen Aspekten: *Drechsler*, ZJS 2015, 344 (344–346).

[131] Siehe: *Drechsler*, ZJS 2015, 344 (346); *Krüger*, in: MüKo, ZPO, 6. Aufl. 2020, § 543 Rn. 11.

III. Ein Leistungsverweigerungsrecht bis zur Erbscheinsvorlage im Lichte der Rechtsfortbildung

Aufbauend auf dem Bekenntnis zur grundsätzlichen Zulässigkeit der Rechtsfortbildung ist im Folgenden die Antwort auf die Frage zu geben, ob ein Leistungsverweigerungsrecht bis zur Erbscheinsvorlage im Wege einer solchen gewonnen werden kann. Dabei ist von einem Zweischritt auszugehen: In einem ersten Schritt ist zu ermitteln, ob eine Regelungslücke besteht und – sofern dies zu bejahen ist – in einem zweiten Schritt die Lücke zu schließen.[132] Zwingende Voraussetzung jeder Rechtsfortbildung ist demnach das Vorliegen einer Lücke.[133]

Den Ausgangspunkt für die nachfolgende Untersuchung bildet daher zunächst die Definition der Lücke: „Eine Lücke ist eine planwidrige Unvollständigkeit innerhalb des positiven Rechts (d. h. des Gesetzes im Rahmen seines möglichen Wortsinnes und des Gewohnheitsrechts) gemessen am Maßstab der gesamten geltenden Rechtsordnung. Oder: Eine Lücke liegt vor, wenn das Gesetz innerhalb der Grenzen seines möglichen Wortsinnes und das Gewohnheitsrecht eine Regelung nicht enthalten, obwohl die Rechtsordnung in ihrer Gesamtheit eine solche fordert."[134]

Diese weite und zu unbestimmte Formel ist in dieser Form allerdings zur Lückenfeststellung ungeeignet und bedarf daher der Ausformung,[135] um eine planwidrige Unvollständigkeit des Gesetzes anhand praktikabler Maßstäbe feststellen zu können. Dabei ist festzuhalten, dass die Annahme einer Planwidrigkeit zunächst die

[132] Partiell sind bei den unterschiedlichen „Stufen" Redundanzen nicht von der Hand zu weisen. So ist der Gleichheitsgrundsatz sowohl im Rahmen der Lückenfeststellung als auch auf Ebene des Analogieschlusses als Lückenausfüllung von Bedeutung. Statt vieler: *Zippelius*, Juristische Methodenlehre, 12. Aufl. 2021, S. 54.

[133] *Canaris*, Die Feststellung von Lücken im Gesetz, 2. Aufl. 1983, S. 17 f.; *Larenz/Canaris*, Methodenlehre der Rechtswissenschaft, 3. Aufl. 1995, S. 191; *Bydlinski*, Juristische Methodenlehre und Rechtsbegriff, 2. Aufl. 2011, S. 473; *Müller/Christensen*, Juristische Methodik, Band I, 11. Aufl. 2013, Rn. 371.

[134] Wegweisend: *Canaris*, Die Feststellung von Lücken im Gesetz, 2. Aufl. 1983, S. 39; vgl. *Larenz/Canaris*, Methodenlehre der Rechtswissenschaft, 3. Aufl. 1995, S. 191; vgl. dazu auch: *Bydlinski*, Juristische Methodenlehre und Rechtsbegriff, 2. Aufl. 2011, S. 473; vgl. *Rüthers/Fischer/Birk*, Rechtstheorie und Juristische Methodenlehre, 12. Aufl. 2022, § 23 Rn. 832; aus der Rechtsprechung etwa: BGH, NJW 1988, 2109 (2110).

[135] Dies einräumend: *Canaris*, Die Feststellung von Lücken im Gesetz, 2. Aufl. 1983, S. 17, 55. Außerdem: *Rüthers/Fischer/Birk*, Rechtstheorie und Juristische Methodenlehre, 12. Aufl. 2022, § 23 Rn. 834: „Die Frage lautet dann: Wessen Plan ist es, an dem die Planwidrigkeit festgestellt wird? Ist es der Plan, welcher sich aus den ursprünglichen Normzwecken ergibt, also der Plan der Gesetzgebung beim Erlaß der fraglichen Vorschriften, oder derjenige des Rechtsanwenders? Da setzt das zweite Kriterium ein: Maßstab soll die ‚geltende Gesamtrechtsordnung' sein. Diese Gesamtrechtsordnung ist aber […] gerade kein vorgegebener objektiver, unmittelbar anwendbarer Maßstab, sondern in aller Regel ein *Produkt der harmonisierenden Interpretation von Norm- und Wertungswidersprüchen.* Daraus folgt: Die […] Lückenfeststellung ist nach allgemeiner Auffassung kein kognitiver, sondern ein *Bewertungsakt* des Interpreten." [Hervorhebungen v. Verfasser].

Kenntnis des Regelungsplans[136] voraussetzt, sodass der Vorgang der Lückenfeststellung praktisch den Vergleich von zwei Regelungskonzepten erfordert: Das geltende Recht wird mit seiner Idealkonzeption verglichen.[137] Maßstab zur Ermittlung eines legislativen Idealtypus ist die gesamte geltende Rechtsordnung, welche nicht nur die Normengesamtheit, sondern gerade auch deren Wertungen und Zwecke[138] sowie allgemeine Rechtsprinzipien meint.[139] Die im Wege tradierter Interpretationsmethodik zu gewinnenden Wertungen und Zwecke des Gesetzes spielen für die Lückenfeststellung vor allem in Verbindung mit dem allgemeinen Gleichheitssatz eine entscheidende Rolle.[140] Das Prinzip der Gleichbehandlung gleichartiger Fälle fungiert so zu einem Instrument der Lückenfeststellung, der auf diese Weise auch die Funktion zukommt, Inkonsequenzen in den Wertentscheidungen der Rechtsordnung zu offenbaren und ihrer Beseitigung den Weg zu ebnen.[141] Insoweit muss gelten: Enthält das Gesetz für einen konkreten Sachverhalt A eine bestimmte Regelung, lässt aber einen wertungsmäßig gleichgelagerten Fall B zugleich ungeregelt, begründet das Fehlen der Regelung eine Lücke.[142] Wenn der Wortlaut der Vorschrift den gesetzlich nicht geregelten Fall nicht erfasst, die zugrunde liegende Wertung auf den offenen Fall indes zutrifft, wäre eine unterschiedliche Behandlung eine sachlich nicht zu rechtfertigendende Verletzung des Gleichheitssatzes.[143]

1. Planwidrige Unvollständigkeit de lege lata?

Ist das Gesetz gemessen an vorstehendem Maßstab unvollständig, oder sind die in ihm getroffenen Entscheidungen nicht bloß Gegenstand rechtspolitischer Kritik?[144] Die Antwort auf die Frage nach der Lückenhaftigkeit kann nur konsequent anhand

---

[136] Vgl. *Grüneberg*, in: Grüneberg, BGB, 82. Aufl. 2023, Einleitung Rn. 55.

[137] *Rüthers/Fischer/Birk*, Rechtstheorie und Juristische Methodenlehre, 12. Aufl. 2022, § 23 Rn. 833; implizit: *Larenz/Canaris*, Methodenlehre der Rechtswissenschaft, 3. Aufl. 1995, S. 196; siehe auch: *Looschelders/Roth*, Juristische Methodik im Prozess der Rechtsanwendung, S. 282: „Ob im konkreten Fall eine [Lücke] vorliegt, […] kann nur aufgrund einer wertenden Betrachtung festgestellt werden."

[138] *Canaris*, Die Feststellung von Lücken im Gesetz, 2. Aufl. 1983, S. 56. Die Ratio legis ist dabei mit Hilfe des Interpretationsmaterials zu ermitteln. *Bydlinski*, Juristische Methodenlehre und Rechtsbegriff, 2. Aufl. 2011, S. 473, 474.

[139] *Canaris*, Die Feststellung von Lücken im Gesetz, 2. Aufl. 1983, S. 56, 57; *Bydlinski*, Juristische Methodenlehre und Rechtsbegriff, 2. Aufl. 2011, S. 473.

[140] *Canaris*, Die Feststellung von Lücken im Gesetz, 2. Aufl. 1983, S. 56, 71 f.; vgl. *Bydlinski*, Juristische Methodenlehre und Rechtsbegriff, 2. Aufl. 2011, S. 473; *Luther*, JURA 2013, 449 (451).

[141] Vgl. *Zippelius*, Juristische Methodenlehre, 12. Aufl. 2021, S. 54.

[142] Vgl. *Larenz/Canaris*, Methodenlehre der Rechtswissenschaft, 3. Aufl. 1995, S. 195.

[143] *Canaris*, Die Feststellung von Lücken im Gesetz, 2. Aufl. 1983, S. 71 f.; *Bydlinski*, Juristische Methodenlehre und Rechtsbegriff, 2. Aufl. 2011, S. 474.

[144] Vgl. zu dieser Abgrenzung: *Larenz/Canaris*, Methodenlehre der Rechtswissenschaft, 3. Aufl. 1995, S. 195; dazu auch: *Engisch*, Einführung in das juristische Denken, 12. Aufl. 2018, S. 198.

des maßgeblichen Regelungsplans des Gesetzgebers gegeben werden. Ausgehend von diesem verbindlichen Bewertungsmaßstab ist zu untersuchen, ob die betreffende Regelung nicht bloß vermutet, sondern tatsächlich vermisst wird.[145]

a) Normsetzungsprimat der Legislative und Wille des Gesetzgebers als limitierende Faktoren?

Im Rahmen der Ermittlung, ob das Gesetz planwidrig unvollständig ist, spielen objektive Erwägungen und subjektive Vorstellungen des historischen Gesetzgebers eine Rolle. Auch wenn hierbei objektive Erwägungen eine Rechtsfortbildung potentiell zu tragen vermögen, kann nicht ohne Weiteres allein auf diese abgestellt werden. Vielmehr ist der Wille des Gesetzgebers grundsätzlich maßgebend. Nur so kann der grundgesetzlichen Kompetenzverteilung (Art. 20 Abs. 2 Satz 2, Abs. 3 GG) hinreichend Rechnung getragen werden.[146] Denn danach ist es der judikativen Gewalt verwehrt, „sich […] aus der Rolle des Normanwenders in die einer normsetzenden Instanz [zu] begeben, also objektiv betrachtet sich der Bindung an Recht und Gesetz [zu] entziehen".[147] Das Gericht darf nicht die Rolle eines „Ersatz- oder Obergesetzgebers"[148] einnehmen und die materielle Gerechtigkeitsvorstellung des Gesetzgebers durch eine Eigene ersetzen.[149] Vielmehr ist die Bindung des Gerichts an den vom Gesetzgeber festgelegten Sinn und Zweck des Gesetzes in einer parlamentarischen Demokratie geboten.[150] Daher sind gesetzgeberische Grundentschei-

---

[145] Vgl. *Engisch*, Einführung in das juristische Denken, 12. Aufl. 2018, S. 198; *Grüneberg*, in: Grüneberg, BGB, 82. Aufl. 2023, Einleitung Rn. 55.

[146] Wegweisend: Sondervotum *Voßkuhle/Osterloh/Di Fabio* zu BVerfGE 122, 248 (282 ff.) = NJW 2009, 1469 Rn. 95 ff.; auf die grundlegende Bedeutung dieser Meinung hinweisend: *Rüthers*, NJW 2009, 1461. Sodann im Anschluss: BVerfGE 128, 193 (210) = NJW 2011, 836 Rn. 52 ff.; BVerfGE 133, 168 = NJW 2013, 1058 Rn. 66: Der Senat konstatierte, dass sich der Richter der gesetzgeberisch verfolgten Regelungskonzeption nicht entgegenstellen dürfe. Vielmehr gehe seine Aufgabe dahin, die intendierte Regelungskonzeption bezogen auf den konkreten Fall möglichst zuverlässig zur Geltung zu bringen. Außerdem: BVerfGE, 132, 99 = NJW 2012, 3081 Rn. 73 ff.; BVerfG, NJW-RR 2016, 1366 Rn. 36 ff.; BVerfGE 149, 126 = NJW 2018, 2542 Rn. 73–75. Eingehend auch: *Jocham*, Die Grenzen der richterlichen Rechtsfortbildung im Privatrecht, S. 188 und insbesondere Fn. 274 dort. Nachweise zur objektiven Theorie, welche den Willen des Gesetzes als allein maßgeblich erachtet, bei: *Meier*, ZGR 2020, 124 (135 Fn. 65). Nachweise zur subjektiven Theorie, die auf den Willen des Normsetzers abstellt, bei: *Meier*, ZGR 2020, 124 (135 Fn. 64); *Looschelders*, in: NK-BGB, 4. Aufl. 2021, Anhang zu § 133 Rn. 9.

[147] In Anlehnung an: *Jocham*, Die Grenzen der richterlichen Rechtsfortbildung im Privatrecht, S. 188, der auf BVerfGE 96, 375 (394) = NJW 1998, 519 (520) Bezug nimmt; vgl. auch: BVerfGE 87, 273 (280) = NJW 1993, 996 (997); BVerfGE 128, 193 (210) = NJW 2011, 836 Rn. 52; BVerfG, NJW-RR 2016, 1366 Rn. 36.

[148] *Hirsch*, ZRP 2012, 205 (207).

[149] Statt vieler: BVerfGE 128, 193 (210) = NJW 2011, 836 Rn. 52; BVerfGE 149, 126 = NJW 2018, 2542 Rn. 73.

[150] Zutreffend: *Jocham*, Die Grenzen der richterlichen Rechtsfortbildung im Privatrecht, S. 188.

dungen zu respektieren[151] und dem Rechtsanwender ist es verboten, eindeutigen Stellungnahmen in den Gesetzesmaterialien zuwiderzuhandeln.[152]

Gleichwohl ist der Wille des historischen Gesetzgebers nicht unumstößlich. Er bildet nur dann einen verbindlichen Maßstab, wenn er weiterhin Geltung beansprucht.[153] Dem steht es etwa entgegen, wenn Äußerungen in den Materialien einen konkreten Gesetzgeberwillen nicht hinreichend stützen oder die Regelungsabsicht anderweitig weggefallen ist;[154] so beispielsweise, wenn die Erwägungen des Normgebers „wertungswidersprüchlich oder gar perplex […] sind".[155] Daneben können insbesondere Änderungen tatsächlicher oder rechtlicher Verhältnisse den Legislativwillen abschwächen oder gänzlich entfallen lassen.[156] Gerade bei älteren Gesetzen – wie den hier in Rede stehenden §§ 2353 ff. BGB – kann es im Einzelfall zulässig und geboten sein, den Legislativwillen mit Blick auf die gewandelten tatsächlichen und rechtlichen Verhältnisse fortzuschreiben.[157] Der Legislativwille ist keine unverrückbare Größe. Denn es kann schon nicht ohne Weiteres der in den

---

[151] BVerfGE 128, 193 (210) = NJW 2011, 836 Rn. 53; BVerfGE 149, 126 = NJW 2018, 2542 Rn. 73.

[152] Ausgehend von BVerfGE 128, 193 (210) = NJW 2011, 836 Rn. 53 formulieren *Meier/Jocham*, JuS 2016, 392 (396): „Hiernach ist es den Rechtsanwendern verboten, einer eindeutigen Stellungnahme der Materialien zuwiderzuhandeln." Zutreffend auch: *Larenz*, Methodenlehre der Rechtswissenschaft, 6. Aufl. 1991, S. 318; *ders./Canaris*, Methodenlehre der Rechtswissenschaft, 3. Aufl. 1995, S. 139, die darlegen, dass sich über die erkennbare Regelungsabsicht sowie Wertenentscheidungen des historischen Gesetzgebers nicht hinweggesetzt werden dürfe. Ferner: BVerfGE 149, 126 = NJW 2018, 2542 Rn. 73–75. Vgl. überdies: *Bydlinski*, Juristische Methodenlehre und Rechtsbegriff, 2. Aufl. 2011, S. 475, der das Bestehen einer Gesetzeslücke verneint, wenn eine bestimmte Rechtsfolge von der Legislative ausdrücklich abgelehnt wurde. Übersichtlich auch: *Ehmer*, ZfPW 2020, 505 (507). Auf die hervorgehobene Stellung der Entstehungsgeschichte und Gesetzesmaterialien nach dem Sondervotum von Voßkuhle/Osterloh/Di Fabio zu BVerfGE 122, 248 (282 ff.) = NJW 2009, 1469 Rn. 95 ff. weist *Rüthers*, NJW 2011, 1856 (1857) hin. Vgl. auch: *Jocham*, Die Grenzen der richterlichen Rechtsfortbildung im Privatrecht, S. 187 f.

[153] *Jocham*, Die Grenzen der richterlichen Rechtsfortbildung im Privatrecht, S. 191 ff.; vgl. ferner: *Frieling*, Gesetzesmaterialien und Wille des Gesetzgebers, S. 129 f.

[154] Ausführlich und grundlegend: *Jocham*, Die Grenzen der richterlichen Rechtsfortbildung im Privatrecht, S. 192 f.

[155] *Reimer*, Juristische Methodenlehre, 2. Aufl. 2020, Rn. 253; vgl. auch: *Looschelders*, in: NK-BGB, 4. Aufl. 2021, Anhang zu § 133 Rn. 24; siehe auch: *Jocham*, Die Grenzen der richterlichen Rechtsfortbildung im Privatrecht, S. 192 f.

[156] Siehe dazu etwa: *Wank*, Grenzen richterlicher Rechtsfortbildung, S. 66; *Looschelders/Roth*, Juristische Methodik im Prozess der Rechtsanwendung, S. 233 ff.; *Möllers*, Juristische Methodenlehre, 4. Aufl. 2021, § 13 Rn. 37, 44; *Jocham*, Die Grenzen der richterlichen Rechtsfortbildung im Privatrecht, S. 195; *Looschelders*, in: NK-BGB, 4. Aufl. 2021, Anhang zu § 133 Rn. 9; *Wank/Maties*, Die Auslegung von Gesetzen, 7. Aufl. 2023, S. 33 f. Übersichtlich auch: *Fleischer*, AcP 211 (2011), 317 (326).

[157] Dabei nehmen insbesondere objektiv-teleologische Kriterien eine entscheidende Rolle ein; siehe dazu: *Looschelders/Roth*, Juristische Methodik im Prozess der Rechtsanwendung, S. 64; *Würdinger*, JuS 2016, 1 (6); *Looschelders*, in: NK-BGB, 4. Aufl. 2021, Anhang zu § 133 Rn. 9; vgl. auch: *Ehmer*, ZfPW 2020, 505 (507).

Materialien mitgeteilte Wille endgültig mit dem Willen des Gesetzgebers[158] gleichgesetzt werden.[159] Vielmehr muss der Wille des Normgebers – insbesondere mit Rücksicht auf den Umstand, dass es sich bei der parlamentarischen Demokratie stets um eine Herrschaft auf Zeit handelt – in einem gewissen Sinne auch die Zielsetzung umfassen, dass sich der Sinn seines Willens- und damit Normsetzungsaktes in die Gesamtrechtsordnung, mithin das gegenwärtige System und dessen Wertungen, einfügt und sich an tatsächliche und rechtliche Veränderungen anpasst.[160] Denn die in den Gesetzesmaterialien artikulierte Position ist nur das Produkt des Beobachters eines Sachproblems zu einem ganz bestimmten Zeitpunkt in der Vergangenheit.[161] Es ist also Aufgabe der Rechtsfortbildung, danach zu fragen, ob diese Sachbeurteilung unter den heutigen legislativen Wertentscheidungen und rechtlichen sowie tatsächlichen Entwicklungen weiterhin Geltung beanspruchen kann, mit anderen Worten, ob ein mitgeteilter subjektiver Wille aktualisierungsbedürftig ist.[162]

Entscheidend ist demnach die (fortwährende) Qualität des historischen Arguments.[163] Kann der historische Legislativwille danach keine Geltung mehr beanspruchen, ist es erforderlich, den Legislativwillen und damit den für die Rechtsfortbildung maßgebenden gesetzgeberischen Regelungsplan mittels einer objektiv geprägten Herangehensweise durch die tradierte Auslegungsmethodik zu gewinnen.[164] Es ergibt sich daher folgender Modus:[165] Auf erster Stufe gilt es, nach einem

---

[158] Hierzu: *Baldus*, in: Baldus/Theisen/Vogel, „Gesetzgeber" und Rechtsanwendung, 1; *Wischmeyer*, JZ 2015, 957 (958, 959).

[159] Vgl. *Jocham*, Die Grenzen der richterlichen Rechtsfortbildung im Privatrecht, S. 138.

[160] *Funke*, in: Baldus/Theisen/Vogel, „Gesetzgeber" und Rechtsanwendung, 175 (183); vgl. auch: *Würdinger*, JuS 2016, 1 (6): „in das Ganze einer sich stets wandelnden Rechtsordnung hineininterpretieren."; vgl. *Jocham*, Die Grenzen der richterlichen Rechtsfortbildung im Privatrecht, S. 138 f.; vgl. insofern auch die Rechtsprechung des BVerfG zur Zulässigkeit der Rechtsfortbildung. Exemplarisch: BVerfGE 149, 126 = NJW 2018, 2542 Rn. 73: „Zu den Aufgaben der Rechtsprechung gehört die Rechtsfortbildung. Der Gesetzgeber hat dies seit Langem anerkannt und den obersten Gerichtshöfen des Bundes die Aufgabe der Rechtsfortbildung ausdrücklich überantwortet [...]. Dies belässt dem Gesetzgeber die Möglichkeit, in unerwünschte Rechtsentwicklungen korrigierend einzugreifen und so im Wechselspiel von Rechtsprechung und Rechtsetzung demokratische Verantwortung wahrzunehmen"; weiter: BVerfG, NJW 2019, 351 Rn. 31: „Die Gerichte dürfen sich daher nicht dem vom Gesetzgeber festgelegten Sinn und Zweck des Gesetzes entziehen, sondern müssen die gesetzgeberische Grundentscheidung respektieren [...] und den Willen des Gesetzgebers unter *gewandelten Bedingungen* möglichst zuverlässig zur Geltung bringen" [Hervorhebung v. Verfasser].

[161] *Baldus*, in: Baldus/Theisen/Vogel, „Gesetzgeber" und Rechtsanwendung, 5 (26).

[162] Vgl. *Möllers*, Juristische Methodenlehre, 4. Aufl. 2021, § 6 Rn. 69 ff., § 13 Rn. 37; *Looschelders*, in: NK-BGB, 4. Aufl. 2021, Anhang zu § 133 Rn. 9 und Rn. 6 auch dazu, dass dies insbesondere für ältere Gesetze gilt; ferner: *Würdinger*, JuS 2016, 1 (6).

[163] Vgl. *Würdinger*, JuS 2016, 1 (5).

[164] Vgl. *Würdinger*, JuS 2016, 1 (6); *Meier*, ZGR 2020, 124 (136); *Jocham*, Die Grenzen der richterlichen Rechtsfortbildung im Privatrecht, S. 188; vgl. auch: *Ehmer*, ZfPW 2020, 505 (507).

Willen des historischen Gesetzgebers zu suchen. Ist ein solcher festzustellen, ist dieser daraufhin zu überprüfen, ob er weiterhin Geltung beanspruchen kann. Verneint man dies, ist auf abschließender Stufe anhand der tradierten Interpretationsmethodik der gesetzgeberische Regelungsplan zu ermitteln.

b) Fortwährende Gültigkeit des Legislativwillens

In einem ersten Schritt ist nach dem zuvor Gesagten der maßgebliche Legislativwille zu bestimmen: Wie im Rahmen der Auslegung des § 2367 BGB deutlich wurde,[166] lehnten sowohl die I. Kommission als auch die II. Kommission ein Leistungsverweigerungsrecht des Nachlassschuldners bis zur Vorlage eines Erbscheins ab. Die insoweit in den Motiven und Protokollen zum Ausdruck kommenden Gründe für die Ablehnung eines Leistungsverweigerungsrechts stellen den für eine Rechtsfortbildung zu überwindenden Legislativwillen dar, weil in den konsekutiven Entstehungsphasen des BGB – soweit ersichtlich – keine weiteren, mit neuen Gründen unterlegten Stellungnahmen erfolgten und schlussendlich ein solches Recht auch keinen Einzug in das BGB fand. Die insoweit mitgeteilte Regelungsabsicht ist dem Normsetzer deshalb als Legislativwille zurechenbar.[167]

Im Sinne der vorbezeichneten Herangehensweise ist nach der Determinierung des maßgeblichen Legislativwillens in einem zweiten Schritt zu analysieren, ob die mitgeteilten Gründe weiterhin Geltung beanspruchen und damit einer Rechtsfortbildung entgegenstehen können. Der Modus sieht dabei gerade *keine* rein retrospektive Bewertung historischer Vorgänge vor, sondern zielt darauf ab, den Legislativwillen auf seine *Beständigkeit* hin zu überprüfen. Hierbei ist zum einen zu berücksichtigen, ob der zum Ausdruck gekommene Legislativwille mit anderen Positionen im Rahmen der Entstehungsgeschichte konfligiert. Zum anderen sind für die Bewertung, ob der Wille *weiterhin Gültigkeit beansprucht*, neuere tatsächliche Entwicklungen sowie das gegenwärtige Regelungsumfeld inklusive seiner Wertungen von Bedeutung. Es ist mithin für jedes historische Argument individuell zu untersuchen, ob es etwa infolge Perplexität oder aufgrund moderner Rechtsentwicklung gegenstandslos wird und damit seine fortwährende Gültigkeit verliert. Strukturell wird bei der Analyse des Legislativwillens von den Protokollen der II. Kommission ausgegangen. Konsekutiv dazu werden die in den Motiven zum

---

[165] Zur Vorgehensweise, dass ein explizit mitgeteilter Legislativwille den Ausgangspunkt bildet: *Jocham*, Die Grenzen der richterlichen Rechtsfortbildung im Privatrecht, S. 138 f., S. 187 f. und zum Ganzen: S. 187 ff. Vgl. außerdem: *Canaris*, JZ 2011, 879 (887); außerdem: *Würdinger*, JuS 2016, 1 (6).

[166] Vgl. Kapitel 3 A. II. 1.

[167] Dazu, dass eine in den Gesetzesmaterialien mitgeteilte Regelungsabsicht dem Gesetzgeber als normativer Wille zurechenbar ist: *Jocham*, Die Grenzen der richterlichen Rechtsfortbildung im Privatrecht, S. 189 f. Das gilt jedenfalls dann, wenn der Stellungnahme im weiteren Verlauf des Gesetzgebungsverfahrens nicht widersprochen und der Gesetzesentwurf ohne diesbezügliche Änderung angenommen worden ist. Vgl. *Jocham*, Die Grenzen der richterlichen Rechtsfortbildung im Privatrecht, S. 190.

Ausdruck kommenden Gründe untersucht, soweit die darin befindlichen Erwägungen nicht bereits in den Protokollen Ausdruck fanden. Der Grund liegt darin, dass die II. Kommission sich zum einen mit der Frage, ob dem Nachlassschuldner ein besagtes Leistungsverweigerungsrecht einzuräumen ist, deutlich umfassender auseinandersetzte und zum anderen die Position der II. Kommission die im Vergleich zu den Motiven *jüngere* Stellungnahme darstellt, die grundsätzlich vorrangig ist, wenn ihr im Verlauf des Gesetzgebungsverfahrens nicht widersprochen worden ist und sich die endgültige Konzeption an ihr ausrichtet.

aa) Quantitative Bedenken in Ansehung des provisorischen Charakters

In den Protokollen der II. Kommission heißt es zunächst:[168]

> „Die vorgeschlagene Erweiterung des § 2077 [in Form eines Leistungsverweigerungsrechts bis zur Vorlage eines Erbscheins] sei durchaus nicht unbedenklich. Sie müsse zunächst zu einer außerordentlichen Vermehrung der Erbscheine führen, was insofern nicht erwünscht sein könne, als es sich bei dem Erbscheine doch nur um eine vorläufige und in Folge dessen unsichere Entscheidung über das Erbrecht handele."

Die Prüfung, ob diese Äußerung weiterhin Gültigkeit beanspruchen kann, erfolgt anhand des zuvor dargestellten Modus. Für die Analyse der betreffenden Erwägung wird relevant, ob die Stellungnahme unter Sichtung weiterer entstehungsgeschichtlicher Äußerungen widersprüchlich und damit gegenstandslos ist; ferner, ob neuere tatsächliche Entwicklungen die damals in den Blick genommene Konfliktlage fortfallen lassen.

Davon ausgehend ist zunächst danach zu fragen, ob die mitgeteilten Bedenken überhaupt anderen Stellungnahmen in den Gesetzesmaterialien standhalten.[169] Die ganzheitliche Sichtung der Motive, der Protokolle sowie der Denkschrift[170] rückt die insbesondere in quantitativer Hinsicht geäußerten Bedenken der II. Kommission in ein anderes Licht: Den Ausgangspunkt bildet dabei die Erwägung, dass die Einführung des Erbscheins eine bewusste Durchbrechung des Prinzips von der Nichteinmischung des Gerichts in Nachlassangelegenheiten darstellt[171] und – so die Motive – das Interesse des Verkehrs an dessen Ausstellung insbesondere „in Ansehung von Grundbüchern, in Ansehung derjenigen etwa zum Nachlasse gehörenden Rechte, über welche zum Zweck der Eintragung von Veränderungen in der Person des Berechtigten bei Behörden ein Buch oder Register geführt wird, endlich in

[168] *Mugdan*, Die gesammten Materialien zum Bürgerlichen Gesetzbuch für das Deutsche Reich, V. Band, S. 840 (= Protokolle, S. 7789 f.); außerdem: *Jakobs/Schubert*, Die Beratung des BGB, §§ 1922–2385, Teil 2, S. 2148.

[169] Zur Wertungswidersprüchlichkeit der Erwägungen: *Reimer*, Juristische Methodenlehre, 2. Aufl. 2020, Rn. 253; weiterführend: *Jocham*, Die Grenzen der richterlichen Rechtsfortbildung im Privatrecht, S. 192.

[170] Zur Chronologie der einzelnen Materialien *Horn*, Materialienkommentar Erbrecht, S. XI ff.

[171] Darauf weist auch *Paech*, DJZ 8 (1903), 496 (497) hin.

Ansehung solcher zum Nachlasse gehörenden Gegenstände, welche sich in der Verwahrung einer Behörde (Reichsbank, Hinterlegungsstelle usw.) befinden,“[172] effektiv zu Tage trete. In den Motiven kommt deutlich zum Ausdruck, dass der Erbschein zwar nicht dazu diene, eine unverrückbare Rechtsstellung zu verschaffen, allerdings dazu, Dritten, für welche im Zuge des rechtsgeschäftlichen Kontakts die Legitimation der Erben von Interesse ist, die Prüfung des Erbrechts[173] und damit die Gefahr der unrichtigen Beurteilung der Sachlage zu ersparen. Der Erbschein sei dazu bestimmt, die Erbenstellung gegenüber *jedem* feststellen.[174] Auch im Kontext der Ausweitung des Instituts des Erbscheins auf den gewillkürten Erben[175] betonte die II. Kommission, dass gerade vom Standpunkt des Rechtsverkehrs ein Bedürfnis bestehe, den Privatpersonen gegenüber den Erben die Prüfung des Erbrechts durch eine provisorische Entscheidung des Nachlassgerichts abzunehmen. Eine umfangreiche Prüfung der formwirksamen Errichtung einer Verfügung von Todes wegen, die Auslegung des Inhalts sowie die Beurteilung des Verhältnisses mehrerer Verfügungen zueinander sei Laien regelmäßig nicht zumutbar. Außerdem bedeute die Prüfung des Erbrechts durch das Nachlassgericht eine erhebliche Ersparnis an Zeit und Arbeitskraft.[176] Die in der Denkschrift zum Ausdruck kommende Position bewegt sich auf gleicher Linie. Dort heißt es, dass die Einführung des Erbscheins aus dem Bedürfnis des Rechtsverkehrs hervorgehe und daher zweckmäßig solchen Gefahren vorbeugen soll, die typischerweise aus dem rechtsgeschäftlichen Verkehr mit (angeblichen) Erben herrühren. Die Frage, wer Erbe geworden ist, lasse sich vielfach nicht mit Sicherheit beantworten, sodass es Zweck des Erbscheins sei, drohende Nachteile aus dem rechtsgeschäftlichen Verkehr mit dem potentiellen Erben zu verhüten.[177] Sinn und Zweck des Erbscheins ist demnach, dem Rechtsverkehr die rechtsgeschäftliche Interaktion zu erleichtern und schwierige Fragen

---

[172] *Mugdan*, Die gesammten Materialien zum Bürgerlichen Gesetzbuch für das Deutsche Reich, V. Band, S. 297 f. (= Motive, S. 557).

[173] *Mugdan*, Die gesammten Materialien zum Bürgerlichen Gesetzbuch für das Deutsche Reich, V. Band, S. 301 (= Motive, S. 563).

[174] *Mugdan*, Die gesammten Materialien zum Bürgerlichen Gesetzbuch für das Deutsche Reich, V. Band, S. 303 (= Motive, S. 567).

[175] Der Entwurf 1 der I. Kommission sah einen Erbschein nur für den gesetzlichen Erben vor: „§ 2068: Das Nachlaßgericht hat dem gesetzlichen Erben auf dessen Antrag ein Zeugniß darüber zu ertheilen, daß und in welchem Umfange der Antragsteller auf Grund der gesetzlichen Erbfolge Erbe ist (Erbschein).“ Zitiert nach: *Horn*, Materialienkommentar Erbrecht, Anhang III: Entwurf 1 der I. Kommission, S. 1537. Erst der Entwurf 2 (Redaktionskommission) weitete den Erbschein auf die gewillkürte Erbfolge aus: „§ 2218: Das Nachlaßgericht hat dem Erben auf Antrag ein Zeugniß über sein Erbrecht und, wenn er nur zu einem Theile der Erbschaft berufen ist, über die Größe des Erbtheils zu ertheilen (Erbschein).“ Zitiert nach: *Horn*, Materialienkommentar Erbrecht, Anhang IV: Entwurf 2 (Redaktionskommission), S. 1575.

[176] *Mugdan*, Die gesammten Materialien zum Bürgerlichen Gesetzbuch für das Deutsche Reich, V. Band, S. 833 (= Protokolle, S. 7761).

[177] *Mugdan*, Die gesammten Materialien zum Bürgerlichen Gesetzbuch für das Deutsche Reich, V. Band, S. 877 (= Denkschrift, S. 291).

rund um die Erbenstellung abzunehmen. Daran gemessen erweist sich die Stellungnahme der II. Kommission im Rahmen der Frage nach einem Leistungsverweigerungsrecht hinsichtlich einer befürchteten quantitativen Zunahme insoweit als widersprüchlich, als eine zahlenmäßige Begrenzung dem erklärten Zweck des weitreichenden Verkehrsschutzes zuwiderläuft.

Es darf allerdings nicht übersehen werden, dass das quantitative Argument erst durch die Verknüpfung mit dem provisorischen Charakter des Erbscheins vervollständigt wird. Jedoch ergibt sich daraus gerade keine abweichende Einordnung. Denn die II. Kommission mokierte die in den Motiven geäußerten Bedenken gegenüber der Ausdehnung des Erbscheins auf die testamentarische Erbfolge und stellte fest: „Wenn es auch nicht ausgeschlossen sei, daß das Nachlaßgericht auf Grund einer provisorischen [Prüfung][178] zu einer unrichtigen Entscheidung gelange, so werde dies doch selten vorkommen.“[179] Weiter merkte man an, dass das Nachlassgericht bereits nicht dazu verpflichtet sei, eine positive Entscheidung über das Erbrecht abzugeben. Vielmehr könne es die Erteilung auch ablehnen, wenn das Erbrecht nicht hinreichend dargetan sei.[180] Sinnfällig unterstreicht dies, dass mit dem Antrag auf Erbscheinserteilung kein Automatismus dahingehend verbunden sein sollte, dass dieser ohne nähere Prüfung erteilt wird. Auch wenn es sich bei dem Erbschein um ein reines Provisorium handelt, ist tatsächlich eine unrichtige – wie die praktische Seltenheit der Einziehungsverfahren verdeutlicht[181] – Entscheidung kaum ernsthaft zu befürchten. Die gegenwärtige Praxis der Erbscheinserteilung zeigt insofern auf, dass damals erklärte Bedenken hinsichtlich des provisorischen Charakters keine fortwährende Geltung beanspruchen können.

Ferner wurde – explizit im Kontext der Ausdehnung des Erbscheins auf den gewillkürten Erben – darauf hingewiesen, dass die Verantwortlichkeit und der Geschäftskreis des Nachlassgerichts gesteigert werde; gleichwohl könne dies in Relation zur Wichtigkeit der Maßregel für den Rechtsverkehr nicht maßgebend sein.[182] Implizit billigte die Kommission, wenngleich in einem anderen Kontext, eine

[178] *Horn*, Materialienkommentar Erbrecht, § 2353 Rn. 17.

[179] *Mugdan*, Die gesammten Materialien zum Bürgerlichen Gesetzbuch für das Deutsche Reich, V. Band, S. 833 f. (= Protokolle, S. 7761).

[180] *Mugdan*, Die gesammten Materialien zum Bürgerlichen Gesetzbuch für das Deutsche Reich, V. Band, S. 837 (= Protokolle, S. 7780).

[181] *Zimmermann*, ZEV 2010, 457 (460); *ders.*, ZEV 2018, 468 führt aus, dass etwa 1 % aller Erbscheine im Laufe der Zeit wegen Unrichtigkeit nach § 2361 BGB wieder eingezogen würden. Ferner: *Fest*, JZ 2014, 152 (154): „im letzten Jahr ca. zwei bis fünf Prozent der ausgestellten Erbscheine unrichtig waren und eingezogen oder für kraftlos erklärt wurden“; *Eckelskemper/Schmitz*, in: Keim/Lehmann, Beck'sches Formularbuch Erbrecht, 5. Aufl. 2023, J. V. 1. Rn. 5 konstatieren die Seltenheit solcher Einziehungsverfahren unter Nennung der Prozentzahl 1,1 %; *Mayr*, in: Herberger/Martinek/Rüßmann/Weth/Würdinger, jurisPK-BGB, Band 5, 10. Aufl. 2023, Stand: 01.07.2023, § 2361 BGB Rn. 4: „Einziehungsverfahren sind in der Praxis äußerst selten“.

[182] *Mugdan*, Die gesammten Materialien zum Bürgerlichen Gesetzbuch für das Deutsche Reich, V. Band, S. 834 (= Protokolle, S. 7762).

denknotwendig durch die Ausweitung des Erbscheins auf den gewillkürten Erben bedingte, quantitative Zunahme von Erbscheinen im Rechtsverkehr und bringt damit klar zum Ausdruck, dass rein quantitative Einwände die Bedeutung des Erbscheins für den Rechtsverkehr nicht überlagern können.

Es verbleibt die Erkenntnis, dass weder quantitative Erwägungen für sich genommen noch in Kombination mit dem provisorischen Charakter des Erbscheins den abweichenden Stellungnahmen in der Entstehungsgeschichte standhalten. Vielmehr streitet der Sinn und Zweck des Erbscheins sowie die fehlende Verpflichtung der Nachlassgerichte zur Erbscheinserteilung und die damit eng verbundene geringe Fehleranfälligkeit der Erbscheine gegen die quantitativ-provisorischen Bedenken. Der quantitative Einwand kann daher für sich genommen aus zwei Gründen keine fortwährende Geltung beanspruchen: Zum einen verdeutlichen die unterschiedlichen Stellungnahmen in der Entstehungsgeschichte eine Widersprüchlichkeit des Arguments. Zum anderen offenbart die Rechtspraxis die praktische Seltenheit von Einziehungsverfahren und damit die geringe Fehleranfälligkeit.

bb) Schikane und Entbehrlichkeit des Erbscheins bei Vorliegen letztwilliger Verfügungen

Die II. Kommission führte weiter aus:[183]

> „Ferner sei die Gefahr nicht von der Hand zu weisen, daß die Bestimmung zu Chikanen benutzt werde. Es sei zu beachten, daß die Kom. den Erbschein auch auf testamentarische Erben ausgedehnt habe. Vielfach werde gerade bei letztwilligen Verfügungen die Sachlage so klar und einfach sein, daß ein Erbschein völlig überflüssig sei. Gebe man dem Schuldner das Recht, auch in diesen Fällen Vorlegung des Erbscheines zu verlangen, so werde dadurch die Möglichkeit eröffnet, dem Erben einen ganz unnöthigen Kostenaufwand zu machen und ihn an der raschen Durchführung seiner Ansprüche zu hindern."

Aus den Erwägungen der Kommission lassen sich zwei Argumentationsstränge abstrahieren, nämlich einerseits *die vielfache Entbehrlichkeit des Erbscheins im Rechtsverkehr, wenn eine letztwillige Verfügung vorgelegt wird* sowie die *Gefahr der Schikane.* Um zu ergründen, ob diese Erwägungen fortwährend Geltung beanspruchen können, ist anhand des zuvor dargestellten Prüfungsmodus zu verfahren und die Argumente einer umfassenden Analyse zu unterziehen, wobei insbesondere die Entstehungsgeschichte sowie das gegenwärtige Regelungsumfeld und dessen Wertungen zu berücksichtigen sind.

---

[183] *Mugdan*, Die gesammten Materialien zum Bürgerlichen Gesetzbuch für das Deutsche Reich, V. Band, S. 840 (= Protokolle, S. 7789).

(1) Entbehrlichkeit des Erbscheins im Falle letztwilliger Verfügungen

Zunächst ist hierbei in den Blick zu nehmen, dass die II. Kommission bei der Formulierung der zitierten Bedenken eine völlig andere Konzeption[184] des Erbrechts im Blick hatte. Im Anschluss daran ist zu untersuchen, ob die zitierte Passage auch unter Zugrundelegung des gegenwärtigen Regelungsumfelds und den dazugehörigen Wertungen weiterhin als Argument gegen ein Leistungsverweigerungsrecht bis zur Erbscheinsvorlage ins Feld geführt werden kann.

(a) Historische Kontextualisierung

Der ablehnenden Stellungnahme der II. Kommission zur Frage, ob dem Nachlassschuldner ein Recht auf Erbscheinsvorlage eingeräumt werden sollte, lag – in Abweichung vom geltenden Recht – eine Konzeption des Erbrechts zugrunde, welche als ordentliche Testamentsform ausschließlich das öffentliche Testament anerkannte: Der § 168 Abs. 1 Teil E ErbR sah als ordentliche Testamentsform nur die Errichtung vor einem Richter oder Notar als verhandelndem Urkundsbeamten vor. Dem folgte die I. Kommission, sodass im Entwurf 1 der I. Kommission das eigenhändige Testament nicht als ordentliche Testamentsform aufgenommen wurde.[185] Auch innerhalb der II. Kommission überwogen die Bedenken gegenüber der Aufnahme eines privatschriftlichen Testaments.[186] Dementsprechend wurde dieses nicht als ordentliche Testamentsform in die Bundesratsvorlage aufgenommen.[187] Hiervon wich auch der vom Bundesrat beschlossene Entwurf (Reichstagsvorlage) nicht ab.[188] Erst als der Entwurf in den Reichstag gelangte, fiel die positive Entscheidung[189] über die Aufnahme des eigenhändigen Testaments als ordentliche Testamentsform in das BGB.[190] Nach erster Beratung überwies der Reichstag den Entwurf 3 der

[184] In diese Richtung bereits: *Hellwig*, Anspruch und Klagerecht, S. 357; *ders.*, SeuffBl. 69 (1904), 473 (476); darauf weist auch *Szalai*, NotBZ 2016, 370 (376) hin, der ausführt, dass die Kommission von einem anderen Konzept und einem anderen Regelungsumfeld bei der Erbscheinserteilung ausgegangen sei.

[185] *Mugdan*, Die gesammten Materialien zum Bürgerlichen Gesetzbuch für das Deutsche Reich, V. Band, S. 136 (= Motive, S. 257 f.); demnach auch § 1914 des Entwurfs 1 der I. Kommission: „Eine letztwillige Verfügung kann, sofern nicht das Gesetz ein anderes bestimmt, nur in gerichtlicher oder notarieller Form errichtet werden (ordentliche Testamentsform).“ Siehe nur: *Horn*, Materialienkommentar Erbrecht, Anhang III: Entwurf 1 der I. Kommission, S. 1524.

[186] *Mugdan*, Die gesammten Materialien zum Bürgerlichen Gesetzbuch für das Deutsche Reich, V. Band, S. 697 f. (= Protokolle, S. 7169 ff.). Dazu auch: *Hosemann*, RNotZ 2010, 520 (524).

[187] Vgl. § 2207 Entwurf 2 rev, abgedruckt bei: *Horn*, Materialienkommentar Erbrecht, Anhang V: Entwurf 2 rev (Bundesratsvorlage), S. 1602.

[188] Vgl. § 2205 Entwurf 3, abgedruckt bei: *Horn*, Materialienkommentar Erbrecht, Anhang VI: Entwurf 3 (Reichstagsvorlage), S. 1638.

[189] Dazu: *Grziwotz*, in: BeckOGK, BGB, Stand: 01.07.2023, § 2231 Rn. 14: „Im Geiste des Liberalismus“.

[190] Zum Ganzen ausführlich: *Hosemann*, RNotZ 2010, 520 (524 f.).

XII. Reichstagskommission, die zunächst in erster Lesung mit zwölf gegen acht Stimmen beschloss, die Einführung des privatschriftlichen Testaments als ordentliches Testament zu empfehlen.[191] Eine entscheidende Rolle nahm hierbei der Vertreter der badischen Regierung ein, dem es gemeinsam mit anderen Fürsprechern gelang, die Kommissionsmehrheit für sich zu gewinnen. Argumentativ konnte sich auf praktische Erfahrungen hinsichtlich des privatschriftlichen Testaments gestützt und so hiergegen vorgebrachten theoretischen Bedenken entgegengetreten werden.[192] In zweiter Lesung wurde der Beschluss aufrechterhalten.[193] In der Plenarsitzung vom 27. Juni 1896 folgten zwei Anträge der Abgeordneten Lenzmann und von Buchka,[194] den Beschluss der Reichstagskommission aufzuheben. Letztendlich setzten sich die Befürworter des privatschriftlichen Testaments durch.[195]

Der Blick auf die Entstehungsgeschichte verdeutlicht daher, dass die II. Kommission bei der Beratung eines Leistungsverweigerungsrechts bis zur Erbscheinsvorlage eine erbrechtliche Konzeption vor Augen hatte, die das eigenhändige Testament nicht als ordentliches Testament kannte. Vor diesem Hintergrund sind die vorgebrachten Erwägungen der Kommission einzuordnen: Wollte die II. Kommission demnach ein ordentliches Testament zum Nachweis des Erbrechts genügen lassen, galt das nur für das öffentliche Testament und es wurde spiegelbildlich davon ausgegangen, dass eigenhändige Testamente gerade nicht als tauglicher Erbnachweis im Rechtsverkehr genügen.[196] Denknotwendig konnten Ungewissheiten im Hinblick auf die Erbfolge, welche sich infolge der Anerkennung des eigenhändigen Testaments als ordentliches Testament ergeben, nicht in die Betrachtung miteingestellt werden. Die Berücksichtigung dieser Faktoren hätte wohl eine völlig andere Einschätzung der Rechtslage bedingt: Denn die Bedenken gegenüber der Zulassung des eigenhändigen Testaments als ordentliche Testamentsform bewogen die II. Kommission bereits dazu, das privatschriftliche Testament im Gleichlauf mit der I. Kommission nicht als ordentliche Testamentsform zuzulassen.[197]

---

[191] *Mugdan*, Die gesammten Materialien zum Bürgerlichen Gesetzbuch für das Deutsche Reich, V. Band, S. 886 ff. (= Kommissionsbericht, S. 16 ff.).

[192] Einzelheiten bei: *Hosemann*, RNotZ 2010, 520 (524 f.); siehe auch: *Mugdan*, Die gesammten Materialien zum Bürgerlichen Gesetzbuch für das Deutsche Reich, V. Band, S. 886 ff. (= Kommissionsbericht, S. 16 ff.).

[193] *Mugdan*, Die gesammten Materialien zum Bürgerlichen Gesetzbuch für das Deutsche Reich, V. Band, S. 888 (= Kommissionsbericht, S. 19); *Jakobs/Schubert*, Die Beratung des BGB, §§ 1922–2385, Teil 2, S. 1552; siehe auch: *Horn*, Materialienkommentar Erbrecht, § 2231 Rn. 93.

[194] *Jakobs/Schubert*, Die Beratung des BGB, §§ 1922–2385, Teil 2, S. 1552.

[195] *Mugdan*, Die gesammten Materialien zum Bürgerlichen Gesetzbuch für das Deutsche Reich, V. Band, S. 893 ff. und S. 903.

[196] So bereits: *Szalai*, NotBZ 2016, 370 (376).

[197] *Mugdan*, Die gesammten Materialien zum Bürgerlichen Gesetzbuch für das Deutsche Reich, V. Band, S. 136 (= Motive, S. 257 f.), S. 697 f. (= Protokolle, S. 7169 ff.). Einzelheiten bei: *Jakobs/Schubert*, Die Beratung des BGB, §§ 1922–2385, Teil 2, S. 1528 ff.

(b) Qualitative Unterschiede zwischen privatschriftlichem und öffentlichem Testament

Um nicht unbesehen dem Legislativwillen die Gültigkeit abzusprechen, gilt es, aufbauend auf der vorstehenden Erkenntnis in einem zweiten Schritt zu untersuchen, ob das gegenwärtige Regelungsumfeld tatsächlich dazu führt, dass die ablehnende Stellungnahme der II. Kommission keine fortwährende Geltung beanspruchen kann. Dabei ist die Aufnahme des privatschriftlichen Testaments in das BGB im Lichte der Rechtssicherheit und Rechtsklarheit – gerade auch unter Bezugnahme auf die bereits durch die II. Kommission erhobenen Bedenken gegen die eigenhändige Errichtungsform – zu würdigen, sodass die zitierte Passage nachstehend auf Grundlage einer historisch-geltungszeitlichen Analyse auf ihre Beständigkeit hin zu überprüfen ist.

Ginge man mit der II. Kommission von einem (heutigen) Rechtszustand aus, der als ordentliche Testamentsform nur das öffentliche Testament vorsehen würde, könnte das Postulat „gerade bei letztwilligen Verfügungen [werde] die Sachlage so klar und einfach sein, daß ein Erbschein völlig überflüssig sei“[198] durchaus noch Gültigkeit beanspruchen. Der Grund liegt darin, dass die notarielle Errichtungsform den Aspekten der Rechtsklarheit und Rechtssicherheit umfangreich Rechnung trägt:[199] Das notarielle Testament gewährleistet die Echtheit des Testaments und die Einhaltung der erforderlichen Formen.[200] Die verpflichtende amtliche Verwahrung öffentlicher Testamente (§ 34 Abs. 1 Satz 4 BeurkG) gewährleistet Schutz vor Verlust, widerrechtlicher Vernichtung, Unterdrückung oder Verfälschung des Testaments und bietet, nicht zuletzt weil die Verwahrangaben[201] i. S. d. § 78d Abs. 2 Satz 2 BNotO nach § 34a Abs. 1 BeurkG an die das Zentrale Testamentsregister führende Registerbehörde mitgeteilt werden, zugleich Gewähr dafür, dass das Testament nach dem Erbfall aufgefunden wird.[202] Hinzu kommt die Beratung und

[198] *Mugdan*, Die gesammten Materialien zum Bürgerlichen Gesetzbuch für das Deutsche Reich, V. Band, S. 840 (= Protokolle, S. 7789).

[199] Vgl. *Schmoeckel*, Erbrecht, 6. Aufl. 2021, § 20 Rn. 16; *Lauck*, in: Burandt/Rojahn, Erbrecht, 4. Aufl. 2022, § 2231 BGB Rn. 4: „und dient damit nicht zuletzt der Rechtssicherheit.“; weitergehend sprechen *Olzen/Looschelders*, Erbrecht, 7. Aufl. 2023, Rn. 280 von einem Höchstmaß an Rechtssicherheit; anders hingegen für das eigenhändige Testament: *Lange/Kuchinke*, Erbrecht, 5. Aufl. 2001, § 16. IV. 4. c) (= S. 335): „Vom Standpunkt der Rechtsklarheit und Rechtssicherheit aus betrachtet, ist das eigenhändige Testament unwillkommen.“ Einzelheiten hierzu unter: Kapitel 3 B. I. 1.

[200] *Baumann*, in: Staudinger, BGB, Neubearbeitung 2022, § 2231 Rn. 22.

[201] Vgl. für die amtliche Verwahrung § 1 Satz 1 Nr. 3 ZTRV: „Verwahrnummer, Verwahrbuchnummer oder Aktenzeichen des Verfahrens der Verwahrstelle“.

[202] *Mayer*, in: Soergel, BGB, 13. Aufl. 2003, § 2231 Rn. 8; *Röthel*, JURA 2014, 475 (476); *Szalai*, NotBZ 2016, 370 (377); *Kössinger*, in: Nieder/Kössinger, Handbuch der Testamentsgestaltung, 6. Aufl. 2020, § 17 Rn. 3; *Voit*, in: Reimann/Bengel/Dietz, Testament und Erbvertrag, 7. Aufl. 2020, § 2231 Rn. 6; *Brox/Walker*, Erbrecht, 29. Aufl. 2021, § 10 Rn. 1; *Baumann*, in: Staudinger, BGB, Neubearbeitung 2022, § 2231 Rn. 22; *Sticherling*, in: MüKo, BGB, 9. Aufl. 2022, § 2231 Rn. 20; *Lauck*, in: Burandt/Rojahn, Erbrecht, 4. Aufl. 2022,

Betreuung durch den fachkundigen Notar (vgl. §§ 17, 30 BeurkG),[203] wodurch in der Regel Auslegungsschwierigkeiten vermieden werden und der Erblasser vor spontanen, unüberlegten Verfügungen sowie vor unerwünschten und unzulässigen Beeinflussungen durch Dritte geschützt wird.[204] Daneben findet eine Prüfung der Testierfähigkeit (vgl. § 11 Abs. 1 Satz 1 BeurkG) durch den Notar[205] statt, die zu einem erhöhtem Maß an Sicherheit in dieser Hinsicht führt. Als öffentliche Urkunde i. S. d. §§ 415, 418 ZPO hat das öffentliche Testament erhöhte Beweiskraft und erbringt und begründet vollen Beweis des beurkundeten Vorgangs und gegebenenfalls der darin bezeugten weiteren Tatsachen.[206] Insoweit ist jede abweichende Beweiswürdigung ausgeschlossen.[207] Vor diesem Hintergrund dürfte die Erwägung der II. Kommission bei einem hypothetischen Rechtszustand, der nur das notarielle Testament als ordentliche Testamentsform vorsehen würde, noch Geltung beanspruchen.

Allerdings kennt das geltende Recht (auch) das privatschriftliche Testament als ordentliche Testamentsform und weicht damit fundamental von derjenigen Rechtslage ab, welche die II. Kommission vor Augen hatte. Denn im Hinblick auf die Aspekte der Rechtssicherheit sowie Rechtsklarheit sind mit der eigenhändigen Errichtungsform erhebliche Nachteile verbunden:

Bereits die II. Kommission wies darauf hin, dass häufig fraglich ist, ob überhaupt eine letztwillige Verfügung oder nicht vielmehr ein Entwurf vorliegt.[208] Denn ein

---

§ 2231 BGB Rn. 7; *Kroiß*, in: NK-BGB, 6. Aufl. 2022, § 2231 Rn. 5; *Lange*, Erbrecht, 3. Aufl. 2022, § 14 Rn. 37; *Olzen/Looschelders*, Erbrecht, 7. Aufl. 2023, Rn. 278.

[203] BGHZ 198, 250 = NJW 2013, 3716 Rn. 37; BGHZ 209, 329 = NJW 2016, 2409 Rn. 23.

[204] *Voit*, in: Reimann/Bengel/Dietz, Testament und Erbvertrag, 7. Aufl. 2020, § 2231 Rn. 6; *Sticherling*, in: MüKo, BGB, 9. Aufl. 2022, § 2231 Rn. 19; *Lauck*, in: Burandt/Rojahn, Erbrecht, 4. Aufl. 2022, § 2231 BGB Rn. 4, 6; *Lange*, Erbrecht, 3. Aufl. 2022, § 14 Rn. 36.

[205] Für viele: *Limmer*, in: Frenz/Miermeister, BNotO, 5. Aufl. 2020, § 11 BeurkG Rn. 2b, 5; *Bord*, in: BeckOGK, BeurkG, Stand: 01.07.2023, § 11 Rn. 22 m. w. N.

[206] BGHZ 209, 329 = NJW 2016, 2409 Rn. 23; *Kregel*, in: RGRK, BGB, 4. Aufl. 1975, § 2232 Rn. 8; *Voit*, in: Reimann/Bengel/Dietz, Testament und Erbvertrag, 7. Aufl. 2020, § 2231 Rn. 5; *Baumann*, in: Staudinger, BGB, Neubearbeitung 2022, § 2231 Rn. 12, § 2232 Rn. 62; *Kroiß*, in: NK-BGB, 6. Aufl. 2022, § 2231 Rn. 4; *Lange*, Erbrecht, 3. Aufl. 2022, § 14 Rn. 35; *Sticherling*, in: MüKo, BGB, 9. Aufl. 2022, § 2231 Rn. 20; § 2232 Rn. 134; *Lauck*, in: Burandt/Rojahn, Erbrecht, 4. Aufl. 2022, § 2231 BGB Rn. 5; *Litzenburger*, in: BeckOK, BGB, 67. Ed. Stand: 01.08.2023, § 2232 Rn. 20.

[207] Unter Hervorhebung der freien Beweiswürdigung ausdrücklich: BayObLG, ZEV 2000, 66 (68); OLG Frankfurt a. M., NJW-RR 1990, 717; *Sticherling*, in: MüKo, BGB, 9. Aufl. 2022, § 2231 Rn. 20, § 2232 Rn. 143.

[208] *Mugdan*, Die gesammten Materialien zum Bürgerlichen Gesetzbuch für das Deutsche Reich, V. Band, S. 697 (= Protokolle, S. 7170); dazu auch: *Röthel*, JURA 2014, 475 (478); *Lauck*, in: Burandt/Rojahn, Erbrecht, 4. Aufl. 2022, § 2231 BGB Rn. 12.

Testierwille ist nicht mit gebotener Rechtssicherheit feststellbar.[209] Zuweilen erweist sich die Abgrenzung zu vorbereitenden Entwürfen daher als unmöglich.[210] Ferner ist – wie auch die II. Kommission konstatierte –[211] die Gefahr der psychischen oder potentiell sogar physischen[212] Beeinflussung des Erblassers zu sehen. In Ermangelung einer verfahrensrechtlich kontrollierten erbrechtlichen Beratung und Betreuung ist eine unsachgemäße Einflussnahme durch Dritte nicht auszuschließen.[213] Wenn es an einer vorsorgenden Kontrolle im Rahmen des formalisierten Beurkundungsverfahrens und der notariellen Amtspflichten, mithin an fachkundiger rechtlicher Beratung fehlt,[214] ist das Risiko unklarer, mehrdeutiger sowie widersprüchlicher und damit auslegungsbedürftiger Testamentsinhalte[215] nur konsequent. Denn unberatenen juristischen Laien fällt es typischerweise schwer, die angestrebte erbrechtliche Regelung unmissverständlich in eigenen Worten zu formulieren.[216] Aus diesem Grund sind defizitäre Testamentsgestaltungen, insbesondere im Hinblick auf den zulässigen Inhalt und die Klarheit des Ausdrucks, nicht selten.[217] Dies kann im Ergebnis – etwa unter Verstoß gegen die §§ 2064 f. BGB – die Ungültigkeit des Testaments, jedenfalls aber Auslegungsschwierigkeiten bedingen.[218] Insofern gab

---

[209] Zutreffend: *Baumann*, in: Staudinger, BGB, Neubearbeitung 2022, § 2231 Rn. 15, wonach ein Testierwille „in keinem Fall (wegen der möglichen Einflussnahme Dritter) mit gebotener Rechtssicherheit feststellbar“ sei.

[210] *Baumann*, in: Staudinger, BGB, Neubearbeitung 2022, § 2231 Rn. 15; vgl. exemplarisch: OLG Düsseldorf, ErbR 2015, 29 (30); OLG Hamm, ErbR 2016, 157 (158 f.); aus der jüngeren Rechtsprechung: OLG Hamm, NJW-RR 2021, 1377.

[211] *Mugdan*, Die gesammten Materialien zum Bürgerlichen Gesetzbuch für das Deutsche Reich, V. Band, S. 697 (= Protokolle, S. 7170); *Obergfell*, in: Hausmann/Hohloch, Handbuch des Erbrechts, 2. Aufl. 2010, Kapitel 6 Rn. 74; *Klingseis*, in: Soergel, BGB, 14. Aufl. 2021, § 2231 Rn. 11; *Baumann*, in: Staudinger, BGB, Neubearbeitung 2022, § 2231 Rn. 14, § 2247 Rn. 13; *Lauck*, in: Burandt/Rojahn, Erbrecht, 4. Aufl. 2022, § 2231 BGB Rn. 12.

[212] *Sticherling*, in: MüKo, BGB, 9. Aufl. 2022, § 2231 Rn. 26.

[213] Ausführlich dazu: *Baumann*, in: Staudinger, BGB, Neubearbeitung 2022, § 2231 Rn. 16.

[214] Darauf hinweisend: *Baumann*, in: Staudinger, BGB, Neubearbeitung 2022, § 2231 Rn. 18.

[215] *Burkart*, in: FS von Lübtow, 253 (254), wonach die korrekte Bedeutung erbrechtlicher Gestaltungsmöglichkeiten „breiten Schichten praktisch unbekannt“ sei; *Klingseis*, in: Soergel, BGB, 14. Aufl. 2021, § 2231 Rn. 12; *Baumann*, in: Staudinger, BGB, Neubearbeitung 2022, § 2231 Rn. 18; *Lauck*, in: Burandt/Rojahn, Erbrecht, 4. Aufl. 2022, § 2231 BGB Rn. 12; *Sticherling*, in: MüKo, BGB, 9. Aufl. 2022, § 2231 Rn. 26; zu gängigen Fehlern im Rahmen privatschriftlicher Testamente: *Langenfeld*, NJW 1996, 2601.

[216] *Röthel*, Erbrecht, 18. Aufl. 2020, § 17 Rn. 3; vgl. *Baumann*, in: Staudinger, BGB, Neubearbeitung 2022, § 2231 Rn. 18, § 2247 Rn. 12.

[217] Vgl. *Baumann*, in: Staudinger, BGB, Neubearbeitung 2022, § 2231 Rn. 15, 18; *Grziwotz*, in: BeckOGK, BGB, Stand: 01.07.2023, § 2231 Rn. 18.

[218] *Lange/Kuchinke*, Erbrecht, 5. Aufl. 2001, § 16. IV. 4. c) (= S. 335); *Baumann*, in: Staudinger, BGB, Neubearbeitung 2022, § 2231 Rn. 15, 18. Die Auslegung eigenhändiger Testamente beschäftigt die Rechtsprechung wiederkehrend. Aus der jüngeren Rechtsprechung: BGH, NJW 2019, 2317; OLG Düsseldorf, FamRZ 2020, 1774; OLG Stuttgart, BWNotZ 2021, 49; OLG München, ZEV 2022, 462; OLG Brandenburg, ZEV 2023, 319.

bereits die II. Kommission zu bedenken, dass die Gefahr besteht, dass der wirkliche Wille nicht zur Geltung kommt und potentiell etwas zur Geltung gelangt, das nicht dem wirklichen Willen entspricht.[219] Die privatschriftliche Errichtung gewährleistet auch nicht, dass der Erblasser im Zeitpunkt der Testamentserrichtung testierfähig war.[220] Denn es findet keine Kontrolle der Testierfähigkeit im Errichtungszeitpunkt statt.[221] Sofern ein Errichtungsdatum auf dem Testament enthalten ist, kann auch darin kein gesicherter Hinweis über die vorhandene Testierfähigkeit erblickt werden, da es bereits keine Kontrolle der Richtigkeit des Datums gibt. Durch eine mögliche Rückdatierung kann eine spätere Prüfung der Testierfähigkeit unmöglich gemacht werden.[222] Diese Unsicherheiten führen dazu, dass sich bei eigenhändigen Testamenten die Frage nach der Testierfähigkeit im Rahmen gerichtlicher Verfahren als Hauptstreitpunkt erweist.[223] Daneben treten die Gefahren des unfreiwilligen Verlustes, der Nichtauffindbarkeit, der Fälschung und der widerrechtlichen Unterdrückung sowie Vernichtung.[224] In Ermangelung einer normativen Pflicht zur besonderen amtlichen Verwahrung für das privatschriftliche Testament besteht – sofern der Erblasser nicht die besondere amtliche Verwahrung verlangt hat (§ 2248 BGB) – ein erhöhtes Risiko vorbezeichneter Gefahren mit der Folge, dass die gewünschten Verfügungen nicht zum Tragen kommen.[225] Weitergehend sind die Widerrufsvorschriften der §§ 2253 ff. BGB in den Blick zu nehmen. Der Erblasser kann also nicht nur durch Verfügung von Todes wegen von der gesetzlichen Erbfolge abweichen, sondern wiederum durch Widerruf von der ursprünglich gewählten gewillkürten Erbfolge Abstand nehmen.[226] Insofern ist zu sehen, dass gerade bei privatschriftlichen Testamenten oftmals die Versuchung größer ist, das Testament nachträglich abzuändern und zu ergänzen. Hierdurch entsteht ein beachtliches Risiko für Missverständnisse oder Widersprüche.[227] Denn laufende Abänderungen, widersprechende Einschübe, missverständliche Durchstreichungen oder weitere Testamente

[219] *Mugdan*, Die gesammten Materialien zum Bürgerlichen Gesetzbuch für das Deutsche Reich, V. Band, S. 697 (= Protokolle, S. 7170); vgl. auch: *Grziwotz*, in: BeckOGK, BGB, Stand: 01.07.2023, § 2231 Rn. 18.

[220] *Baumann*, in: Staudinger, BGB, Neubearbeitung 2022, § 2247 Rn. 12, 13.

[221] *Baumann*, in: Staudinger, BGB, Neubearbeitung 2022, § 2231 Rn. 14.

[222] *Baumann*, in: Staudinger, BGB, Neubearbeitung 2022, § 2231 Rn. 14.

[223] Dazu: *Baumann*, in: Staudinger, BGB, Neubearbeitung 2022, § 2247 Rn. 12, 13.

[224] *Mugdan*, Die gesammten Materialien zum Bürgerlichen Gesetzbuch für das Deutsche Reich, V. Band, S. 697 (= Protokolle, S. 7170); *Röthel*, JURA 2014, 475 (478); *Helms*, in: Frank/Helms, Erbrecht, 7. Aufl. 2018, § 5 Rn. 6; *Klingseis*, in: Soergel, BGB, 14. Aufl. 2021, § 2231 Rn. 11; *Leipold*, Erbrecht, 23. Aufl. 2022, Rn. 305; *Baumann*, in: Staudinger, BGB, Neubearbeitung 2022, § 2231 Rn. 17, § 2247 Rn. 12; *Lauck*, in: Burandt/Rojahn, Erbrecht, 4. Aufl. 2022, § 2231 BGB Rn. 12; *Sticherling*, in: MüKo, BGB, 9. Aufl. 2022, § 2231 Rn. 28.

[225] *Grziwotz*, in: BeckOGK, BGB, Stand: 01.07.2023, § 2231 Rn. 16.

[226] *Brox/Walker*, Erbrecht, 29. Aufl. 2021, § 13 Rn. 1.

[227] *Obergfell*, in: Hausmann/Hohloch, Handbuch des Erbrechts, 2. Aufl. 2010, Kapitel 6 Rn. 74.

erschweren es, hinreichend Klarheit über den letzten Willen zu erlangen.[228] Ferner kommt hinzu, dass gerade auch die leichten Änderungs- und Aufhebungsmöglichkeiten gem. § 2255 BGB die ohnehin bestehenden Fälschungsrisiken erhöhen.[229]

(c) Einordnung im Lichte der Aspekte der Rechtssicherheit und Rechtsklarheit

Es wurde deutlich, dass das öffentliche Testament der Rechtssicherheit und Rechtsklarheit deutlich stärker als das privatschriftliche dient.[230] Umgekehrt verdeutlichen die dargestellten Nachteile des eigenhändigen Testaments das erhebliche Maß an Rechtsunsicherheit, das mit dieser Testamentsform *per se* und damit auch mit ihrem Gebrauch als Erbnachweis für den Rechtsverkehr einhergeht. Wegen der bei einem privatschriftlichen Testament erhöhten Gefahr, dass dieses die Erbfolge nicht wirksam oder nicht eindeutig regelt, besteht für Kreditinstitute bei Vorlage eines solchen als Erbnachweis konsequenterweise ein erhöhtes Haftungspotential. Vor diesem Hintergrund gilt es, die Feststellung der II. Kommission, dass die Erbfolge bei letztwilligen Verfügungen vielfach „so klar und einfach" sei,[231] einzuordnen: Die Äußerung der II. Kommission erfolgte auf Grundlage eines Regelungskonzepts, wonach ordentlich nur in der Form des öffentlichen Testaments testiert werden konnte. Nach der in Kraft getretenen und geltenden Fassung des BGB kann ein Testament aber auch privatschriftlich errichtet werden. Aufgrund der mit der eigenhändigen Testamentsform einhergehenden Defizite an Rechtsklarheit und Rechtssicherheit wird die Erbfolge bei Vorlage eines privatschriftlichen Testaments – anders als bei einem öffentlichen Testament – vielfach gerade nicht „so klar und einfach" sein. Da schätzungsweise ca. 70 % aller Verfügungen von Todes wegen privatschriftlich und lediglich 30 % öffentlich errichtet werden,[232] ist vorstehende Erkenntnis umso bedeutsamer: Wenn nämlich das privatschriftliche Testament in der Praxis überwiegt,[233] wird unter Zugrundelegung der geltenden Fassung des BGB die erbrechtliche Lage bei Vorliegen letztwilliger Verfügungen *insgesamt* vielfach *nicht* so klar und einfach sein. Denn die rechtssichere und rechtsklare Gestaltungsform der

---

[228] Vgl. *Baumann*, in: Staudinger, BGB, Neubearbeitung 2022, § 2231 Rn. 19 und § 2247 Rn. 13, 14.

[229] Vgl. *Baumann*, in: Staudinger, BGB, Neubearbeitung 2022, § 2231 Rn. 19, § 2247 Rn. 13, 14, § 2255 Rn. 4, 7.

[230] Vgl. *Lange*, Erbrecht, 3. Aufl. 2022, § 14 Rn. 36; ferner: *Lange/Kuchinke*, Erbrecht, 5. Aufl. 2001, § 16. IV. 4. a) (= S. 334); *Baumann*, in: Staudinger, BGB, Neubearbeitung 2022, § 2231 Rn. 23; *Olzen/Looschelders*, Erbrecht, 7. Aufl. 2023, Rn. 280; vgl. auch: *Burkart*, in: FS von Lübtow, 253 (263): „Das öffentliche Testament, beurkundet von einem Notar, ist dem Privattestament, gleich in welcher Form, absolut überlegen und vermeidet die dargelegten Schwierigkeiten [des privatschriftlichen Testaments] nahezu ausnahmslos."

[231] *Mugdan*, Die gesammten Materialien zum Bürgerlichen Gesetzbuch für das Deutsche Reich, V. Band, S. 840 (= Protokolle, S. 7789).

[232] Hierzu im Rahmen einer Untersuchung des Verfügungsverhalten von Erblassern: *Metternich*, Verfügungsverhalten von Erblassern, S. 37 ff., Tabelle 22 (= S. 191); bezugnehmend darauf spricht *Röthel*, JURA 2014, 475 (478) von einem Verhältnis von 80 % zu 20 %.

[233] Siehe etwa: *Jakob*, Das Bankkonto im Nachlass, S. 85 m. w. N.

Rechtsnachfolge durch öffentliches Testament bildet gerade nicht den Regelfall ab. Die in Kraft getretene respektive geltende Fassung des BGB führt daher – aufgrund der nachteiligen Auswirkungen des eigenhändigen Testamtens auf die Rechtssicherheit und Rechtsklarheit – zu einer Umkehr der von der II. Kommission angenommenen Regel. Insbesondere folgte der Aufnahme des eigenhändigen Testaments in das BGB durch die Reichstagskommission und den Reichstag keine Anpassung der Erbscheinsvorschriften, etwa dahingehend, dass jedenfalls bei Vorlage eines privatschriftlichen Testaments die Leistung eines Erbscheins verlangt werden darf, sodass die Stellungnahme der II. Kommission weiterhin für die Fälle öffentlicher Testamente Gültigkeit beanspruchen könnte.

(d) Keine Widerspruchsfreiheit in den Materialien zur Entstehungsgeschichte und abschließende Einordnung

Schließlich erweist sich die dargestellte Position der II. Kommission auch entstehungsgeschichtlich insgesamt als widersprüchlich. Anders als im Rahmen der Beurteilung der Frage nach einem Leistungsverweigerungsrecht bis zur Erbscheinsvorlage, ging man noch im Kontext der Ausdehnung des Erbscheins auf den durch *öffentliche* (!) Verfügung eingesetzten gewillkürten Erben davon aus, dass die Sachlage (vielfach) nicht eindeutig sei,[234] sondern formulierte:[235]

> „In dieser Beziehung sei es zweifellos vom Standpunkte des Verkehres außerordentlich wünschenswerth, daß den Privatpersonen, die mit einem Erben, der sein Erbrecht auf eine Verfügung von Todeswegen stütze, in Verkehr treten, die Prüfung der vielfach schwierigen Frage, ob das Erbrecht begründet sei, durch eine provisorische Entscheidung des Nachlaßgerichtes abgenommen werde. Die Untersuchung der Formgültigkeit einer Verfügung von Todeswegen, die Auslegung ihres Inhaltes, die Beurtheilung des Verhältnisses mehrerer vorhandener Verfügungen des Erblassers zu einander setzten eine Rechtskunde voraus, die Laien in der Regel nicht zugemuthet werden könne."

Wenn aber das Institut des Erbscheins auf die gewillkürte Erbfolge ausgedehnt wurde, weil bei Verfügungen von Todes wegen das Bestehen des Erbrechts vielfach schwierig sei und die rechtliche Analyse der Verfügung von Todes wegen grundsätzlich ein Maß an Rechtskenntnis voraussetze, welches dem Rechtsverkehr nicht zugemutet werden könne, ist es widersprüchlich, an anderer Stelle im Rahmen der Ablehnung eines Rechts auf Erbscheinsvorlage die „Sachlage" bei letztwilligen Verfügungen vielfach als „so klar und einfach" abzutun.

Außerdem muss gesehen werden, dass die Entscheidung der II. Kommission gegen ein Leistungsverweigerungsrecht bis zur Erbscheinsvorlage im Justizausschuss schon unter der damaligen Konzeption des BGB nicht unumstritten war. So schlugen neben Bayern auch Mecklenburg-Strelitz und Mecklenburg-Schwerin vor,

---

[234] So aber unter: *Mugdan*, Die gesammten Materialien zum Bürgerlichen Gesetzbuch für das Deutsche Reich, V. Band, S. 840 (= Protokolle, S. 7789).

[235] *Mugdan*, Die gesammten Materialien zum Bürgerlichen Gesetzbuch für das Deutsche Reich, V. Band, S. 833 (= Protokolle, S. 7761).

dem Nachlassschuldner ein Leistungsverweigerungsrecht bis zur Erbscheinsvorlage zuzusprechen. Insbesondere seien keine sonstigen ausreichenden Schutzmechanismen vorhanden und ein Bedürfnis, den Nachlassschuldner dergestalt zu schützen, sei gegeben.[236]

Es überrascht daher nicht, dass auch die in der Denkschrift[237] zum Ausdruck kommende Position gewissermaßen von der zuvor dargestellten Äußerung der II. Kommission im Rahmen der Bewertung eines Leistungsverweigerungsrechts bis zur Erbscheinsvorlage abweicht. In der Denkschrift heißt es, dass sich auch bei einer Erbeinsetzung durch Verfügung von Todes wegen das Bedürfnis, den Verkehr durch die Erteilung eines Erbscheins zu sichern und zu erleichtern, nicht minder geltend mache. Für die Prüfung der Formgültigkeit einer Verfügung von Todes wegen, die Auslegung des Inhaltes sowie die Beurteilung des Verhältnisses mehrerer solcher Verfügungen zueinander sei häufig besondere Rechtskenntnis erforderlich.[238] Außerdem „bietet die Vorlegung einer Verfügung von Todeswegen keinerlei Gewähr dafür, daß nicht noch andere Verfügungen vorhanden sind, welche jene Verfügungen aufheben oder geändert haben."[239] Davon ausgehend formulierte von Buchka im Rahmen der ersten Beratung der Grundbuchordnung im Plenum des Reichstags konsequenterweise für den Grundbuchverkehr, dass man aufgrund „dieser Ausführungen in der Denkschrift hätte […] erwarten sollen, daß der Erbschein auch in ausschließlicher Weise verwendet werden würde für den Grundbuchamtsverkehr in Bezug auf den Nachweis der Erbfolge, nicht bloß bei Intestat- sondern auch bei testamentarischer Erbfolge."[240] Die in der Denkschrift zum Ausdruck kommende Position widerspricht demnach der im Rahmen der Beratung eines Leistungsverweigerungsrechts geäußerten Ansicht der II. Kommission. Diese Feststellung ist deshalb so bedeutsam, da sich die in der Denkschrift formulierten Bedenken auf dieselbe Rechtslage, welche die II. Kommission vor Augen hatte, und damit auf die Konzeption beziehen, die nur das öffentliche Testament als ordentliche Testamentsform kannte. Gewendet für das geltende Recht sind die ausgedrückten Bedenken keineswegs überholt, sondern bestehen weiter. Denn gerade die in privatschriftlichen Testamenten in Ermangelung eines klaren Bildes von der erbrechtlichen Rechtslage[241] laienhaft formulierten Verfügungen bereiten typischerweise Auslegungsprobleme insbesondere aufgrund ungenauer Formulierungen, fehlender Erbenbestimmung, der ausschließlichen Vererbung von Einzelgegenständen (Ein-

---

[236] *Jakobs/Schubert*, Die Beratung des BGB, §§ 1922–2385, Teil 2, S. 2150.

[237] *Horn*, in: Horn, Materialienkommentar Erbrecht, S. XII.

[238] *Mugdan*, Die gesammten Materialien zum Bürgerlichen Gesetzbuch für das Deutsche Reich, V. Band, S. 877 (= Denkschrift, S. 291).

[239] *Mugdan*, Die gesammten Materialien zum Bürgerlichen Gesetzbuch für das Deutsche Reich, V. Band, S. 877 (= Denkschrift, S. 291).

[240] *Hahn*, Die gesammten Materialien zu den Reichs-Justizgesetzen, V. Band, S. 197.

[241] Im Kontext des gemeinschaftlichen Testaments: *Leipold*, JZ 2010, 802 (808).

zelzuwendungen) sowie der mitunter leichtfertig eingegangenen Bindung im Rahmen eines gemeinschaftlichen Testaments.[242]

Nach alldem gilt daher: Die Feststellung der II. Kommission, dass die Sachlage im Falle der gewillkürten Erbfolge vielfach einfach und klar sei und ein Leistungsverweigerungsrecht in diesen Fällen dazu führe, dass dem Erben ein unnötiger Kostenaufwand entstehe und eine rasche Durchsetzung der Ansprüche verhindert werde, kann nach der endgültigen Konzeption des BGB *keine* fortwährende Geltung zu beanspruchen.[243] Denn die II. Kommission hatte zum Zeitpunkt ihrer Beratung eines Leistungsverweigerungsrechts eine Konzeption des Erbrechts vor Augen, die das privatschriftliche Testament als ordentliche Testamentsform nicht kannte. Im Vergleich mit dem öffentlichen Testament bedeutet das eigenhändige Testament allerdings ein erhebliches Defizit an Rechtsklarheit und Rechtssicherheit, sodass die Sachlage bei Vorliegen letztwilliger Verfügungen – gerade mit Blick auf die weite Verbreitung des privatschriftlichen Testaments – nach der gegenwärtigen Rechtslage vielfach nicht so einfach und klar sein wird. Bei Kenntnis von der endgültigen Fassung des BGB wäre die II. Kommission wohl auch zu diesem Ergebnis gelangt. Denn die eigentümlichen Schwächen des eigenhändigen Testaments bewogen sie bereits dazu, dieses nicht als ordentliche Testamentsform zuzulassen. Die Annahme, dass die Feststellung der II. Kommission keine Gültigkeit mehr beanspruchen kann, wird auch dadurch bestätigt, wenn man die in den Materialien an anderer Stelle zum Ausdruck kommenden Erwägungen in das heutige Regelungsumfeld „hineindenkt“: Obwohl der Beratung der II. Kommission als auch der Fertigung der Denkschrift die Konzeption des Erbrechts zugrunde lag, die nur das öffentliche Testament als ordentliche Testamentsform kannte, heißt es in den Protokollen und der Denkschrift, dass die Prüfung der Formgültigkeit, die Auslegung *öffentlicher* Verfügungen von Todes wegen sowie die Beurteilung des Verhältnisses mehrerer *öffentlicher* Verfügungen zueinander regelmäßig besondere Rechtskenntnisse voraussetze. Die insoweit zum Ausdruck kommende Komplexität der Prüfung des Erbrechts anhand einer Verfügung von Todes wegen besteht aber bei einem Rechtszustand, der das privatschriftliche Testament als ordentliche Testamentsform kennt, in erhöhtem Maße. Das Bedürfnis, den Verkehr auch im Falle der gewillkürten Erbfolge durch einen Erbschein zu sichern, besteht unter Zugrundelegung der gegenwärtigen Rechtslage daher noch deutlich stärker als bei der damaligen, die der Beratung der II. Kommission und der Fertigung der Denkschrift zugrunde lag. Dem kann auch keine (spätere) abweichende Stellungnahme des BGB-Gesetzgebers zu den Topoi „Erbnachweis“ und „Entbehrlichkeit des Erbscheins im Falle letztwilliger Verfügung“ entgegengehalten werden. Denn der Entscheidung der Reichstagskommission und des Reichstags für die Aufnahme des eigenhändigen Testaments in das BGB folgte gerade keine entsprechende Anpassung der insoweit auf die Rechtslage, die nur

---

[242] *Grziwotz*, in: BeckOGK, BGB, Stand: 01.07.2023, § 2231 Rn. 15.

[243] Im Ergebnis ebenso: *Hellwig*, Anspruch und Klagerecht, S. 357; *Paech*, DJZ 8 (1903), 496 (497); *Hellwig*, SeuffBl. 69 (1904), 473 (476f.); *Kohler*, ArchBürgR 1904, 179 (186); *Szalai*, NotBZ 2016, 370 (376).

öffentliche Testamente als ordentliche kannte, zugeschnittenen Erbscheinsvorschriften.

(2) Gefahr der Schikane

Auf Grundlage der vorstehend gewonnenen Erkenntnis gilt es nunmehr, die Befürchtung der II. Kommission, dass ein Leistungsverweigerungsrecht des Nachlassschuldners zur Schikane genutzt werden könne, einzuordnen. Zunächst ist zu sehen, dass der Rekurs auf die Schikanegefahr im Zusammenhang mit der Erwägung steht, dass bei letztwilligen Verfügungen die erbrechtliche Lage vielfach einfach und klar sei. Wie aufgezeigt, hatte die II. Kommission einen Rechtszustand vor Augen, der nur das öffentliche Testament als ordentliche Testamentsform kannte. Ein erbrechtliches Regelungsumfeld, das auch das privatschriftliche Testament als ordentliches Testament kennt, führt aber – wie zuvor dargestellt – dazu, dass aufgrund des damit einhergehenden Defizits an Rechtssicherheit und Rechtsklarheit diejenigen Stellungnahmen gegenstandslos werden, die in unmittelbarem Zusammenhang mit einem Rechtszustand stehen, der als ordentliches Testament nur das öffentliche kannte.

Auch losgelöst von den geänderten rechtlichen Verhältnissen hinsichtlich der ordentlichen Testamentsformen wirkt sich die in Kraft getretene Fassung des BGB sowie die systematische Rechtsentwicklung in zweierlei Hinsicht auf die fortwährende Gültigkeit des von der II. Kommission ins Feld geführten Schikanearguments aus:

Erstens hatte die II. Kommission zum Zeitpunkt ihrer Beratung kein allgemeines Schikaneverbot vor Augen. Vielmehr lehnte sie einen Antrag auf Aufnahme eines allgemeinen Schikaneverbots ab,[244] da hierdurch ansonsten „in höchst bedenklicher Weise an Stelle der […] Rechtsnorm das subjektive Gefühl des Richters gesetzt und die Grenze zwischen Recht und Moral verwischt [werde]".[245] Erst die XII. Reichstagskommission[246] entschied sich für ein allgemeines Verbot der Schikane in Form des § 226 BGB und verortete dies systematisch im Allgemeinen Teil des BGB.[247]

---

[244] Beantragt wurde die Aufnahme folgender Bestimmung: „Ein Anspruch kann von demjenigen, gegen welchen er geltend gemacht wird, zurückgewiesen werden, wenn die Geltendmachung unter den Umständen des Falles gegen die guten Sitten verstößt." Als Eventualfassung wurde vorgeschlagen: „Ein Anspruch kann von demjenigen, gegen welchen er geltend gemacht wird, zurückgewiesen werden, wenn erhellt, daß die Geltendmachung für den Berechtigten kein Interesse hat, dem Gegner aber erheblichen Nachtheil bringen werde." Dazu: *Mugdan*, Die gesammten Materialien zum Bürgerlichen Gesetzbuch für das Deutsche Reich, I. Band, S. 796f. (= Protokolle, S. 476–478).

[245] *Mugdan*, Die gesammten Materialien zum Bürgerlichen Gesetzbuch für das Deutsche Reich, I. Band, S. 797 (= Protokolle, S. 478).

[246] Siehe dazu: *Jakobs/Schubert*, Die Beratung des BGB, §§ 1–240, Teil 2, S. 1172 Fn. 8 sowie *Repgen*, in: Staudinger, BGB, Neubearbeitung 2019, § 226 Rn. 7.

[247] Vgl. *Mugdan*, Die gesammten Materialien zum Bürgerlichen Gesetzbuch für das Deutsche Reich, I. Band, S. 973 (= Kommissionsbericht, S. 53); ausführlich zur Entste-

Diese Vorschrift begegnet, ausweichlich der amtlichen Überschrift „Schikaneverbot", ausdrücklich der für die II. Kommission im Rahmen der Beratung eines Leistungsverweigerungsrechts abwägungsrelevanten Gefahr der Schikane. Der Gesetzgeber ist der Schikanegefahr mithin durch Positivierung eines Schikaneverbots entgegengetreten, sodass das von der II. Kommission ins Feld geführte Schikaneargument keine Gültigkeit mehr beanspruchen kann.[248] Wenn nämlich die in Kraft getretene und geltende Fassung des BGB mit § 226 BGB ein ausdrückliches Schikaneverbot enthält und die Vorschrift eindeutig auf der Vorstellung von immanent beschränkten subjektiven Rechten aufbaut,[249] folgt daraus vielmehr eine Abweichung von der Herangehensweise der II. Kommission: Die jedem Recht immanente Gefahr der schikanösen Ausübung ist nicht mehr bei der Entscheidung der grundsätzlichen *Gewährung* eines Rechtes zu berücksichtigen. Denn nach der endgültigen Fassung des BGB ist gem. § 226 BGB die *Ausübung* eines Rechts unzulässig, wenn sie nur den Zweck haben kann, einem anderen Schaden zuzufügen. Die grundsätzliche Existenz des Rechts wird dadurch aber *nicht* berührt. Hätte die II. Kommission bei ihrer Entscheidung bereits um die gesetzliche Regel des § 226 BGB gewusst, wäre ein Rekurs auf befürchtete Schikane wohl nicht erfolgt.

Zweitens ist ergänzend zu sehen, dass nach Inkrafttreten des BGB aus § 242 BGB ein universelles Verbot unzulässiger Rechtsausübung entwickelt wurde. Nach allgemeinem Verständnis wird aus § 242 BGB über den Wortsinn hinaus ein das gesamte Rechtsleben beherrschender Grundsatz abgeleitet, der jede Rechtsausübung Treu und Glauben unterwirft;[250] gemeint ist, dass Rechte redlich und damit unter Rücksicht auf die berechtigten Interessen aller Beteiligter auszuüben sind.[251] Der Missbrauchsgedanke beantwortet die Frage, ob die Ausübung eines Rechts im Einzelfall unzulässig ist, auf Grundlage einer einzelfallbezogenen umfassenden Wertung der am Rechtsverhältnis beteiligten Interessen.[252] Diese individuelle und

hungsgeschichte des § 226 BGB: *Jakobs/Schubert*, Die Beratung des BGB, §§ 1–240, Teil 2, S. 1171 ff.; *Repgen*, in: Staudinger, BGB, Neubearbeitung 2019, § 226 Rn. 2 ff. m. w. N. und speziell zu dem hier interessierenden Aspekt unter: Rn. 7.

[248] Ganz allgemein auch: *Hellwig*, Anspruch und Klagerecht, S. 357 Fn. 29, der davon spricht, dass sich die Gefahr der Schikane durch die Vorschrift des § 226 BGB erledige.

[249] *Repgen*, in: Staudinger, BGB, Neubearbeitung 2019, § 226 Rn. 8.

[250] RGZ 135, 374 (376); BGH, NJW 1981, 1439 (1440); BGH, NJW 1983, 109 (110 f.); BGH, NJW 2009, 1882 Rn. 41; BGHZ 227, 253 = NJW 2021, 307 Rn. 27; BAG, NZA 2022, 1276 Rn. 15; *Brox/Walker*, Allgemeiner Teil des BGB, 46. Aufl. 2022, § 32 Rn. 5; *Stadler*, Allgemeiner Teil des BGB, 21. Aufl. 2022, § 7 Rn. 3; *Grüneberg*, in: Grüneberg, BGB, 82. Aufl. 2023, § 242 Rn. 16; *Kähler*, in: BeckOGK, BGB, Stand: 01.07.2023, § 242 Rn. 125.

[251] *Brox/Walker*, Allgemeiner Teil des BGB, 46. Aufl. 2022, § 32 Rn. 6.

[252] BGH, NJW 2015, 548 (549); *Looschelders/Olzen*, in: Staudinger, BGB, Neubearbeitung 2019, § 242 Rn. 221; *Brox/Walker*, Allgemeiner Teil des BGB, 46. Aufl. 2022, § 32 Rn. 6; allgemein: *Schubert*, in: MüKo, BGB, 9. Aufl. 2022, § 242 Rn. 220, die betont, dass es im Ergebnis darum gehe, die Interessenlage zu würdigen und eine angemessene Rechtsfolge zu finden; im Rahmen der Interessenabwägung sind das Telos der Norm, auf welche sich der Rechtsausübende beruft, sowie gesetzliche Interessenbewertungen von Bedeutung: vgl. *Loo-*

wertungsoffene Herangehensweise ermöglicht eine einzelfallorientierte Bewertung der Rechtsausübung. Eine solche ausdifferenzierte Entwicklung[253] der Schrankenfunktion des § 242 BGB gegenüber subjektiven Rechten[254] konnte die II. Kommission nicht absehen und infolgedessen auch nicht im Rahmen ihrer Beratung berücksichtigen. Eine wie von der II. Kommission angestellte, generalisierende Berücksichtigung der potentiellen Missbräuchlichkeit im Rahmen der Gewährung eines Rechts wird aber dem modernen Verständnis einer einzelfallorientierten Rechtsausübungskontrolle nicht gerecht.

Insgesamt gilt daher: Zum einen erfolgte der Rekurs auf die Schikanegefahr im Zusammenhang mit der zuvor bezeichneten Feststellung der II. Kommission, dass die erbrechtliche Sachlage bei letztwilligen Verfügungen vielfach einfach und klar und deshalb das Verlangen eines Erbscheins in diesen Fällen schikanös sei, sodass der Schikaneeinwand bereits aufgrund der Änderung des Rechtszustands hinsichtlich der ordentlichen Testamentsformen seine fortwährende Gültigkeit verliert. Zum anderen hatte die II. Kommission nicht vor Augen, dass mit § 226 BGB ein allgemeines Schikaneverbot Einzug in das BGB finden und sich aus § 242 BGB ein universelles Verbot missbräuchlicher Rechtsausübung entwickeln würde. Das geltende Recht begegnet der Schikanegefahr daher in ausreichendem Maße, sodass das Argument auch unter diesem Gesichtspunkt keine fortwährende Gültigkeit mehr beanspruchen kann. Vielmehr folgt aus dem ausdrücklichen Schikaneverbot des § 226 BGB und der systematischen Rechtsentwicklung zu § 242 BGB, dass bei der Entscheidung, ob ein Recht gewährt wird, nicht mehr notwendigerweise zu berücksichtigen ist, ob und in welchem Maße Rechtsmissbrauch droht. Namentlich das moderne Verständnis des § 242 BGB ermöglicht vielmehr eine wertungsoffene, einzelfallorientierte Bewertung,[255] ob die Ausübung eines subjektiven Rechts tatsächlich missbräuchlich ist. Hierdurch wird die individuelle Begrenzung der Rechtsausübung ermöglicht. In Konsequenz steht die im Einzelfall zu befürchtende Missbräuchlichkeit der grundsätzlichen Gewährung eines Rechts aber nicht (mehr) entgegen. Letzteres ist vielmehr eine Frage der grundsätzlichen Entscheidung eines Interessenkonflikts.

---

schelders/Olzen, in: Staudinger, BGB, Neubearbeitung 2019, § 242 Rn. 221; *Brox/Walker*, Allgemeines Schuldrecht, 47. Aufl. 2023, § 7 Rn. 5.

[253] Zur Entwicklung des § 242 BGB ganz allgemein *Looschelders/Olzen*, in: Staudinger, BGB, Neubearbeitung 2019, § 242 Rn. 39–100; ferner: *Schubert*, in: MüKo, BGB, 9. Aufl. 2022, § 242 Rn. 15–42, konkret etwa: Rn. 38: „Der Grundsatz von Treu und Glauben gilt zudem seit dem Ende der Weimarer Republik als eine Innenschranke der subjektiven Rechte." Zum Ganzen: *Haferkamp*, in: HKK BGB, § 242 Rn. 70 ff.

[254] *Medicus/Lorenz*, Schuldrecht I Allgemeiner Teil, 22. Aufl. 2021, § 14 Rn. 10, die die Schrankenfunktion als die wohl wichtigste Funktion des § 242 BGB bezeichnen.

[255] Vgl. *Chelidonis*, Jura 2010, 726 (734).

cc) Kostenaufwand im Erbscheinsverfahren

Wie unter bb) aufgezeigt, ging die II. Kommission davon aus, dass die erbrechtliche Lage im Falle letztwilliger Verfügungen vielfach einfach und klar sei und ein Recht auf Erbscheinsvorlage in diesen Fällen die Situation schaffe, „dem Erben einen *ganz unnöthigen Kostenaufwand zu machen* und ihn an der raschen Durchführung seiner Ansprüche zu hindern."[256] Es wurde bereits deutlich, dass die in Kraft getretene und geltende Fassung des BGB unter den Aspekten der Rechtssicherheit und Rechtsklarheit erheblich von dem Rechtszustand abweicht, den die II. Kommission vor Augen hatte und deshalb die gesamte unmittelbar im Zusammenhang mit diesem Rechtszustand stehende Stellungnahme unter Zugrundelegung des gegenwärtigen Regelungsumfelds keine Gültigkeit mehr beanspruchen kann. Allerdings kann der eingangs dargestellten Position der II. Kommission *mittelbar* ein weiteres Argument gegen ein Leistungsverweigerungsrecht bis zur Erbscheinsvorlage entnommen werden, dessen nähere Untersuchung angezeigt erscheint: Die Kosten des Erbscheins. Es erhebt sich daher die Frage, ob ein Rekurs auf die Erbscheinskosten zur Ablehnung eines Leistungsverweigerungsrechts weiterhin Geltung beanspruchen kann. Hierbei ist in den Blick zu nehmen, dass der Gesetzgeber mit Einführung des GNotKG hinsichtlich des Kostenrechts und damit gerade auch hinsichtlich der Kosten des Erbscheins aktiv geworden ist. Daher ist zu untersuchen, ob im Rahmen dieses gesetzgeberischen Tätigwerdens eine neuere legislative Wertentscheidung zu Tage getreten ist, die die Gültigkeit einer älteren Stellungnahme in den Protokollen der II. Kommission fortfallen lässt.

Mit der Einführung des GNotKG entschied sich der Gesetzgeber für die grundsätzliche Beibehaltung des Wertgebührensystems für das Erbscheinsverfahren.[257] Für die Anknüpfung an den Nachlasswert spreche, dass sich die Schwierigkeiten bei der Bestimmung des oder der Erben und die Streitintensität proportional zur wirtschaftlichen Bedeutung verhalten würden.[258] Im Einzelfall seien Vorfragen mit viel Aufwand zu prüfen; als Beispiel führte der Gesetzgeber Beweisaufnahmen zur Testierfähigkeit durch Sachverständigengutachten und Zeugenvernehmungen sowie Auslegungsfragen an. Neben der wichtigen Präjudizwirkung des Erbscheinsverfahrens für ein anschließendes streitiges Verfahren seien die weitreichenden Legitimationswirkungen des Erbscheins (§§ 2365 ff. BGB) und der sich hieraus ergebende wirtschaftliche Nutzen für die im Erbschein bezeichneten Erben zu sehen.[259] Um dem daraus resultierenden Haftungsrisiko für die Staatskasse zu begegnen, sei im Interesse der Aufkommensneutralität eine Festgebühr so hoch anzusetzen, dass

[256] *Mugdan*, Die gesammten Materialien zum Bürgerlichen Gesetzbuch für das Deutsche Reich, V. Band, S. 840 (= Protokolle, S.7789) [Hervorhebung v. Verfasser]; Dies kam bereits in den Motiven zum Ausdruck: *Mugdan*, Die gesammten Materialien zum Bürgerlichen Gesetzbuch für das Deutsche Reich, V. Band, S. 304 (= Motive, S. 568).

[257] BT-Drs. 17/11471, S. 197.

[258] BT-Drs. 17/11471, S. 197.

[259] BT-Drs. 17/11471, S. 197.

das Erbscheinsverfahren für kleinere Nachlässe erheblich verteuert würde und damit entsprechende Akzeptanzprobleme einhergingen. Im Gegenzug dürften nach legislatorischer Einschätzung die am Geschäftswert orientierten Kosten gerade auch bei größeren Nachlässen in Relation zum ererbten Vermögen akzeptabel sein.[260] Man hat sich demnach positiv für die Beibehaltung eines Wertgebührensystems entschieden. Hierbei wurden gerade auch der Faktor des Nachlasswertes und dessen Auswirkungen auf die Kostenlast gesehen. Die Ausrichtung am einzelfallabhängigen Wert erwies sich mit Rücksicht auf die weitreichenden Legitimationswirkungen des Erbscheins und den damit korrespondierenden wirtschaftlichen Nutzen als sachgerecht.

Die anfallenden Kosten für die Erbscheinserteilung nach dem Wertgebührensystem sind demnach bewusster Ausdruck einer – im Vergleich zu den Motiven der I. und Protokollen der II. Kommission – jüngeren gesetzgeberischen Wertentscheidung,[261] sodass spätestens seit Einführung des GNotKG die Erbscheinskosten nicht mehr als grundsätzliches Argument gegen den Nachweis des Erbrechts durch Erbschein vorgebracht werden können.[262] Denn der moderne Gesetzgeber hat die Kosten in ihrer konkreten Form bewusst in Kauf genommen.[263] Die neuere Wertentscheidung löst die Stellungnahme der II. Kommission insoweit ab. Auch ist ergänzend zu sehen, dass ein Erbschein nicht singulär im Verhältnis zu einem Kreditinstitut als Nachlassschuldner dienlich ist, sondern gegenüber sämtlichen Vertragspartnern oder auch gegenüber dem Grundbuchamt,[264] wodurch die Kostenfolge zusätzlich relativiert wird.[265]

---

[260] BT-Drs. 17/11471, S. 197.

[261] Im Einzelnen zu den Gründen, warum grundsätzlich am Wertgebührensystem festgehalten wird: BT-Drs. 17/11471, S. 135 ff. Zur Bedeutung neuerer legislativer Wertentscheidungen: *Jocham*, Die Grenzen der richterlichen Rechtsfortbildung im Privatrecht, S. 138, 198 f.

[262] So nur: *Szalai*, NotBZ 2016, 370 (376).

[263] Mit Bedenken gegen die Argumentation mit dem Kostenaufwand: *Grziwotz*, EWiR 2016, 357 (358): „Aufgrund der mit dem Erbschein verbundenen Gutlaubens- und Richtigkeitswirkungen ist es bedauerlich, dass er allein wegen der anfallenden 2,0-Gebühr […] im Rechtsverkehr immer weiter zurückgedrängt wird."

[264] Vgl. § 35 Abs. 1 Satz 1 GBO; ferner gegenüber den Amtsgerichten, die die Schiffsregister führen (§ 1 Abs. 1 SchRegO): § 41 Abs. 1 Satz 1 SchRegO; vgl. außerdem: § 86 Abs. 1 Satz 1 LuftRG.

[265] *Harter*, BKR 2013, 306 (308) Fn. 30; vgl. insoweit auch: BT-Drs. 17/11471, S. 197: „Hinzu kommen die weitreichenden Legitimationswirkungen des Erbscheins (§§ 2365 ff. BGB) und der sich hieraus ergebende wirtschaftliche Nutzen für die im Erbschein bezeichneten Erben."

dd) Schwierigkeiten im Erbscheinsverfahren

Schließlich begründete die II. Kommission die Ablehnung eines Leistungsverweigerungsrechts wie folgt:[266]

> „Die Erlangung des Erbscheines werde zudem für den Erben nicht selten mit großen Schwierigkeiten verknüpft sein. Das Nachlassgericht müsse die positive Überzeugung von seinem Erbrechte gewinnen. Die Beschaffung des dazu erforderlichen Materials sei vielfach kostspielig und mit großen Weitläufigkeiten verknüpft. Der Erbe werde deshalb oft versuchen, ohne einen Erbschein auszukommen."

Nimmt man zunächst die Aussage in den Blick, dass das Nachlassgericht die *positive Überzeugung* vom Erbrecht des Antragstellers gewinnen müsse,[267] ist mit Hellwig[268] danach zu fragen, ob sich der Schuldner mit der bloßen Wahrscheinlichkeit begnügen müsse oder ob nicht gerade der Schuldner in Ansehung der Gefahr doppelter Inanspruchnahme ein Recht darauf hat, dass der Erbprätendent sein Erbrecht positiv dartut. Müsste der Schuldner sich mit der bloßen Wahrscheinlichkeit begnügen, wäre dies jedoch mit allgemeinen Grundsätzen der Darlegungs- und Beweislastverteilung nicht in Einklang zu bringen. Denn nach den allgemeinen Regeln der Beweislast hat die Person, die den Eintritt einer Rechtsfolge geltend macht, die Voraussetzungen des ihr günstigen Rechtssatzes zu beweisen.[269] Dazu zählt gerade auch die Anspruchsberechtigung bei Rechtsübergang durch Universalsukzession. Die bloße Wahrscheinlichkeit entspricht jedenfalls nicht einem für das praktische Leben brauchbaren Grad von Gewissheit, der Zweifeln Schweigen gebietet, ohne sie völlig auszuschließen.[270] Sachgründe, wegen derer an den Nachweis der Aktivlegitimation außerprozessual geringere Anforderungen zu stellen wären, drängen sich nicht auf und sind auch sonst nicht ersichtlich.

---

[266] *Mugdan*, Die gesammten Materialien zum Bürgerlichen Gesetzbuch für das Deutsche Reich, V. Band, S. 840 (= Protokolle, S. 7789).

[267] *Mugdan*, Die gesammten Materialien zum Bürgerlichen Gesetzbuch für das Deutsche Reich, V. Band, S. 840 (= Protokolle, S. 7789).

[268] *Hellwig*, SeuffBl. 69 (1904), 473 (478).

[269] Exemplarisch: BGH, NJW-RR 2010, 1378 Rn. 12; BGH, NJW 2017, 386 Rn. 18; BGH, NZI 2023, 259 Rn. 44.

[270] Exemplarisch nur: BGH, NJW 2019, 3147 Rn. 27. Siehe hierzu gerade auch im Rahmen der Entscheidung des Nachlassgerichts: *Zimmermann*, Erbschein – Erbscheinsverfahren – Europäisches Nachlasszeugnis, 4. Aufl. 2022, Rn. 261: „Der Erbschein ist nur zu erteilen, wenn das Nachlassgericht die zur Begründung des Antrags erforderlichen Tatsachen für festgestellt erachtet (§ 352e I 1 FamFG). Die Überzeugung muss nicht hundertprozentig sein, es genügt die persönliche Gewissheit des Richters/Rechtspflegers; in tatsächlich zweifelhaften Fällen muss sich der Richter mit einem für das praktische Leben brauchbaren Grad an Gewissheit begnügen, der den Zweifeln Schweigen gebietet, ohne sie völlig auszuschließen."

Bei näherer Betrachtung wird indes deutlich, dass die Betonung auf den *Schwierigkeiten* bezüglich der Beibringung der erforderlichen Materialien zum Nachweis der Erbenstellung liegt:[271]

> „Das Nachlaßgericht müsse die positive Überzeugung von seinem Erbrechte gewinnen. Die Beschaffung des *dazu erforderlichen* Materials sei vielfach kostspielig und mit großen Weitläufigkeiten verknüpft. Der Erbe werde *deshalb* oft versuchen, ohne einen Erbschein auszukommen.“

Bei der Untersuchung, ob vorstehender Einwand weiterhin Geltung beanspruchen kann, ist zu berücksichtigen, dass der moderne Gesetzgeber mit der Überführung des Verfahrensrechts des Erbscheins in das FamFG umfassend tätig geworden ist. Im Hinblick auf die Frage, ob und inwieweit der Standpunkt der II. Kommission fortgelten kann, sind daher zuvörderst das moderne Regelungskonzept und die damit verbundenen legislatorischen Wertentscheidungen zu berücksichtigen. Ergänzend ist von Bedeutung, ob die Stellungnahme der II. Kommission mit anderen Äußerungen im Rahmen der Entstehungsgeschichte in Widerspruch steht. Schließlich sind auch neuere (rechts-)tatsächliche Entwicklungen in die Analyse miteinzustellen.

(1) Normativer Rahmen der Erbscheinserteilung

In einem ersten Schritt ist anhand des – weil es um die Frage geht, ob der Einwand der II. Kommission *heute* noch Gültigkeit beanspruchen kann – insoweit maßgeblichen *gegenwärtigen* normativen Rahmens der Erbscheinserteilung zu klären, wie der Rekurs der II. Kommission auf das „dazu erforderliche […] Material […]“ de lege lata zu verstehen ist. Zu diesem Zwecke ist zunächst § 352 FamFG in den Blick zu nehmen. Diese Vorschrift regelt, welche Angaben der Antrag auf Erteilung eines Erbscheins enthalten muss und differenziert danach, ob der Antragsteller[272] sein Erbrecht auf eine gesetzliche oder gewillkürte Erbfolge stützt.[273] Nach § 352 Abs. 1 Satz 1 FamFG hat der Antrag des gesetzlichen Erben auf Erbscheinserteilung die in den dortigen Nr. 1–8 bezeichneten Angaben, insbesondere den Zeitpunkt des Todes des Erblassers (§ 352 Abs. 1 Satz 1 Nr. 1 FamFG) sowie das Verhältnis, auf dem sein Erbrecht beruht (§ 352 Abs. 1 Satz 1 Nr. 3 FamFG), zu enthalten. § 352 Abs. 1 Satz 2 FamFG sieht ergänzend für den Fall, dass eine Person weggefallen ist, durch die der Antragsteller von der Erbfolge ausgeschlossen oder sein Erbteil gemindert werden würde, vor, dass der Antragsteller anzugeben hat, in welcher Weise die Person weggefallen ist. Bei gewillkürter Erbfolge hat der Antrag die in § 352 Abs. 2 FamFG benannten Angaben, etwa die Bezeichnung der Verfügung, auf welcher das Erbrecht beruht (§ 352 Abs. 2 Nr. 1 FamFG), zu enthalten. Die Richtigkeit der Angaben nach

[271] *Mugdan*, Die gesammten Materialien zum Bürgerlichen Gesetzbuch für das Deutsche Reich, V. Band, S. 840 (= Protokolle, S. 7789) [Hervorhebungen v. Verfasser].

[272] Zur Antragsberechtigung: *Dietz*, in: Beck'sches Notar-Handbuch, 7. Aufl. 2019, § 17 Rn. 423; *Lange*, Erbrecht, 3. Aufl. 2022, § 78 Rn. 23.

[273] *Dietz*, in: Beck'sches Notar-Handbuch, 7. Aufl. 2019, § 17 Rn. 421; *Burandt/Krämer*, in: Schulte-Bunert/Weinreich, FamFG, 7. Aufl. 2023, § 352 Rn. 1.

§ 352 Abs. 1 Satz 1 Nr. 1, 3 und Satz 2 FamFG ist nach § 352 Abs. 3 Satz 1 FamFG durch Vorlage *öffentlicher Urkunden* nachzuweisen und im Fall des § 352 Abs. 2 FamFG, mithin bei gewillkürter Erbfolge, ist die Urkunde vorzulegen, auf der sein Erbrecht beruht. Für den Fall, dass die Urkunden nicht oder nur mit unverhältnismäßigen Schwierigkeiten zu beschaffen sind, sieht § 352 Abs. 3 Satz 2 FamFG vor, dass die Angabe anderer Beweismittel genügt. Zum Nachweis, dass der Erblasser zur Zeit seines Todes im Güterstand der Zugewinngemeinschaft gelebt hat, und zum Nachweis der übrigen nach § 352 Abs. 1 und Abs. 2 FamFG erforderlichen Angaben hat der Antragsteller vor Gericht oder vor einem Notar an Eides statt zu versichern, dass ihm nichts bekannt sei, was der Richtigkeit seiner Angaben entgegensteht, § 352 Abs. 3 Satz 3 FamFG. Denn für diesen Teil des Vorbringens ergibt sich aus der Natur der Sache, dass der Antragsteller dies regelmäßig nicht durch öffentliche Urkunde erbringen kann.[274] Soweit das Nachlassgericht die obligatorische eidesstattliche Versicherung für nicht erforderlich hält, kann es dem Antragsteller diese gem. § 352 Abs. 3 Satz 4 FamFG erlassen. Die Vorschrift eröffnet die Möglichkeit, von der Regel des § 352 Abs. 3 Satz 3 eine Ausnahme zu machen,[275] wenn die Versicherung der Sachverhaltsklärung nicht dienlich ist.[276]

Der vorstehende Überblick veranschaulicht, dass der Rekurs der II. Kommission auf die Beibringung „des [zur Überzeugungsbildung des Gerichts notwendigen] Materials" nach geltendem Recht die für den Erbschein zentralen Angaben[277] (§ 352 Abs. 3 Satz 1 FamFG) betrifft, deren Richtigkeit der Antragsteller durch *öffentliche Urkunden* nachzuweisen hat. Bei diesen Angaben handelt es sich nach gesetzgeberischer Einschätzung um solche Tatsachen, über welche typischerweise amtliche Kenntnis besteht und deshalb die zuständige Behörde in der Lage ist, darüber eine öffentliche Urkunde auszustellen.[278] Im Rahmen des Erbscheinsverfahrens werden zum Nachweis regelmäßig Urkunden nach dem Personenstandsgesetz vorgelegt.[279]

---

[274] *Grziwotz*, in: MüKo, FamFG, 3. Aufl. 2019, § 352 Rn. 89.

[275] Grundlegend das Regel-Ausnahme-Verhältnis betonend: OLG München, NJW-RR 2007, 665 (666); vgl. auch: *Mayer*, in: MüKo, BGB, 6. Aufl. 2013, § 2356 Rn. 56; *Grziwotz*, in: MüKo, FamFG, 3. Aufl. 2019, § 352 Rn. 101; *Harders*, in: Bumiller/Harders/Schwamb, FamFG, 13. Aufl. 2022, § 352 Rn. 24; *Schlögel*, in: BeckOK, FamFG, 47. Ed. Stand: 01.08. 2023, § 352 Rn. 30.

[276] *Mayer*, in: MüKo, BGB, 6. Aufl. 2013, § 2356 Rn. 56; *Grziwotz*, in: MüKo, FamFG, 3. Aufl. 2019, § 352 Rn. 101; *Schlögel*, in: BeckOK, FamFG, 47. Ed. Stand: 01.08.2023, § 352 Rn. 30.

[277] So ausdrücklich: *Herzog*, in: Staudinger, BGB, Neubearbeitung 2023, § 2353 Rn. 176.

[278] *Mugdan*, Die gesammten Materialien zum Bürgerlichen Gesetzbuch für das Deutsche Reich, V. Band, S. 299 (= Motive, S. 560).

[279] *Herzog*, in: Staudinger, BGB, Neubearbeitung 2023, § 2353 Rn. 182; zur Qualifikation von ausländischen Dokumenten als Nachweis i. S. d. § 352 Abs. 3 FamFG: Rn. 188 ff.; *Grziwotz*, in: MüKo, FamFG, 3. Aufl. 2019, § 352 Rn. 66: „Besondere Bedeutung haben im Erbscheinsverfahren die öffentlichen Urkunden über Personenstandsfälle."; *Schlögel*, in: BeckOK, FamFG, 47. Ed. Stand: 01.08.2023, § 352 Rn. 20: „In der Praxis hauptsächliche Anwendung im Erbscheinsverfahren finden die Personenstandsurkunden (§ 55 Abs. 1 PStG).";

Das Standesamt führt die in § 3 Abs. 1 Satz 1 PStG bezeichneten Personenstandsregister in elektronischer Form (§ 3 Abs. 2 PStG). Die Registereinträge bestehen dabei gem. § 3 Abs. 1 Satz 2 PStG aus einem urkundlichen Teil (Haupteintrag und Folgebeurkundungen) und einem Hinweisteil.[280] § 54 Abs. 1 Satz 1 PStG normiert, dass die Beurkundungen in den Personenstandsregistern die Eheschließung, Begründung der Lebenspartnerschaft, Geburt und Tod und die darüber gemachten näheren Angaben sowie die sonstigen Angaben über den Personenstand der Personen, auf die sich der Eintrag bezieht, beweisen. Bloßen Hinweisen kommt nach § 54 Abs. 1 Satz 2 PStG diese Beweiskraft nicht zu. Weiter stellt das Standesamt die in § 55 Abs. 1 PStG benannten Personenstandsurkunden aus, welche gem. § 54 Abs. 2 PStG dieselbe Beweiskraft haben wie die Beurkundungen in den Personenstandsregistern. Mit § 62 Abs. 1 PStG besteht ein Recht[281] auf Erteilung von Personenstandsurkunden. Aus § 62 Abs. 1 Satz 1 PStG ergibt sich, dass Personenstandsurkunden auf Antrag den Personen zu erteilen sind, auf die sich der Registereintrag bezieht, sowie deren Ehegatten, Vorfahren und Abkömmlingen. Nach § 62 Abs. 1 Satz 2 PStG haben neben den regulär anspruchsberechtigten (vgl. § 62 Abs. 1 Satz 1 PStG) auch weitere Personen ein Recht auf Erteilung von Personenstandsurkunden, wenn sie ein rechtliches Interesse[282] glaubhaft machen. Der Antragsteller kann insbesondere nicht darauf verwiesen werden, den Antrag auf Erbscheinserteilung ohne die erforderlichen Dokumente beim Nachlassgericht einzureichen und dieses zu veranlassen, die betreffenden Urkunden direkt beim Standesamt anzufordern.[283] Der Wegfall von Personen kann des Weiteren durch Ausfertigung des Scheidungsbeschlusses, notarielle Erbverzichtsurkunde sowie Ausschlagungserklärung nachgewiesen werden, wobei eine Vorlage nicht erforderlich ist, wenn sich die Urkunden in den Akten des Nachlassgerichts befinden.[284]

---

vgl. auch: *Burandt/Krämer*, in: Schulte-Bunert/Weinreich, FamFG, 7. Aufl. 2023, § 352 Rn. 28.

[280] Zum aufzunehmenden Inhalt der Personenstandsregister im urkundlichen Teil: *Herzog*, in: Staudinger, BGB, Neubearbeitung 2023, § 2353 Rn. 184.

[281] Siehe etwa: *Bornhofen*, in: Gaaz/Bornhofen/Lammers, PStG, 5. Aufl. 2020, § 62 Rn. 4 ff.; *Hochwald*, StAZ 2018, 93; *Harders*, in: Bumiller/Harders/Schwamb, FamFG, 13. Aufl. 2022, § 352 Rn. 20; *Zimmermann*, in: Sternal, FamFG, 21. Aufl. 2023, § 352 Rn. 54.

[282] Zum Begriff des „rechtlichen Interesses": OLG Frankfurt a. M., FGPrax 2000, 67 (68); OLG Düsseldorf, FamRZ 2014, 605 (606); siehe außerdem: OLG Düsseldorf, FamRZ 2020, 1397 (1398): „Selbst wenn ein Standesamt im Rahmen der Beurteilung dieses Tatbestandsmerkmals Bedenken wegen der Schutzbedürftigkeit bestimmter Daten äußern sollte, bliebe immer noch die – schon vom Nachlassgericht im Nichtabhilfebeschluss aufgezeigte – Möglichkeit, eine Erteilung ausschließlich zu Händen des Nachlassgerichts zur dortigen Akte zu beantragen."

[283] OLG Düsseldorf, FamRZ 2014, 605 (606) und unter Verweis auf diese Entscheidung: *Waxenberger*, in: Groll/Steiner, Praxis-Handbuch Erbrechtsberatung, 5. Aufl. 2019, § 30 Rn. 30.138; *Harders*, in: Bumiller/Harders/Schwamb, FamFG, 13. Aufl. 2022, § 352 Rn. 20; *Zimmermann*, in: Sternal, FamFG, 21. Aufl. 2023, § 352 Rn. 54.

[284] *Harders*, in: Bumiller/Harders/Schwamb, FamFG, 13. Aufl. 2022, § 352 Rn. 20.

(2) Die Beibringung der erforderlichen Urkunden

Ausgehend von dem normativen Rahmen der Erbscheinserteilung ist nunmehr zu prüfen, ob die Position der II. Kommission, wonach die Beschaffung des für die Beantragung eines Erbscheins notwendigen Materials vielfach kostspielig sei und große Weitläufigkeiten verursache, weiterhin Geltung beanspruchen kann.

Anhand der normativen Grundlagen wurde deutlich, dass der Gesetzgeber mit der Ausnahmeregelung in § 352 Abs. 3 Satz 2 FamFG (zuvor § 2356 BGB a. F.)[285] dem Sonderfall Rechnung getragen hat, dass die nach § 352 Abs. 3 Satz 1 FamFG erforderlichen Urkunden im Einzelfall nicht oder nur mit unverhältnismäßigen Schwierigkeiten zu beschaffen sein können. Zentral für die – sich insbesondere nicht nach einem freien Ermessen des Nachlassgerichts ausrichtende[286] – Verhältnismäßigkeitsfrage sind dabei die Möglichkeiten des Antragstellers und eine Zweck-Mittel-Relation.[287] Als andere Beweismittel kommen beispielsweise Zeugen, beglaubigte Abschriften oder Ausfertigungen von öffentlichen Urkunden, eidesstattliche Versicherungen Dritter oder auch nicht-öffentliche Urkunden wie Ahnenpässe in Betracht.[288] Zu beachten ist dabei, dass andere Beweismittel ähnlich klare und hinreichend verlässliche Schlussfolgerungen wie eine öffentliche Urkunde ermöglichen müssen, sodass die Beweisführung gem. § 352 Abs. 3 Satz 2 FamFG regelmäßig strengen Anforderungen unterliegt.[289] Das geltende Recht trifft daher eine klare Regelung, in welchen Fällen auf die dem Grunde nach erforderlichen Urkunden verzichtet werden kann. Daraus folgt im Umkehrschluss, dass in den übrigen Fällen die Vorlage der öffentlichen Urkunden erforderlich ist. Hierbei handelt es sich um den Ausdruck einer bewussten Wertentscheidung des Gesetzgebers. Denn dieser hat bei der Überführung des Erbscheinsverfahrens aus dem BGB in das FamFG[290] an den (vormals) erforderlichen Angaben und den Anforderungen an den Nachweis der Richtigkeit[291] im Antrag auf Erbscheinserteilung festgehalten.[292] Vor dem Hinter-

---

[285] Zur Reform der §§ 2354 ff. BGB umfassend: *Grziwotz*, FamRZ 2016, 417 (418 ff.).

[286] *Mayer*, in: MüKo, BGB, 6. Aufl. 2013, § 2356 Rn. 42; *Grziwotz*, in: MüKo, BGB, 7. Aufl. 2017, § 2353 Anhang Rn. 40; *Gierl*, in: Burandt/Rojahn, Erbrecht, 4. Aufl. 2022, § 352 FamFG Rn. 32; *Zimmermann*, in: Sternal, FamFG, 21. Aufl. 2023, § 352 Rn. 64; *Herzog*, in: Staudinger, BGB, Neubearbeitung 2023, § 2353 Rn. 233.

[287] *Grziwotz*, in: MüKo, FamFG, 3. Aufl. 2019, § 352 Rn. 87; so ist etwa die Beibringung der Urkunden unverhältnismäßig, wenn die Kosten hierfür außer Verhältnis zum Nachlasswert stehen: *Kroiß*, in: NK-BGB, 6. Aufl. 2022, § 2356 Rn. 9.

[288] *Kregel*, in: RGRK, BGB, 12. Aufl. 1975, § 2356 Rn. 10; *Zimmermann*, JuS 2009, 817 (818), *ders.*, in: Sternal, FamFG, 21. Aufl. 2023, § 352 Rn. 63.

[289] Aus der Rechtsprechung: KG, FamRZ 1995, 837; OLG Schleswig, FamRZ 2011, 1334; OLG Hamm, FamRZ 2016, 262; aus der Literatur: *Mayer*, in: MüKo, BGB, 6. Aufl. 2013, § 2356 Rn. 42; *Grziwotz*, in: MüKo, FamFG, 3. Aufl. 2019, § 352 Rn. 87 f.; *Zimmermann*, in: Sternal, FamFG, 21. Aufl. 2023, § 352 Rn. 65. Vgl. auch: *Weidlich*, in: Grüneberg, 82. Aufl. 2023, § 2353 Rn. 26.

[290] BGBl. I 2015, S. 1042.

[291] § 2354 BGB a. F.: „(1) Wer die Erteilung des Erbscheins als gesetzlicher Erbe beantragt, hat anzugeben:

grund, dass die konzeptionelle Ausgestaltung des FamFG, namentlich auch im Hinblick auf die erforderlichen Angaben im Antrag auf Erbscheinserteilung und den Anforderungen an den Nachweis der Richtigkeit, Ausdruck einer – im Vergleich zu den Protokollen der II. Kommission – jüngeren Wertentscheidung ist, kann das Argument der II. Kommission, wonach die Beschaffung des für die Beantragung eines Erbscheins notwendigen Materials vielfach kostspielig sei und große Weitläufigkeiten verursache, keine Gültigkeit mehr beanspruchen.

Dies gilt umso mehr, als das in § 352 Abs. 3 Satz 2 FamFG zum Ausdruck kommende Regel-Ausnahmeverhältnis keine neuartige Erscheinung moderner Gesetzgebung ist, sondern der Beratung der II. Kommission in dieser Form zugrunde lag: Bereits die I. Kommission erkannte die Möglichkeit, dass „im einzelnen Falle die Tathsache […] nicht zur gehörigen amtlichen Kunde gelangt ist oder, daß die Beschaffung der öffentlichen Urkunde nur unter erheblichen Erschwernissen erlangt werden kann.“[293] Während die I. Kommission hierbei vom „einzelnen Falle“ sprach, formulierte die II. Kommission im Rahmen der Beratung eines Leistungsverweigerungsrechts bis zur Erbscheinsvorlage, dass die „Beschaffung des dazu erfor-

---

1. die Zeit des Todes des Erblassers,

2. das Verhältnis, auf dem sein Erbrecht beruht,

3. ob und welche Personen vorhanden sind oder vorhanden waren, durch die er von der Erbfolge ausgeschlossen oder sein Erbteil gemindert werden würde,

4. ob und welche Verfügungen des Erblassers von Todeswegen vorhanden sind,

5. ob ein Rechtsstreit über sein Erbrecht anhängig ist.

(2) Ist eine Person weggefallen, durch die der Antragsteller von der Erbfolge ausgeschlossen oder sein Erbteil gemindert werden würde, so hat der Antragsteller anzugeben, in welcher Weise die Person weggefallen ist.“

§ 2355 BGB a.F.: „Wer die Erteilung des Erbscheins auf Grund einer Verfügung von Todeswegen beantragt, hat die Verfügung zu bezeichnen, auf der sein Erbrecht beruht, anzugeben, ob und welche sonstigen Verfügungen des Erblassers von Todeswegen vorhanden sind, und die im § 2354 Abs. 1 Nr. 1, 5, Abs. 2 vorgeschriebenen Angaben zu machen.“

§ 2356 BGB a.F.: „(1) [1]Der Antragsteller hat die Richtigkeit der in Gemäßheit des § 2354 Abs. 1 Nr. 1, 2, Abs. 2 gemachten Angaben durch öffentliche Urkunden nachzuweisen und im Falle des § 2355 die Urkunde vorzulegen, auf der sein Erbrecht beruht. [2]Sind die Urkunden nicht oder nur mit unverhältnismäßigen Schwierigkeiten zu beschaffen, so genügt die Angabe anderer Beweismittel.

(2) [1]Zum Nachweis, dass der Erblasser zur Zeit seines Todes im Güterstand der Zugewinngemeinschaft gelebt hat, und in Ansehung der übrigen nach den §§ 2354, 2355 erforderlichen Angaben hat der Antragsteller vor Gericht oder vor einem Notar an Eides Statt zu versichern, dass ihm nichts bekannt sei, was der Richtigkeit seiner Angaben entgegensteht. [2]Das Nachlassgericht kann die Versicherung erlassen, wenn es sie für nicht erforderlich erachtet.

(3) Diese Vorschriften finden keine Anwendung, soweit die Tatsachen bei dem Nachlassgericht offenkundig sind.“

[292] Vgl. etwa: BT-Drs. 18/4201, S. 60: „Die Absätze 1 und 2 übernehmen dabei unverändert den bisher in den §§ 2354 und 2355 BGB enthaltenen Regelungsinhalt zu den Angaben, die der Antragsteller in dem Antrag auf Erteilung eines Erbscheins machen muss.“

[293] *Mugdan*, Die gesammten Materialien zum Bürgerlichen Gesetzbuch für das Deutsche Reich, V. Band, S. 299 (= Motive, S. 560).

derlichen Materials [...] *vielfach* kostspielig und mit großen Weitläufigkeiten verknüpft [sei].“[294] Anders als die II. Kommission ging die I. Kommission wohl davon aus, dass im Regelfall keine relevanten Schwierigkeiten bei der Beibringung existieren. Konsequenterweise enthielt schon im ersten Entwurf der I. Kommission § 2070 Abs. 1 die Ausnahmeregelung „wenn solche Urkunden nicht oder nur mit besonderen Schwierigkeiten zu beschaffen sind, andere Beweismittel anzugeben.“[295] Bemerkenswert ist hierbei, dass der § 2070 von der II. Kommission sachlich nicht beanstandet wurde.[296] Es darf demnach nicht übersehen werden, dass die II. Kommission bei Beratung eines Leistungsverweigerungsrechts bis zur Erbscheinsvorlage durchaus vor Augen hatte – jedenfalls haben musste –, dass eine legislative Abhilfemöglichkeit für potentielle (unüberwindbare) Schwierigkeiten bei Beschaffung der öffentlichen Urkunden, mithin des zur positiven Überzeugungsgewinnung des Nachlassgerichts konstitutiven Materials, Einzug in das BGB finden sollte. Vor dem Hintergrund, dass die II. Kommission gerade diesen Abhilfemechanismus für Schwierigkeiten im Rahmen der Beibringung der öffentlichen Urkunden billigte, erweist es sich als widersprüchlich, diese an anderer Stelle als Argument zu bemühen. Auch diese Widersprüchlichkeit lässt die hier untersuchte Erwägung der II. Kommission gegenstandslos werden und bestätigt demnach unter einem weiteren Gesichtspunkt das anhand der geltenden Konzeption gewonnene Ergebnis, dass das Argument der II. Kommission keine Gültigkeit mehr beanspruchen kann.

Die Richtigkeit des gewonnenen Ergebnisses lässt sich schließlich auch mit Blick auf die bedeutsame Weiterentwicklung im Bereich des Personenstandswesens unterstreichen: Mag man noch annehmen, dass zur Zeit der Beratungen des Erbrechts der II. Kommission vom 30. Mai 1894 bis zum 5. März 1895[297] die Beibringung der erforderlichen Materialien mit größeren Kosten und Weitläufigkeiten verbunden sein konnte, gilt dies heute nicht mehr. Schließlich war das Personenstandswesen erst im Jahr 1875[298] für das gesamte Reichsgebiet in staatliche Hand überführt worden.

---

[294] *Mugdan*, Die gesammten Materialien zum Bürgerlichen Gesetzbuch für das Deutsche Reich, V. Band, S. 840 (= Protokolle, S. 7789) [Hervorhebung v. Verfasser].

[295] Abgedruckt bei: *Horn*, Materialienkommentar Erbrecht, Anhang III: Entwurf 1 der 1. Kommission, S. 1537: „Der Antragsteller hat zum Nachweise der Richtigkeit der im § 2069 Nr. 1, 2, 4 bezeichneten Angaben, soweit nicht die betreffenden Thatsachen bei dem Nachlaßgerichte offenkundig sind, öffentliche Urkunden vorzulegen oder, wenn solche Urkunden nicht oder nur mit besonderen Schwierigkeiten zu beschaffen sind, andere Beweismittel anzugeben.“

[296] *Mugdan*, Die gesammten Materialien zum Bürgerlichen Gesetzbuch für das Deutsche Reich, V. Band, S. 835 (= Protokolle, S. 7777 f.).

[297] Siehe nur: *Horn*, Materialienkommentar Erbrecht, S. XII.

[298] Reichsgesetz über die Beurkundung des Personenstandes und über die Eheschließung vom 06.02.1875 (RGBl. S. 23). Zunächst hatte Preußen durch Gesetz vom 09.03.1874 die obligatorische Zivilehe und die staatliche Personenstandsregistrierung eingeführt. Dazu: *Wache*, in: Erbs/Kohlhaas, Strafrechtliche Nebengesetze, Stand: 223. EL. Januar 2019, PStG Vorbemerkung Rn. 1; *Bornhofen*, in: Gaaz/Bornhofen/Lammers, PStG, 5. Aufl. 2020, Einführung Rn. 1.

Zuvor unterstand dieses dem kirchlichen Monopol.[299] Das seinerzeit recht junge staatliche Personenstandswesen entsprach nicht dem heutigen Standard. Seit Inkrafttreten des BGB und insbesondere in der jüngeren Vergangenheit erfolgte im Zuge der Digitalisierung vielmehr eine weitreichende Effektivierung und Modernisierung desselben.[300] Dies zeigt sich nicht zuletzt an der neuen elektronischen Registerführung, § 3 Abs. 2 PStG.[301] Die Umstellung auf das neue Medium musste spätestens bis zum 31. Dezember 2013 erfolgen.[302] Hintergrund der obligatorischen Einführung elektronischer Register war insbesondere die Gewährleistung einer effektiven und vereinfachten Registerführung und -nutzung.[303] Die Digitalisierung im Bereich der Registerführung und Kommunikation wurde demnach explizit als Ziel ausgemacht. Insofern wurden gerade auch den Bürger entlastende Neuerungen in den Blick genommen.[304] Dementsprechend sollten die Möglichkeiten der elektronischen Datenübermittlung auch im Rahmen der Ausstellung von Personenstandsurkunden fruchtbar gemacht werden.[305] In der heutigen Zeit ist die Bestellung von Personenstandsurkunden respektive beglaubigten Registerauszügen[306] in nahezu jedem Standesamt durch einen Online-Zugang möglich.[307] Durch das 3. Personenstandsrechts-Änderungsgesetz vom 19. Oktober 2022[308] sind zudem weitere Entwicklungen im Bereich der Digitalisierung zu beobachten.[309] So sind etwa ab dem 1. November 2024 neben den Personenstandsurkunden auch elektronische Personenstandsbescheinigungen vorgesehen.[310] Damals bestehende Schwierigkeiten bei der Beibringung der für die Erbscheinserteilung erforderlichen Dokumente bestehen daher heute nicht mehr.[311] Etwaige Personenstandsurkunden können vielmehr ohne besonderen Aufwand oder Kosten beigebracht werden.[312]

---

[299] Hierzu: *Bornhofen*, in: Gaaz/Bornhofen/Lammers, PStG, 5. Aufl. 2020, Einführung Rn. 1; allgemein auch: *Wache*, in: Erbs/Kohlhaas, Strafrechtliche Nebengesetze, 223. EL. Januar 2019, PStG Vorbemerkung Rn. 1; *Stüer*, DÖV 2020, 190 (194).

[300] Umfassend dazu: *Renz*, StAZ 2021, 193 (193 ff.).

[301] Hierzu ausführlich: *Gaaz*, FamRZ 2007, 1057 (1059).

[302] *Bornhofen*, in: Gaaz/Bornhofen/Lammers, PStG, 5. Aufl. 2020, § 3 Rn. 31.

[303] Vgl. BT-Drs. 16/1831, S. 1, 31 ff.; *Bornhofen*, in: Gaaz/Bornhofen/Lammers, PStG, 5. Aufl. 2020, § 3 Rn. 32.

[304] BT-Drs. 16/1831, S. 1, 31 ff., 40.

[305] *Gaaz*, FamRZ 2007, 1057 (1059).

[306] *Herzog*, in: Staudinger, BGB, Neubearbeitung 2023, § 2353 Rn. 185: „In der Regel werden aber im Erbscheinsverfahren mit beglaubigten Registerauszügen aus den Personenstandsregistern die Eheschließung, die Geburt und der Tod einer Person bewiesen."

[307] *Renz*, StAZ 2021, 193 (193, 201).

[308] BGBl. I S. 1744.

[309] Umfassend dazu: BT-Drs. 20/2294. Zu geringfügigen Änderungen: BT-Drs. 20/3064. Vgl. im Übrigen BR-Drucks. 477/22.

[310] Siehe etwa §§ 2, 54 ff. PStG n. F.

[311] So nur: *Szalai*, NotBZ 2016, 370 (376), der ausdrücklich formuliert: „– anders als damals – heute nicht mehr."

(3) Keine Überspannung der Anforderungen an die Erbscheinserteilung

Ergänzend kommt hinzu, dass die Anforderungen an die Erbscheinserteilung generell nicht überspannt werden, sodass auch abseits der beizubringenden Urkunden keine unverhältnismäßigen Schwierigkeiten bestehen.[313] Die Eröffnung von Nachlasssachen erfolgt regelmäßig schriftlich,[314] mithin ohne Bestimmung eines Termins, und wird als Formalakt begriffen.[315] Mündliche Verhandlungen sind in Erbscheinssachen weder zwingende Voraussetzung[316] noch die Regel.[317] Auch eine weitgehendere Substantiierungspflicht als die in § 352 FamFG normierte kennt das Gesetz nicht.[318] Im Erbscheinsverfahren gilt der Amtsermittlungsgrundsatz, sodass das Nachlassgericht nach Antragstellung von Amts wegen die zur Feststellung der Tatsachen erforderlichen Ermittlungen anzustellen und die geeignet erscheinenden Beweise zu erheben hat, vgl. § 26 FamFG.[319] Sind im Einzelfall aufwendige Ermittlungen oder Anhörungen potentiell übergangener Pflichtteilsberechtigter zur Sachverhaltsaufklärung notwendig, ist das Gericht vor dem Hintergrund seiner Verpflichtung, alle zur Aufklärung dienlichen Beweise zu erheben, zur Anstellung dieser Maßnahmen bereits normativ verpflichtet.[320] Dies ist nicht nur für die Wahrheitsfindung konstitutiv, sondern dient auch dem Zweck des Verfahrens.[321] Auch die Aufklärung zweifelhafter Rechtsfragen wird gerade nicht dem Antrag-

---

[312] *Szalai*, NotBZ 2016, 370 (376). Exemplarisch für ein Online-Bestellverfahren: https://www.wuerzburg.de/rathaus/standesamt/537555.Urkunden.html (zuletzt abgerufen am: 01.07.2024).

[313] So nur: *Szalai*, NotBZ 2016, 370 (376).

[314] *Szalai*, NotBZ 2016, 370 (376). Siehe etwa die Vorschrift des § 348 FamFG betreffend die Eröffnung von Verfügungen von Todes wegen durch das Nachlassgericht. Durch die Neufassung des § 348 FamFG wurde die Eröffnung ohne Termin zum Regelfall erhoben. Ein Termin kann demnach bestimmt werden, zwingende Voraussetzung ist dies nicht. Hierzu: BT-Drs. 16/6308, S. 279 f.; *Zimmermann*, in: Sternal, FamFG, 21. Aufl. 2023, § 348 Rn. 22. Ferner: *Schemmann*, in: Haußleiter, FamFG, 2. Aufl. 2017, Buch 4. Verfahren in Nachlass- und Teilungssachen Abschnitt 2. Verfahren in Nachlasssachen Unterabschnitt 4. Erbscheinsverfahren; Testamentsvollstreckung Vorbemerkungen Rn. 6: „Die Durchführung eines Termins (§ 32) ist nicht zwingend"; *Kroiß*, JA 2009, 882 (884): „Nach § 32 I FamFG kann das Gericht, sofern es dies für sachdienlich hält, die Sache mit den Beteiligten in einem Termin erörtern."

[315] *Szalai*, NotBZ 2016, 370 (376).

[316] Vgl. *Zimmermann*, JuS 2009, 817 (819); *ders.*, Erbschein – Erbscheinsverfahren – Europäisches Nachlasszeugnis, 4. Aufl. 2022, Rn. 259; vgl. auch: *Schneider*, ErbR 2017, 134 (137), der auf das argumentum e contrario zu § 32 FamFG rekurriert.

[317] So: *Szalai*, NotBZ 2016, 370 (376).

[318] OLG Hamm, DNotZ 1993, 139; KG, ZEV 2006, 75; *Mayer*, in: MüKo, BGB, 6. Aufl. 2013, § 2354 Rn. 5; *Grziwotz*, in: MüKo, FamFG, 3. Aufl. 2019, § 352 Rn. 18.

[319] *Muscheler*, JURA 2009, 567 (568); *ders.*, Erbrecht, Band II, Rn. 3298; *Keller/von Schrenck*, JA 2016, 51 (54); *Krätzschel*, in: Krätzschel/Falkner/Döbereiner, Nachlassrecht, 12. Aufl. 2022, § 38 Rn. 57; *Zimmermann*, Erbschein – Erbscheinsverfahren – Europäisches Nachlasszeugnis, 4. Aufl. 2022, Rn. 162.

[320] *Keller/von Schrenck*, JA 2016, 51 (54); vgl. *Szalai*, NotBZ 2016, 370 (376).

[321] Zutreffend bereits: *Szalai*, NotBZ 2016, 370 (376).

steller überantwortet, sondern fällt in den verfahrensrechtlichen Aufgabenbereich des insoweit berufenen Nachlassgerichts.[322]

(4) Abschließende Einordnung

Es wurde deutlich, dass die Erwägung der II. Kommission, wonach die Beschaffung des zur Überzeugung des Nachlassgerichts notwendigen Materials, konkret der Urkunden zum Nachweis der Richtigkeit der Angaben im Antrag auf Erbscheinserteilung, keine Gültigkeit mehr beanspruchen kann. Zum einen ist es Ausdruck einer modernen legislativen Wertentscheidung, dass die Richtigkeit bestimmter Angaben im Antrag auf Erbscheinserteilung durch öffentliche Urkunden nachzuweisen ist: Im Rahmen der Überführung des Erbscheinsverfahrens in das FamFG hat der Gesetzgeber an den erforderlichen Angaben und den Anforderungen an den Nachweis der Richtigkeit im Antrag auf Erbscheinserteilung ausdrücklich festgehalten und sich damit positiv für diese Konzeption entschieden. Zum anderen ermöglicht die sich seit Inkrafttreten des BGB, insbesondere in der jüngeren Vergangenheit, vollzogene Effektivierung und Digitalisierung des Personenstandswesen die Beschaffung der erforderlichen Unterlagen ohne großen Kosten- oder Zeitaufwand.

ee) Unsicherheiten im Erbscheinsverfahren

Der Analyse der Protokolle schließt sich die Untersuchung an, welche ergänzenden Gründe für eine Ablehnung eines Leistungsverweigerungsrechts in den Motiven zum Ausdruck kommen und ob diese weiterhin Geltung beanspruchen können. Dort heißt es:[323]

> „jedem Dritten die Befugnis zu ertheilen, die Vorlegung eines Erbscheines zu verlangen und sich auf eine andere Legitimation des Erben nicht einzulassen, würde zu weit gehen. Der Erbe könnte dadurch in eine *mißliche Lage* gerathen, da die Ertheilung des Erbscheines vom *Ermessen* des Nachlaßgerichts abhängt. *Die Versagung des Erbscheines würde alsdann den Prozeßweg versperren*, während nicht abzusehen ist, weshalb dieser Weg nicht in der Art, daß der Erbe seine Legitimation in der gewöhnlichen Weise führt, gestattet werden sollte. Zudem würde der Erbe damit in den nicht seltenen Fällen, in welchen die Eigenschaft als Erbe allen Betheiligten hinreichend bekannt ist, mit nutzlosen Kosten belastet werden."

Die zitierte Passage ergänzt die zuvor analysierten Argumente der *jüngeren* Stellungnahme in den Protokollen der II. Kommission um eine Erwägung hinsichtlich des Entscheidungsverhaltens des Nachlassgerichts. Es geht augenscheinlich darum, dass bei einer generellen Verpflichtung zur Erbscheinsvorlage für den Erbprätendenten nicht abzusehen sei, ob positiv respektive überhaupt sachgerecht

---

[322] *Herzog*, ZErb 2016, 36 (37); *Grziwotz*, in: MüKo, FamFG, 3. Aufl. 2019, § 352e Rn. 25; vgl. *Herzog*, in: Staudinger, BGB, Neubearbeitung 2023, § 2353 Rn. 486.

[323] *Mugdan*, Die gesammten Materialien zum Bürgerlichen Gesetzbuch für das Deutsche Reich, V. Band, S. 304 (= Motive, S. 568) [Hervorhebungen v. Verfasser].

i. S. e. ordnungsgemäßen Ermessensausübung über den Antrag beschieden werde und dem Erbprätendenten sodann der Prozessweg versperrt sei. Mit anderen Worten: Die I. Kommission befürchtete gleichsam, dass sich das Nachlassgericht – wohl insbesondere bei streitigen oder zweifelhaften Sachverhalten – einer pflichtgemäßen Entscheidung durch Ablehnung des Antrags auf Erbscheinserteilung entziehen werde und der Antragsteller hierdurch Nachteile erleide. Bei der im Nachfolgenden anzustellenden Untersuchung, ob die Erwägung der I. Kommission weiterhin Gültigkeit beansprucht, sind zwei Gesichtspunkte von Bedeutung: Zunächst ist zu überprüfen, ob sich die II. Kommission diese Position ausdrücklich oder konkludent zu eigen machte oder ob eine Abkehr hiervon erfolgte. Dies ist deshalb von Bedeutung, weil es sich bei den Stellungnahmen der II. Kommission im Vergleich zu den Erwägungen der I. Kommission um den *jüngeren* Legislativwillen handelt, der grundsätzlich vorrangig ist, wenn in einer konsekutiven Entstehungsphase keine Abkehr von der Position erfolgte. Daneben ist, weil es sich um eine das nachlassgerichtliche Verfahren betreffende Erwägung handelt, zu untersuchen, ob sich das Tätigwerden des modernen Gesetzgebers mit der Überführung des Erbscheinsverfahrens in das FamFG und die damit einhergehenden Wertentscheidungen auf die fortwährende Gültigkeit der Erwägung der I. Kommission auswirken:

Der Blick in die Protokolle der II. Kommission zeigt, dass Letztere bereits von der in den Motiven zum Ausdruck kommenden Position der I. Kommission abgerückt sein dürfte. In den Protokollen heißt es:[324]

> „Endlich könne die Meinung nicht getheilt werden, daß die Ausdehnung des Institutes sich in der Praxis deswegen nicht bewähren werde, weil der Richter *in allen zweifelhaften Fällen* die Ertheilung des Erbscheines mit der Begründung *ablehnen* werde, daß ihm das Erbrecht *nicht nachgewiesen sei.* Einerseits sei dies an sich nicht zu erwarten, andererseits dürfe man darauf vertrauen, daß durch ein *geordnetes Beschwerdeverfahren*, insbes. durch eine geeignete Verwerthung und Ausbildung des Institutes der weiteren Beschwerde, *etwaige Versuche der Nachlassrichter, einer verantwortungsvollen Entscheidung aus dem Wege zu gehen*, dem praktischen Erfolge nach vereitelt würden."

Daran wird zunächst deutlich, dass die II. Kommission anders als die I. Kommission offenbar davon ausging, dass kein unsachgemäßes Entscheidungsverhalten des Nachlassgerichts – einerseits per se und andererseits eingedenk des geordneten Beschwerdeverfahrens – zu erwarten sei. Insbesondere ist auch der Rekurs auf das Beschwerdeverfahren de lege lata nicht überholt, da die Zurückweisung eines Erbscheinsantrags der befristeten Beschwerde (§§ 58 ff. FamFG) unterliegt.

Insoweit muss gesehen werden, dass sich (auch) der moderne Gesetzgeber im Rahmen der FamFG-Reform ausdrücklich mit der Behandlung *unstreitiger* und *streitiger* Fälle, mithin *unzweifelhafter* und *zweifelhafter* Sachverhalte auseinandersetzte: Zum einen wies der Gesetzgeber darauf hin, dass Erbscheinsverfahren

---

[324] *Mugdan*, Die gesammten Materialien zum Bürgerlichen Gesetzbuch für das Deutsche Reich, V. Band, S. 834 (= Protokolle, S. 7762) [Hervorhebungen v. Verfasser].

weit überwiegend unstreitig seien.[325] Im Interesse einer zügigen Abwicklung – und damit gerade im Interesse der Erben an einer raschen Nachlassregulierung – dieser (positiv beschiedenen) unstreitigen Verfahren wurde daher § 352 Abs. 1 FamFG a. F. (jetzt § 352e FamFG) geschaffen. Nach dieser nunmehr in § 352e FamFG[326] enthaltenen Regelung wird der (Feststellungs-)Beschluss des Nachlassgerichts mit Erlass wirksam und der Beschluss bedarf gem. § 352e Abs. 1 Satz 4 FamFG – in Abweichung zu § 41 Abs. 1 FamFG – keiner Bekanntgabe,[327] sodass das Nachlassgericht gleichzeitig mit Beschlussfassung den Erbschein erteilen kann.[328] Die Gesetzesbestimmung ermöglicht mithin eine bedarfsorientierte, zügige Abwicklung unstreitiger Verfahren.[329] Zum anderen hat der Gesetzgeber für *streitige* Fälle die gängige Praxis des Vorbescheides, in dem allen Beteiligten bei *zweifelhafter* Rechtslage die beabsichtige Entscheidung über den Antrag rechtsmittelfähig mitgeteilt wurde,[330] ausdrücklich aufgegeben und durch die Regelung des § 352e Abs. 2 FamFG (zuvor § 352 Abs. 2 FamFG a. F.) ersetzt.[331] Hierdurch werde den Beteiligten nunmehr eine gesetzlich geregelte Verfahrensweise an die Hand gegeben und so die Möglichkeit eröffnet, die Entscheidung des Nachlassgerichts durch die nächsthöhere Instanz überprüfen zu lassen, bevor der Erbschein erteilt und eventualiter Verfügungen auf Grundlage der §§ 2366 f. BGB mit Wirkung gegenüber den wahren Erben getätigt werden.[332] Abweichend von der Regelung in § 352e Abs. 1 FamFG (ursprünglich § 352 Abs. 1 FamFG a. F.) hat das Gericht sonach in streitig geführten Erbscheinsverfahren gem. § 352e Abs. 2 Satz 2 FamFG (ursprünglich § 352 Abs. 2 Satz 2 FamFG a. F.) die sofortige Wirksamkeit des Beschlusses auszusetzen und die Erteilung des Erbscheins bis zur Rechtskraft des Beschlusses zurückzustellen. Damit wird der Unterschied des geltenden Rechts und der vormaligen Möglichkeit des

[325] BT-Drs. 16/6308, S. 280: „für die weitaus überwiegenden Fälle unzweifelhafter Sachverhalte“, S. 281: „Im Interesse einer zügigen Abwicklung unstreitiger Erbscheinsverfahren, die den weit überwiegenden Teil der Verfahren ausmachen“; nach *Zimmermann*, Erbschein – Erbscheinsverfahren – Europäisches Nachlasszeugnis, 4. Aufl. 2022, Rn. 299 Fn. 785 werfen lediglich 10–12 % der Erbscheinsverfahren überhaupt Probleme auf.

[326] BT-Drs. 16/6308, S. 280.

[327] BT-Drs. 16/6308, S. 280 f.

[328] BT-Drs. 16/6308, S. 281.

[329] *Zorn*, in: Prütting/Helms, FamFG, 6. Aufl. 2023, § 352e Rn. 8.

[330] Erst nach Ablauf der gesetzten Beschwerdefrist wurde die Erteilung des Erbscheins angeordnet. Siehe: *Schlögel*, in: BeckOK, FamFG, 47. Ed. Stand: 01.08.2023, § 352e Rn. 11. Durch einen Vorbescheid kündigte das Gericht in einem aufgrund vollständiger Ermittlungen entscheidungsreifen Verfahren eine bestimmte Entscheidung an, wenn gegen die Ankündigung nicht fristgemäß Rechtsmittel eingelegt werden. Hierdurch konnten vor der abschließenden Klärung der Rechtslage potentielle Nachteile, die durch eine möglicherweise unrichtige Endentscheidung entstehen könnten, vermieden werden. Siehe dazu allgemein: BayObLG, NJW-RR 2003, 1587 (1588); vgl. *Zimmermann*, JuS 2009, 817 (819): „damit wurde die Zahl unrichtiger Erbscheine verringert“.

[331] BT-Drs. 16/6308, S. 281.

[332] BT-Drs. 16/6308, S. 281; vgl. auch: *Zorn*, in: Prütting/Helms, FamFG, 6. Aufl. 2023, § 352e Rn. 60.

Erlasses eines Vorbescheides deutlich: Zuvor stand es im Ermessen des Nachlassgerichts, ob es in zweifelhaften Fällen einen Erbschein erteilte oder einen Vorbescheid erließ; nunmehr enthält § 352e FamFG eine verbindliche Regelung.[333] Widerspricht der beabsichtigte Erbschein „dem erklärten Willen eines Beteiligten", „ist" der Feststellungsbeschluss förmlich bekannt zu geben und das Gericht „hat" sonach die Erteilung des Erbscheins zurückzustellen.[334] Insofern erfolgte also eine bewusste Abkehr von einem nachlassgerichtlichen Ermessen hin zu einer zwingenden[335] Regelung. Dies veranschaulicht, dass sich der Gesetzgeber im Rahmen des (streitigen) Erbscheinsverfahrens bewusst für ein starres Regelungsregime ohne Ermessensmöglichkeit entschieden hat, um so wirksam der Gefahr vorschneller Verfügungen mit den Rechtswirkungen der §§ 2366 f. BGB vorzubeugen.[336] Für ein nachlassgerichtliches Ermessen sollte aus Gründen der Rechtsklarheit und des Rechtsfriedens[337] kein Raum bleiben. Im Übrigen kann den Gesetzesmaterialien zur Überführung des Erbscheinsverfahrens in das FamFG, das Inhalt und Systematik des Erbscheinsverfahrens nicht veränderte,[338] nichts dahingehend entnommen werden, dass im Falle *unstreitiger* oder *streitiger* Verfahren eine unsachgemäße Ermessensausübung zu befürchten und deshalb eine Reform erforderlich sei. Vielmehr teilte der Gesetzgeber im Zuge der Neufassung des § 352 FamFG a. F.[339], dessen Bestimmungen mit denen des § 2359 BGB a. F.[340] ohne sachliche Änderung durch § 352e FamFG zusammengefasst wurden,[341] mit, dass sich die Regelungen gerade an der damaligen Praxis orientierten.[342] Letztere hatte aber jedenfalls ausweislich der Gesetzgebungsmaterialien keinen Reformbedarf hinsichtlich des Aspekts eines

---

[333] Vgl. *Gierl*, in: Burandt/Rojahn, Erbrecht, 4. Aufl. 2022, § 352e FamFG Rn. 193; *Zimmermann*, in: Sternal, FamFG, 21. Aufl. 2023, § 352e Rn. 73.

[334] *Schemmann*, in: Haußleiter, FamFG, 2. Aufl. 2017, § 352e Rn. 11; *Schlögel*, in: BeckOK, FamFG, 47. Ed. Stand: 01.08.2023, § 352e Rn. 14; *Zimmermann*, in: Sternal, FamFG, 21. Aufl. 2023, § 352e Rn. 73.

[335] Vgl. *Schlögel*, in: BeckOK, FamFG, 47. Ed. Stand: 01.08.2023, § 352e Rn. 14.

[336] Vgl. auch: *Zorn*, in: Prütting/Helms, FamFG, 6. Aufl. 2023, § 352e Rn. 60.

[337] Vgl. *Zorn*, in: Prütting/Helms, FamFG, 6. Aufl. 2023, § 352e Rn. 8.

[338] Siehe etwa: *Holzer*, ZNotP 2015, 258 (259).

[339] § 352 FamFG a. F. lautete: „(1) [1]Die Entscheidung, dass die zur Erteilung eines Erbscheins erforderlichen Tatsachen für festgestellt erachtet werden, ergeht durch Beschluss. [2]Der Beschluss wird mit Erlass wirksam. [3]Einer Bekanntgabe des Beschlusses bedarf es nicht.

(2) [1]Widerspricht der Beschluss dem erklärten Willen eines Beteiligten, ist der Beschluss den Beteiligten bekannt zu geben. [2]Das Gericht hat in diesem Fall die sofortige Wirksamkeit des Beschlusses auszusetzen und die Erteilung des Erbscheins bis zur Rechtskraft des Beschlusses zurückzustellen.

(3) Ist der Erbschein bereits erteilt, ist die Beschwerde gegen den Beschluss nur noch insoweit zulässig, als die Einziehung des Erbscheins beantragt wird."

[340] § 2359 BGB a. F. lautete: „Der Erbschein ist nur zu erteilen, wenn das Nachlassgericht die zur Begründung des Antrags erforderlichen Tatsachen für festgestellt erachtet."

[341] BT-Drs. 18/4201, S. 61. Detailliert zur Übernahme in die einzelnen Absätze des § 352e FamFG: *Holzer*, ZNotP 2015, 258 (259).

[342] BT-Drs. 16/6308, S. 280.

unsachgemäßen Entscheidungsverhaltens geltend gemacht. Auch im Übrigen hat der FamFG-Gesetzgeber keinen Regelungsbedarf hinsichtlich der nachlassgerichtlichen Entscheidungspraxis mitgeteilt.

Vor diesem Hintergrund gilt es, die Erwägung der I. Kommission abschließend einzuordnen: Nach der in § 352e Abs. 1 Satz 1 FamFG zum Ausdruck kommenden Gesetzeskonzeption darf ein Erbschein sonach nur erteilt werden, wenn das Nachlassgericht die zur Begründung des Antrags erforderlichen Tatsachen für festgestellt erachtet. In Ermangelung einer Verpflichtung zur Erteilung irgendeines Erbscheins ist der Antrag bei Nichtvorliegen der Überzeugung zurückzuweisen.[343] Hierbei muss das Nachlassgericht aufgrund seiner Fürsorgepflicht eine Zwischenverfügung erlassen, wenn der Erbscheinserteilung behebbare Mängel entgegenstehen.[344] Eine Zurückweisung des Antrags unterliegt der befristeten Beschwerde (§§ 58 ff. FamFG),[345] wobei insbesondere die im Falle der Zurückweisung bestehende Begründungspflicht (§ 38 Abs. 3 Satz 1 FamFG)[346] eine sachgerechte Überprüfung im Rechtsmittelverfahren ermöglicht. Außerdem ist darauf hinzuweisen, dass die Rechtssache selbst bei einem erfolglosen Erbscheinserteilungsverfahren nochmals im Wege der Erbenfeststellungsklage neu beurteilt und so bei positiver Entscheidung eine rechtssichere Feststellung des Erbrechts erlangt werden kann.[347] Denn in Ermangelung materieller Rechtskraft des Beschlusses im Erbscheinsverfahren ist das Zivilgericht in keiner Weise gebunden.[348] Dem Antragsteller ist der Prozessweg daher sowohl bei Zurückweisung des Antrags auf Erbscheinserteilung in erster Instanz als auch bei einem durch alle Instanzen erfolglosen Erbscheinserteilungsverfahren nicht (endgültig) versperrt. Für dieses Regelungskonzept hat sich der Gesetzgeber bewusst entschieden, sodass die konzeptionelle Gestaltung des Erbscheinsverfahrens nach dem FamFG inklusive der Bestimmung über die Entscheidung über Erbscheinsanträge (§ 352e FamFG) Ausdruck einer *legislativen Wertentscheidung* ist. Der Gesetzgeber hat sich ausdrücklich mit der Behandlung

---

[343] *Lange*, Erbrecht, 3. Aufl. 2022, § 78 Rn. 41.

[344] *Lange*, Erbrecht, 3. Aufl. 2022, § 78 Rn. 42.

[345] *Grziwotz*, in: MüKo, FamFG, 3. Aufl. 2019, § 352e Rn. 59; *Gierl*, in: Burandt/Rojahn, Erbrecht, 4. Aufl. 2022, § 352e FamFG Rn. 213; vgl. insoweit auch den Verweis auf das geordnete Beschwerdeverfahren in den Protokollen der II. Kommission: *Mugdan*, Die gesammten Materialien zum Bürgerlichen Gesetzbuch für das Deutsche Reich, V. Band, S. 834 (= Protokolle, S. 7762).

[346] Vgl. *Prütting*, in: MüKo, ZPO, 6. Aufl. 2020, § 286 Rn. 21: „Die Bedeutung der richterlichen Begründungspflicht wird vielfach unterschätzt.“; vgl. *Thole*, in: Stein/Jonas, ZPO, 23. Aufl. 2018, § 286 Rn. 17: „Die Begründung dient der richterlichen Selbstkontrolle und der Überprüfung durch die Parteien und des Rechtsmittelgerichtes.“

[347] BGH, ZEV 2007, 134; BGH, ZEV 2010, 468 (469); BGH, ZEV 2011, 656; OLG Köln, ZEV 2018, 88; *Zimmermann*, in: Sternal, FamFG, 21. Aufl. 2023, § 352e Rn. 96.

[348] *Adam*, ZEV 2016, 233 (234); *Steiner*, ZEV 2019, 450 (451). Ausführlich zum Verhältnis Erbscheinsverfahren und Erbenfeststellungsklage: *Zimmermann*, ZEV 2010, 457 (458 ff.); *Grziwotz*, in: MüKo, FamFG, 3. Aufl. 2019, § 352e Rn. 72 ff.; zur Harmonisierung gerichtlicher Erbenfeststellung ausführlich: *Adam*, ZEV 2016, 233.

streitiger und *unstreitiger* Erbscheinsverfahren konkret im Zusammenhang mit der Vorschrift, welche die Voraussetzungen der Erteilung eines Erbscheins sowie das Verfahren bei Erteilung eines Erbscheins regelt (§ 352e FamFG), beschäftigt. Für die (generelle) Gefahr eines unsachgemäßen Ermessensgebrauchs oder einen den Antragsteller (willkürlich) benachteiligenden Entscheidungspraxis ist in den Gesetzgebungsmaterialien nichts ersichtlich. Soweit man ein nachlassgerichtliches Ermessen im Rahmen der Vorbescheidspraxis in den Blick nahm, entschied man sich bewusst gegen eine solche (Ermessens-)Konzeption. Möchte man insoweit ein Ermessen des Nachlassgerichts und einen infolgedessen versperrten Prozessweg gegen ein Leistungsverweigerungsrecht bis zur Erbscheinsvorlage anführen, kann dieser Einwand – spätestens nach der konzeptionellen Bestätigung des Erbscheinsverfahrens im Rahmen der Übertragung in das FamFG – keine Gültigkeit mehr beanspruchen.

ff) Der Legislativwille in der Schlussbetrachtung

Die vorausgegangene Analyse verdeutlicht, dass der in den Gesetzesmaterialien zum Ausdruck kommende Legislativwille gegen ein Leistungsverweigerungsrecht bis zur Erbscheinsvorlage keine fortwährende Geltung beanspruchen kann. Abgesehen von den aufgezeigten partiellen Widersprüchen in den Materialien ist hierbei das zentrale Augenmerk auf die Veränderung der rechtlichen und tatsächlichen Gegebenheiten zu richten. Letztere führten dazu, dass die zur Zeit der Beratung des BGB vorgebrachten Gründe unter Geltung des modernen Regelungsumfelds *nicht mehr* argumentativ gegen ein im Wege der Rechtsfortbildung zu gewinnendes Leistungsverweigerungsrecht ins Feld geführt werden können:

Zu den entscheidenden Erkenntnissen zählt die Feststellung, dass die II. Kommission ein völlig anderes Regelungskonzept im Hinblick auf die ordentlichen Testamentsformen vor Augen hatte:[349] Die II. Kommission ging zum Zeitpunkt ihrer Beratung eines Leistungsverweigerungsrechts von einem Rechtszustand aus, der – anders als die in Kraft getretene und geltende Fassung des BGB – das erst durch die Reichstagskommission und den Reichstag in das BGB aufgenommene privatschriftliche Testament als ordentliche Testamentsform nicht kannte. Im Vergleich mit dem öffentlichen Testament bedeutet das eigenhändige Testament allerdings ein erhebliches Defizit an Rechtsklarheit und Rechtssicherheit, sodass die erbrechtliche Lage im Falle gewillkürter Erbfolge – gerade eingedenk der weiten Verbreitung des privatschriftlichen Testaments – nach der gegenwärtigen Rechtslage vielfach nicht „so einfach und klar“ sein wird. Die Feststellung der II. Kommission, wonach die erbrechtliche Lage bei gewillkürter Erbfolge im Regelfall eindeutig sei und in diesen Fällen ein Leistungsverweigerungsrecht bis zur Erbscheinsvorlage die Möglichkeit gebe, „dem Erben einen ganz unnöthigen Kostenaufwand zu machen und ihn an einer

[349] In diese Richtung auch: *Hellwig*, Anspruch und Klagerecht, S. 357; *ders.*, SeuffBl. 69 (1904), 473 (476); *Szalai*, NotBZ 2016, 370 (376).

raschen Durchsetzung seiner Ansprüche zu hindern", kann demnach aufgrund der geänderten rechtlichen Verhältnisse keine fortwährende Geltung beanspruchen. Dies gilt umso mehr, als der Einführung des privatschriftlichen Testaments keine Anpassung der auf einen Rechtszustand, der nur das öffentliche Testament als ordentliche Testamentsform kannte, zugeschnittenen Erbscheinsvorschriften zugunsten des Rechtsverkehrs im Falle der Vorlage eines eigenhändigen Testaments nachfolgte.[350] Daher kann auch die Pauschalisierung der II. Kommission nicht mehr ohne Weiteres Gültigkeit beanspruchen, dass im Privatrechtsverkehr mit Banken bei Vorlage einer letztwilligen Verfügung „eine Regelung des Nachlasses oft ohne Erbschein möglich sein" werde.[351]

Das moderne Recht wirkt sich auch in anderer Hinsicht auf die fortwährende Gültigkeit des Legislativwillens aus. Die II. Kommission führte gegen ein Leistungsverweigerungsrecht bis zur Erbscheinsvorlage ins Feld, dass die Gefahr bestehe, dass ein solches Recht zur Schikane genutzt werde. Zum einen erging diese Erwägung im Zusammenhang mit der zuvor bezeichneten Feststellung der II. Kommission, dass die erbrechtliche Sachlage bei letztwilligen Verfügungen vielfach einfach und klar und deshalb das Verlangen eines Erbscheins in diesen Fällen schikanös sei, sodass der Schikaneeinwand bereits aufgrund der Änderung des Rechtszustands hinsichtlich der ordentlichen Testamentsformen seine fortwährende Gültigkeit verliert. Zum anderen hatte die II. Kommission zur Zeit ihrer Beratung nicht im Blick, dass mit § 226 BGB[352] letztlich ein allgemeines Schikaneverbot Einzug in das BGB finden und sich in Verstärkung hierzu eine auf § 242 BGB fußende, einzelfallgerechte Rechtsausübungskontrolle[353] in der Rechtsprechung entwickeln würde. De lege lata besteht mithin ein spezifischer Schutz vor missbräuchlicher respektive schikanöser Rechtsausübung. Ein Rekurs auf die Gefahr einer solchen Rechtsausübung im Rahmen der Frage nach der Gewährung eines Rechts wird hierdurch gegenstandslos.

Darüber hinaus kann auch, soweit man diesen den Protokollen der II. Kommission mittelbar entnimmt, ein isolierter Verweis auf den mit dem Erbscheinsverfahren einhergehenden Kostenaufwand einem Leistungsverweigerungsrecht nicht (mehr) entgegengehalten werden. Die Kostenentstehung – und zwar gerade auch die Ausrichtung der Gebührenhöhe am Nachlasswert – ist für sich genommen bewusster Ausdruck einer jüngeren gesetzgeberischen Wertentscheidung durch Einführung des GNotKG. Diese jüngere Wertentscheidung löst die Wertentscheidung zur Zeit der Beratung des BGB ab, sodass Letztere einer Rechtsfortbildung nicht mehr entgegengehalten werden kann. Das schließt freilich nicht aus, dass die Erbscheinskosten

[350] Vgl. *Beutgen*, Die Geschichte der Form des eigenhändigen Testaments, S. 81.

[351] Vgl. *Mugdan*, Die gesammten Materialien zum Bürgerlichen Gesetzbuch für das Deutsche Reich, V. Band, S. 840 f. (= Protokolle, S. 7789 f.).

[352] Ohne nähere Begründung auch: *Hellwig*, Anspruch und Klagerecht, S. 357 Fn. 29.

[353] Vgl. dazu allgemein *Szalai*, NotBZ 2016, 370 (379), der im Ergebnis dafür votiert, dass bei Fehlen eines Erbscheins oder öffentlichen Testaments der Missbrauchsgedanke fruchtbar zu machen sei.

im Rahmen des Interesses an einer raschen und kostengünstigen Nachlassabwicklung unter dem Gesichtspunkt des Rechtsmissbrauchs dogmatisch berücksichtigt werden können.[354] Denn die originäre Legitimität der Kosten ändert nichts daran, dass diese im Einzelfall unnötigerweise anfallen können.

Des Weiteren können auch die zur Zeit der Entstehung des BGB vorgebrachten Schwierigkeiten im Rahmen des Erbscheinsverfahrens, insbesondere dergestalt, dass die erforderlichen Urkunden schwerlich beschafft werden können, nicht mehr gegen ein Leistungsverweigerungsrecht ins Feld geführt werden. Zum einen ist es Ausdruck einer modernen legislativen Wertentscheidung, dass die Richtigkeit bestimmter Angaben im Antrag auf Erbscheinserteilung durch öffentliche Urkunden nachzuweisen ist. Denn der Gesetzgeber hat im Rahmen der Überführung des Erbscheinsverfahrens in das FamFG an den vormals (vgl. §§ 2354–2356 BGB a.F.) erforderlichen Angaben und den Anforderungen an den Nachweis der Richtigkeit im Antrag auf Erbscheinserteilung unverändert festgehalten. Auch sofern im Einzelfall eine Beschaffung nicht oder nur mit unverhältnismäßigem Aufwand möglich ist, hat der Gesetzgeber die vormalige Konzeption (§ 2356 BGB a.F.) beibehalten, vgl. § 352 Abs. 3 Satz 2 FamFG, und lässt damit im Einzelfall alternative Beweismittel ausdrücklich zu. Zum anderen ermöglicht die sich seit Inkrafttreten des BGB, insbesondere in der jüngeren Vergangenheit, vollzogene Effektivierung und Digitalisierung des Personenstandswesen die Beschaffung der erforderlichen Unterlagen ohne großen Kosten- oder Zeitaufwand.

Auch steht der Verweis der I. Kommission darauf, dass der Erbe in eine missliche Lage geraten könne, da die Erbscheinserteilung vom Ermessen des Nachlassgerichtes abhänge, einer Rechtsfortbildung nicht mehr entgegen. Denn der Gesetzgeber hat sich im Zuge der Überführung des Erbscheinsverfahrens in das FamFG bewusst für das gegenwärtige Regelungsmodell zur Entscheidung über Erbscheinsanträge (§ 352e FamFG) entschieden, sodass diese konzeptionelle Gestaltung Ausdruck einer (modernen) legislativen Wertentscheidung ist. Hierbei hat sich der Normgeber ausdrücklich und abschließend mit der Behandlung streitiger und unstreitiger Erbscheinsverfahren konkret im Zusammenhang mit der Vorschrift des § 352e FamFG beschäftigt; in den (modernen) Gesetzgebungsmaterialien wurden die von der Kommission befürchteten Gefahren im Rahmen des Erbscheinserteilungsverfahrens gerade nicht thematisiert.

Im Ergebnis bleibt festzuhalten, dass zwar ein – wenngleich nicht unbestrittener und widerspruchsfreier – mitgeteilter Legislativwille gegen ein Leistungsverweigerungsrecht bis zur Erbscheinsvorlage vorliegt, dieser allerdings keine fortwährende Geltung beanspruchen kann. Denn namentlich die weitreichenden Änderungen der rechtlichen und tatsächlichen Verhältnisse führten dazu, dass dem Legislativwillen gleichsam die „Grundlage“ entzogen wurde, sodass dieser einem Prozess der Lückenfeststellung nicht (mehr) entgegensteht.

---

[354] Vgl. zur Berücksichtigung des Interesses an einer raschen und kostengünstigen Nachlassregulierung: Kapitel 3 B. I. 2., 3., II. 5., 7. und III.

c) Ermittlung des gesetzgeberischen Regelungsplans

Ist der Legislativwille als Hürde zunächst überwunden, gilt es, nachfolgend den gesetzgeberischen Regelungsplan[355] vorrangig anhand objektiver Kriterien zu ermitteln. Anhand dieses Plans ist sodann zu untersuchen, ob das Gesetz eine Norm nicht enthält, welche es enthalten sollte.[356] Dabei gewinnt auch das Prinzip, Gleiches gleich zu behandeln, an Bedeutung.[357] Denn insoweit zielt die Lückenfeststellung auch darauf ab, Inkonsequenzen in den Wertentscheidungen der Rechtsordnung aufzudecken und der Beseitigung dieser den Weg zu ebnen.[358]

aa) Die Wertungen des Zessionsrechts als Vergleichsmaßstab

Bei der Analyse des gesetzgeberischen Regelungsplans ist zunächst am Abtretungsrecht anzusetzen.[359] Die Regeln des Sukzessionsrechts haben „eine Änderung der Rechtszuständigkeit ohne Änderung des Rechtsinhalts"[360] zum Gegenstand.[361] Hierbei ist ein besonderes Augenmerk auf das zessionsrechtliche System des Schuldnerschutzes – §§ 404, 406 ff. BGB – zu richten,[362] welches an den aus der Änderung der Rechtszuständigkeit resultierenden Auswirkungen auf die Rechtsposition des Zessionsschuldners anknüpft.[363] Da Letzterer nicht am Abtretungsvorgang beteiligt und ihm eine präventive Beteiligung am Zessionsgeschäft verwehrt ist, schützen die Vorschriften der §§ 404, 406 ff. BGB den unveränderten Fortbestand seiner Rechtsstellung und verhüten Nachteile, welche aus der Unkenntnis des

---

[355] Vgl. *Grüneberg*, in: Grüneberg, BGB, 82. Aufl. 2023, Einleitung Rn. 55; vgl. ferner: *Jocham*, Die Grenzen der richterlichen Rechtsfortbildung im Privatrecht, S. 188: „ist dann anhand objektiver Umstände zu ermitteln, welchen Normzweck der Gesetzgeber konkludent bestimmt hatte oder hätte. Objektive Kriterien sind daher wesentlich, um den Willen des Gesetzgebers als subjektives Kriterium zu ermitteln."

[356] *Larenz*, Methodenlehre der Rechtswissenschaft, 6. Aufl. 1991, S. 373 f.; *ders./Canaris*, Methodenlehre der Rechtswissenschaft, 3. Aufl. 1995, S. 194 ff.; *Engisch*, Einführung in das juristische Denken, 12. Aufl. 2018, S. 198.

[357] *Larenz*, Methodenlehre der Rechtswissenschaft, 6. Aufl. 1991, S. 374 f.; *ders./Canaris*, Methodenlehre der Rechtswissenschaft, 3. Aufl. 1995, S. 195; *Zippelius*, Juristische Methodenlehre, 12. Aufl. 2021, S. 54, 65. Instruktiv zur Analogie als Mittel der Lückenfeststellung: *Canaris*, Die Feststellung von Lücken im Gesetz, 2. Aufl. 1983, S. 71 ff.

[358] *Zippelius*, Juristische Methodenlehre, 12. Aufl. 2021, S. 54.

[359] In Grundzügen bereits: *Hellwig*, Anspruch und Klagerecht, S. 357 ff.; *ders.*, SeuffBl. 69 (1904), 473 (473 ff.).

[360] *Larenz*, Lehrbuch des Schuldrechts, 1. Band, Allgemeiner Teil, 14. Aufl. 1987, § 33. III. (= S. 574).

[361] *Busche*, in: Staudinger, BGB, Neubearbeitung 2022, Einleitung zu §§ 398 ff. Rn. 1.

[362] Dazu ausführlich etwa: *Lieder*, Die rechtsgeschäftliche Sukzession, S. 632 ff.; *ders.*, in: BeckOGK, BGB, Stand: 01.09.2022, § 404 Rn. 4–6.

[363] Vgl. BGHZ 176, 128 = NJW 2008, 2429 Rn. 23: „Schutzvorschriften der §§ 404 ff. BGB, die dem Zweck dienen, eine Verschlechterung der Verteidigungsmöglichkeiten des Schuldners infolge der Forderungsabtretung zu verhindern"; vgl. *Lieder*, Die rechtsgeschäftliche Sukzession, S. 632.

Gläubigerwechsels herrühren.[364] Bei diesem Schutzsystem handelt es sich um „kein Zugeständnis […], keinen Gnadenakt des Gesetzgebers, sondern [es] bildet das notwendige Korrelat zu seiner Nichtbeteiligung an der Forderungsabtretung".[365] Diese fehlende Partizipation am Gläubigerwechsel wird nur durch einen umfassenden Schutz erträglich.[366] Das System des sukzessionsrechtlichen Schuldnerschutzes ist daher auf eine sachgerechte Kompensation der fehlenden Beteiligung am Rechtsübergang gerichtet.[367] Die Freihaltung des Schuldners von abtretungsbedingten Nachteilen entspricht dem Gedanken des *favor debitoris*, mithin dem Schutz vor aufgrund der Abtretung eintretenden Rechtsnachteilen als einem der tragenden Grundprinzipien[368] des Abtretungsrechts.[369] In den §§ 404 ff. BGB hat dieser Schutz positive Umsetzung erfahren.[370]

Unter den hier interessierenden Wertungsgesichtspunkten ist ein besonderes Augenmerk auf das einredeweise geltend zu machende Leistungsverweigerungsrecht sui generis[371] des § 410 Abs. 1 Satz 1 BGB zu richten, wonach der Schuldner dem neuen Gläubiger gegenüber zur Leistung nur gegen Aushändigung einer von dem bisherigen Gläubiger über die Abtretung ausgestellten Urkunde verpflichtet ist;

---

[364] Grundlegend zum Ganzen: *Lieder*, Die rechtsgeschäftliche Sukzession, S. 632 ff.; außerdem exemplarisch: BGHZ 58, 327 (331) = NJW 1972, 1193 (1195); BGH, NJW-RR 2004, 1347 (1348); BGH, NJW 2006, 219 Rn. 27; BGHZ 176, 128 = NJW 2008, 2429 Rn. 23; BGH, NJW 2013, 2592 Rn. 12; *Larenz*, Lehrbuch des Schuldrechts, 1. Band, Allgemeiner Teil, 14. Aufl. 1987, § 34. IV. (= S. 586 f.); *Coester-Waltjen*, JURA 2003, 23 (25); *Lieder*, Die rechtsgeschäftliche Sukzession, S. 632; *Kieninger*, in: MüKo, BGB, 9. Aufl. 2022, § 404 Rn. 1; ferner: *Scheyhing/Nörr*, in: Nörr/Scheyhing/Pöggeler, Sukzessionen, 2. Aufl. 1999, § 7 (= S. 74): „als Ausgleich hierfür nahm [der Gesetzgeber] sich vor, den Schuldner vor Nachteilen aus dieser Konstruktion im weitesten Umfang zu schützen."

[365] *Nörr*, in: Nörr/Scheyhing/Pöggeler, Sukzessionen, 2. Aufl. 1999, § 1 (= S. 7); *Lieder*, Die rechtsgeschäftliche Sukzession, S. 633 spricht von der sachgerechten Kompensation der mangelnden Beteiligung am Abtretungsvorgang.

[366] *Nörr*, in: Nörr/Scheyhing/Pöggeler, Sukzessionen, 2. Aufl. 1999, § 1 (= S. 7); § 4 I. (= S. 37).

[367] *Lieder*, Die rechtsgeschäftliche Sukzession, S. 633.

[368] *Hoffmann*, WM 2011, 433.

[369] BGH, NJW 1972, 1193 (1195); BGH, NJW-RR 2004, 1347 (1348); BGH, NJW 2006, 219 Rn. 27; BGHZ 176, 128 = NJW 2008, 2429 Rn. 23; *Larenz*, Lehrbuch des Schuldrechts, 1. Band, Allgemeiner Teil, 14. Aufl. 1987, § 34. IV. (= S. 586 f.); vgl. *Hoffmann*, WM 2011, 433; *Lieder*, Die rechtsgeschäftliche Sukzession, S. 632 f.; *Kieninger*, in: MüKo, BGB, 9. Aufl. 2022, § 404 Rn. 1; vgl. auch: *Canaris*, Die Vertrauenshaftung im deutschen Privatrecht, S. 130, 144.

[370] *Hoffmann*, WM 2011, 433: „Ausdruck und Ausgestaltung"; vgl. auch: BGHZ 176, 128 = NJW 2008, 2429 Rn. 23: „Darüber hinaus ist den Schutzvorschriften der Rechtsgedanke zu entnehmen, dass der Schuldner grundsätzlich vor allen Nachteilen, die ihm durch die Abtretung entstehen können, geschützt werden soll."

[371] BGH, NJW 1986, 977; BGH, NJW 2007, 1269 (1271); BGH, NJW 2012, 3426 Rn. 13; *Kieninger*, in: MüKo, BGB, 9. Aufl. 2022, § 410 Rn. 4; *Lieder*, in: BeckOGK, BGB, Stand: 01.09.2022, § 410 Rn. 13; *Grüneberg*, in: Grüneberg, BGB, 82. Aufl. 2023, § 410 Rn. 1; *Müller*, in: Prütting/Wegen/Weinreich, BGB, 18. Aufl. 2023, § 410 Rn. 1.

eine Ausnahme gilt wegen § 409 Abs. 1 Satz 1 BGB dann, wenn der bisherige Gläubiger dem Schuldner die Abtretung schriftlich angezeigt hat, § 410 Abs. 2 BGB. Dieser Absicherungsmechanismus trägt den Schuldnerinteressen wirksam und in direkter Weise Rechnung.[372] Durch das Verlangen der Abtretungsurkunde soll sich der Schuldner Sicherheit über die materielle Rechtsinhaberschaft des neuen Gläubigers verschaffen können,[373] und so im Zusammenspiel mit § 409 BGB vor der doppelten Inanspruchnahme geschützt werden.[374] Denn sofern der Schuldner nach § 410 Abs. 1 Satz 1 BGB an einen – jedenfalls als solchen auftretenden – Zessionar gegen Aushändigung der Abtretungsurkunde leistet, so erfolgt die Leistung auch dann mit befreiender Wirkung, wenn die Abtretung nicht erfolgt oder unwirksam war, § 409 Abs. 1 Satz 2 BGB.[375] § 410 BGB, welcher zugleich Element und Schlusspunkt des Systems des abtretungsrechtlichen Schuldnerschutzes[376] ist, verdeutlicht nochmals eindringlich dessen Zielrichtung: Der Schuldner soll nicht durch den ohne seine Mitwirkung vollzogenen Zessionsvorgang dergestalt benachteiligt werden, dass dieser schutzlos dem Risiko doppelter Inanspruchnahme ausgesetzt ist. Gerade dies wäre jedoch zu befürchten, wenn durch den § 410 BGB kein Sicherungsmoment gegen die doppelte Inanspruchnahme durch den *falsus creditor* einerseits und den Zessionar andererseits geschaffen worden wäre. Denn nur durch das positivierte Recht des Schuldners, von dem neuen Gläubiger die Aushändigung der über die Abtretung ausgestellten Urkunde zu verlangen, kann dieser in den Genuss der Rechtswirkungen des § 409 BGB kommen.[377] Generalisierend lässt sich § 410 BGB die Wertung entnehmen, dass sich der Schuldner bei Änderung der Rechtszuständigkeit auf Gläubigerseite vor daraus resultierenden Nachteilen dadurch

---

[372] *Mugdan*, Die gesammten Materialien zum Bürgerlichen Gesetzbuch für das Deutsche Reich, II. Band, S. 583 f. (= Protokolle, S. 798 f.). Bemerkenswert ist, dass der erste Entwurf den Schuldnerschutz noch auf eine besondere Kostentragungsregel beschränkte. Die II. Kommission entschied sich positiv für den Schuldnerschutz in Form des Leistungsverweigerungsrechts. Dazu: *Lieder*, in: BeckOGK, BGB, Stand: 01.09.2022, § 410 Rn. 5; *Kieninger*, in: MüKo, BGB, 9. Aufl. 2022, § 410 Rn. 3.

[373] *Lieder*, in: BeckOGK, BGB, Stand: 01.09.2022, § 410 Rn. 3.

[374] Vgl. *Mugdan*, Die gesammten Materialien zum Bürgerlichen Gesetzbuch für das Deutsche Reich, II. Band, S. 1241 (= Denkschrift, S. 54); BGH, WM 1958, 428 (429); BGH, WM 1969, 598 (600); BGH, NJW 1993, 1468 (1469); BGH, NJW 2012, 3426 Rn. 13; OLG Köln, NZV 2021, 196 Rn. 34; AG Hannover, BeckRS 2020, 5132 Rn. 26; *Weber*, in: RGRK, BGB, 12. Aufl. 1976, § 410 Rn. 1; *Coester-Waltjen*, JURA 2003, 23 (29); *Kieninger*, in: MüKo, BGB, 9. Aufl. 2022, § 410 Rn. 1; vgl. auch: *Grüneberg*, in: Grüneberg, BGB, 82. Aufl. 2023, § 410 Rn. 1.

[375] *Weber*, in: RGRK, BGB, 12. Aufl. 1976, § 410 Rn. 1; *Kieninger*, in: MüKo, BGB, 9. Aufl. 2022, § 410 Rn. 1. Zur Frage, inwieweit der Schuldner den sukzessionsrechtlichen Schutz genießt, wenn er positiv die Unrichtigkeit der Abtretungsurkunde kennt: *Lieder*, Die rechtsgeschäftliche Sukzession, S. 661–664.

[376] *Busche*, in: Staudinger, BGB, Neubearbeitung 2022, § 410 Rn. 1; *Lieder*, in: BeckOGK, BGB, Stand: 01.09.2022, § 410 Rn. 3.

[377] Vgl. *Busche*, in: Staudinger, BGB, Neubearbeitung 2022, § 410 Rn. 1 f.; *Martens*, in: Erman, BGB, 17. Aufl. 2023, § 410 Rn. 1.

schützen können muss, dass er die Leistung bis zur Vorlage der mit Gutglaubensschutz ausgestatteten Urkunde verweigern kann.

Das vorbezeichnete Leistungsverweigerungsrecht wird indes durch § 242 BGB eingegrenzt.[378] Denn der Grundsatz von Treu und Glauben bildet eine allen Rechten immanente Schranke und aus ihm folgt das Verbot unzulässiger Rechtsausübung.[379] Eine Rechtsausübung kann danach im Einzelfall unzulässig sein, wenn der Schuldner kein schutzwürdiges Eigeninteresse an der Aushändigung der Abtretungsurkunde hat.[380] So besteht ein schutzwürdiges Interesse auf Vorlage der Originalurkunde etwa dann nicht, wenn eine anderweitige Inanspruchnahme des Schuldners nach Lage des Falls sicher ausgeschlossen ist.[381] Der Forderungsschuldner muss sich dann mit einem anderen Nachweis der Abtretung zufrieden geben, wenn die Abwägung des schuldnerischen Sicherungsinteresses im Sinne einer sicheren Bestimmung des wahren Gläubigers und des gläubigerseitigen Befriedigungsinteresses ergibt, dass Letzteres unverhältnismäßig beeinträchtigt wird,[382] also das Interesse des Schuldners hinter dem Befriedigungsinteresse zurücktreten muss.[383] Gerechtfertigt wird diese Überlegung der über § 242 BGB zu bewirkenden Einschränkung durch den Gedanken, dass für den Schuldner in erster Linie die materielle Rechtslage entscheidend ist. Wenn die materielle Rechtslage, mithin die Forderungszuständigkeit, hinreichend rechtssicher auf andere Weise nachgewiesen wird, bedarf es des Legitimationsschutzes des § 410 BGB nicht (mehr).[384] Eingedenk des Normzwecks des § 410 BGB, aus welchem sich ergibt, dass eine Berufung auf das Leistungsverweigerungsrecht grundsätzlich keine unzulässige Rechtsausübung darstellt,[385] ist bei der Annahme derselben indes Zurückhaltung geboten und hinsichtlich der alterna-

---

[378] *Coester-Waltjen*, JURA 2003, 23 (29). In dieser Weise wird letztendlich auch die nachfolgend zu gewinnende Analogie einzugrenzen sein. Dazu unter: Kapitel 3 B.

[379] Vgl. aus der Rechtsprechung: BGH, NJW-RR 2015, 457 Rn. 28; BGH, NJW 2018, 1756 Rn. 20; BGHZ 227, 253 = NJW 2021, 307 Rn. 27; BAG, NZA 2022, 1276 Rn. 15, jeweils m. w. N.; vgl. aus dem Schrifttum: *Schubert*, in: MüKo, BGB, 9. Aufl. 2022, § 242 Rn. 165; *Grüneberg*, in: Grüneberg, BGB, 82 Aufl. 2023, § 242 Rn. 16, 38; *Mansel*, in: Jauernig, BGB, 19. Aufl. 2023, § 242 Rn. 33; *Sutschet*, in: BeckOK, BGB, 67. Ed. Stand: 01.08.2023, § 242 Rn. 47.

[380] BGH, NJW 2012, 3426 Rn. 18; OLG Köln, NZV 2021, 196 Rn. 36; AG Hannover, BeckRS 2020, 5132 Rn. 26; *Busche*, in: Staudinger, BGB, Neubearbeitung 2017, § 410 Rn. 7; *Kieninger*, in: MüKo, BGB, 9. Aufl. 2022, § 410 Rn. 6; *Martens*, in: Erman, BGB, 17. Aufl. 2023, § 410 Rn. 7; vgl. auch: *Lieder*, in: BeckOGK, BGB, Stand: 01.09.2022, § 410 Rn. 13. Instruktiv zum Ganzen: *Sutschet*, in: BeckOK, BGB, 67. Ed. Stand: 01.08.2023, § 242 Rn. 82 ff.; vgl. ferner: *Schubert*, in: MüKo, BGB, 9. Aufl. 2022, § 242 Rn. 518 ff.

[381] BGH, NJW 2012, 3426 Rn. 18; *Lieder*, in: BeckOGK, BGB, Stand: 01.09.2022, § 410 Rn. 13.

[382] So nur: *Lieder*, in: BeckOGK, BGB, Stand: 01.09.2022, § 410 Rn. 15.

[383] Siehe: *Martens*, in: Erman, BGB, 17. Aufl. 2023, § 410 Rn. 7.

[384] Vgl. nur: *Coester-Waltjen*, JURA 2003, 23 (29).

[385] *Lieder*, in: BeckOGK, BGB, Stand: 01.09.2022, § 410 Rn. 13.

tiven Legitimation zu fordern, dass durch diese der Schuldner vergleichbar effektiv vor der doppelten Inanspruchnahme geschützt wird.[386]

Ausgehend von der im Sukzessionsrecht zum Ausdruck kommenden Wertung erhebt sich die Frage, ob in der Konstellation des Erbnachweises nicht wertungsmäßig eine Gleichbehandlung geboten ist.[387] Bei Licht besehen trifft die hinter § 410 BGB stehende Erwägung, die aus der fehlenden Beteiligung am Wechsel der Rechtsinhaberschaft erwachsenden Rechtsnachteile zu verhüten, gleichermaßen auf die Situation des Nachlassschuldners zu: Mit dem Erbfall geht das Vermögen als Ganzes auf den Erben oder die Erbengemeinschaft über, § 1922 Abs. 1 BGB. Wie im Rahmen des Sukzessionsrechts kommt es zu einer Änderung der Rechtszuständigkeit ohne Beteiligung des Schuldners. Demnach ist Letzterer in dieser Konstellation bei Einlassung auf den nicht durch Erbschein legitimierten Erbprätendenten gleichermaßen der Gefahr einer doppelten Inanspruchnahme ausgesetzt. Im Gegensatz zu den typischen Abtretungsfällen fehlt es dem Nachlassschuldner zusätzlich an einer Möglichkeit, sich bei dem bisherigen Gläubiger über den Status quo der Forderung zu informieren. Auch kann er nicht – wie im Falle des § 407 BGB – in Unkenntnis der Sukzession an den bisherigen Gläubiger mit befreiender Wirkung leisten.[388] Denn den vormaligen Gläubiger gibt es schlechterdings nicht mehr. Aus der wertungsmäßigen Vergleichbarkeit folgt konsequenterweise, dass der Nachlassschuldner ebenfalls eines der Regelung des § 410 BGB entsprechenden Schutzinstrumentes bedarf, um sich wirksam vor der Gefahr der doppelten Inanspruchnahme zu schützen.

Eine solche, an dem Sukzessionsrecht orientierte konzeptionelle Ausrichtung der Situation des Nachlassschuldners lässt sich auch mit den Materialien zur Entstehungsgeschichte des Instituts des Erbscheins in Einklang bringen: Die missliche Lage des Schuldners bei einer ohne seine Beteiligung erfolgenden Änderung der Forderungszuständigkeit bewog den historischen Gesetzgeber zur Aufnahme einer entsprechenden Schutzvorschrift in Gestalt des § 410 BGB.[389] Ursprünglich wurde zugunsten des Nachlassschuldners die Aufnahme einer dem § 410 BGB entsprechenden Bestimmung beantragt und das verstärkte Sicherungsbedürfnis beim Erbfall als Grund angeführt. Die II. Kommission lehnte diesen Antrag wegen der bereits an anderer Stelle behandelten Gründe ab.[390] Diese können aber – wie aufgezeigt – keine

---

[386] BGH, WM 1969, 598 (600); *Scheyhing/Nörr*, in: Nörr/Scheyhing/Pöggeler, Sukzessionen, 2. Aufl. 1999, § 7 V. 2. (= S. 97); *Busche*, in: Staudinger, BGB, Neubearbeitung 2022, § 410 Rn. 7; *Grüneberg*, in: Grüneberg, BGB, 82 Aufl. 2023, § 410 Rn. 2; *Rohe*, in: BeckOK, BGB, 67. Ed. Stand: 01.08.2023, § 410 Rn. 3.

[387] Ausdrücklich dafür: *Hellwig*, SeuffBl. 69 (1904), 473 (475 ff.).

[388] So bereits: *Hellwig*, Anspruch und Klagerecht, S. 355 ff.; *ders.*, SeuffBl. 69 (1904), 473 (475).

[389] Vgl. *Mugdan*, Die gesammten Materialien zum Bürgerlichen Gesetzbuch für das Deutsche Reich, II. Band, S. 75 f. (= Motive, S. 137).

[390] *Mugdan*, Die gesammten Materialien zum Bürgerlichen Gesetzbuch für das Deutsche Reich, V. Band, S. 840 f. (= Protokolle, S. 7788 ff.).

Gültigkeit mehr beanspruchen, sodass für die Einordnung der Situation des Nachlassschuldners nunmehr die namentlich in der Denkschrift eingehend zum Ausdruck kommende Ausrichtung des Erbscheins als Verkehrsschutzinstrument in den Vordergrund rückt. Gerade der Schutz vor Rechtsnachteilen aus der Interaktion mit dem Erbprätendenten, damit auch die Verhütung mehrfacher Inanspruchnahme, war ein tragendes Motiv bei der Aufnahme des Erbscheins in das BGB.[391] Insoweit erweist es sich auch als konsequent, wenn es in der Denkschrift heißt, dass auch im Falle von Verfügungen von Todes wegen ein Bedürfnis bestehe, den Verkehr durch die Erteilung eines Erbscheins zu sichern und zu erleichtern. Denn „[d]ie Prüfung der Formgültigkeit einer Verfügung von Todes wegen, die Auslegung ihres Inhaltes und die Beurtheilung des Verhältnisses mehrerer solcher Verfügungen zu einander setzen häufig besondere Rechtskenntniß voraus. Zudem bietet die Vorlegung einer Verfügung von Todeswegen keinerlei Gewähr dafür, daß nicht noch andere Verfügungen vorhanden sind, welche jene Verfügungen aufgehoben oder geändert haben."[392] Diese Ausführungen wiegen umso schwerer, wenn man bedenkt, dass den Ausführungen der Denkschrift ein Rechtszustand zugrunde lag, der das privatschriftliche Testament als ordentliche Testamentsform nicht kannte. De lege lata kann ordentlich aber auch eigenhändig testiert werden, sodass die Ausrichtung des Erbscheins als Verkehrsschutzinstrument in Ansehung der weiten Verbreitung dieser Testamentsform und der damit einhergehenden Defizite an Rechtssicherheit und Rechtsklarheit noch stärker in den Vordergrund rückt. Denn gerade diese Aspekte verstärken das Bedürfnis des Rechtsverkehrs, durch einen Erbschein vor der infolge einer selbstständigen Prüfung des Erbrechts bestehenden Gefahr der rechtsgeschäftlichen Interaktion mit dem Scheinerben und den damit verbundenen Nachteilen geschützt zu werden.

Bildet demnach das Sukzessionsrecht im Ausgangspunkt eine vergleichbare Wertungslage,[393] rückt das die Ablehnung einer äquivalenten Schutzbedürftigkeit in dem Sinne, dass die Leistung grundsätzlich nicht bis zur Erbscheinsvorlage verweigert werden darf, in ein anderes Licht. Schließlich geht aus den Wertungen im Sukzessionsrecht eine gewisse legislative Entscheidung eines Interessenkonflikts[394] zwischen Schuldner und Zessionar hervor, die in ihrem wesentlichen Kernbestandteil, dem legitimen Interesse an einem Schutz vor doppelter Inanspruchnahme,[395] auf die Konstellation des Erbnachweises gegenüber Kreditinstituten übertragbar ist. Dies lässt sich auch mit Blick auf die Materialien zur Entstehungsge-

---

[391] *Mugdan*, Die gesammten Materialien zum Bürgerlichen Gesetzbuch für das Deutsche Reich, V. Band, S. 877 (= Denkschrift, S. 291).

[392] *Mugdan*, Die gesammten Materialien zum Bürgerlichen Gesetzbuch für das Deutsche Reich, V. Band, S. 877 (= Denkschrift, S. 291).

[393] Instruktiv dazu: *Meier/Jocham*, JuS 2016, 392 (396 f.).

[394] Allgemein: *Meier/Jocham*, JuS 2016, 392 (397).

[395] Dieses berechtigte Interesse erkennt auch der BGH an: allgemein noch BGH, NJW 2005, 2779 (2780); ausdrücklich als „berechtigtes Interesse" bezeichnend hingegen: BGHZ 198, 250 = NJW 2013, 3716 Rn. 40; BGHZ 209, 329 = NJW 2016, 2409 Rn. 19.

schichte absichern. Die Verhütung von Rechtsnachteilen, insbesondere in Gestalt der drohenden doppelten Inanspruchnahme, ist daher eine im Gesetz zum Ausdruck kommende Leitlinie.

bb) Verkehrsschutzmechanismen des Erbscheins und der Schutz des Rechtsverkehrs als grundlegende Wertentscheidung

Zum gesetzgeberischen Regelungsplan gehört auch der Verkehrsschutz.[396] Unter Wertungsgesichtspunkten kommt Letzterem deshalb eine besondere Bedeutung zu, weil es sich hierbei um ein allgemeines Rechtsprinzip[397] der Zivilrechtsordnung handelt, welchem eine wichtige „regulative" Funktion dahingehend zukommt, „den Verstand zu einem gewissen Ziele zu richten".[398] Es geht demnach um eine Grundwertung der Rechtsordnung.[399] Der Verkehrsschutz als „zentraler Gedanke der Zivilrechtsordnung"[400] findet an vielen Stellen des Gesetzes seinen Ausdruck[401] – namentlich in den Gutglaubensvorschriften der §§ 932 ff., 892 f., 2366 f. BGB, § 366 HGB.[402] So ist nach §§ 929, 932 BGB der Erwerb beweglicher Sachen vom Nichtberechtigten möglich oder im Immobiliarsachenrecht ein gutgläubiger Erwerb nach § 892 f. BGB. § 2366 BGB ermöglicht einen gutgläubigen Erwerb vom nichtberechtigten „Erbscheinserben".[403] Ferner kann der Nachlassschuldner an einen – allerdings im Erbschein als Erbe bezeichneten – Nichterben mit Erfüllungswirkung nach § 2367 BGB leisten und so wie bei Leistung an den wahren Erben die „Befreiung" erlangen.[404]

---

[396] Grundlegend hierzu: *Szalai*, NotBZ 2016, 370 (373).

[397] Dazu allgemein: *Bydlinski*, Juristische Methodenlehre und Rechtsbegriff, 2. Aufl. 2011, S. 481–496; *Zippelius*, Juristische Methodenlehre, 12. Aufl. 2021, S. 45; konkret zum Verkehrsschutz im Privatrechtsverkehr als Rechtsgrundsatz: *Barczak*, JuS 2021, 1 (2).

[398] *Kant*, Kritik der reinen Vernunft, abgedruckt in: Weischedel, Immanuel Kant, Werke in sechs Bänden, Band II, S. 565. Dies grundlegend aufgreifend: *Zippelius*, Juristische Methodenlehre, 12. Aufl. 2021, S. 45.

[399] *Barczak*, JuS 2021, 1 (2); vgl. *Bydlinski/Bydlinski*, Grundzüge der juristischen Methodenlehre, 3. Aufl. 2018, S. 99; siehe auch: *Canaris*, Systemdenken und Systembegriff in der Jurisprudenz entwickelt am Beispiel des deutschen Privatrechts, S. 46.

[400] *Szalai*, NotBZ 2016, 370 (373).

[401] So schon: *Szalai*, NotBZ 2016, 370 (373).

[402] Zu §§ 932 ff. BGB: vgl. *Baur/Stürner*, Sachenrecht, 18. Aufl. 2009, § 52 Rn. 8 ff.; *Kindl*, in: BeckOK, BGB, 67. Ed. Stand: 01.08.2023, § 932 Rn. 1; zu §§ 892 f. BGB: *Staudinger*, in: Schulze u.a., BGB, 11. Aufl. 2022, § 892 Rn. 2; *Wellenhofer*, Sachenrecht, 37. Aufl. 2022, § 19 Rn. 4; zu §§ 2366 f. BGB: *Lange*, Erbrecht, 3. Aufl. 2022, § 78 Rn. 1; *Gierl*, in: Burandt/Rojahn, Erbrecht, 4. Aufl. 2022, § 2366 BGB Rn. 1, § 2367 Rn. 1; *Grziwotz*, in: MüKo, BGB, 9. Aufl. 2022, § 2367 Rn. 1; zu § 366 HGB: *Lettl*, in: EBJS, HGB, 4. Aufl. 2020, § 366 Rn. 2. Zum Ganzen: *Szalai*, NotBZ 2016, 370 (373). Vgl. auch: *Zeranski*, JuS 2002, 340: „Sinn und Zweck aller Gutglaubensvorschriften ist der Schutz der Sicherheit und Leichtigkeit des Rechtsverkehrs."

[403] Ausdrücklich: *Grziwotz*, in: MüKo, BGB, 9. Aufl. 2022, § 2366 Rn. 1.

[404] *Medicus*, JURA 2001, 294 (299).

Derartige Gutglaubensvorschriften enthalten unterschiedliche objektive und subjektive Voraussetzungen, stimmen jedoch in ihrer Grundstruktur überein:[405] Ausgangspunkt ist stets eine durch einen Rechtsscheintatbestand ausgelöste, nicht zwingend mit der Realität übereinstimmende scheinbare Rechtslage.[406] Rechtsscheinbasis beziehungsweise Ausgangspunkt in diesem Sinne stellen immer „objektive, sachbezogene Kriterien wie Urkunden, Bucheintragungen oder der Besitz" dar.[407] Dieser vertrauenauslösende Tatbestand – etwa ein wirksam erteilter, in Kraft befindlicher Erbschein[408] – bildet sodann die Basis für das (schutzwürdige)[409] Vertrauen des Rechtsverkehrs in einen (scheinbaren) Rechtszustand.[410] In diesem Vertrauen schützt das Gesetz den Rechtsverkehr je nach Rechtsscheinträger und dessen Intensität „mehr oder weniger".[411] Demnach gilt für die subjektiven Elemente: „[J]e stärker der Rechtsschein, desto geringer die subjektiven Erfordernisse".[412] Dies zeigen die unterschiedlichen Anforderungen an den guten Glauben in den §§ 892, 2366 f. BGB einerseits und dem § 932 Abs. 2 BGB andererseits deutlich. Die geringere Richtigkeitsgewähr des Besitzes als Rechtsscheinträger im Vergleich zum Grundbuch oder Erbschein ist auch der Grund dafür, dass beim redlichen Erwerb beweglicher Sachen neben den Grundvoraussetzungen jeglichen redlichen Erwerbs weitere Voraussetzungen erfüllt sein müssen.[413] Die im Einzelnen differenziert ausfallende Ausgestaltung der Erwerbstatbestände ist daher sachlich bedingt und geboten.[414] Auch wenn die objektiven und subjektiven Voraussetzungen variieren, insbesondere manche Vorschriften die Zurechenbarkeit des Rechtsscheins verlangen und nur einen konkreten Vertrauensschutz gewähren,[415] ändert das nichts daran, dass die Grundstruktur und damit auch die Grundwertungen übereinstimmen.[416] Letztere

---

405 Siehe: *Szalai*, NotBZ 2016, 370 (373): „Das Muster ist verallgemeinerungsfähig"; *Heinze*, in: Staudinger, BGB, Neubearbeitung 2020, Vorbemerkungen zu §§ 932 ff. Rn. 7.

406 *Heinze*, in: Staudinger, BGB, Neubearbeitung 2020, Vorbemerkungen zu §§ 932 ff. Rn. 8.

407 *Heinze*, in: Staudinger, BGB, Neubearbeitung 2020, Vorbemerkungen zu §§ 932 ff. Rn. 8.

408 *Kindler/Paulus*, JuS 2013, 490 (493); vgl. auch: *Lieder*, AcP 210 (2010), 857 (893).

409 Vgl. hierzu: *Thomale/Schüßler*, ZfPW 2015, 454 (473); *Wüstenberg/von der Ohe*, JA 2018, 820 (823).

410 *Heinze*, in: Staudinger, BGB, Neubearbeitung 2020, Vorbemerkungen zu §§ 932 ff. Rn. 9.

411 *Heinze*, in: Staudinger, BGB, Neubearbeitung 2020, Vorbemerkungen zu §§ 932 ff. Rn. 9.

412 *Heinze*, in: Staudinger, BGB, Neubearbeitung 2020, Vorbemerkungen zu §§ 932 ff. Rn. 9.

413 *Kindler/Paulus*, JuS 2013, 393 (397).

414 *Heinze*, in: Staudinger, BGB, Neubearbeitung 2020, Vorbemerkungen zu §§ 932 ff. Rn. 7; vgl. auch: *Kindler/Paulus*, JuS 2013, 393 (394); außerdem: *Wiegand*, JuS 1978, 145.

415 Vgl. *Kindler/Paulus*, JuS 2013, 490 (495).

416 Vgl. *Heinze*, in: Staudinger, BGB, Neubearbeitung 2020, Vorbemerkungen zu §§ 932 ff. Rn. 7.

wirken sich auf den gesetzgeberischen Regelungsplan betreffend die hier interessierende Erbnachweissituation, namentlich die normative Stellung des Nachlassschuldners aus:

Die Gewährung von Gutglaubens- beziehungsweise Verkehrsschutzvorschriften stellt sich dabei als Ausdruck einer legislativen Wertentscheidung[417] dar und zwar im Sinne einer Risikoverteilung[418] zugunsten der Interessen des Rechtsverkehrs.[419] Dem liegt folgende Erwägung zugrunde: Rechte sind unsichtbar und oftmals ist zweifelhaft, ob sie überhaupt bestehen und, bejahendenfalls, wem sie zustehen.[420] Für den Rechtsverkehr ist deshalb das Risiko, mit dem Nichtberechtigten oder dem Nicht-Verfügungsberechtigten rechtsgeschäftlich zu interagieren, regelmäßig nicht in zumutbarer Weise beherrschbar.[421] Eine Risikobegrenzung käme nur durch Vermeidung des Erwerbs, Nachprüfungen oder Versicherungslösungen in Betracht. Derartige Risikobegrenzungsmaßnahmen sind indes für die Allgemeinheit ökonomisch nachteilig[422] und würden dem allgemeinen Interesse an der Sicherheit und Leichtigkeit des Verkehrs nicht gerecht werden.[423] Überdies kommt hinzu, dass in bestehenden Schuldverhältnissen das Risiko, mit dem Nichtberechtigten zu interagieren, sogar unvermeidbar ist, weshalb der Verkehr in besonderem Maße schutzbedürftig ist.[424] Aus diesem Grund greift der Gesetzgeber mit Verkehrs-

---

[417] Nur: *Szalai*, NotBZ 2016, 370 (373).

[418] *Szalai*, NotBZ 2016, 370 (373).

[419] Unter Rekurs auf die Materialien zu den §§ 932 ff. BGB vgl. etwa: *Musielak*, JuS 1992, 713 (713 f.). Vgl. überdies zu den §§ 2365 ff. BGB: *Muscheler*, JURA 2009, 329 (332); *ders.*, Erbrecht, Band II, Rn. 3280: „Mit den §§ 2365 ff. hat das Gesetz den Interessenkonflikt im Wesentlichen zu Lasten des wirklichen Erben gelöst."

[420] *Medicus*, JURA 2001, 294.

[421] Vgl. *Musielak*, JuS 1992, 713 (713 f.): „Ein maßgebender Gesichtspunkt für den Gesetzgeber des BGB war der vom Besitz ausgehende Rechtsschein. Der Eigentümer sei weitaus eher in der Lage zu verhindern […] als es dem Erwerber möglich sei, sich über die wahre Berechtigung […] des Veräußerers Gewißheit zu verschaffen"; siehe auch: *Baur/Stürner*, Sachenrecht, 18. Aufl. 2009, § 52 Rn. 8–10; außerdem: *Oechsler*, in: MüKo, BGB, 9. Aufl. 2023, § 932 Rn. 2. Umfassend und weiterführend: *Hager*, Verkehrsschutz durch redlichen Erwerb, S. 229 ff. Plakativ das Beispiel bei: *Baur/Stürner*, Sachenrecht, 18. Aufl. 2009, § 52 Rn. 9: „Wenn mir jemand (V) Briefmarken veräußert, so ist es mir nicht zumutbar, ja meist unmöglich nachzuprüfen, ob V seinerseits die Marken gekauft und schon bezahlt hat oder ob sie ihm unter Eigentumsvorbehalt geliefert sind oder ob er nur eine Verkaufskommission hat oder ob sie ihm gar nur zur Schätzung überlassen sind. Wollte man anders entscheiden, so würden in der Tat Handel und Wandel gelähmt sein, ganz abgesehen von den detektivischen Fähigkeiten, die man vom Erwerber erwarten müßte. Ja, um sicher zu gehen, müßte der Erwerber auch frühere Erwerbsvorgänge nachprüfen".

[422] *Szalai*, NotBZ 2016, 370 (373); zu ökonomischen Erwägungen des historischen Gesetzgebers im Kontext der §§ 932 ff. BGB auch: *Musielak*, JuS 1992, 713 (713); vgl. ferner: *Oechsler*, in: MüKo, BGB, 9. Aufl. 2023, § 932 Rn. 3; ausführlich zu den ökonomischen Erwägungen: *Lieder*, AcP 210 (2010), 857 (861 ff.).

[423] Vgl. *Berger*, in: Jauernig, BGB, 19. Aufl. 2023, § 932 Rn. 2.

[424] So nur: *Szalai*, NotBZ 2016, 370 (373).

schutzvorschriften ein, welche das Vertrauen auf eine Rechtsscheinbasis schützen.[425] Hierdurch soll der redliche Rechtsverkehr weitgehend vor den (nachteiligen) Folgen der Interaktion mit dem Nichtberechtigten bewahrt werden. Daher bringen diese Vorschriften – wie zuvor erwähnt – eine Wertentscheidung zugunsten der Interessen des Rechtsverkehrs zum Ausdruck.

Vor diesem (abstrakten) Hintergrund ergibt sich für die hier interessierenden §§ 2365 ff. BGB Folgendes: Im Erbfall vollzieht sich der Vermögensübergang im Wege der Universalsukzession, § 1922 Abs. 1 BGB, unmittelbar von Gesetzes wegen ohne äußeres Erkennungszeichen[426] und ohne Beteiligung des Schuldners. Die Erbfolge beruht auf gesetzlicher oder gewillkürter Erbfolge. Dem Rechtsverkehr fehlt indessen Kenntnis darüber, ob Verfügungen von Todes wegen vorliegen, die auch gesetzliche Erben von der Erbfolge ausschließen können.[427] Dies gilt auch für weitere Umstände, die Einfluss auf die Erbfolge haben können, namentlich Ausschlagungen, Erbunwürdigkeitserklärungen oder Erbverzicht.[428] Insbesondere deshalb besteht für den privaten wie behördlichen Rechtsverkehr[429] ein hohes Interesse daran, Sicherheit darüber zu erhalten, wer wahrer Erbe ist. Denn der Rechtsverkehr kann sich nie endgültig sicher sein, ob der Handelnde wirklicher und endgültiger Erbe ist.[430] Das macht eine rechtssichere Legitimation des Erben erforderlich und zwar dergestalt, dass dem Dritten ein Legitimationsinstrument an die Hand gereicht wird, auf welches er Vertrauen kann.[431] Um dem – in Ermangelung eines zwingenden

[425] *Szalai*, NotBZ 2016, 370 (373).

[426] Darauf weist auch das LG Köln, NZI 2003, 501 (502) allgemein hin, wenngleich der Entscheidung die Frage zugrunde lag, ob der Nachweis der Antragsberechtigung im Insolvenzverfahren durch Erbschein zu führen ist. *Lange/Kuchinke*, Erbrecht, 5. Aufl. 2001, § 39. I. 4. a) (= S. 1003); vgl. auch: *Bartholomeyczik*, Denkschrift, S. 262; *Muscheler*, JURA 2009, 329; *ders.*, Erbrecht, Band II, Rn. 3266; *Klinck*, AcP 215 (2015), 1; *Lange*, Erbrecht, 3. Aufl. 2022, § 78 Rn. 1; in diesem Kontext auch: *Dorth*, Das Verhältnis von Erbschein und Europäischem Nachlasszeugnis, S. 38; ferner ganz allgemein: *Rohlfing*, in: Große-Wilde/Ouart, Deutscher Erbrechtskommentar, 2. Aufl. 2010, Einleitung vor §§ 2353 ff. BGB Rn. 1, 3 und § 2353 Rn. 1, 3.

[427] *Michalski/Schmidt*, Erbrecht, 5. Aufl. 2019, § 24 Rn. 1280; *Kroiß*, in: NK-BGB, 6. Aufl. 2022, § 2353 Rn. 1.

[428] *Klinck*, AcP 215 (2015), 1; *Simon*, in: Erman, BGB, 17. Aufl. 2023, Vorbemerkung vor § 2353 Rn. 1.

[429] Vgl. *Leipold*, Erbrecht, 23. Aufl. 2022, Rn. 642, wonach der Erbschein dem Nachweis des Erbrechts gegenüber Privatpersonen, Behörden und Gerichten diene. Vgl. auch: *von Lübtow*, Erbrecht, 2. Halbband, S. 1001: „Der Erbschein legitimiert den Erben nicht nur gegenüber Behörden, sondern auch im Privatrechtsverkehr." Ferner hierzu: *Gierl*, in: Burandt/Rojahn, Erbrecht, 4. Aufl. 2022, § 2365 BGB Rn. 1.

[430] *Klinck*, AcP 215 (2015), 1; siehe auch: *Dorth*, Das Verhältnis von Erbschein und Europäischem Nachlasszeugnis, S. 38.

[431] *von Lübtow*, Erbrecht, 2. Halbband, S. 1001: „und redliche Dritte bei Irrtümern über den wahren Erben zu schützen, dazu dient das [...] Institut des Erbscheins."; *Lange/Kuchinke*, Erbrecht, 5. Aufl. 2001, § 39. I. 4. a) (= S. 1003); *Michalski/Schmidt*, Erbrecht, 5. Aufl. 2019, § 24 Rn. 1280; *Lange*, Erbrecht, 3. Aufl. 2022, § 78 Rn. 1.

Verfahrens zum Antritt der Erbschaft oder zur Abwicklung des Erbfalls erhöhten[432] – Risiko, mit einem Nichtberechtigten zu interagieren und daraus Nachteile zu erleiden, vor allem potentiell nochmals leisten zu müssen, hinreichend zu begegnen, sieht das Gesetz als Legitimationsinstrument für den Privatrechtsverkehr den Erbschein vor. Gerade die Bedürfnisse des Rechtsverkehrs nach einem wirksamen Schutz bewogen den historischen Gesetzgeber zur Aufnahme des Erbscheins.[433] Dieses Institut soll nach der Vorstellung des Normsetzers dem Rechtsverkehr die Prüfung des Erbrechts abnehmen und ihm die notwendige Sicherheit beim rechtsgeschäftlichen Kontakt mit den als Erben auftretenden Personen geben, indem er vor den Gefahren der rechtsgeschäftlichen Interaktion mit dem Scheinerben geschützt wird.[434] Diese Zweckrichtung wird durch die dem Erbschein in den §§ 2365 ff. BGB verliehenen Wirkungen positiv umgesetzt.[435] Er trägt die Vermutung der Richtigkeit (§ 2365 BGB) und begründet öffentlichen Glauben (§ 2366 BGB). Im Interesse des Rechtsverkehrs ermöglicht er die Leistung mit befreiender Wirkung an den Erbscheinserben (§ 2367 BGB).[436] Den §§ 2365 ff. BGB ist daher die Wertung immanent, dass der für den Privatrechtsverkehr vorgesehene Erbnachweis der Erbschein ist.

Zusammenfassend gilt daher: Dritte können die Gefahr der Interaktion mit dem Nichtberechtigten selbstständig nicht oder nicht in zumutbarer Weise beherrschen; namentlich dann nicht, wenn aufgrund eines Wechsels der Rechtszuständigkeit in-

---

[432] Darauf hinweisend: *Lange*, Erbrecht, 3. Aufl. 2022, § 78 Rn. 1.

[433] *Mugdan*, Die gesammten Materialien zum Bürgerlichen Gesetzbuch für das Deutsche Reich, V. Band, S. 877 (= Denkschrift, S. 291), ferner: S. 297 f. (= Motive, S. 557), S. 301 (= Motive, S. 301), S. 833 (= Protokolle, S. 7761), S. 838 (= Protokolle, S. 7784); zur gesetzgeberischen Intention ebenso: *Lemke*, Der Erbschein im System der Gutglaubensvorschriften, S. 18: „Das Erfordernis, eine Regelung betreffend den Erbschein in das BGB aufzunehmen, wurde ausschließlich mit dem Verkehrsinteresse begründet."; *Klinck*, AcP 215 (2015), 1; vgl. ferner: *Bartholomeyczik*, Denkschrift, S. 262: „Der Erbschein ist […] das notwendige Gegenstück für die Gesamtrechtsnachfolge und den unmittelbaren Erbschaftsanfall ohne Antritt."; vgl. *von Lübtow*, Erbrecht, 2. Halbband, S. 1001; *Lange/Kuchinke*, Erbrecht, 5. Aufl. 2001, § 39. I. 4. a) (= S. 1003): „Für den Rechtsverkehr ist die Vermögens- und Besitznachfolge des Erben nicht offenkundig; der Geschäftsgegner kann die Behauptung des angeblichen Erben, Erbe geworden zu sein, nicht selbst klären. […] Dieser Verkehrsunsicherheit will der Erbschein abhelfen."; *Muscheler*, JURA 2009, 329; *ders.*, Erbrecht, Band II, Rn. 3266; vgl. auch: *Brox/Walker*, Erbrecht, 29. Aufl. 2021, § 35 Rn. 1: „Mit seiner Rechtswirkung erfüllt der Erbschein dringende Bedürfnisse des Rechtsverkehrs".

[434] *Mugdan*, Die gesammten Materialien zum Bürgerlichen Gesetzbuch für das Deutsche Reich, V. Band, S. 301 (= Motive, S. 563), S. 833 (= Protokolle, S. 7761), S. 877 (= Denkschrift, S. 291); vgl. auch: *Bartholomeyczik*, Denkschrift, S. 262 f.; *Lange/Kuchinke*, Erbrecht, 5. Aufl. 2001, § 39. I. 4. a) (= S. 1003); *Klinck*, AcP 215 (2015), 1 (1 f.); allgemein auch: *Dorth*, Das Verhältnis von Erbschein und Europäischem Nachlasszeugnis, S. 38; siehe ferner: *Keller/von Schrenck*, JA 2016, 51 (52); *Grziwotz*, in: MüKo, BGB, 9. Aufl. 2022, § 2353 Rn. 1; *Weidlich*, in: Grüneberg, BGB, 82. Aufl. 2023, § 2353 Rn. 2.

[435] Vgl. *Bartholomeyczik*, Denkschrift, S. 264 ff.; *Gierl*, in: Burandt/Rojahn, Erbrecht, 4. Aufl. 2022, § 2365 BGB Rn. 1; *Grziwotz*, in: MüKo, BGB, 9. Aufl. 2022, § 2365 Rn. 1.

[436] Vgl. *Lange*, Erbrecht, 3. Aufl. 2022, § 78 Rn. 3.

nerhalb bestehender Schuldverhältnisse das Risiko des rechtsgeschäftlichen Kontakts mit dem Nichtberechtigten unvermeidbar ist. Deshalb greift der Gesetzgeber zugunsten des Rechtsverkehrs mit Gefahrenverhütungsregelungen in Gestalt von Gutglaubens- beziehungsweise Verkehrsschutzvorschriften ein.[437] Derartige Vorschriften bringen daher eine Wertentscheidung zugunsten der Interessen des Rechtsverkehrs zum Ausdruck im Sinne einer *grundsätzlichen Vorrangstellung des Verkehrsschutzes.* Die §§ 2365 ff. BGB begegnen in Entsprechung dieser allen Gutglaubensvorschriften abstrakt zugrunde liegenden Zielrichtung konkret dem Risiko der rechtsgeschäftlichen Interaktion mit dem Scheinerben und den damit einhergehenden Gefahren: Die Rechtswirkungen des Erbscheins (§§ 2365 ff. BGB) dienen der Umsetzung der mit der Einführung des Erbscheins in das BGB verfolgten Regelungsabsicht des Gesetzgebers, nämlich dem Rechtsverkehr die Prüfung des Erbrechts abzunehmen, um diesen wirksam vor den Nachteilen einer auf eigenes Risiko erfolgenden Prüfung zu schützen. Aufbauend auf der allgemeinen den Gutglaubensvorschriften zugrunde liegenden Wertung (s. o.) bringen die §§ 2365 ff. BGB daher eine Wertentscheidung zugunsten der Verkehrsinteressen zum Ausdruck und zwar in dem Sinne, dass der für den Privatrechtsverkehr grundsätzlich vorgesehene Erbnachweis der Erbschein ist.

cc) Die Interessen der wahren Erben

Erweist sich die Annahme, dass die Legitimation im Regelfall durch Erbschein zu erfolgen hat, als Ausdruck gesetzlicher Wertungen, überzeugt es spiegelbildlich wenig, wenn die Rechtsprechung unter Rücksicht auf das Interesse der wahren Erben an einer kostengünstigen und raschen Nachlassregulierung zu dem Ergebnis gelangt, dass im Regelfall kein Erbschein verlangt werden könne.[438] Zunächst gilt auch im Privatrechtsverkehr,[439] dass die wahren Erben diejenigen Tatsachen darzulegen und zu beweisen haben, aus welchen sich in Verbindung mit der jeweiligen anspruchsbegründenden materiell-rechtlichen Norm die geltend gemachte günstige Rechtsfolge herleitet. Dazu gehört auch die Aktivlegitimation, mithin ihre Erbenstellung. Eine ausdrückliche gesetzliche Wertung, dass dieser Nachweis und damit die

[437] Zum Ganzen: *Szalai*, NotBZ 2016, 370 (373).

[438] Schon bei: RGZ 54, 343 (344): „in vielen Fällen zu einer geradezu unerträglichen Belästigung der Erben, zu unnützen Kosten und Verzögerung der Nachlaßregulierung führen."; vgl. BGH, NJW 2005, 2779 (2780); BGHZ 198, 250 = NJW 2013, 3716 Rn. 35, 41; BGHZ 209, 329 = NJW 2016, 2409 Rn. 20; zu Recht kritisch: *Szalai*, NotBZ 2016, 370 (373).

[439] Zu diesen Grundsätzen: *Rosenberg*, Die Beweislast, 5. Aufl. 1965, S. 98. Aus der Rechtsprechung vgl. nur: BVerfGE 52, 131 (158) = NJW1979, 1925 (1928); vgl. auch: *Gößmann/Rodi*, in: Hellner/Steuer, Bankrecht und Bankpraxis, 141. EL. Juni 2019, Rn. 1/153; *Joeres/Menges*, in: Ellenberger/Bunte, Bankrechts-Handbuch, 6. Aufl. 2022, § 14 Rn. 38; vgl. außerdem: *Jakob*, Das Bankkonto im Nachlass, S. 143: „Zugleich liegt es aber im Aufgabenbereich und der Risikosphäre des Erben, sein Erbrecht so nachzuweisen, dass der Geschäftsgegner sich von seiner Legitimation überzeugen kann." Ferner: *Szalai*, NotBZ 2016, 370 (373): „Die sich auf die Erbfolge berufende Partei hat diese in geeigneter Weise darzulegen."

Nachlassabwicklung rasch und kostengünstig zu erfolgen hat, existiert nicht.[440] Parteiinteressen kann aber ohne hinreichende Kodifikation keine Bedeutung bei der Frage nach dem legislativen Regelungsplan beigemessen werden. Denn Interessen sind im Grundsatz einseitig und regelmäßig gegenläufig.[441] Diese sind daher erst dann relevant, wenn die Interessen Einzug in gesetzliche Wertungen („kodifizierte Parteiinteressen“) gefunden haben, weil es sich dann um eine legislative Entscheidung eines Interessenskonflikts handelt.[442] Vielmehr folgt – wie aufgezeigt – aus dem Vergleich mit dem Abtretungsrecht und der Aufnahme der §§ 2365 ff. BGB sowie der dahinterstehenden Motivation, dass der für den Privatrechtsverkehr vorgesehene Erbnachweis der Erbschein ist.[443]

dd) Die Bedeutung der Hinterlegung und der Vorschrift des § 94 ZPO

Partiell wird im Kontext des Erbnachweises auf die Möglichkeit des Schuldners zur Hinterlegung, §§ 372 ff. BGB,[444] sowie auf die zivilprozessuale Regelung des § 94 ZPO verwiesen.[445]

---

[440] Vgl. insoweit jüngst für das selbstständige Beweisverfahren: LG Frankfurt a. M., BeckRS 2022, 35480.

[441] Vgl. *Meier/Jocham*, JuS 2016, 392 (396).

[442] Vgl. *Meier/Jocham*, JuS 2016, 392 (397).

[443] Vgl. das Fazit von *Szalai*, NotBZ 2016, 370 (379): „Das für den Nachweis im Privatrechtsverkehr vorgesehene Mittel ist der Erbschein.“

[444] *Werkmüller*, ZEV 2014, 45 (46): „Darüber hinaus bleibt es jedem Institut unbenommen, einer drohenden Auseinandersetzung mit den Erben durch die ‚Flucht in die Hinterlegung‘ zuvorzukommen und die Nachlassvaluta schuldbefreiend beim zuständigen AG zu hinterlegen, §§ 372 S. 2, 378 BGB.“ Ferner: *Greif*, in: Planck, BGB, V. Band, vor §§ 2353 ff. Anm. 3, § 2367 Anm. 3; *Zimmermann*, in: Soergel, BGB, 13. Aufl. 2002, § 2365 Rn. 7; *Schröder/Meyer*, NJW 2006, 3252 (3255); ferner: *Günther*, NJW 2013, 3681 (3683); *Harter*, BKR 2013, 306 (308); *Fest*, JZ 2014, 152 (155 f.); *Fandrich*, in: von Westphalen/Thüsing, Vertragsrecht und AGB-Klauselwerke, 39. EL. Mai 2017, Teil „Klauselwerke“, Banken- und Sparkassen-AGB Rn. 21; *Rodi*, in: Staudinger, BGB, Neubearbeitung 2022, Anhang zu §§ 305–310 Rn. F141; *Grziwotz*, in: MüKo, BGB, 9. Aufl. 2022, § 2365 Rn. 32; *Bunte/Artz*, in: Ellenberger/Bunte, Bankrechts-Handbuch, 6. Aufl. 2022, § 3 Nr. 5 AGB-Banken Rn. 12; *Bunte/Zahrte*, AGB-Banken. AGB-Sparkassen. Sonderbedingungen, 6. Aufl. 2023, 2. Teil Rn. 102; *Wall*, in: BeckOGK, BGB, Stand: 01. 04. 2023, § 2367 Rn. 8. Kritisch äußerte sich hingegen Bayern im Justizausschuss: *Jakobs/Schubert*, Die Beratung des BGB, §§ 1922–2385, Teil 2, S. 2150; zurückhaltend zur Hinterlegungsmöglichkeit: *Muscheler*, JURA 2009, 329 (329 f.); *ders.*, Erbrecht, Band II, Rn. 3268, 3332.

[445] Die Implementation einer Kostenregel zum Schutz des Schuldners wurde im Kontext des Diskurses um ein Leistungsverweigerungsrecht bis zur Erbscheinsvorlage bereits von der II. Kommission diskutiert und letztlich allgemein für die Fälle, in welchen der Rechtsübergang nicht ohne Weiteres feststellbar ist, formuliert: *Mugdan*, Die gesammten Materialien zum Bürgerlichen Gesetzbuch für das Deutsche Reich, V. Band, S. 841 (= Protokolle, S. 7790, 7863); daran anknüpfend: *Bartholomeyczik*, Denkschrift, S. 264; *Greif*, in: Planck, BGB, V. Band, vor §§ 2353 ff. Anm. 3, § 2367 Anm. 3.

Es erhebt sich deshalb die Frage, ob nach dem gesetzgeberischen Regelungsplan die Möglichkeit der Hinterlegung und die zivilprozessuale Kostenvorschrift des § 94 ZPO aufgrund ihres jeweiligen schuldnerschützenden Charakters ein – wie zuvor aufgezeigt dem Grunde nach wertungsmäßig gebotenes – Recht auf Vorlage des Erbscheins als Schutzinstrument verdrängen respektive diesem vorgehen. Dies macht es erforderlich, das Verhältnis der §§ 372 ff. BGB, § 94 ZPO zum Schuldnerschutz durch Erbscheinsvorlage anhand der Gesetzessystematik sowie der Teleologie zu würdigen.

(1) Hinterlegung

Im Allgemeinen geben die Hinterlegungsvorschriften, §§ 372 ff. BGB, dem Schuldner die Möglichkeit, sich von einer Verbindlichkeit zu befreien, wenn der Erfüllung Gründe aus der Gläubigersphäre entgegenstehen.[446] § 372 Satz 2 BGB ermöglicht die Hinterlegung, wenn der Schuldner aus einem anderen in der Person des Gläubigers liegenden Grund, § 372 Satz 2 Alt. 1 BGB, oder infolge einer nicht auf Fahrlässigkeit beruhenden Ungewissheit über die Person des Gläubigers, § 372 Satz 2 Alt. 2 BGB, seine Verbindlichkeit nicht oder nicht mit Sicherheit erfüllen kann. Eine Ungewissheit über die Person des Gläubigers im Sinne des § 372 Satz 2 Alt. 2 BGB liegt vor, „wenn eine mit verkehrsüblicher Sorgfalt vorgenommene Überprüfung zu begründetem Zweifel über die Person des Gläubigers führt, und es dem Schuldner nach verständigem Ermessen nicht zugemutet werden kann, den Zweifel auf seine Gefahr hin auszuräumen".[447] In der Regel entsteht die Ungewissheit über die Person des Gläubigers durch Rechtsnachfolge.[448] Eine Hinterlegung kann daher prinzipiell im Falle der Universalsukzession[449] bei unklarer Erbfolge[450] in Betracht kommen.

Systematisch-teleologische Erwägungen zeigen aber, dass die Möglichkeit der Hinterlegung den Schuldnerschutz durch Erbscheinsvorlage wertungsmäßig gerade nicht verdrängt beziehungsweise diesem vorgeht. Vielmehr stellt sie sich als ein neben den Erbschein tretender Schutzmechanismus dar: Das wird zunächst in systematischer Hinsicht dadurch deutlich, dass der Erbschein der Beseitigung von

[446] *Fetzer*, in: MüKo, BGB, 9. Aufl. 2022, § 372 Rn. 1; *Ulrici*, in: BeckOGK, BGB, Stand: 01.04.2022, § 372 Rn. 1; *Grüneberg*, in: Grüneberg, BGB, 82. Aufl. 2023, Einf. v. § 372 Rn. 1.

[447] Statt vieler: BGH, NJW-RR 2005, 712.

[448] *Fetzer*, in: MüKo, BGB, 9. Aufl. 2022, § 372 Rn. 10; *Kern*, in: Staudinger, BGB, Neubearbeitung 2022, § 372 Rn. 17; *Grüneberg*, in: Grüneberg, BGB, 82. Aufl. 2023, § 372 Rn. 6.

[449] *Kern*, in: Staudinger, BGB, Neubearbeitung 2022, § 372 Rn. 17; ebenfalls: *Fetzer*, in: MüKo, BGB, 9. Aufl. 2022, § 372 Rn. 10.

[450] *Ehlers*, in: Herberger/Martinek/Rüßmann/Weth/Würdinger, jurisPK-BGB, Band 2, 9. Aufl. 2020, Stand: 01.02.2020, § 372 Rn. 9; *Fries/Schulze*, in: Schulze u.a., BGB, 11. Aufl. 2022, § 372 Rn. 3; *Buck-Heeb*, in: Erman, BGB, 17. Aufl. 2023, § 372 Rn. 2. Zur Hinterlegung allgemein: *Brechtel*, JuS 2017, 495.

Unsicherheiten über die Gläubigerstellung dient, sodass konsequenterweise für den Nachlassschuldner grundsätzlich keine Ungewissheit im Sinne des § 372 Satz 2 Alt. 2 BGB (mehr) besteht, wenn die Legitimation durch Erbschein erfolgt.[451] Eine Hinterlegung wird daher (nur) als *ultima ratio* in Betracht kommen,[452] wenn die Bank sich auch keine Gewissheit durch Vorlage des Erbscheins verschaffen kann;[453] etwa für den Fall, dass ein Rechtsstreit über die Erbschaft anhängig ist und deshalb auch der Erbschein keine Rechtsklarheit in Bezug auf die Rechtsnachfolge bewirken würde.[454] Dies gilt freilich auch dann, wenn der Erbe – trotz Erforderlichkeit – nicht gewillt ist, sich durch einen Erbschein zu legitimieren.[455] Darüber hinaus verdeutlicht die Koexistenz positivierter Verkehrs- beziehungsweise Schuldnerschutzvorschriften – etwa §§ 370, 407 ff., 893, 2366 f. BGB – und der §§ 372 ff. BGB in systematisch-teleologischer Hinsicht, dass das Verhältnis zwischen dem Institut des Erbscheins als Verkehrsschutzinstrument und der Hinterlegung nicht im Sinne einer strengen Alternativität zu verstehen ist.[456] So wird die Hinterlegung nicht schon durch die Möglichkeit, mit Liberationswirkung an den Nichtberechtigten zu leisten, ausgeschlossen. Dabei handelt es sich lediglich um ein *Recht*, nicht um eine normative Pflicht.[457] Eine Versagung des Hinterlegungsrechts in den Fällen, in denen der Schuldner aufgrund verkehrsschützender Vorschriften mit befreiender Wirkung leisten kann, würde für den Schuldner einen mittelbaren Zwang zur Leistung an den

---

[451] Vgl. *Gierl*, in: Burandt/Rojahn, Erbrecht, 4. Aufl. 2022, § 2353 BGB Rn. 4.

[452] Ausdrücklich: *Keim*, ZEV 2014, 277 (281); *Jakob*, Das Bankkonto im Nachlass, S. 135; in diese Richtung auch: *Zimmermann*, in: Zimmermann, Erbschein – Erbscheinsverfahren – Europäisches Nachlasszeugnis, 4. Aufl. 2022, Rn. 7: „als letzten Ausweg"; vgl. ferner: *Bürger*, GWR 2014, 16; vorsichtig auch: *Muscheler*, JURA 2009, 567 (574); *ders.*, Erbrecht, Band II, Rn. 3332, der darauf hinweist, dass der Schuldner zur öffentlichen Hinterlegung „nur berechtigt [ist], wenn objektiv begründete Ungewissheit über die Erbfolge besteht (§ 372 S. 2)."

[453] Sehr deutlich: *Keim*, ZEV 2014, 277 (281): „die Hinterlegung des Kontoguthabens kann vielmehr nur ultima ratio sein. Liegt trotz der Vorlage des Testaments weiterhin Ungewissheit vor, so ist die Bank zunächst berechtigt, sich Gewissheit durch das Verlangen eines vorzulegenden Erbscheins zu verschaffen. Nur wenn auch dadurch keine Gewissheit über die Person des Berechtigten besteht."

[454] Siehe nur: *Keim*, ZEV 2014, 277 (281); im Ansatz auch bei: *Bürger*, GWR 2014, 16.

[455] *Keim*, ZEV 2014, 277 (281); *Bunte/Artz*, in: Ellenberger/Bunte, Bankrechts-Handbuch, 6. Aufl. 2022, § 3 Nr. 5 AGB-Banken Rn. 23.

[456] Vgl. insoweit: *Keim*, ZEV 2014, 277 (281); *Rodi*, in: Staudinger, BGB, Neubearbeitung 2022, Anhang zu §§ 305–310 Rn. F141: „In Betracht kommt zudem eine Hinterlegung nach § 372 S. 2 [BGB]"; siehe auch die Überschrift bei: *Fest*, JZ 2014, 152 (155): „V. Alternative Schutzmöglichkeiten". In den Protokollen der II. Kommission zu § 410 BGB wurde die Hinterlegungsbefugnis als koexistenter Schutzmechanismus erkannt, gleichwohl hat sich der Gesetzgeber positiv für die Normierung eines gesonderten Schuldnerschutzes entschieden. *Mugdan*, Die gesammten Materialien zum Bürgerlichen Gesetzbuch für das Deutsche Reich, II. Band, S. 584 f. (= Protokolle, S. 805 ff.).

[457] Zu § 808 BGB: RGZ 89, 401 (403); zu § 409 BGB: BGH, NJW 1997, 1501 (1502); BGHZ 145, 352 (356) = NJW 2001, 231 (232); BGH, NJW-RR 2004, 656 (657); allgemein: *Regenfus*, JA 2017, 81 (87); *Fetzer*, in: MüKo, BGB, 9. Aufl. 2022, § 372 Rn. 13.

Scheinberechtigten bewirken. Dies bezwecken die *Schuldnerschutz*vorschriften aber gerade nicht.[458] In solchen Fällen zielt die Hinterlegung vielmehr auf die Durchsetzung der wahren Rechtslage ab.[459] Die Hinterlegung führt insofern zu einer Lösung mit (noch) größerem Gerechtigkeitsgehalt.[460] Außerdem ist zu bedenken, dass regelmäßig nur der redliche Teilnehmer des Rechtsverkehrs geschützt wird.[461] Gerade in solchen Fällen, in welchen die Grenze der Redlichkeit überschritten werden könnte, ist der Schuldner nicht auf sein – eventualiter nicht eingreifendes – Recht zur Leistung mit befreiender Wirkung an den Nichtberechtigten zu verweisen, verbunden mit der Gefahr der doppelten Inanspruchnahme.[462] Umgekehrt gilt daher konsequenterweise: Wenn aber nur ein bloßes *schuldnerschützendes Recht* zur Hinterlegung besteht, folgt daraus, dass andere Schuldnerschutzmechanismen – wie etwa das hier in Rede stehende Leistungsverweigerungsrecht bis zur Erbscheinsvorlage – nicht schon durch die bloße Möglichkeit der Hinterlegung auf Wertungsebene verdrängt werden, respektive in den Hintergrund rücken. Denn kann nicht dem Sinn des Gesetzes entsprechen, dem *schuldnerschützenden* Hinterlegungs*recht* eine ausschließende und damit im Ergebnis den Schuldner gleichsam benachteiligende Wirkung im Hinblick auf andere, *ebenfalls schuldnerschützende* Mechanismen zu entnehmen. Vielmehr *ergänzen* sich die Regelungen, und zwar in dem vorbezeichneten Sinne, dass die §§ 372 ff. BGB gerade zur Durchsetzung der wahren Rechtslage i. S. d. Hervorbringung einer Lösung mit größerem Gerechtigkeitsgehalt dienen.[463] Schließlich würde ein Verständnis dahingehend, wonach die Hinterlegungsmöglichkeit einen Schuldnerschutz durch ein Leistungsverweigerungsrecht a priori ausschlösse, auch das Institut des Erbscheins teilweise entwerten. Das würde letztendlich dem Sinn und Zweck des Erbscheins, nämlich im Interesse des Rechtsverkehrs Rechtssicherheit und Leichtigkeit zu gewährleisten sowie dem Prätendenten ein taugliches Legitimationsmittel an die Hand zu geben, zuwiderlaufen. Die Möglichkeit der Hinterlegung ist daher – parallel zur Rechtslage im Sukzessionsrecht (§ 410 BGB) – auf Wertungsebene als ein den Erbschein ergänzendes, koexistentes Instrument zum Schutz vor doppelter Inanspruchnahme zu

[458] Zu Recht: BGH, NJW-RR 2004, 656 (657); *Regenfus*, JA 2017, 81 (87); *Kern*, in: Staudinger, BGB, Neubearbeitung 2022, § 372 Rn. 24.

[459] Ausdrücklich: *Dennhardt*, in: BeckOK, BGB, 67. Ed. Stand: 01.08.2023, § 372 Rn. 20; ebenso: *Regenfus*, JA 2017, 81 (87). Zur grundsätzlichen Aufgabe der Hinterlegungsstelle, an den wahren Berechtigten herauszugeben: KG, NJW-RR 2008, 1540 (1541).

[460] Vgl. *Regenfus*, JA 2017, 81 (87).

[461] § 808 BGB: *Habersack*, in: MüKo, BGB, 8. Aufl. 2020, § 808 Rn. 14 f. m. w. N.; ebenfalls bei: *Vogel*, in: BeckOGK, BGB, Stand: 01.04.2023, § 808 Rn. 36 f.; §§ 2366, 2367 BGB: *Grziwotz*, in: MüKo, BGB, 9. Aufl. 2022, § 2366 Rn. 27 ff. m. w. N.; ferner: *Gierl*, in: Burandt/Rojahn, Erbrecht, 4. Aufl. 2022, § 2366 BGB Rn. 8; *Deppenkemper*, in: Prütting/Wegen/Weinreich, BGB, 18. Aufl. 2023, § 2366 Rn. 2; differenzierend zu § 409 BGB: *Lieder*, in: BeckOGK, BGB, Stand: 01.09.2022, § 409 Rn. 35–39.

[462] Vgl. zum Schuldnerinteresse: *Siber*, in: Planck, BGB, II. Band 1. Hälfte, 4. Aufl. 1914, § 372 Anm. 2c.

[463] Siehe: *Regenfus*, JA 2017, 81 (87).

verstehen, und zwar insoweit, als die Hinterlegung eine *ultima ratio*-Lösung mit höherem Gerechtigkeitsgehalt für Ausnahmefälle darstellt. Der regelmäßige und im Sinne der Effektivität zu verwirklichende Verkehrsschutz erfolgt durch die hierfür gesetzgeberisch vorgesehenen Urkunden, die mit Gutglaubensschutz ausgestattet sind. Der mit der Aufnahme derartiger Urkunden verfolgte Zweck, namentlich die Umsetzung des Allgemeininteresses an der Leichtigkeit und dem Schutz des Rechtsverkehrs, würde unterminiert, wollte man den Verkehrsschutz vorrangig mit der Hinterlegung bewerkstelligen. Mit den Worten des BGH lässt sich deshalb formulieren: Sofern der Prätendent sich mit einem Erbschein legitimiert und der Nachlassschuldner keine positive Kenntnis von der Unrichtigkeit hat, ist es ihm insoweit nach verständigem Ermessen zumutbar, den Zweifel *mithilfe des Erbscheins* auf seine Gefahr hin auszuräumen.

Im Übrigen ist zu sehen, dass bedingt durch die Begründung eines öffentlich-rechtlichen Hinterlegungsverhältnisses[464] Verzögerungen und, im Falle des Streits mehrerer Erbprätendenten über die Gesamtrechtsnachfolge, auch nicht unwesentliche Mehrkosten für den oder die wahren Erben im Vergleich zur unmittelbaren Vorlage eines Erbscheins gegenüber dem Nachlassschuldner entstehen.[465] Grund dafür ist der Umstand, dass der Erbe in seinem Antrag auf Herausgabe mitunter seine Empfangsberechtigung nachweisen muss, Art. 19 Abs. 1 Nr. 3 BayHintG.[466] Wenn aber mehrere Erbprätendenten – wenn beispielsweise die Bank im Hinterlegungsantrag mehrere Personen als potentielle Erben angegeben hat, Art. 11 Abs. 1 Nr. 1 BayHintG[467] – am Hinterlegungsverhältnis beteiligt sind, Art. 5 Abs. 1 Nr. 2 BayHintG,[468] und diese die Erklärung der konstitutiven Herausgabebewilligung verweigern, Art. 20 Abs. 1 Nr. 2 BayHintG,[469] muss der wahre Erbe seine Empfangsberechtigung gegenüber sämtlichen Beteiligten erstreiten, Art. 20 Abs. 1 Nr. 3 BayHintG.[470] Für die jeweils gesondert zu erhebenden Leistungsklagen existiert keine kostenrechtliche Privilegierung und kein einheitlicher Gerichtsstand.[471] Hinzu kommt ferner, dass nach § 381 BGB dem Gläubiger die Kosten der Hinterlegung zur Last fallen, sofern nicht der Schuldner die hinterlegte Sache zurücknimmt.[472] Dies

[464] Dies bestimmt sich nach den landesrechtlichen Bestimmungen. Siehe etwa: Art. 10 Abs. 1 BayHintG.

[465] Ausdrücklich und grundlegend nur: *Fest*, JZ 2014, 152 (156) unter expliziter Bezugnahme auf nachfolgende dargestellte Vorschriften des BayHintG.

[466] In den (weiteren) Hinterlegungsgesetzen der Länder finden sich vergleichbare Regelungen: z. B. Art. 20 Abs. 1 HintGNRW.

[467] § 11 Abs. 2 Nr. 1 HintGNRW.

[468] § 7 Abs. 1 Nr. 2 HintGNRW. Zu dem Fall, dass die Bank auf die Rücknahme verzichtet und nur ein möglicher Empfänger an dem Hinterlegungsverhältnis beteiligt ist: *Fest*, JZ 2014, 152 (156).

[469] § 20 Abs. 2 Nr. 1 HintGNRW.

[470] § 20 Abs. 2 Nr. 2 HintGNRW.

[471] So nur: *Fest*, JZ 2014, 152 (156).

[472] Darauf weist auch *Harter*, BKR 2013, 306 (308) hin.

verdeutlicht: Wollte man das nach dem gesetzgeberischen Regelungsplan intendierte Bedürfnis nach einem effektiven Verkehrsschutz durch Erbscheinsvorlage mithilfe eines Verweises auf die Hinterlegungsvorschriften als „erfüllt" ansehen, würde letztlich die Leichtigkeit und Sicherheit des Verkehrs eher *erschwert als effektiv verwirklicht.*

(2) Die Vorschrift des § 94 ZPO

Nach dem gesetzgeberischen Regelungsplan verdrängt auch die Regelung des § 94 ZPO,[473] die für jeden Wechsel in der Anspruchszuständigkeit gilt,[474] den Schuldnerschutz durch Erbscheinsvorlage nicht.[475] Aus § 94 ZPO kann sich im Falle eines Zivilprozesses zwischen Bank und Erbprätendenten zwar eine für die Kreditinstitute günstige Kostenfolge im Hinblick auf die *Prozess*kosten ergeben. Materiell-rechtlichen Schutz vor doppelter Inanspruchnahme durch den später möglicherweise offenbar werdenden wahren Erben gewährt die Vorschrift allerdings nicht: Denn nach seiner Grundidee stellt § 94 ZPO lediglich eine prozessrechtliche Ergänzung des materiell-rechtlichen Schutzniveaus der §§ 404 ff. BGB dar,[476] indem die Vorschrift dem klagenden Zessionar die Kosten auferlegt, die dadurch entstanden sind, dass er vor der Klageerhebung die Zession dem Schuldner nicht angezeigt und erforderlichenfalls nachgewiesen hat und der Beklagte deshalb zu einem an sich vermeidbaren Bestreiten des Anspruchs veranlasst worden ist.[477] § 94 ZPO trägt daher nur „dem Interesse des Schuldners Rechnung, bis zu einer aussagekräftigen Information und Legitimation davon ausgehen zu dürfen, dass der bisherige Gläubiger weiter Anspruchsinhaber ist, und daher die Aktivlegitimation eines anderen bestreiten zu dürfen."[478] Auf einen selbstständigen materiell-rechtlichen Schutz des Schuldners vor doppelter Inanspruchnahme zielt § 94 ZPO nicht ab. Neben der vorstehenden wertungsmäßigen Einordnung ist ergänzend zu sehen, dass § 94 ZPO den Erbnachweis auch nicht auf den Erbschein beschränkt und so im Ergebnis einen materiell-rechtlichen Schutz bewirken würde. Im Gegenteil bedingt die weite Formulierung („auf Verlangen nachgewiesen hat") zusätzliche Unsicherheit darüber, wann der Nachweis i. S. d. Vorschrift als erbracht gilt.[479]

---

[473] Hier setzt *Greif*, in: Planck, BGB, V. Band, 4. Aufl. 1930, vor §§ 2353 ff. Anm. 3, § 2367 Anm. 3 an; auch dazu: *Hellwig*, SeuffBl. 69 (1904), 473 (474).

[474] *Schulz*, in: MüKo, ZPO, 6. Aufl. 2020, § 94 Rn. 2.

[475] Vgl. zu: § 94 ZPO: *Muscheler*, JURA 2009, 329 (329 f.); *ders.*, Erbrecht, Band II, Rn. 3268.

[476] OLG München, MDR 2007, 1394; *Gierl*, in: Saenger, ZPO, 10. Aufl. 2023, § 94 Rn. 1; *Flockenhaus*, in: Musielak/Voit, ZPO, 20. Aufl. 2023, § 94 Rn. 1; vgl. *Schulz*, in: MüKo, ZPO, 6. Aufl. 2020, § 94 Rn. 1.

[477] Vgl. OLG München, MDR 2007, 1394; *Schulz*, in: MüKo, ZPO, 6. Aufl. 2020, § 94 Rn. 1; *Flockenhaus*, in: Musielak/Voit, ZPO, 20. Aufl. 2023, § 94 Rn. 1.

[478] *Regenfus*, JA 2017, 161.

[479] In diese Richtung auch: *Muscheler*, JURA 2009, 329 (329 f.); *ders.*, Erbrecht, Band II, Rn. 3268.

(3) Abschließende Einordnung

Das aufgezeigte – in Entsprechung der gesetzlichen Wertungen zugunsten des Verkehrsschutzes sowie des Sukzessionsrechts bestehende – Bedürfnis des Nachlassschuldners, sich einen Erbschein vorlegen zu lassen, wird wertungsmäßig nicht in seiner Gewichtung durch die §§ 372 ff. BGB, § 94 ZPO eingeschränkt.[480] Die Möglichkeit der Hinterlegung ist vielmehr als eine koexistente, alternative Schutzmöglichkeit des Nachlassschuldners einzuordnen, die insbesondere dann Bedeutung erlangt, wenn im Einzelfall trotz Vorlage eines Erbscheins Zweifel über die Erbenstellung bestehen. Schließlich ist auch zu sehen, dass die Hinterlegung im Einzelfall zu einer erheblichen, kostenintensiveren Verzögerung der Nachlassabwicklung führen kann. § 94 ZPO begründet kein materiell-rechtliches Schutzniveau, sondern sieht lediglich eine Kostenprivilegierung zugunsten des Schuldners vor, wenn dieser von einem Rechtsnachfolger des ursprünglichen Gläubigers verklagt wird und der Kläger den Beklagten nicht zuvor über den Wechsel in der Rechtszuständigkeit unterrichtet und auf Verlangen Nachweise geliefert hat.[481]

ee) Ein vergleichender Blick in die Rechtsprechung: Adhäsionsverfahren

Von dem Umstand, dass der Erbschein die im Gesetz vorgesehene Weise zum Nachweis der Erbfolge ist, geht augenscheinlich der BGH in Strafsachen, konkret im Adhäsionsverfahren, aus und konstatiert in seiner ständigen Rechtsprechung, dass der Nachweis der Erbfolge im Sinne des § 403 StPO regelmäßig durch einen Erbschein zu führen sei.[482] Wenngleich aus den Entscheidungen nicht ausdrücklich hervorgeht, aus welchen Gründen er an seiner Rechtsprechungslinie im Gegensatz zum BGH in Zivilsachen festhält, dürfte der Auffassung unausgesprochen (auch) die Überzeugung zugrunde liegen, dass nicht zuletzt wegen der Vermutung der Richtigkeit des Erbscheins (§ 2365 BGB) in der Regel nur durch Erbschein ein sicherer Nachweis der Rechtsnachfolge möglich ist. Deshalb geht die Rechtsprechung in Strafsachen davon aus, dass nicht immer ein Erbschein erforderlich ist, sondern nur regelmäßig, mithin im Einzelfall die Erbenstellung auch auf andere Weise nachgewiesen werden kann.[483]

---

[480] Vgl. *Muscheler*, JURA 2009, 329 (329); *ders.*, Erbrecht, Band II, Rn. 3268.

[481] Vgl. *Regenfus*, JA 2017, 161.

[482] BGH, NStZ 2010, 714; BGH, NJW-Spezial 2011, 8; NStZ-RR 2016, 183; im Schrifttum ferner: *Hilger*, in: Löwe/Rosenberg, StPO, 27. Aufl. 2022, § 403 Rn. 2; kritisch dazu: *Greiner*, NStZ-RR 2016, 223 f.

[483] BGH, NStZ 2010, 714; BGH, NJW-Spezial 2011, 8; BGH, NStZ-RR 2016, 183.

ff) Conclusio zum gesetzgeberischen Regelungsplan

Anhand der gesetzesimmanenten Teleologie inklusive der historischen Regelungsabsicht ließ sich aufzeigen, dass die Legitimation durch einen Erbschein als Regelfall dem gesetzgeberischen Regelungsplan entspricht:

Erstens sind die Wertungen des Sukzessionsrechts auf die Situation des Nachlassschuldners übertragbar: § 410 Abs. 1 Satz 1 BGB räumt dem Schuldner ein Leistungsverweigerungsrecht bis zur Vorlage der mit Gutglaubensschutz ausgestatteten Abtretungsurkunde ein. Dieser Vorschrift liegt die Erwägung zugrunde, dass der Schuldner nicht an der Abtretung beteiligt ist und deshalb vor rechtlichen Unsicherheiten hinsichtlich des Abtretungsvorgangs bewahrt werden soll. Um nicht etwa infolge einer unwirksamen Abtretung zunächst an den Nichtberechtigten zu leisten und sodann vom Berechtigten nochmals in Anspruch genommen zu werden, gewährt ihm das Gesetz ein Leistungsverweigerungsrecht bis zur Vorlage derjenigen Urkunde, die eine Leistung mit befreiender Wirkung ermöglicht. Denn die Rechtsstellung des Schuldners soll nicht durch den Wechsel in der Rechtszuständigkeit verschlechtert werden. Der Nachlassschuldner befindet sich in einer *vergleichbaren* Situation: Auch im Erbfall vollzieht sich der Wechsel der Rechtszuständigkeit ohne jede Beteiligung des Nachlassschuldners. Ihm können daher gleichermaßen Nachteile aus der Änderung der Rechtsinhaberschaft erwachsen: Es droht eine doppelte Inanspruchnahme, wenn der Nachlassschuldner die Erbenstellung – aufgrund ihm infolge der fehlenden Beteiligung an dem Rechtsübergang unbekannter Umstände – falsch beurteilt. Auch auf die Situation des Nachlassschuldners trifft demnach die der Vorschrift des § 410 BGB zugrunde liegende Wertung zu, wonach sich der Schuldner bei Änderung der Rechtszuständigkeit auf Gläubigerseite vor daraus resultierenden Nachteilen dadurch schützen können muss, indem er die Leistung bis zur Vorlage der mit Gutglaubensschutz ausgestatteten Urkunde verlangen kann. Einer Beschränkung der Legitimation durch den mit Gutglaubensschutz ausgestatteten Erbschein auf Ausnahmefälle würde dieser abtretungsrechtlichen Wertung zuwiderlaufen.

Zweitens ist die Aufnahme von Gutglaubensvorschriften wie den §§ 2365 ff. BGB Ausdruck einer gesetzgeberischen Wertentscheidung und der damit korrespondierenden Risikoverteilung. Denn mit solchen Vorschriften reagiert der Normsetzer auf fehlende zumutbare Möglichkeiten des Rechtsverkehrs, die Berechtigung seines Geschäftspartners zu prüfen und so das Risiko der Interaktion mit dem Nichtberechtigten zu beherrschen. Dies insbesondere dann, wenn – wie bei einem Wechsel der Rechtszuständigkeit innerhalb bereits bestehender Schuldverhältnisse – dieses Risiko unvermeidbar und daher der Rechtsverkehr besonders schutzbedürftig ist. Die Aufnahme von Gutglaubensvorschriften stellt sich folglich als Wertentscheidung *zugunsten* des Rechtsverkehrs im Sinne einer *grundsätzlichen Vorrangstellung des Verkehrsschutzes* dar. Diese abstrakte Wertung konkretisieren die §§ 2365 ff. BGB für die ihnen zugrunde liegende Situation: Die Gesamtrechtsnachfolge vollzieht sich ohne Vollzugs- oder Einweisungsakt, mithin von selbst und unmittelbar, und damit ohne äußerlich sichtbaren Vorgang. Es ist nicht ohne Weiteres hinreichend rechtssicher erkennbar, ob die Erbfolge letztendlich gesetzlich oder willkürlich ausgestaltet ist und, ob sich Umstände wie Anfechtungen, Ausschlagungen, Widerrufe, Erb- oder Zuwendungsverzichte oder Erbunwürdigkeitserklärungen auf die konkrete Erbfolge ausgewirkt haben. Bei einer gewillkürten Erbfolge kommt schließlich das Risiko einer unzutreffenden Auslegung der jeweiligen Verfügung von Todes wegen hinzu. Die selbstständige Prüfung des Erbrechts ist mit erheblichen Unsicherheiten und folglich auch potentiell mit Nachteilen im Falle einer Falschbeurteilung verbunden. Diese Gefahren zu verhüten, ist der Zweck des Erbscheins. Diese Zweckrichtung setzen die §§ 2365 ff. BGB wirksam um und begegnen dem Risiko der rechtsgeschäftlichen Interaktion mit dem Scheinerben und den damit einhergehenden Gefahren. Aufbauend auf der allgemeinen den Gutglaubensvorschriften zugrunde liegenden Wertung bringen die §§ 2365 ff. BGB daher eine Wertentscheidung zugunsten der Verkehrsinteressen zum Ausdruck und zwar in dem Sinne, dass der für den Privatrechtsverkehr grundsätzlich vorgesehene Erbnachweis der Erbschein ist.

Drittens reiht sich die dargelegte Annahme, dass die Legitimation durch einen Erbschein als Regelfall dem gesetzgeberischen Regelungsplan entspricht, auch uneingeschränkt in die Position ein, welche in der Denkschrift zum Ausdruck kommt. Betont wurde dort, dass sich das Institut des Erbscheins gerade aus dem Bedürfnis des Verkehrs rechtfertige. Denn das Bestehen eines Erbrechts sei nicht mit Sicherheit zu beantworten und derjenige, der mit dem angeblichen Erben rechtsgeschäftlich interagiert, sei empfindlichen Nachteilen ausgesetzt. Auf diese Gefahrenverhütung ziele der Erbschein ab. Abweichend von der in den Protokollen der II. Kommission ersichtlichen Position, wonach bei Vorliegen einer Verfügung von Todes wegen die Rechtsnachfolge vielfach einfach und klar sei, kommt in der Denkschrift eine andere Bedeutung der Verfügungen von Todes wegen zum Ausdruck. Danach setze die Prüfung der Formgültigkeit, die Auslegung und die Beurteilung des Verhältnisses mehrerer Verfügungen von Todes wegen zueinander häufig besondere Rechtskenntnis voraus. Auch biete die Vorlage einer Verfügung von Todes wegen keinerlei Gewähr dafür, dass nicht noch andere Verfügungen vorhanden sind, die die erbrechtliche Lage abweichend gestalten.[484] Darauf nahm auch von Buchka im Rahmen der ersten Beratung der Grundbuchordnung im Plenum des Reichstags Bezug und formulierte, dass man aufgrund „dieser Ausführungen in der Denkschrift hätte […] erwarten sollen, daß der Erbschein auch in ausschließlicher Weise verwendet werden würde für den Grundbuchamtsverkehr in Bezug auf den Nachweis der Erbfolge, nicht bloß bei Intestat- sondern auch bei testamentarischer Erbfolge."[485]

Der gesetzlichen Konzeption entspricht daher die Legitimation durch einen Erbschein als Regelfall und damit eine Risikoverteilung zugunsten des Rechtsver-

[484] *Mugdan*, Die gesammten Materialien zum Bürgerlichen Gesetzbuch für das Deutsche Reich, V. Band, S. 877 (= Denkschrift, S. 291).

[485] *Hahn*, Die gesammten Materialien zu den Reichs-Justizgesetzen, V. Band, S. 197.

kehrs, um den Nachlassschuldner wirksam vor der drohenden doppelten Inanspruchnahme zu schützen und die Zielsetzung des Erbscheins umzusetzen.

d) Fazit zur planwidrigen Unvollständigkeit

Die Gründe, die im Rahmen der Entstehung des BGB gegen ein Leistungsverweigerungsrecht vorgebracht wurden, können unter Zugrundelegung des modernen Regelungsumfelds keine Gültigkeit mehr beanspruchen. Nach Analyse und Überwindung des legislatorischen Willens zeigen objektiv-teleologische Erwägungen vielmehr auf, dass das Gesetz insoweit lückenhaft ist, als es auf die Schutzbedürftigkeit des Nachlassschuldners und die grundsätzlich gebotene Risikoverteilung nicht mit einer Regelung antwortet, die die grundsätzliche Legitimation durch einen Erbschein vorsieht. Einer Rechtsfortbildung ist somit der Weg geebnet – eine ausfüllungsbedürftige Lücke ist hervorgetan.

2. Lückenschließung – zugleich Begründung eines Leistungsverweigerungsrechts

Entsprechend dem an anderer Stelle aufgezeigten Zweischritt folgt der vorausgegangenen Lückenfeststellung die Lückenausfüllung. Weil sich die zugrunde liegende Situation des Nachlassschuldners als ein Fall erweist, der wertungsmäßig einer normativen Regel, konkret der des Sukzessionsrechts, entspricht, ist die Ausfüllung der Lücke gesetzesnah im Wege des Analogieschlusses zu suchen.[486] Hierunter wird die grundsätzliche Übertragung einer gesetzlichen Regel auf einen vom Gesetz nicht geregelten, aber ähnlichen Sachverhalt verstanden.[487] Es handelt sich somit um eine Generalisierung,[488] welche in der Annahme gründet, dass die Tatbestände aufgrund der Gleichheit in den maßgeblichen Wertungsgesichtspunkten[489] gleich zu behandeln sind[490] beziehungsweise vorhandene Unterschiede nach allen erkennbaren rechtli-

---

[486] *Larenz*, Methodenlehre der Rechtswissenschaft, 6. Aufl. 1991, S. 381 f.; *ders./Canaris*, Methodenlehre der Rechtswissenschaft, 3. Aufl. 1995, S. 202; *Schwacke*, Juristische Methodik, 5. Aufl. 2011, S. 130; *Bydlinski*, Juristische Methodenlehre und Rechtsbegriff, 2. Aufl. 2011, S. 475.

[487] *Larenz*, Methodenlehre der Rechtswissenschaft, 6. Aufl. 1991, S. 381 ff.; *ders./Canaris*, Methodenlehre der Rechtswissenschaft, 3. Aufl. 1995, S. 202 ff.; *Bydlinski*, Juristische Methodenlehre und Rechtsbegriff, 2. Aufl. 2011, S. 475; vgl. *Grüneberg*, in: Grüneberg, BGB, 82. Aufl. 2023, Einleitung Rn. 48 unter Verweis auf: BGH, NJW 2022, 1620 Rn. 21 f.

[488] *Zippelius*, Juristische Methodenlehre, 12. Aufl. 2021, S. 56, 62.

[489] *Schwacke*, Juristische Methodik, 5. Aufl. 2011, S. 131 spricht von wertungsmäßiger Gleichheit; vgl. auch: *Säcker*, in: MüKo, BGB, 9. Aufl. 2021, Einleitung BGB, Rn. 153.

[490] *Larenz*, Methodenlehre der Rechtswissenschaft, 6. Aufl. 1991, S. 381; *ders./Canaris*, Methodenlehre der Rechtswissenschaft, 3. Aufl. 1995, S. 202; *Bydlinski*, Juristische Methodenlehre und Rechtsbegriff, 2. Aufl. 2011, S. 475.

chen Wertungsmaßstäben für sich genommen nicht so schwer wiegen, dass eine unterschiedliche Behandlung gerechtfertigt ist.[491]

Der Analogieschluss ist vorliegend nach beiden Blickwinkeln möglich: Steht bei § 410 BGB die Verhütung der Gefahr der doppelten Inanspruchnahme infolge der fehlenden Partizipation des Abtretungsschuldners am Wechsel der Rechtszuständigkeit wertungsmäßig im Mittelpunkt, mithin die Schutzbedürftigkeit des Schuldners,[492] gilt dies – wie im Rahmen der Lückenfeststellung aufgezeigt[493] – in gleichem Maße für den Nachlassschuldner. Insofern lässt sich sogar weitergehend für eine Spielart respektive einen Sonderfall des Analogieschlusses in Form des Erst-Recht-Schlusses[494] argumentieren und zwar unter Verweis auf die im Falle der Universalsukzession (§ 1922 BGB) fehlenden Möglichkeiten des Schuldners, seinem eigenen Schutzbedürfnis Rechnung zu tragen. Denn der Nachlassschuldner kann sich – anders als der Schuldner im Rahmen der Abtretung – nicht bei dem bisherigen Gläubiger erkundigen oder gar an diesen bis zur positiven Kenntnis des Rechtsübergangs mit befreiender Wirkung leisten (vgl. § 407 BGB). Das Schutzbedürfnis des Nachlassschuldners erweist sich als noch deutlich höher, sodass angenommen werden kann, dass, wenn das Gesetz für das Sukzessionsrecht ein Leistungsverweigerungsrecht vorsieht, dies erst recht für den ungeregelten Fall des Nachlassschuldners gelten muss.[495] Auch rechtfertigen die bestehenden Unterschiede der Konstellation beim Erbnachweis, namentlich das Erbscheinserteilungsverfahren und die anfallenden Kosten, keine abweichende Beurteilung: Im Hinblick auf die Kostenlast besteht mit dem GNotKG eine neuere, positive und damit zu respektierende Wertentscheidung des Gesetzgebers.[496] Abgesehen davon ist zu berücksichtigen, dass ein Erbschein nicht nur singulär im Verhältnis zu einem Kreditinstitut als Nachlassschuldner dienlich ist, sondern gegenüber sämtlichen

---

[491] *Larenz*, Methodenlehre der Rechtswissenschaft, 6. Aufl. 1991, S. 381 f.; *ders./Canaris*, Methodenlehre der Rechtswissenschaft, 3. Aufl. 1995, S. 202; *Bydlinski*, Juristische Methodenlehre und Rechtsbegriff, 2. Aufl. 2011, S. 475 f.; *Zippelius*, Juristische Methodenlehre, 12. Aufl. 2021, S. 56 f.

[492] Die Gleichheit unter dem Aspekt des Schutzbedürfnisses als Kernelement der Ähnlichkeit betonend: *Bydlinski*, Juristische Methodenlehre und Rechtsbegriff, 2. Aufl. 2011, S. 477 m. w. N.

[493] Insoweit ist der Prozess der Lückenfeststellung und der Lückenausfüllung weitgehend deckungsgleich. Der Analogieschluss ist zugleich Mittel der Lückenfeststellung, da die planwidrige Unvollständigkeit auf Grundlage eines wertungsmäßigen Vergleichs ergründet wird. Die Rechtsähnlichkeit ist dabei maßgebender Faktor für die Frage nach der Lückenhaftigkeit. Grundlegend dazu *Canaris*, Die Feststellung von Lücken im Gesetz, 2. Aufl. 1983, S. 71 ff. An dieser Stelle sei zur Vermeidung von Wiederholungen auf die Ausführungen zu den Wertungen des Zessionsrechts unter Kapitel 3 A. III. 1. c) aa) verwiesen.

[494] So: *Schwacke*, Juristische Methodik, 5. Aufl. 2011, S. 137; *Meier/Jocham*, JuS 2015, 490 (495); *Zippelius*, Juristische Methodenlehre, 12. Aufl. 2021, S. 57.

[495] Instruktiv zum Modus des Erst-Recht-Schlusses: *Larenz*, Methodenlehre der Rechtswissenschaft, 6. Aufl. 1991, S. 389; *ders./Canaris*, Methodenlehre der Rechtswissenschaft, 3. Aufl. 1995, S. 208; *Schwacke*, Juristische Methodik, 5. Aufl. 2011, S. 137.

[496] So auch: *Szalai*, NotBZ 2016, 370 (376).

Vertragspartnern oder auch gegenüber dem Grundbuchamt,[497] wodurch die Kostenfolge zusätzlich relativiert wird.[498] Die Kosten des Erbscheins können daher nicht gegen ein Leistungsverweigerungsrecht bis zur Erbscheinsvorlage vorgebracht werden. Auch hinsichtlich des Erbscheinsverfahrens existiert mit dem FamFG eine moderne, eindeutige gesetzgeberische Wertentscheidung für dieses Verfahren. Im Hinblick auf den Erbnachweis ist insbesondere zu sehen, dass das FamFG selbst eine zügige Abwicklung (unstreitiger) Erbscheinsverfahren anstrebt und sonach in § 352e Abs. 1 Satz 3 und 4 FamFG vorsieht, dass der Beschluss mit Erlass wirksam wird und keiner Bekanntgabe bedarf.[499] Damit kann das Nachlassgericht den Erbschein gleichzeitig mit der Beschlussfassung erteilen,[500] sodass auch im Erbscheinsverfahren das Interesse an einer zügigen Nachlassregulierung Berücksichtigung findet. Sofern hingegen das Erbscheinsverfahren etwa aufgrund von umfangreichen Ermittlungen oder Anhörungen der Beteiligten mehr Zeit in Anspruch nimmt, ist dies gerade zur Wahrheitsfindung und der zutreffenden rechtlichen Beurteilung der Erbfolge notwendig.[501] Demnach kann auch der – je nach Einzelfall divergierende – Zeitaufwand des Erbscheinsverfahrens nicht gegen ein Leistungsverweigerungsrecht ins Feld geführt werden.

Insgesamt zeigt ein Vergleich der gesetzlich nicht geregelten Konstellation des Nachlassschuldners und der des Abtretungsschuldners deutlich, dass beide Sachverhalte unter dem Aspekt des Bedürfnisses, wirksam vor dem infolge des sich ohne Beteiligung des Schuldners vollziehenden Rechtsübergangs bestehenden Risikos doppelter Inanspruchnahme geschützt zu werden, wertungsmäßig übereinstimmen. Diese wesentliche Gleichheit steht bei der Gegenüberstellung beider Konstellationen im Vordergrund. Die wertungsmäßig nicht ins Gewicht fallenden Unterschiede, namentlich die Kosten und das Erbscheinserteilungsverfahren, werden hierdurch überwogen. Eine Ungleichbehandlung ist nicht gerechtfertigt, sodass der Analogieschluss geboten ist.[502] Der Grundsatz lautet daher:

Analog § 410 Abs. 1 Satz 1 BGB ist das Kreditinstitut dem Erbprätendenten gegenüber zur Leistung grundsätzlich nur gegen Vorlage des Erbscheins verpflichtet.

---

[497] Vgl. § 35 Abs. 1 Satz 1 GBO; vgl. ferner die Regelungen der § 41 Abs. 1 Satz 1 SchRegO, § 86 Abs. 1 Satz 1 LuftRG.

[498] *Harter*, BKR 2013, 306 (308) Fn. 30.

[499] BT-Drs. 16/6308, S. 280, 281.

[500] BT-Drs. 16/6308, S. 281.

[501] Wie hier: *Szalai*, NotBZ 2016, 370 (376).

[502] Für einen Analogieschluss im Ergebnis bereits: *Hellwig*, Anspruch und Klagerecht, S. 357 f.; *ders.*, SeuffBl. 69 (1904), 473 (477 f.).

B. Grenzen des gewonnenen Leistungsverweigerungsrechts

Mit der Begründung eines Leistungsverweigerungsrechts bis zur Erbscheinsvorlage ist noch keine Aussage über die endgültige Reichweite dieses Rechts getroffen. Die Ausübung des Leistungsverweigerungsrechts wird mit Rücksicht auf § 242 BGB – wie jedes subjektive Recht und gerade auch das der Analogie zugrunde liegende Recht des § 410 Abs. 1 Satz 1 BGB[503] – nicht schrankenlos gewährt.[504] Vielmehr unterliegt jedes Recht im Hinblick auf seine Rechtsidee, die ihm zugrunde liegende Interessenlage und seinen Zweck einer bestimmten Ausübungsschranke.[505] Im Folgenden gilt es daher, die Geltungsschranke des zuvor gewonnenen Leistungsverweigerungsrechts anhand des wertungsoffenen Maßstabs des § 242 BGB[506] zu bestimmen, wobei den in anderen Normen zum Ausdruck kommenden gesetzgeberischen Wertentscheidungen besondere Bedeutung zukommt.[507]

I. Erbscheinsersetzende Wirkung öffentlicher Verfügungen von Todes wegen

Aufgrund der Erkenntnis, dass für die Grenzziehung den gesetzlichen Wertungen maßgebende Bedeutung zukommt, bildet die Rechtsordnung konsequenterweise den Ausgangspunkt, um die Grenzen des Leistungsverweigerungsrechts zu bestimmen: Diese lässt an verschiedenen Stellen eine eröffnete öffentliche Verfügung von Todes wegen zum Nachweis der Erbfolge ausreichen, vgl. § 35 Abs. 1 Satz 2 GBO und § 41 Abs. 1 Satz 2 SchRegO. Entsprechend diesen Regelungen sieht der BGH ein notarielles Testament in der Regel als ausreichenden Nachweis für die Rechtsnachfolge an[508] und misst diesem auch im Verhältnis zwischen Bank und Kontoinhaber eine widerlegbare Vermutung zum Nachweis der Erbfolge bei.[509]

---

[503] Dazu unter: Kapitel 3 A. III. 1. c) aa).

[504] Generell dazu: BGH, NJW-RR 2015, 457 Rn. 28; BGH, NJW 2018, 1756 Rn. 20; BGHZ 227, 253 = NJW 2021, 307 Rn. 27; BAG, NZA 2022, 1276 Rn. 15, jeweils m. w. N.; *Schubert*, in: MüKo, BGB, 9. Aufl. 2022, § 242 Rn. 165; *Grüneberg*, in: Grüneberg, BGB, 82. Aufl. 2023, § 242 Rn. 16, 38; *Mansel*, in: Jauernig, BGB, 19. Aufl. 2023, § 242 Rn. 33; *Sutschet*, in: BeckOK, BGB, 67. Ed. Stand: 01.08.2023, § 242 Rn. 47.

[505] Vgl. *Böttcher*, in: Erman, BGB, 17. Aufl. 2023, § 242 Rn. 102.

[506] Vgl. BGH, NJW 2015, 548 (549); BGHZ 227, 253 = NJW 2021, 307 Rn. 27; *Brox/Walker*, Allgemeiner Teil des BGB, 46. Aufl. 2022, § 32 Rn. 6; *Looschelders/Olzen*, in: Staudinger, BGB, Neubearbeitung 2019, § 242 Rn. 219, 221.

[507] *Looschelders/Olzen*, in: Staudinger, BGB, Neubearbeitung 2019, § 242 Rn. 221; *Brox/Walker*, Allgemeines Schuldrecht, 47. Aufl. 2023, § 7 Rn. 5.

[508] BGH, NJW 2005, 2779 (2780); BGHZ 209, 329 = NJW 2016, 2409 Rn. 21.

[509] Ausdrücklich: BGHZ 209, 329 = NJW 2016, 2409 Rn. 23. Im Ergebnis ähnlich, allerdings zurückhaltender noch: BGH, NJW 2005, 2779: „in der Regel einen ausreichenden Nachweis für sein Erbrecht".

Es erhebt sich deshalb die Frage, ob öffentliche Verfügungen von Todes wegen aufgrund der gesetzesimmanenten Teleologie tatsächlich auch im privaten Rechtsverkehr eine erbscheinsersetzende[510] Wirkung haben, sodass in Fällen der Vorlage einer solchen Urkunde das Verlangen eines Erbscheins dem Grunde nach rechtsmissbräuchlich ist.[511]

1. Legislative Sonderstellung öffentlicher Verfügungen von Todes wegen

Zur Beantwortung dieser Frage ist in einem ersten Schritt an den charakteristischen Eigenschaften notarieller Verfügungen von Todes wegen anzusetzen, um anhand dieser aus teleologischer Perspektive zu erklären, warum die Rechtsordnung – wie etwa die vom BGH zitierten § 35 Abs. 1 Satz 2 GBO, § 41 Abs. 1 Satz 2 SchRegO – in anderen Bereichen notarielle Verfügungen von Todes wegen grundsätzlich als tauglichen Erbnachweis erachtet (a)–c)).[512] Darauf aufbauend gilt es, diese legislative Sonderstellung öffentlicher Verfügungen von Todes wegen für den Privatrechtsverkehr fruchtbar zu machen (2.).

a) Öffentliches Testament

Zunächst ist ein Augenmerk auf die Errichtung durch Erklärung gegenüber dem Notar zu richten, die – wie unter Kapitel 3 A. III. 1. b) bb) bereits angedeutet wurde – entscheidende Vorteile mit sich bringt, welche im Ergebnis eine wertungsmäßige Privilegierung als Ersatzlegitimation rechtfertigen: Bei der Errichtung eines öffentlichen Testaments ist die notarielle Beratung und Betreuung durch § 17 BeurkG[513] sichergestellt und so das Rechtsgeschäft „bereits bei [seinem] Abschluss vorab einer qualifizierten rechtlichen Überprüfung unterworfen".[514] Nach § 17 Abs. 1 Satz 1 BeurkG soll der Notar den Willen der Beteiligten erforschen, den Sachverhalt klären, die Beteiligten über die rechtliche Tragweite des Geschäfts belehren und ihre Erklärungen klar und unzweideutig in der Niederschrift wieder-

---

510 *Krug*, in: FS Spiegelberger, 1025: „Notarielle Urkunden als Ersatz für einen Erbschein"; *Tersteegen*, RNotZ 2014, 98 (99); *Odersky*, notar 2014, 21 (22); siehe auch: DNotI-Report 2020, 76; *Strauß*, MittBayNot 2021, 440 (443).

511 So im Ergebnis nur: *Szalai*, NotBZ 2016, 370 (373, 379).

512 In diese Richtung auch: *Starke*, NJW 2005, 3184 (3185).

513 BGHZ 198, 250 = NJW 2013, 3716 Rn. 37; BGHZ 209, 329 = NJW 2016, 2409 Rn. 23; auf die verfahrensrechtlichen Vorschriften der §§ 17, 30 BeurkG hinweisend: *Muscheler*, Erbrecht, Band I, Rn. 1748; *Helms*, in: Frank/Helms, Erbrecht, 7. Aufl. 2018, § 5 Rn. 20; *Brox/Walker*, Erbrecht, 29. Aufl. 2021, § 10 Rn. 1; *Sticherling*, in: MüKo, BGB, 9. Aufl. 2022, § 2231 Rn. 19; *Kroiß*, in: NK-BGB, 6. Aufl. 2022, § 2231 Rn. 4; *Olzen/Looschelders*, Erbrecht, 7. Aufl. 2023, Rn. 278.

514 BVerfG, DNotZ 2012, 945 Rn. 49; vgl. auch: *Grziwotz*, in: Grziwotz/Heinemann, BeurkG, 3. Aufl. 2018, § 17 Rn. 2: „[§ 17 BeurkG] enthält für [den Notar] Amtspflichten, von denen ihn auch die Beteiligten nicht entbinden können. Sie dienen dazu, wichtige Rechtsgeschäfte vorab einer qualifizierten rechtlichen Überprüfung zu unterziehen".

geben.[515] Gem. § 17 Abs. 1 Satz 2 BeurkG hat der Notar darauf zu achten, dass Irrtümer und Zweifel vermieden sowie unerfahrene und ungewandte Beteiligte nicht benachteiligt werden. Bestehen Zweifel, ob das Geschäft dem Gesetz oder dem wahren Willen der Beteiligten entspricht, so sollen die Bedenken mit den Beteiligten erörtert werden (§ 17 Abs. 2 Satz 1 BeurkG). Wenn der Notar an der Wirksamkeit des Geschäfts zweifelt und die Beteiligten auf die Beurkundung bestehen, so soll er die Belehrung und die dazu abgegebenen Erklärungen der Beteiligten in der Niederschrift vermerken (§ 17 Abs. 2 Satz 2 BeurkG). Durch die notarielle Beratung und Betreuung wird sichergestellt, dass der wirkliche Erblasserwille aufgeklärt und die eindeutige Formulierung des Testaments gewährleistet wird.[516] Die notarielle Beratung und Betreuung trägt zur weitgehenden Verhütung von Auslegungsschwierigkeiten bei und bewahrt den Erblasser typischerweise vor unüberlegten, spontanen Verfügungen sowie unzulässiger Einflussnahme durch Dritte.[517] Die Errichtung unter Einhaltung der Verfahrensgarantien rechtfertigt daher im Ergebnis eine gewisse Vermutung dafür, dass der Erklärungsinhalt und der Wille des Erblassers kongruent sind.[518] Außerdem vermeidet die notarielle Errichtungsform Zweifel hinsichtlich des ernsthaften Testierwillens, gewährleistet die Wahrung der erforderlichen Form[519] und bedingt ein erhöhtes Maß an Sicherheit im Hinblick auf die Testierfähigkeit. Denn der Notar hat die erforderliche Geschäftsfähigkeit zu prüfen und muss die Beurkundung ablehnen, wenn er von der fehlenden Geschäftsfähigkeit des Erblassers überzeugt ist (vgl. § 11 Abs. 1 Satz 1 BeurkG).[520] Überdies soll der Notar seine entsprechenden Wahrnehmungen über die erforderliche Geschäftsfä-

[515] *Muscheler*, Erbrecht, Band I, Rn. 1748; allgemein zu § 17 BeurkG auch: *Armbrüster*, in: Armbrüster/Preuß, BeurkG, 9. Aufl. 2023, § 17 BeurkG Rn. 17.

[516] *Sticherling*, in: MüKo, BGB, 9. Aufl. 2022, § 2231 Rn. 19; vgl. *Röthel*, JURA 2014, 475 (475 f.); *Lauck*, in: Burandt/Rojahn, Erbrecht, 4. Aufl. 2022, § 2231 BGB Rn. 4, 6; vgl. *Kössinger*, in: Nieder/Kössinger, Handbuch der Testamentsgestaltung, 6. Aufl. 2020, § 17 Rn. 3; *Baumann*, in: Staudinger, BGB, Neubearbeitung 2022, § 2231 Rn. 22; ferner: *Schmoeckel*, Erbrecht, 6. Aufl. 2021, § 20 Rn. 16; *Klingseis*, in: Soergel, BGB, 14. Aufl. 2021, § 2231 Rn. 13.

[517] *Lange*, Erbrecht, 3. Aufl. 2022, § 14 Rn. 36; *Lauck*, in: Burandt/Rojahn, Erbrecht, 4. Aufl. 2022, § 2231 BGB Rn. 4, 6; *Sticherling*, in: MüKo, BGB, 9. Aufl. 2022, § 2231 Rn. 19; vgl. auch: *Mayer*, in: Soergel, BGB, 13. Aufl. 2003, § 2231 Rn. 7, der zusätzlich darauf hinweist, dass eine unsachgemäße Beratung durch die Urkundsperson eine theoretische Fallkonstellation abbilde; vgl. ferner: *Kössinger*, in: Nieder/Kössinger, Handbuch der Testamentsgestaltung, 6. Aufl. 2020, § 17 Rn. 3.

[518] BGH, BeckRS 1951, 31397621; vgl. OLG Köln, MDR 1982, 1030; OLG Saarbrücken, NJW-RR 1994, 844 (846) allerdings mit der Einschränkung, „[dass] [e]ine echte diesbezügliche Tatsachenvermutung […] jedoch nicht gerechtfertigt [erscheint]“; BayObLG, FamRZ 1996, 1037 (1038); OLG Hamm, FamRZ 2002, 201 (202); OLG München, NJW-RR 2011, 12 (13); OLG Frankfurt a. M., ZErb 2018, 201 (205); implizit: OLG Oldenburg, BWNotZ 2019, 469 Rn. 28; vgl. auch: *Weidlich*, in: Grüneberg, BGB, 82. Aufl. 2023, § 2084 Rn. 2.

[519] *Baumann*, in: Staudinger, BGB, Neubearbeitung 2022, § 2231 Rn. 22, 23.

[520] Für viele: *Limmer*, in: Frenz/Miermeister, BNotO, 5. Aufl. 2020, § 11 BeurkG Rn. 2b, 5; *Bord*, in: BeckOGK, BeurkG, Stand: 01.07.2023, § 11 Rn. 22 m. w. N.

higkeit des Erblassers in der Niederschrift vermerken (§ 28 BeurkG).[521] Weiter schützt die verpflichtende amtliche Verwahrung öffentlicher Testamente (§ 34 Abs. 1 Satz 4 BeurkG) vor Verlust, widerrechtlicher Vernichtung, Unterdrückung oder Verfälschung des Testaments und bietet, nicht zuletzt weil die Verwahrangaben[522] i. S. d. § 78d Abs. 2 Satz 2 BNotO nach § 34a Abs. 1 BeurkG an die das Zentrale Testamentsregister führende Registerbehörde mitgeteilt werden, zugleich Gewähr dafür, dass das Testament nach dem Erbfall aufgefunden wird.[523] Unter dem Aspekt der Rechtssicherheit ist außerdem von besonderer Bedeutung, dass ein ordnungsgemäß aufgenommenes öffentliches Testament als öffentliche Urkunde i. S. d. §§ 415, 418 ZPO[524] eine gesteigerte Beweiskraft hat und den Vollbeweis hinsichtlich des Errichtungsortes, der Errichtungszeit, der Urkundsperson, der vollständigen und richtigen Abgabe der Erklärung mit dem wiedergegebenen Inhalt, der Sprechfähigkeit und Identität der erklärenden Person (§ 415 ZPO) sowie der wiedergegebenen Umstände des Beurkundungsvorgangs (§ 418 ZPO) erbringt,[525] wozu insbesondere die sachlichen Wahrnehmungen des Notars über die erforderliche Testierfähigkeit gehören. Diese nehmen – anders als die vom Notar gezogenen Schlussfolgerungen – an der formellen Beweiskraft der Urkunde nach § 418

---

[521] Zur Indizwirkung der notariellen Feststellungen: vgl. *Baumann*, in: Frenz/Miermeister, BNotO, 5. Aufl. 2020, § 28 BeurkG Rn. 7; *Lange*, Erbrecht, 3. Aufl. 2022, § 14 Rn. 36; zur Indizwirkung: OLG München, MittBayNot 2015, 221 (222); OLG Düsseldorf, MittBayNot 2019, 596. Wird der Erbvertrag mit einem Ehevertrag verbunden, richten sich die Vorgaben über aufzunehmende Vermerke nicht nach § 28 BeurkG, sondern nach § 11 BeurkG.

[522] Vgl. für die amtliche Verwahrung § 1 Satz 1 Nr. 3 ZTRV: „Verwahrnummer, Verwahrbuchnummer oder Aktenzeichen des Verfahrens der Verwahrstelle".

[523] *Mayer*, in: Soergel, BGB, 13. Aufl. 2003, § 2231 Rn. 8; *Röthel*, JURA 2014, 475 (476); *Szalai*, NotBZ 2016, 370 (377); *Kössinger*, in: Nieder/Kössinger, Handbuch der Testamentsgestaltung, 6. Aufl. 2020, § 17 Rn. 3; *Voit*, in: Reimann/Bengel/Dietz, Testament und Erbvertrag, 7. Aufl. 2020, § 2231 Rn. 6; *Brox/Walker*, Erbrecht, 29. Aufl. 2021, § 10 Rn. 1; *Baumann*, in: Staudinger, BGB, Neubearbeitung 2022, § 2231 Rn. 22; *Sticherling*, in: MüKo, BGB, 9. Aufl. 2022, § 2231 Rn. 20; *Lauck*, in: Burandt/Rojahn, Erbrecht, 4. Aufl. 2022, § 2231 BGB Rn. 7; *Kroiß*, in: NK-BGB, 6. Aufl. 2022, § 2231 Rn. 5; *Lange*, Erbrecht, 3. Aufl. 2022, § 14 Rn. 37; *Olzen/Looschelders*, Erbrecht, 7. Aufl. 2023, Rn. 278.

[524] BGHZ 209, 329 = NJW 2016, 2409 Rn. 23; *Kregel*, in: RGRK, BGB, 4. Aufl. 1975, § 2232 Rn. 8; *Voit*, in: Reimann/Bengel/Dietz, Testament und Erbvertrag, 7. Aufl. 2020, § 2231 Rn. 5; *Baumann*, in: Staudinger, BGB, Neubearbeitung 2022, § 2231 Rn. 12, § 2232 Rn. 62; *Kroiß*, in: NK-BGB, 6. Aufl. 2022, § 2231 Rn. 4; *Lange*, Erbrecht, 3. Aufl. 2022, § 14 Rn. 35; *Sticherling*, in: MüKo, BGB, 9. Aufl. 2022, § 2231 Rn. 20, § 2232 Rn. 143; *Lauck*, in: Burandt/Rojahn, Erbrecht, 4. Aufl. 2022, § 2231 BGB Rn. 5; *Litzenburger*, in: BeckOK, BGB, 67. Ed. Stand: 01.08.2023, § 2232 Rn. 20.

[525] BayObLG, ZEV 2000, 66 (68); *Lauck*, in: Burandt/Rojahn, Erbrecht, 4. Aufl. 2022, § 2231 BGB Rn. 5; *Kroiß*, in: NK-BGB, 6. Aufl. 2022, § 2231 Rn. 4; allgemein: *Feskorn*, in: Zöller, ZPO, 34. Aufl. 2022, § 415 Rn. 5; *Huber*, in: Musielak/Voit, ZPO, 20. Aufl. 2023, § 415 Rn. 10; abweichend hinsichtlich des Beweises der Identität: *Schreiber*, in: MüKo, ZPO, 6. Aufl. 2020, § 415 Rn. 27; *Krafka*, in: BeckOK, ZPO, 49. Ed. Stand: 01.07.2023, § 415 Rn. 21.

Abs. 1 ZPO teil.[526] Im Falle des Vollbeweises nach den §§ 415, 418 ZPO ist jede andere Beweiswürdigung ausgeschlossen.[527]

Ein öffentliches Testament wird demnach vor einem Notar (§§ 2231 Nr. 1 BGB, § 20 BNotO), einem Träger öffentlichen Amts[528] auf dem Gebiet der vorsorgenden Rechtspflege[529] mit richternahen Funktionen,[530] errichtet. Es ist mit besonderen Verfahrensgarantien ausgestattet und stellt eine öffentliche Urkunde i.S.d. §§ 415, 418 ZPO dar; dies bedingt mithin ein erhöhtes Maß an Rechtssicherheit für den Rechtsverkehr. Aus diesem Grund erachtet die Rechtsordnung im register- und grundbuchrechtlichen Bereich, § 35 Abs. 1 Satz 2 GBO, § 41 Abs. 1 Satz 2 SchRegO, § 86 Abs. 1 Satz 1 LuftRG, öffentliche Testamente grundsätzlich als ausreichenden Erbnachweis.

b) Erbvertrag

Nichts Abweichendes gilt für einen entsprechend errichteten Erbvertrag.[531] Denn auch bei diesem handelt es sich um eine Verfügung von Todes wegen, die mit besonderen Verfahrensgarantien (beispielsweise §§ 11, 17, 28 BeurkG) ausgestattet ist und der die besondere Beweiskraft der §§ 415, 418 ZPO zukommt, wodurch die legislative Sonderstellung derartiger Verfügungen (§ 35 Abs. 1 Satz 2 GBO, § 41 Abs. 1 Satz 2 SchRegO, § 86 Abs. 1 Satz 1 LuftRG) gerechtfertigt wird. Dies gilt auch dann, wenn Ehegatten von der durch § 2276 Abs. 2 BGB eingeräumten Möglichkeit,[532] bei Verbindung von Ehe- und Erbvertrag für *beide* Verträge die Form des Ehevertrages zu wählen, Gebrauch machen. Zwar befreit in diesem Fall § 2276 Abs. 2 BGB von der Beachtung der §§ 28–33 BeurkG, die nur für Verfügungen von Todes wegen gelten.[533] Allerdings ändert diese geringfügige Abweichung von den einzuhaltenden Verfahrensvorschriften nichts daran, dass auch ein solcher Erbvertrag mit besonderen Verfahrensgarantien (vgl. §§ 11, 17 BeurkG) ausgestattet ist und

---

[526] *Sticherling*, in: MüKo, BGB, 9. Aufl. 2022, § 2231 Rn. 22, § 28 BeurkG Rn. 8; *Grziwotz*, in: BeckOGK, BeurkG, Stand: 01.07.2023, § 28 Rn. 16.

[527] Unter Hervorhebung der freien Beweiswürdigung ausdrücklich: BayObLG, ZEV 2000, 66 (68); OLG Frankfurt a.M., NJW-RR 1990, 717; *Sticherling*, in: MüKo, BGB, 9. Aufl. 2022, § 2231 Rn. 20, § 2232 Rn. 143.

[528] BVerfGE 17, 371 (377) = NJW 1964, 1516 (1517); vgl. auch § 1 BNotO.

[529] *Baumann*, in: Staudinger, BGB, Neubearbeitung 2022, § 2232 Rn. 27.

[530] BVerfGE 17, 371 (377) = NJW 1964, 1516 (1517); BVerfGE 73, 280 (292, 294) = NJW 1987, 887; BVerfG, DNotZ 2012, 945 Rn. 44; zum Ganzen: *Baumann*, in: Staudinger, BGB, Neubearbeitung 2022, § 2231 Rn. 22, § 2232 Rn. 27f.

[531] So auch: *Wurmnest*, WM 2015, 1597 (1601); vgl. auch: *Starke*, NJW 2005, 3184 (3185); *Grziwotz*, in: MüKo, BGB, 9. Aufl. 2022, § 2353 Rn. 206.

[532] *Mayer/Dietz*, in: Reimann/Bengel/Dietz, Testament und Erbvertrag, 7. Aufl. 2020, § 2276 Rn. 28.

[533] *Raff*, in: Staudinger, BGB, Neubearbeitung 2022, § 2276 Rn. 18; *Weidlich*, in: Grüneberg, 82. Aufl. 2023, § 2276 Rn. 6; vgl. auch: *Grziwotz*, in: BeckOGK, BeurkG, Stand: 01.07.2023, § 28 Rn. 3, der für eine Anwendbarkeit des § 28 BeurkG votiert.

es sich um eine öffentliche Urkunde handelt, welcher die besondere Beweiskraft der §§ 415, 418 ZPO zukommt. Vor diesem Hintergrund kommt eine abweichende Behandlung hinsichtlich der Teilnahme an der legislativen Sonderstellung notarieller Verfügungen von Todes wegen als Erbnachweis nicht in Betracht.[534]

c) Besonderheiten bei Errichtung einer öffentlichen Verfügung von Todes wegen durch Übergabe einer Schrift

Von der zuvor dargestellten Errichtungsform durch Erklärung gegenüber dem Notar i. S. d. § 2232 Satz 1 Alt. 1 BGB (i. V. m. § 2276 Abs. 1 Satz 2 Hs. 1 BGB) weicht die Errichtung durch Übergabe einer offenen oder verschlossenen (§ 2232 Satz 2 BGB i. V. m. § 2276 Abs. 1 Satz 2 Hs. 1 BGB) Schrift nach § 2232 Satz 1 Alt. 2 BGB (i. V. m. § 2276 Abs. 1 Satz 2 Hs. 1 BGB) partiell ab. Es erhebt sich folglich die Frage, ob auch diese Errichtungsform an der legislativen Sonderstellung öffentlicher Verfügungen von Todes wegen (vgl. § 35 Abs. 1 Satz 2 GBO, § 41 Abs. 1 Satz 2 SchRegO, § 86 Abs. 1 Satz 1 LuftRG) teilnimmt oder ob insoweit eine Sonderbehandlung angezeigt ist.

Zunächst gilt, dass sich im Hinblick auf eine durch Übergabe einer *offenen* Schrift errichtete Verfügung von Todes wegen wertungsmäßig keine Unterschiede zur Errichtung durch Erklärung ergeben: Bei Übergabe einer *offenen* Schrift soll der Notar gem. § 30 Satz 4 BeurkG von dem Inhalt Kenntnis nehmen, wegen des Verweises auf § 17 BeurkG die Verfügung von Todes wegen auf ihre Rechtswirksamkeit prüfen und den Erblasser entsprechend einer von ihm verfassten Verfügung hinsichtlich des Inhalts belehren.[535] Insoweit gelten daher – abgesehen von der Formulierungspflicht – die gleichen Pflichten wie bei der Errichtung nach § 2232 Satz 1 Alt. 1 BGB.[536] Eine so errichtete Verfügung von Todes wegen hat daher im Hinblick auf die Rechtssicherheit und Rechtsklarheit die gleichen Vorteile wie eine solche, die in der

---

[534] Vgl. insoweit auch: *Wurmnest*, WM 2015, 1597 (1601).

[535] BGH, DNotZ 1974, 296 (297); BT-Drs. V/3282, S. 35; *Mayer*, in: Soergel, BGB, 13. Aufl. 2003, BeurkG, § 30 Rn. 6; *Heinemann*, in: Grziwotz/Heinemann, BeurkG, 3. Aufl. 2018, § 30 Rn. 14; DNotI-Report 2020, 50 (51); *Jung/Szalai*, NotBZ 2020, 208 (212); *Sticherling*, in: MüKo, BGB, 9. Aufl. 2022, § 2232 Rn. 38; *Kroiß*, in: NK-BGB, 6. Aufl. 2022, § 2232 Rn. 26; *Hertel*, in: Staudinger, BGB, Neubearbeitung 2023, BeurkG, § 30 Rn. 584; *Preuß*, in: Armbrüster/Preuß, BeurkG, 9. Aufl. 2023, § 30 BeurkG Rn. 12, 14; *Grziwotz*, in: BeckOGK, BeurkG, Stand: 01.07.2023, § 30 Rn. 6; *Litzenburger*, in: BeckOK, BGB, 67. Ed. Stand: 01.08.2023, § 30 BeurkG Rn. 3; außerdem: *Winkler*, BeurkG, 20. Aufl. 2022, § 30 Rn. 8, der zutreffend darauf hinweist, dass die Verweisung in § 30 Satz 4 BeurkG eine Ergänzung zu § 17 BeurkG darstellt. Denn aufgrund des Umstandes, dass der Notar lediglich die Übergabe der Schrift und die dazugehörige Erklärung des Erblassers zu beurkunden hat, ergibt sich singulär aus § 17 BeurkG nicht die Pflicht zur Inhaltsprüfung. So auch: *Sticherling*, in: MüKo, BGB, 9. Aufl. 2022, § 30 BeurkG Rn. 9.

[536] Ausdrücklich etwa: KG, ZEV 2007, 497; DNotI-Report 2020, 50 (51); *Grziwotz*, in: BeckOGK, BeurkG, Stand: 01.07.2023, § 30 Rn. 6; vgl. *Sticherling*, in: MüKo, BGB, 9. Aufl. 2022, § 30 BeurkG Rn. 9; siehe auch: *Dietz*, in: Beck'sches Notar-Handbuch, 7. Aufl. 2019, § 17 Rn. 88.

Form des § 2232 Satz 1 Alt. 1 BGB errichtet wurde. Sie hat den Vorzug der fachkundigen Beratung sowie Betreuung (§§ 17, 30 BeurkG), es erfolgt eine Prüfung der Geschäftsfähigkeit (§ 11 BeurkG) und sie wird grundsätzlich in besondere amtliche Verwahrung (§ 34 Abs. 1 Satz 4, Abs. 2 BeurkG) genommen. Außerdem hat die Verfügung als öffentliche Urkunde besondere Beweiskraft (§§ 415, 418 ZPO). All diese Aspekte rechtfertigen die Sonderstellung notarieller Verfügungen im Gesetz,[537] weshalb auch diese Errichtungsform ohne Weiteres an der legislativen Sonderstellung teilnimmt; nicht zuletzt deshalb, weil die Rechtsordnung nicht nach der Errichtungsform der Verfügung von Todes wegen differenziert (vgl. § 35 Abs. 1 Satz 2 GBO, § 41 Abs. 1 Satz 2 SchRegO).[538] Lediglich im Einzelfall kann die Nachweiseignung – ohne dass hiermit eine genereller Ausschluss dieser Errichtungsform von der gesetzgeberischen Sonderstellung einhergeht – etwa aufgrund unklarer Anordnungen beeinträchtigt sein,[539] wenn die offene Schrift in einer fremden Sprache, welcher der Notar nicht kundig ist,[540] oder unter Verwendung besonderer Schriftzeichen, die der Notar nicht lesen kann,[541] errichtet wurde. Denn in diesen Fällen trifft den Notar – wie bei der verschlossenen Schrift i. S. d. § 2232 Satz 1 Alt. 2, Satz 2 Hs. 1 Alt. 2 BGB – lediglich die allgemeine Belehrungs- und Betreuungspflicht. Hinsichtlich des Inhalts der Verfügung von Todes wegen ergibt sich dann aber keine Belehrungspflicht gem. § 17 BeurkG.[542]

Bei der Errichtung durch Übergabe einer verschlossenen Schrift ergeben sich allerdings – wie bereits vorstehend angedeutet wurde – gewisse prinzipielle Unterschiede gegenüber der offenen Schrift hinsichtlich der notariellen Betreuung und Beratung, sodass sich in verstärktem Maße die Frage stellt, ob auch diese Errichtungsform generell an der legislatorischen Sonderstellung notarieller Verfügungen von Todes wegen teilnimmt. Denn anders als bei der Übergabe einer offenen Schrift treffen den Notar in Ermangelung einer Verweisung des § 30 Satz 4 BeurkG für die Übergabe einer *verschlossenen* Schrift nämlich grundsätzlich keine vergleichbaren Prüfungs- und Belehrungspflichten[543] hinsichtlich des Inhalts der Verfügung. Eine

---

[537] Vgl. BGHZ 209, 329 = NJW 2016, 2409 Rn. 23.

[538] Vgl. DNotI-Report 2020, 76.

[539] In diese Richtung auch: DNotI-Report 2020, 76 (77). Zu den Anforderungen an die inhaltliche Eindeutigkeit unter: Kapitel 3 B. I. 3.

[540] In diesem Fall kann der Notar seiner Prüfungs- und Belehrungspflicht nicht nachkommen. Siehe etwa: *Mayer*, in: Soergel, BGB, 13. Aufl. 2003, BeurkG, § 30 Rn. 7; *Sticherling*, in: MüKo, BGB, 9. Aufl. 2022, § 30 BeurkG Rn. 10; *Grziwotz*, in: BeckOGK, BeurkG, Stand: 01.07.2023, § 30 Rn. 6.

[541] Auch in diesem Fall entfällt die Pflicht zur Kenntnisnahme und die damit korrespondierende Belehrungspflicht aus § 17 BeurkG. Dazu: *Mayer*, in: Soergel, BGB, 13. Aufl. 2003, BeurkG, § 30 Rn. 7; *Heinemann*, in: Grziwotz/Heinemann, BeurkG, 3. Aufl. 2018, § 30 Rn. 14; *Grziwotz*, in: BeckOGK, BeurkG, Stand: 01.07.2023, § 30 Rn. 6, 7.

[542] Exemplarisch: *Heinemann*, in: Grziwotz/Heinemann, BeurkG, 3. Aufl. 2018, § 30 Rn. 14, 17.

[543] *Mayer*, in: Soergel, BGB, 13. Aufl. 2003, BeurkG, § 30 Rn. 7; *Heinemann*, in: Grziwotz/Heinemann, BeurkG, 3. Aufl. 2018, § 30 Rn. 17; *Sticherling*, in: MüKo, BGB, 9. Aufl.

solche wäre indes erforderlich, da § 30 Satz 4 BeurkG bereits eine Ausdehnung von § 17 BeurkG[544] enthält und sich ausschließlich auf die Übergabe einer offenen Schrift bezieht.[545] Ausweislich der Gesetzesmaterialien hat der Gesetzgeber die gebotene Differenzierung zwischen einer offenen und verschlossenen Schrift erkannt und ausdrücklich hervorgehoben, dass den Notar bei der Übergabe einer offenen Schrift „zusätzliche Pflichten treffen".[546] Etwas anderes ergibt sich auch nicht aus der Gesetzesteleologie. § 30 Satz 4 BeurkG sieht aus Klarstellungsgründen[547] vor, dass der Notar der Prüfungs- und Belehrungspflicht nur dann unterliegt, wenn er die Sprache versteht. Es geht mithin auch darum, dass der Notar überhaupt in die Lage versetzt werden muss, den Inhalt der Verfügung verstehen zu können. Denknotwendig können bei einer verschlossenen Schrift Prüfungs- und Belehrungspflichten hinsichtlich des Inhalts nicht bestehen. Denn wesensprägendes Element dieser Errichtungsform ist gerade, dass der Notar keine Kenntnis vom Inhalt nimmt. Daher besteht auch bezüglich des Inhalts *keine* Amtspflicht nach § 17 BeurkG.[548] Es lässt sich daher festhalten, dass sich bei der Errichtung durch Übergabe einer verschlossenen Schrift das Öffentlichkeitskriterium auf die Offenbarung des Testierwillens gegenüber dem Notar beschränkt.[549] Die typusprägenden, charakteristischen Vorteile der öffentlichen Errichtung gelten daher – in Ermangelung einer fachkundigen Prüfung des Inhalts – nicht im gleichen Umfang wie für die Errichtung nach § 2232 Satz 1 Alt. 2, Satz 2 Hs. 1 Alt. 2 BGB.[550] Jedoch wird mit dieser Feststellung nicht die von der Rechtsordnung gewährte gesteigerte Nachweiseignung öffentlicher Verfügungen von Todes wegen nebst Eröffnungsniederschrift infrage gestellt.[551] Denn die Rechtsordnung differenziert – vgl. beispielsweise § 35 Abs. 1 Satz 2 GBO, § 41 Abs. 1 Satz 2 SchRegO – nicht danach, ob eine offene oder verschlossene Schrift übergeben wird.[552] Der Grund liegt darin, dass eine öffentliche Verfügung von

2022, § 30 BeurkG Rn. 11; *Hertel*, in: Staudinger, BGB, Neubearbeitung 2023, BeurkG, § 30 Rn. 584: „Gegenschluss aus § 30 S 4 HS 2 BeurkG"; vgl. ferner: *Spall*, in: Scherer, Münchener Anwaltshandbuch Erbrecht, 5. Aufl. 2018, § 71 Rn. 58.

544 Zur singulären Bedeutung des § 17 BeurkG: *Sticherling*, in: MüKo, BGB, 9. Aufl. 2022, § 30 BeurkG Rn. 9: „§ 17 bezieht sich grundsätzlich nur auf das, was der Notar zu beurkunden hat, also ua die Übergabe der Schrift und die Testiererklärung des Erblassers; § 17 allein macht dem Notar also nicht zur Pflicht, den Inhalt der Schrift zu prüfen."

545 *Mayer*, in: Soergel, BGB, 13. Aufl. 2003, BeurkG, § 30 Rn. 7; *Winkler*, BeurkG, 20. Aufl. 2022, § 30 Rn. 11; *Sticherling*, in: MüKo, BGB, 9. Aufl. 2022, § 30 BeurkG Rn. 11.

546 BT-Drs. V/3282, S. 35.

547 BT-Drs. V/3282, S. 35.

548 *Mayer*, in: Soergel, BGB, 13. Aufl. 2003, BeurkG, § 30 Rn. 7; *Heinemann*, in: Grziwotz/Heinemann, BeurkG, 3. Aufl. 2018, § 30 Rn. 17; *Sticherling*, in: MüKo, BGB, 9. Aufl. 2022, § 30 BeurkG Rn. 11; vgl. auch: *Hertel*, in: Staudinger, BGB, Neubearbeitung 2023, BeurkG, § 30 Rn. 584.

549 *Röthel*, Erbrecht, 18. Aufl. 2020, § 17 Rn. 10.

550 *Röthel*, Erbrecht, 18. Aufl. 2020, § 17 Rn. 10.

551 So auch: DNotI-Report 2020, 76 (77).

552 Vgl. DNotI-Report 2020, 76.

Todes wegen auch ohne inhaltliche Beratung und Prüfung beachtliche Vorteile gegenüber der privatschriftlichen Errichtung aufweist:[553] Im Beurkundungsverfahren sind die Vorschriften über die Beurkundung von Willenserklärungen, §§ 6 ff. BeurkG, und damit insbesondere die Regeln zur Feststellung der Geschäftsfähigkeit und der Identität des Beteiligten (§§ 10, 11, 28 BeurkG) einzuhalten.[554] Weiter wird auch eine durch Übergabe einer verschlossenen Schrift errichtete Verfügung von Todes wegen grundsätzlich in besondere amtliche Verwahrung (§ 34 Abs. 1 Satz 4 BeurkG) genommen. Einer öffentlichen Verfügung kommt unbeschadet der Errichtungsform gesteigerte Beweiswirkung zu,[555] da es sich um eine öffentliche Urkunde i. S. d. §§ 415, 418 ZPO handelt. Die übergebene Schrift ist hierbei Bestandteil der Verfügung von Todes wegen und damit der öffentlichen Urkunde. Sie nimmt insoweit an der Beweiskraft der notariellen Verfügung als öffentliche Urkunde teil; die übergebene Schrift ist allerdings nicht Teil der Niederschrift.[556] Insgesamt besteht für den Rechtsverkehr daher ein Mehr an Rechtssicherheit, das auch die Teilnahme dieser Errichtungsform[557] an der legislativen Sonderstellung – vgl. § 35 Abs. 1 Satz 2 GBO und § 41 Abs. 1 Satz 2 SchRegO – rechtfertigt.[558] Bei Errichtung einer notariellen Verfügung von Todes wegen durch Übergabe einer verschlossenen Schrift mag es jedoch in Ermangelung der fachkundigen Beratung und Betreuung hinsichtlich des Inhalts durchaus häufiger vorkommen, dass aufgrund unklarer Anordnungen[559] kein klarer Erbnachweis durch die Verfügung von Todes wegen möglich und deshalb ein Erbschein erforderlich ist.[560]

2. Widerlegbare Vermutung zum Nachweis der Erbfolge

Die Besonderheiten notarieller Verfügungen von Todes wegen, die Ausstattung mit besonderen Verfahrensgarantien (vgl. §§ 11, 17, 28, 30, 34 BeurkG) sowie die besondere Beweiskraft der §§ 415, 418 ZPO verleihen dem Rechtsgeschäft des Erblassers eine besondere (Nachweis-)Qualität und vermitteln grundsätzlich eine dem Erbschein vergleichbare Sicherheit. Aus diesem Grund privilegiert die

[553] Vgl. *Jung/Szalai*, NotBZ 2020, 208 (214).

[554] *Jung/Szalai*, NotBZ 2020, 208 (211).

[555] Vgl. OLG München, FamRZ 2019, 1659.

[556] *Sticherling*, in: MüKo, BGB, 9. Aufl. 2022, § 2232 Rn. 41.

[557] Das gilt entsprechend für einen gleichermaßen errichteten Erbvertrag. So auch: DNotI-Report 2020, 76 (77).

[558] Vgl. *Jung/Szalai*, NotBZ 2020, 208 (213 f.); *Grziwotz*, in: BeckOGK, BGB, Stand: 01.07.2023, § 2232 Rn. 42.

[559] Einzelheiten zu den Anforderungen an die inhaltliche Eindeutigkeit unter: Kapitel 3 B. I. 3. Siehe: DNotI-Report 2020, 76 (77) mit dem klassischen Beispiel: „die in der verschlossenen Schrift enthaltene Einzelzuweisung von Nachlassgegenständen ohne eigentliche Bestimmung der Erbfolge (hier lässt sich auch unter Heranziehung der gesetzlichen Auslegungsregel des § 2087 Abs. 2 BGB die Erbfolge nicht ermitteln, wenn erst die Werte der einzelnen Nachlassgegenstände ermittelt werden müssen)."

[560] DNotI-Report 2020, 76 (77).

Rechtsordnung eröffnete öffentliche Verfügungen von Todes wegen in anderen Bereichen, § 35 Abs. 1 Satz 2 GBO, § 41 Abs. 1 Satz 2 SchRegO, § 86 Abs. 1 Satz 1 LuftRG, und lässt diese grundsätzlich zum Nachweis der Rechtsnachfolge ausreichen. Aus diesen gesetzlichen Regelungen lässt sich – weil sie auf die Vorteile der notariellen Errichtung und nicht auf die Besonderheiten des Register- respektive Grundbuchrechts zurückgeht – ein *allgemeiner Rechtsgedanke* ableiten, dass eröffnete notarielle Verfügungen von Todes wegen eine *grundsätzliche Erbnachweisfunktion*[561] haben. Die charakteristischen Eigenschaften der notariellen Errichtungsform rechtfertigen es demnach, einer öffentlichen Verfügung von Todes wegen (respektive einer beglaubigten Abschrift[562]) in Kombination mit dem gerichtlichen Eröffnungsprotokoll nach § 348 FamFG[563] auch im Privatrechtsverkehr einen gesteigerten Nachweiswert[564] und deshalb grundsätzlich eine *widerlegliche Vermutung zum Nachweis der Erbfolge*[565] zuzugestehen. Eine solche genügt daher grundsätzlich als Erbnachweis[566] und kann, trotz fehlender Schutzvorschriften für den Rechtsverkehr, an die Stelle des Erbscheins treten und diesen ersetzen.[567] Daraus folgt, dass Kreditinstitute bei Vorlage einer öffentlichen Verfügung von Todes wegen nebst zugehöriger Eröffnungsniederschrift grundsätzlich keinen Erbschein verlangen dürfen. Das Verlangen eines solchen stellt sich in den Fällen, in denen die

---

[561] Vgl. hinsichtlich dieses Terminus: *Tönnies*, RNotZ 2012, 326; siehe gerade auch unter: RNotZ 2012, 326 (327): „grundsätzliche Entscheidung des Gesetzgebers".

[562] Ausdrücklich: *Schebesta/Kalkbrenner*, Bankprobleme beim Tod eines Kunden, 15. Aufl. 2019, Rn. 604: „Hierzu genügt es, dass das öffentliche Testament in beglaubigter Abschrift vorgelegt wird."; *Litzenburger*, in: BeckOK, BGB, 67. Ed. Stand: 01.08.2023, § 2232 Rn. 22.

[563] BGH, NJW 2005, 2779; BGHZ 209, 329 = NJW 2016, 2409 Rn. 21 ff.; *Bredemeyer*, ZEV 2016, 65 (67); *Szalai*, NotBZ 2016, 370 (378); *Litzenburger*, in: BeckOK, BGB, 67. Ed. Stand: 01.08.2023, § 2232 Rn. 22.

[564] *Wurmnest*, WM 2015, 1597 (1601).

[565] BGHZ 209, 329 = NJW 2016, 2409 Rn. 23.

[566] Der gesteigerte Nachweiswert öffentlicher Verfügungen von Todes wegen wird auch überwiegend in der Literatur anerkannt: *Starke*, NJW 2005, 3184 (3185); *Keim*, WM 2006, 753 (757); *Günther*, NJW 2013, 3681 (3683); *Bredemeyer*, ZEV 2016, 65; *Szalai*, NotBZ 2016, 370 (insbesondere 379 und passim); *Grziwotz*, in: MüKo, BGB, 9. Aufl. 2022, § 2353 Rn. 205; *Braun*, in: BeckOGK, BGB, Stand: 15.02.2023, § 2267 Rn. 57; *Wall*, in: BeckOGK, BGB, Stand: 01.04.2023, § 2367 Rn. 6; vgl. auch: *Aumann*, DNotZ 2022, 894 (901): „Ebenso hinsichtlich anderer Vermögenswerte wie etwa Bankguthaben, Depots oder gar im Ausland belegenem Vermögen wird der Erbnachweis durch eine beurkundete Verfügung von Todes wegen zusammen mit dem Anerkennungsbescheid leichter zu erbringen sein."; a. A.: *Schröder/Meyer*, NJW 2006, 3252 (3254); tendenziell auch: *Litzenburger*, FD-ErbR 2016, 378276: „Für bedenklich halte ich insoweit die Feststellung des Senats, dass das öffentliche Testament dabei eine widerlegbare Vermutungswirkung habe. Nicht die Errichtungsform ist wichtig, sondern die Unmissverständlichkeit des Erblasserwillens."

[567] In diese Richtung bereits: *Burkart*, in: FS von Lübtow, 253: „daß das öffentliche Testament fast stets einen Erbschein erspart". Die erbscheinsersetzende Wirkung stellt ferner *Krug*, in: FS Spiegelberger, 1025 heraus, indem er den Titel „Notarielle Urkunden als Ersatz für einen Erbschein" formuliert; ferner: *Tersteegen*, RNotZ 2014, 98 (99); auch zur erbscheinsersetzenden Funktion: DNotI-Report 2020, 76; *Strauß*, MittBayNot 2021, 440 (443).

Vermutung nicht entkräftet ist, vielmehr als rechtsmissbräuchlich dar, weil der Nachlassschuldner dann kein schutzwürdiges Eigeninteresse an der Erbscheinsvorlage hat und das Interesse der Erben an einer möglichst raschen und kostengünstigen Abwicklung des Nachlasses überwiegt.

3. Ausnahmen der erbscheinsersetzenden Wirkung

Die widerlegliche Vermutung der öffentlichen Verfügung von Todes wegen zum Nachweis der Erbfolge ist nur dann entkräftet und damit das Verlangen eines Erbscheins berechtigt, wenn an der in der notariellen Verfügung zum Ausdruck kommenden Erbfolge *konkrete* und nicht lediglich abstrakte Zweifel bestehen.[568] Dass abstrakte Zweifel im Hinblick auf die Nachweiseignung der Verfügung von Todes wegen unschädlich sind, folgt bereits daraus, dass anderenfalls die positive Wertentscheidung zugunsten öffentlicher Verfügungen von Todes wegen als Erbnachweis, wie sie insbesondere in § 35 Abs. 1 Satz 2 GBO als allgemeiner Rechtsgedanke (s. o.) verallgemeinerungsfähig zum Ausdruck kommt,[569] unterminiert würde.[570] Die Bank kann und muss sich nach dieser gesetzlichen Wertung vielmehr grundsätzlich auf eröffnete öffentliche Verfügungen von Todes wegen verlassen. Anhand des in § 35 Abs. 1 Satz 2 GBO (sowie § 41 Abs. 1 Satz 2 SchRegO) allgemeingültig zum Ausdruck kommenden Rechtsgedankens lässt sich aber zugleich die Reichweite der Nachweiseignung notarieller Verfügungen von Todes wegen näher bestimmen:

Nach der Grundwertung der gesetzlichen Regelungen ist die eröffnete Verfügung *selbst* der Erbnachweis;[571] das kann aber denknotwendig nur eine solche sein, aus der die Erbfolge für den Rechtsverkehr inhaltlich eindeutig hervorgeht und deren Wirksamkeit im Übrigen nicht fraglich ist.[572] Daraus folgt, dass die eröffnete notarielle Verfügung nur insoweit ein tauglicher Erbnachweis ist, als weder unter In-

---

[568] Vgl. auch: *Starke*, NJW 2005, 3184 (3187); *Wurmnest*, WM 2015, 1597 (1601); *Szalai*, NotBZ 2016, 370 (379); *Herzog*, in: Staudinger, BGB, Neubearbeitung 2023, Einleitung zu §§ 2353–2370 Rn. 46.

[569] Vgl. *Schaub*, in: EBJS, HGB, 4. Aufl. 2020, § 12 Rn. 169: „Insoweit enthält § 35 Abs. 1 S. 2 GBO einen verallgemeinerungsfähigen Inhalt."; dies geht auch aus den Entscheidungen zum Erbnachweis eingehend hervor: BGH, NJW 2005, 2779 (2780); vgl. BGHZ 198, 250 = NJW 2013, 3716 Rn. 37, 38; BGHZ 209, 329 = NJW 2016, 2409 Rn. 21, 22.

[570] Vgl. OLG Düsseldorf, ZEV 2013, 500; OLG München, DNotZ 2013, 211 (213); *Böhringer*, ZEV 2017, 68 (69); vgl. auch: *Braun*, MittBayNot 2012, 294; *ders.*, MittBayNot 2013, 48; *ders.*, in: BeckOGK, BGB, Stand: 15.02.2023, § 2267 Rn. 57.1; ansatzweise: *Lange*, ZEV 2009, 371 (373).

[571] Vgl. insoweit den Wortlaut des § 35 Abs. 1 Satz 2 GBO: „Beruht jedoch die Erbfolge auf einer Verfügung von Todes wegen, die in einer öffentlichen Urkunde enthalten ist, so genügt es, wenn an Stelle des Erbscheins oder des Europäischen Nachlasszeugnisses *die Verfügung und die Niederschrift über die Eröffnung der Verfügung* vorgelegt werden; erachtet das Grundbuchamt *die Erbfolge durch diese Urkunden* nicht für nachgewiesen, so kann es die Vorlegung eines Erbscheins oder eines Europäischen Nachlasszeugnisses verlangen." [Hervorhebungen v. Verfasser].

[572] Vgl. auch: *Dressler-Berlin*, FGPrax 2022, 61 (62).

haltsgesichtspunkten noch hinsichtlich der allgemeinen gesetzlichen Wirksamkeitseinschränkungen (etwa Testierunfähigkeit oder aufhebende spätere Verfügungen) *konkrete* Zweifel an der zum Ausdruck kommenden Erbfolge bestehen. Dies ist auch deshalb einsichtig, weil bei derartigen Zweifeln das mit der notariellen Errichtung grundsätzlich einhergehende erhöhte Maß an Rechtsklarheit sowie Rechtssicherheit und damit die gesteigerte Nachweiseignung für den Rechtsverkehr verlustig geht und es deshalb eines Erbscheins zur Herstellung der erforderlichen Rechtssicherheit bedarf. Insofern überwiegt das Sicherungsinteresse des Rechtsverkehrs das Interesse der Erben an einer raschen und kostengünstigen Nachlassabwicklung.

Aus dem Inhalt der Verfügung können sich konkrete Zweifel im vorbezeichneten Sinne ergeben, welche die Eignung der notariellen Verfügung von Todes wegen als Erbnachweis beeinträchtigen. Denn mit der Aufnahme des den Zweifel begründenden Inhalts in die Verfügung besteht grundsätzlich ein konkreter, individuell *dieser* Verfügung von Todes wegen anhaftender Anhaltspunkt für Zweifel an der durch die Verfügung belegten Erbfolge. Parallel dazu gilt für Zweifel hinsichtlich allgemeiner gesetzlicher Wirksamkeitseinschränkungen[573] (Testierunfähigkeit; abändernde Verfügungen; fehlende Testierfreiheit aufgrund erbrechtlicher Bindungswirkung; Anfechtung letztwilliger Verfügungen): Diese sind (zunächst) abstrakter Natur, haften also *jeder* Verfügung von Todes wegen *abstrakt* an, und können sich im Einzelfall konkretisieren. Anlass für das „konkrete" Element müssen jedoch immer bestimmte Anhaltspunkte sein. Denn anderenfalls würde die positive Wertentscheidung zugunsten öffentlicher Verfügungen von Todes wegen als Erbnachweis keinen verständlichen Sinn ergeben (s. o.). Schließlich kann kaum jemals rechtssicher ausgeschlossen werden, dass keine der vielfältigen (abstrakten) Möglichkeiten der Unwirksamkeit der in Rede stehenden Verfügung von Todes wegen respektive der die Erbfolge regelnden letztwilligen Verfügung[574] eingetreten ist. Dies hat der Gesetzgeber aber bewusst in Kauf genommen und notariellen Verfügungen von Todes wegen gleichwohl eine gesteigerte Nachweiseignung, konkret eine grundsätzlich erbscheinsersetzende Funktion, beigemessen. Daher ist im Einklang mit der gesetzlichen Wertentscheidung das Nichtvorliegen dieser *gesetzlichen*, grundsätzlich *jeder* Verfügung von Todes wegen *abstrakt anhaftenden* Unwirksamkeitsgründe als grundsätzlich unterstellt anzusehen.[575]

Nach alldem gilt: Abstrakte Zweifel an der durch die eröffnete öffentliche Verfügung von Todes wegen belegten Erbfolge sind unbeachtlich. Anderenfalls würde die legislatorisch intendierte, gesteigerte Nachweiseignung konterkariert. Nur konkrete Zweifel an der Erbfolge können die Vermutung der öffentlichen Verfügung von Todes wegen für den Erbnachweis erschüttern und das Verlangen eines Erbscheins rechtfertigen. Hierbei sind zwei Bezugspunkte möglicher konkreter Zweifel

---

[573] Vgl. *Litzenburger*, in: BeckOK, BGB, 67. Ed. Stand: 01.08.2023, § 2232 Rn. 22.

[574] So: *Böhringer*, ZEV 2017, 68 (69).

[575] Vgl. OLG Düsseldorf, ZEV 2013, 500; ansatzweise: *Lange*, ZEV 2009, 371 (373).

zu unterscheiden: Zweifel können zum einen hinsichtlich allgemeiner gesetzlicher Wirksamkeitseinschränkungen[576] (Testierunfähigkeit; aufhebende Verfügungen; fehlende Testierfreiheit aufgrund erbrechtlicher Bindungswirkung; Anfechtung letztwilliger Verfügungen) bestehen. Zum anderen können sich Zweifel aus dem Inhalt der Verfügung selbst ergeben.

a) Prüfungsmaßstab der Kreditinstitute

Mit der Feststellung, dass lediglich konkrete Zweifel an der Erbfolge geeignet sind, die Nachweiseignung der öffentlichen Verfügung von Todes wegen zu beeinträchtigen ist noch nicht unmittelbar Klarheit darüber gewonnen, wann es sich um *konkrete* Zweifel handelt. Ob Zweifel für einen Nachlassschuldner konkreter Natur sind, ist eine Einzelfallwertung und eng verwoben mit der Prüfungskompetenz desjenigen, der mit der Prüfung der Erbfolge konfrontiert ist. Dies macht es erforderlich, den Prüfungsmaßstab der Finanzinstitute zu bestimmen, um den wertungsoffenen Maßstab „konkreter Zweifel" operabel zu machen.

Wenn die ständige Rechtsprechung insbesondere unter Rekurs auf § 35 GBO den hohen Stellenwert des öffentlichen Testaments betont,[577] wird teilweise dafür votiert, die Prüfungspflichten des Grundbuchamts[578] auf die Konstellation der Banken zu übertragen,[579] sodass die Bank immer dann keinen Erbschein verlangen dürfe, wenn auch das Grundbuchamt nicht dazu berechtigt wäre.[580] Sonach müsste diese sowohl die Wirksamkeit der Verfügung von Todes wegen als auch den Inhalt umfangreich prüfen und selbst bei rechtlich komplexen Fragen die Auslegung – erforderlichenfalls unter Zuhilfenahme gesetzlicher Auslegungsregeln – selbst vornehmen.[581] Die

---

[576] Vgl. *Litzenburger*, in: BeckOK, BGB, 67. Ed. Stand: 01.08.2023, § 2232 Rn. 22.

[577] BGH, NJW 2005, 2779 (2780); BGHZ 198, 250 = NJW 2013, 3716 Rn. 37; BGHZ 209, 329 = NJW 2016, 2409 Rn. 21, 22.

[578] Zur Prüfungskompetenz des Grundbuchamts: *Krug*, in: FS Spiegelberger, 1025 (1026); allgemein: *Volmer*, in: KEHE, GBO, 8. Aufl. 2019, § 35 Rn. 106–119; *Demharter*, GBO, 32. Aufl. 2021, § 35 Rn. 39–43; *Wilsch*, in: BeckOK, GBO, 50. Ed. Stand: 01.08.2023, § 35 Rn. 96–110.

[579] *Günther*, NJW 2013, 3681 (3683); *Tersteegen*, RNotZ 2014, 98 (99 f.); *Bonefeld*, ZErb 2014, 157; *Bunte/Artz*, in: Ellenberger/Bunte, Bankrechts-Handbuch, 6. Aufl. 2022, § 3 Nr. 5 AGB-Banken Rn. 17; so wohl auch: *Starke*, NJW 2005, 3184 (3186): „Im Falle des Erbnachweises ist zumutbar nur das, was auch von einem Grundbuchamt verlangt werden könnte […]. Der Rückgriff auf die Auslegungsmaßstäbe des Grundbuchrechts bietet insoweit den Vorteil, dass die zu § 35 I 2 GBO ergangene Rechtsprechung ohne weiteres sinngemäß übertragen werden kann."

[580] *Tersteegen*, RNotZ 2014, 98 (99 f.).

[581] Ausdrücklich für die Bank gewendet: *Günther*, NJW 2013, 3681 (3683); *Bonefeld*, ZErb 2014, 157, jeweils unter Rekurs auf die zu § 35 GBO ergangene Rechtsprechung; exemplarisch: BayObLG, DNotZ 1995, 306; BayObLG, DNotZ 2000, 233; OLG Köln, ZEV 200, 232; OLG München, FamRZ 2012, 1092; OLG Oldenburg, MittBayNot 2017, 500. Ausführlich zu den Prüfungspflichten des Grundbuchamts ferner: *Schöner/Stöber*, Grundbuchrecht, 16. Aufl. 2020, Rn. 787 ff. m. w. N.; *Volmer*, in: KEHE, GBO, 8. Aufl. 2019, § 35

Zugrundelegung eines solch weitreichenden Prüfungsmaßstabes würde dazu führen, dass die Banken Zweifel in erheblichem Ausmaß selbst beseitigen müssten und die Widerlegung der Vermutung für den Erbnachweis deutlich erschwert würde.

Es ist jedoch zu bedenken, dass es an einer Vergleichbarkeit der Situationen von Grundbuchamt und Kreditinstitut fehlt.[582] Die rechtlichen Kenntnisse und Erkenntnismöglichkeiten des Privatrechtsverkehrs unterscheiden sich von denen des Grundbuchamts,[583] weshalb von vornherein nicht die gleichen Anforderungen an die Prüfungspflichten der Erbfolge gestellt werden können:[584] Anders als das Grundbuchamt trifft die Bank gerade keine gesteigerte Pflicht zur rechtlichen Würdigung, insbesondere der Auslegung der Verfügung von Todes wegen.[585] Hingegen gilt für das Grundbuchamt als Teil der Freiwilligen Gerichtsbarkeit der Grundsatz „iura novit curia"[586] – es wird entsprechende Rechtskenntnis vorausgesetzt[587] und dementsprechend eine umfangreiche rechtliche Prüfung verlangt. Das ist auch insoweit sachgerecht, als Gerichte in ihren juristischen Kompetenzen und Möglichkeiten anders ausgestattet sind als der Privatrechtsverkehr.[588] Während das Grundbuchamt die Nachlass- und Betreuungsakten beiziehen kann,[589] gilt dies nicht für den Privatrechtsverkehr.[590] Letzteren stehen daher keine vergleichbaren, weitergehenden Erkenntnisquellen neben der Verfügung von Todes wegen selbst zur Verfügung.[591]

Rn. 106 ff.; *Schaub*, in: Bauer/Schaub, GBO, 5. Aufl. 2023, § 35 Rn. 135 ff.; *Wilsch*, in: BeckOK, GBO, 50. Ed. Stand: 01.08.2023, § 35 Rn. 104, jeweils m. w. N.; überblicksartig auch: DNotI-Report 2020, 76.

[582] *Keim*, WM 2006, 753 (757); *ders.*, ZEV 2014, 277 (279); in diese Richtung auch: *Litzenburger*, MittBayNot 2014, 349 (350); *Wurmnest*, WM 2015, 1597 (1601); *Herzog*, in: Staudinger, BGB, Neubearbeitung 2023, Einleitung zu §§ 2353–2370 Rn. 46; *Litzenburger*, in: BeckOK, BGB, 67. Ed. Stand: 01.08.2023, § 2232 Rn. 22; sehr kritisch: *Fuchs*, in: Ulmer/Brandner/Hensen, AGB-Recht, 13. Aufl. 2022, Teil 2, (8) Banken Rn. 19: „Dieser Vergleich [zwischen Grundbuchamt und Bank] erscheint inhaltlich wenig tragfähig."

[583] *Keim*, ZEV 2014, 277 (279); in diese Richtung wohl auch: *Volmer*, in: KEHE, GBO, 8. Aufl. 2019, § 35 Rn. 2: „da wesentlich weniger Rechtskenntnis vorausgesetzt werden kann."

[584] In diese Richtung auch: *Keim*, ZEV 2014, 277 (279); *Jakob*, Das Bankkonto im Nachlass, S. 147; vgl. auch: *Wurmnest*, WM 2015, 1597 (1601).

[585] Vgl. BGHZ 209, 329 = NJW 2016, 2409 Rn. 25; OLG Frankfurt a. M., RNotZ 2011, 611 (613); *Kroiß*, NJW 2016, 2411 (2412); *Szalai*, NotBZ 2016, 370 (373); *Sarres*, EE 2018, 173 (174); ansatzweise schon: *Burghardt*, ZEV 1996, 136 (138); in diese Richtung ebenfalls: *Keim*, WM 2006, 753 (757); vgl. *Litzenburger*, FD-ErbR 2009, 291786; *ders.*, MittBayNot 2014, 349 (350); *ders.*, in: BeckOK, BGB, 67. Ed. Stand: 01.08.2023, § 2232 Rn. 22; ferner: *Herzog*, in: Staudinger, BGB, Neubearbeitung 2023, Einleitung zu §§ 2353–2370 Rn. 46; etwas anders noch: *Herzog*, in: Staudinger, BGB, Neubearbeitung 2016, Einleitung zu §§ 2353–2370 Rn. 36: „So hat die Bank nicht die Pflicht, das Testament eigenständig auszulegen."

[586] *Jakob*, Das Bankkonto im Nachlass, S. 147.

[587] Vgl. *Prütting*, in: MüKo, ZPO, 6. Aufl. 2020, § 293 Rn. 2.

[588] Ebenso: *Jakob*, Das Bankkonto im Nachlass, S. 147.

[589] Vgl. *Volmer*, in: KEHE, GBO, 8. Aufl. 2019, § 35 Rn. 90.

[590] Ebenso: *Jakob*, Das Bankkonto im Nachlass, S. 148 f.

Vor diesem Hintergrund genügt eine Verfügung von Todes wegen als Erbnachweis gegenüber der Bank nur so lange, wie sich die Erbfolge durch Anwendung der einfachen erläuternden Auslegung anhand des Verfügungsinhalts selbst ergründen lässt.[592] Dabei dürfen die Anforderungen an die Auslegung nicht überspannt werden. Eine weitergehende Auslegung unter Rücksicht auf Umstände außerhalb der Verfügung,[593] mithin die bei der Ermittlung des Erblasserwillens grundsätzlich gebotene Berücksichtigung aller Gesamtumstände,[594] insbesondere auch die Anwendung gesetzlicher Auslegungsregeln sowie die ergänzende Auslegung, ist der Bank nicht zumutbar. Denn insofern wäre eine Erforschung von außerhalb der Urkunde befindlichen Umständen erforderlich – dies ist im allgemeinen Rechtsverkehr gerade nicht möglich.[595] Im allgemeinen Rechtsverkehr können weder komplexe Rechts- und Auslegungsfragen geklärt noch – anders als im Grundbuchverkehr – die Betreuungs- oder Nachlassakten beigezogen werden.[596] Es ist auch zu sehen, dass die Auslegung in den Bereich genuiner richterlicher Tätigkeit im Bereich der Rechtsanwendung fällt,[597] und nicht dem Privatrechtsverkehr überantwortet ist. Die Anforderungen an die insoweit zumutbare Auslegung dürfen auch vor diesem Hintergrund nicht überspannt werden; das im Privatrechtsverkehr zumutbare Maß an Auslegungsarbeit ist nicht mit dem der richterlichen Tätigkeit kongruent. Auch im Übrigen existiert keine gesetzgeberische Wertentscheidung, die dem Nachlass-

---

[591] Vgl. schon: *Westphal*, Rpfleger 1980, 458 (460): „Es muß nochmals darauf hingewiesen werden, daß das Risiko der Banken […] anders zu bewerten ist als das des Grundbuchamts, da dieses jederzeit die Testamentsakten heranziehen und einsehen kann.“; *Keim*, WM 2006, 753 (757); *ders.*, ZEV 2014, 277 (279); *Litzenburger*, MittBayNot 2014, 349 (350); *Wurmnest*, WM 2015, 1597 (1601); *Fuchs*, in: Ulmer/Brandner/Hensen, AGB-Recht, 13. Aufl. 2022, Teil 2, (8) Banken Rn. 19; allgemein auch: *Litzenburger*, in: BeckOK, BGB, 67. Ed. Stand: 01.08.2023, § 2232 Rn. 22.

[592] *Litzenburger*, MittBayNot 2014, 349 (350); *ders.*, in: BeckOK, BGB, 67. Ed. Stand: 01.08.2023, § 2232 Rn. 22; vgl. schon: OLG Frankfurt a.M., RNotZ 2011, 611 (613).

[593] Solche Umstände sind grundsätzlich für die richterliche einfache, erläuternde Auslegung relevant. Dazu: *Horn*, in: Horn/Kroiß, Testamentsauslegung, 2. Aufl. 2019, § 7 Rn. 36. Hier ist die Grenze für den Privatrechtsverkehr zu ziehen. Denn diesem ist die Erforschung und Hinzuziehung solcher Umstände als Auslegungsgrundlage nicht zuzumuten.

[594] Vgl. dazu im Grundbucheintragungsverfahren: BGH, ZEV 2016, 635 Rn. 11.

[595] *Litzenburger*, FD-ErbR 2011, 321918; *ders.*, MittBayNot 2014, 349 (350); *ders.*, in: BeckOK, BGB, 67. Ed. Stand: 01.08.2023, § 2232 Rn. 22; vgl. insoweit auch: *Wurmnest*, WM 2015, 1597 (1602); *Schebesta/Kalkbrenner*, Bankprobleme beim Tod eines Kunden, 15. Aufl. 2019, Rn. 611; ferner im Kontext des digitalen Nachlasses: *Naczinsky*, ZEV 2021, 227 (230); a.A.: *Günther*, NJW 2013, 3681 (3683), der sich jedenfalls für die Anwendung der gesetzlichen Auslegungsregeln ausspricht.

[596] Siehe nur: *Litzenburger*, FD-ErbR 2011, 321918; *ders.*, MittBayNot 2014, 349 (350); *ders.*, in: BeckOK, BGB, 67. Ed. Stand: 01.08.2023, § 2232 Rn. 22; im Anschluss daran zum digitalen Nachlass: *Naczinsky*, ZEV 2021, 227 (230); zum Aspekt der Beiziehung aktenkundigen Wissens: *Volmer*, in: KEHE, GBO, 8. Aufl. 2019, § 35 Rn. 90.

[597] Vgl. BGH, NJW-RR 2017, 1035 Rn. 12; BGH, NJW 2019, 2317 Rn. 21; OLG Frankfurt a.M., ZEV 2001, 316 (318); ferner: *Kroiß*, in: Horn/Kroiß, Testamentsauslegung, 2. Aufl. 2019, § 29 Rn. 40; *Czubayko*, in: Burandt/Rojahn, Erbrecht, 4. Aufl. 2022, § 2084 BGB Rn. 25.

schuldner das Risiko der Auslegung kompensationslos zuweist. Vielmehr kann von der Bank im täglichen Massenverkehr nicht erwartet werden, schwierige Rechtsfragen auf eigene Rechnung zu prüfen und – letztlich mit dem Risiko der Falschbewertung behaftet – zu beantworten.[598] Insgesamt rechtfertigt dies die Annahme, Kreditinstituten grundsätzlich geringere Prüfungspflichten als dem Grundbuchamt aufzuerlegen.[599] Daraus ergibt sich, dass Banken grundsätzlich immer dann konkrete Zweifel an der durch eine Verfügung von Todes wegen belegten Erbfolge geltend machen und damit einen Erbschein verlangen können, wenn aufgrund konkreter Anhaltspunkte, die entweder aus dem Inhalt der Verfügung oder aus tatsächlichen Umständen herrühren können, Ermittlungen *außerhalb* der vorgelegten Urkunde befindlicher Umstände erforderlich sind.[600]

b) Zweifel hinsichtlich allgemeiner gesetzlicher Wirksamkeitseinschränkungen

Die konkreten Auswirkungen des zuvor Gesagten für die allgemeinen gesetzlichen Wirksamkeitseinschränkungen sollen im Nachfolgenden namentlich an den Beispielen der Testierunfähigkeit und der grundsätzlichen freien Widerruflichkeit veranschaulicht werden:

Damit bezüglich der Testierfähigkeit von konkreten Zweifeln ausgegangen werden kann, sind konkrete Anhaltspunkte für eine Testierunfähigkeit erforderlich. Deshalb genügt der bloße (nicht begründete) Vortrag respektive die Behauptung der Testierunfähigkeit nicht.[601] Denn hierdurch wird im Ergebnis lediglich – ohne substanziellen Gehalt – der abstrakten Möglichkeit der Unwirksamkeit infolge Testierunfähigkeit Ausdruck verliehen. Letztere ist aber nach dem an anderer Stelle aufgezeigten Rechtsgedanken des § 35 Abs. 1 Satz 2 GBO für die Nachweiseignung der Verfügung unbeachtlich. In Konsequenz kann für die bloße Behauptung dieser abstrakten Möglichkeit nichts anderes gelten. Entscheidend ist vielmehr, dass konkrete Zweifel an der Testierfähigkeit im Zeitpunkt der Errichtung der öffentli-

---

[598] Ausdrücklich: *Litzenburger*, FD-ErbR 2009, 291786; vgl. *ders.*, MittBayNot 2014, 349 (350); *ders.*, in: BeckOK, BGB, 67. Ed. Stand: 01.08.2023, § 2232 Rn. 22; außerdem: *Wurmnest*, WM 2015, 1597 (1601).

[599] So zutreffend: *Keim*, ZEV 2014, 277 (279); *Wurmnest*, WM 2015, 1597 (1601); ebenso: *Jakob*, Das Bankkonto im Nachlass, S. 147.

[600] Vgl. insoweit auch: *Herzog*, in: Staudinger, BGB, Neubearbeitung 2023, Einleitung zu §§ 2353–2370 Rn. 46: „Lassen das Eröffnungsprotokoll und die Verfügung von Todes wegen die Erbfolge aus sich heraus erkennen, ohne dass konkrete und berechtigte Zweifel an der Auslegung oder an der Wirksamkeit aufkommen, so wird man dies als hinreichenden Erbennachweis ansehen müssen".

[601] Das bloße Behaupten genügt konsequenterweise auch im Verfahren vor dem Grundbuchamt nicht. Siehe nur: OLG Düsseldorf, MittBayNot 2019, 596 Rn. 12; *Weber*, in: Meikel, GBO, 12. Aufl. 2021, § 35 Rn. 135 mit Verweis auf: OLG Oldenburg, MittBayNot 2017, 500.

chen Verfügung bestehen.[602] Dies ist etwa anzunehmen, wenn ein die Testier- beziehungsweise Geschäftsfähigkeit infragestellendes fachärztliches Gutachten vorliegt.[603] Ferner liegt ein konkreter Zweifel vor, wenn der Notar in einem Vermerk Zweifel an der Geschäftsfähigkeit[604] geäußert hat.[605] Dagegen dürfte die bloße Betreuung des Erblassers (§ 1814 Abs. 1 BGB) noch nicht als konkreter Zweifel ausreichen. Denn auch für den Betreuten gilt (weiterhin) die Vermutung der Testierfähigkeit, vgl. § 2229 Abs. 4 BGB,[606] die durch die notariellen Feststellungen über die Testierfähigkeit (§ 28 BeurkG) grundsätzlich ihren positiven urkundlichen Ausdruck gefunden hat. Sofern sich konkrete Zweifel an der Testierfähigkeit ergeben, können diese nicht vom Privatrechtsverkehr ausgeräumt werden. Insbesondere fehlt es diesem – anders als dem behördlichen Rechtsverkehr – an weitergehenden Informationsmöglichkeiten; so kommt etwa die einfache Beiziehung und Einsicht der Betreuungsakten nicht in Betracht.[607] Vielmehr sind Ermittlungen außerhalb der Urkunde befindlicher Umstände erforderlich, zu welchen der Privatrechtsverkehr außerstande ist. Dies gilt nicht zuletzt deshalb, weil die Erstellung von Gutachten zur Frage der Testierfähigkeit zu den schwierigsten Aufgaben der forensischen Psychiatrie gehört.[608] Kreditinstitute können demnach die für die Klärung der Testierfähigkeit relevanten Umstände nicht selbstständig prüfen, sodass bei Vorliegen hinreichend konkreter Zweifel an der Geschäftsfähigkeit die Erbscheinsvorlage erforderlich ist.[609]

Hinsichtlich der grundsätzlich freien Widerruflichkeit gilt nichts Abweichendes. Erachtete man die bloße Möglichkeit des Widerrufs als derart maßgebend, dass man grundsätzlich die Tauglichkeit öffentlicher Verfügungen von Todes wegen zum Erbnachweis verneint,[610] würde im Ergebnis der abstrakten Möglichkeit der Existenz weiterer Verfügungen durchschlagende Bedeutung zugemessen und damit die ge-

---

[602] Ebenso für den grundbuchrechtlichen Bereich: OLG München, MittBayNot 2015, 221 (222); OLG München, RNotZ 2016, 320 (323); *Böhringer*, ZEV 2017, 68 (72); *Schaub*, in: Bauer/Schaub, GBO, 5. Aufl. 2023, § 35 Rn. 143.

[603] Siehe für § 35 GBO: *Weber*, in: Meikel, GBO, 12. Aufl. 2021, § 35 Rn. 135.1; vgl. OLG München, MittBayNot 2015, 221 (222); OLG München, RNotZ 2016, 320 (323); vgl. auch: *Böhringer*, ZEV 2017, 68 (72).

[604] Hierzu beispielhaft: *Heinemann*, in: Grziwotz/Heinemann, BeurkG, 3. Aufl. 2018, § 28 Rn. 13 sowie *Zimmermann*, BWNotZ 2000, 97 (100).

[605] Vgl. *Volmer*, in: KEHE, GBO, 8. Aufl. 2019, § 35 Rn. 109; ebenso: *Böhringer*, ZEV 2017, 68 (72); vgl. auch: *Weber*, in: Meikel, GBO, 12. Aufl. 2021, § 35 Rn. 135.1.

[606] OLG München, MittBayNot 2015, 221 (222); OLG München, RNotZ 2016, 320 (323); OLG Düsseldorf, MittBayNot 2019, 596 Rn. 12; ebenso: *Böhringer*, ZEV 2017, 68 (72); *Demharter*, GBO, 32. Aufl. 2021, § 35 Rn. 39.1.

[607] Ebenso: *Jakob*, Das Bankkonto im Nachlass, S. 148 f.

[608] *Cording*, ZEV 2010, 23. Weitergehend zu den Kriterien zur Feststellung der Testier(un)fähigkeit: *Cording*, ZEV 2010, 115.

[609] Vgl. *Bonefeld*, ZErb 2014, 157 (158); *Grziwotz*, in: BeckOGK, BGB, Stand: 01.07.2023, § 2231 Rn. 7.1: „begründete Behauptung der Testierunfähigkeit".

[610] So aber: *Schröder/Meyer*, NJW 2006, 3252 (3254).

setzesimmanente Teleologie im Hinblick auf die legislativ intendierte Privilegierung öffentlicher Verfügungen als Erbnachweis unterminiert. Das Gesetz steht aber – wie an anderer Stelle aufgezeigt – gerade nicht auf dem Standpunkt, dass die abstrakte Möglichkeit eines (gesetzlichen) Unwirksamkeitsgrundes, mithin auch ein potentieller Widerruf durch eine spätere Verfügung die Nachweiseignung ausschließt.[611] Erst wenn die abstrakt bestehende Möglichkeit in ein konkretes Moment umschlägt, kann dem Einwand betreffend die Existenz weiterer Verfügungen Bedeutung beigemessen werden. Im Rahmen der Grenzziehung zwischen abstrakten und konkreten Verdachtsmomenten kann daher auch nicht allein auf das Alter der Verfügung verwiesen werden.[612] Dadurch würde abstrakten Zweifeln – durch den bloßen abstrakten Verweis auf das Alter des Testaments – doch der Status konkreter Zweifel beigemessen werden und damit die in § 35 Abs. 1 Satz 2 GBO zum Ausdruck kommende Wertung, dass der nicht erfolgte Widerruf als unterstellt anzusehen ist,[613] konterkariert.[614] Vielmehr sind konkrete Anhaltspunkte dafür erforderlich, dass eine wirksame widerrufende Verfügung tatsächlich und nicht nur abstrakt vorliegt.[615] Insoweit dürfte es ausreichen, wenn neben der vorgelegten Verfügung im Eröffnungsprotokoll weitere (spätere) Verfügungen von Todes wegen aufgeführt sind und nicht, sofern die spätere(n) Verfügung(en) von Todes wegen vorliegt respektive vorliegen, ohne weitere Ermittlungen ausgeschlossen werden kann, dass diese Auswirkungen auf die Erbfolge haben.[616]

Sofern es um das Verhältnis mehrerer (vorgelegter) Verfügungen von Todes wegen zueinander geht, müssen weitergehende Ermittlungen voraussetzende und

---

[611] Vgl. OLG Frankfurt a. M., MittBayNot 1999, 184 (185).

[612] Das Alter der Verfügung grundsätzlich als relevant erachtend: *Wurmnest*, WM 2015, 1597 (1602) unter Bezugnahme auf: OLG Celle, NJW 1998, 82 (84): „Immerhin lag ein notarielles Testament vor, das nicht einmal ein Jahr alt war. Die Wahrscheinlichkeit einer späteren Änderung der letztwilligen Verfügung war daher vernachlässigenswert klein."; jüngst zum Grundbuchrecht auch: *Keim*, ErbR 2022, 589 (590): „Hier könnte es wohl im Interesse der Sicherheit des Grundstücksverkehrs durchaus bereits ausreichend sein, wenn die betreffende Verfügung von Todes wegen schon sehr alt ist."; ferner: *Günther*, NJW 2013, 3681 (3683), der dies für privatschriftliche Testamente ins Feld führt; weiter messen *Joeres/Menges*, in: Ellenberger/Bunte, Bankrechts-Handbuch, 6. Aufl. 2022, § 14 Rn. 38, 39 dem Alter der Verfügung Bedeutung bei und sehen darin einen Anlass für die Abgabe ergänzender Erklärungen. Vgl. zu § 35 GBO überzeugend: *Weber*, in: Meikel, GBO, 12. Aufl. 2021, § 35 Rn. 136: „Nicht genügend für die Vorlage eines Erbrechtszeugnisses ist die abstrakte Möglichkeit, dass eine spätere Verfügung vorhanden ist, welche die vorgelegte Verfügung aufgehoben (s § 2258 Abs 1 BGB) oder geändert hat. Das gilt auch dann, wenn zwischen Testierung und Tod des Erblassers ein längerer Zeitraum […] liegt." Ferner: DNotI-Report 2006, 181 (182).

[613] Vgl. OLG Frankfurt a. M., MittBayNot 1999, 184 (185).

[614] Vgl. DNotI-Report 2006, 181 (182).

[615] Zum Grundbuchrecht: OLG Frankfurt a. M., MittBayNot 1999, 184 (185); *Schaub*, in: Bauer/Schaub, GBO, 5. Aufl. 2023, § 35 Rn. 144. Entsprechendes gilt für die Beseitigungsmöglichkeiten eines Erbvertrags.

[616] Vgl. in einem anderen Kontext: *Bonefeld*, ZErb 2014, 157 (160).

damit konkrete Zweifel darüber bestehen, welche Wirkungen die Verfügungen aufeinander haben, sodass unklar ist, wonach sich die Erbfolge richtet;[617] dies ist etwa dann anzunehmen, wenn sich bei Konkurrenz eines späteren öffentlichen Testaments eines überlebenden Ehegatten mit einem früheren eigenhändigen Ehegattentestament nicht ausdrücklich aus den Urkunden ergibt, ob die Wirksamkeit der späteren Erbeinsetzung von der Bindungswirkung des früheren gemeinschaftlichen Testaments berührt wird.[618] Die Erbfolge ist dann eine unsichere und ein Erbschein zum Nachweis derselben erforderlich. Dies gilt grundsätzlich in gleichem Maße, wenn neben der notariellen Verfügung ein späteres privatschriftliches Testament vorgelegt wird, das nicht offensichtlich ungültig, widerrufen oder für die Erbfolge bedeutungslos ist.[619] Denn in diesen Fällen ist nicht nur die notarielle Verfügung von Todes wegen der Erbnachweis, sondern auch die privatschriftliche. Bei Letzterer handelt es sich – wie unter II. aufgezeigt wird – aber dem Grunde[620] nach um keinen tauglichen Erbnachweis für den Privatrechtsverkehr, sodass die Vorlage eines späteren privatschriftlichen Testaments grundsätzlich konkrete Zweifel an der durch die frühere notarielle Verfügung von Todes wegen belegten Erbfolge begründet. Hingegen bedarf es beispielsweise dann keines Erbscheins, wenn zwar neben dem (notariellen) Erbvertrag frühere und spätere privatschriftliche Verfügungen von Todes wegen vorliegen, diese allerdings offensichtlich infolge der gesetzlichen Rechtsfolgen der Bindungswirkung vertragsmäßiger Verfügungen (§ 2289 Abs. 1 BGB) nicht für die Erbfolge maßgeblich sind und es insoweit keiner Aufklärung tatsächlicher Umstände bedarf.[621]

c) Zweifel aus dem Inhalt der Verfügung von Todes wegen

Um als Erbnachweis zu genügen, ist es ausgehend von dem vorstehend Erörterten nicht nur Voraussetzung, dass keine konkreten Zweifel hinsichtlich der allgemeinen Wirksamkeitseinschränkungen bestehen, sondern die Erbfolge muss darüber hinaus klar und eindeutig aus der Verfügung von Todes wegen selbst hervorgehen. Nur dann bestehen auch insofern keine konkreten Zweifel an der belegten Erbfolge. Dies wird regelmäßig schon deshalb der Fall sein, da eine lege artis gearbeitete notarielle Verfügung von Todes wegen typischerweise schon nicht auslegungsbedürftig ist und

[617] *Bonefeld*, ZErb 2014, 157 (159 f.); vgl. ferner: *Litzenburger*, in: BeckOK, BGB, 67. Ed. Stand: 01.08.2023, § 2232 Rn. 22.

[618] Vgl. *Böhringer*, ZEV 2017, 68 (70).

[619] Vgl. *Böhringer*, ZEV 2017, 68 (70); vgl. *Litzenburger*, in: BeckOK, BGB, 67. Ed. Stand: 01.08.2023, § 2232 Rn. 22.

[620] Zu Ausnahmen unter: Kapitel 3 B. II. 5.–7. In diesen Ausnahmefällen kann ein privatschriftliches Testament als Erbnachweis genügen.

[621] Vgl. zu § 35 GBO: OLG München, NJW-RR 2017, 1362; vgl. insoweit auch: *Bonefeld*, ZErb 2014, 157 (160).

eine klare Anordnung für den Erbfall trifft.[622] Gleichwohl ist im konkreten Einzelfall mit Rücksicht auf den Umfang der bankseitigen Auslegungs- respektive Prüfungspflicht zu beurteilen, ob die Verfügung *auch für den Privatrechtsverkehr* hinreichend eindeutig ist: Sobald die Erforschung solcher Umstände, die außerhalb der Urkunde selbst liegen, erforderlich ist, fehlt es grundsätzlich an der im Rechtsverkehr erforderlichen Eindeutigkeit.[623]

aa) Bedeutung zusätzlicher Unterlagen oder Erklärungen als Auslegungshilfe

Damit bildet der Inhalt der notariellen Verfügung den verbindlichen Maßstab für die Beantwortung der Frage nach der im Rechtsverkehr erforderlichen Eindeutigkeit. Wenn sich nach den an anderer Stelle gewonnenen Grundsätzen Auslegungszweifel ergeben, ist die Vorlage eines Erbscheins unumgänglich. Daran ändern auch zusätzliche Unterlagen oder Erklärungen nichts.[624] Zum einen können diese bei einer Erbeinsetzung durch notarielle Verfügung bereits keinen alleinstehenden, erbrechtsbezeugenden Zweck erfüllen, da die Erbfolge im Kern in der Verfügung selbst niedergelegt ist. Zum anderen können diese auch nicht als Auslegungshilfe herangezogen werden:

(1) Privatschriftliche Erklärungen

Das gilt zunächst für privatschriftliche Erklärungen der Erbprätendenten.[625] Denn die streitige Erbenstellung ist auch bei Vorliegen derartiger Erklärungen weiterhin nur behaupteter Natur und das wirtschaftliche Risiko der doppelten Inanspruchnahme, ohne die Leistung beim Nichtberechtigten – aufgrund dessen ungewisser Liquidität – kondizieren zu können, besteht unverändert fort.[626] Daran ändert auch der in Ansehung des typischerweise fehlenden Rechtsbindungswillens (Wissenserklärung) freilich exzeptionelle Fall einer Erklärung mit rechtlicher Bindungswirkung nichts.[627] Denn auch in diesen Fällen hat der Nachlassschuldner das Delkredererisiko

---

[622] Vgl. *Wurmnest*, WM 2015, 1597 (1601 f.). Denn für die Auslegung besteht nur dann Raum, wenn die Verfügung auslegungsbedürftig ist. Vgl. nur: *Gierl*, in: BeckOGK, BGB, Stand: 01.06.2023, § 2084 Rn. 24.

[623] Vgl. *Litzenburger*, in: BeckOK, BGB, 67. Ed. Stand: 01.08.2023, § 2232 Rn. 22.

[624] So auch: *Litzenburger*, MittBayNot 2014, 349 (350); *ders.*, in: BeckOK, BGB, 67. Ed. Stand: 01.08.2023, § 2232 Rn. 22; vgl. auch: *Braun*, MittBayNot 2017, 71 (73); anders hingegen: *Tersteegen*, RNotZ 2014, 98 (100 f.); *Wurmnest*, WM 2015, 1597 (1602 f.).

[625] *Szalai*, NotBZ 2016, 370 (374); ebenfalls kritisch: *Braun*, MittBayNot 2017, 71 (72); vgl. überdies: *Bredemeyer*, ZEV 2016, 322: „Anzumerken ist, dass die Bank in der Lage sein muss, ihrer nach den AGB auferlegten Sorgfaltspflicht zu entsprechen. Es mag indes bezweifelt werden, ob die Einforderung einer solchen Erklärung durch den ‚Erben' die Bank vom Vorwurf eigener Fahrlässigkeit befreit und so eine potenzielle Schadensersatzpflicht vermeidet."

[626] *Szalai*, NotBZ 2016, 370 (374).

[627] Ganz generell zur zweifelhaften rechtlichen Bindungswirkung in diesem Kontext: *Braun*, MittBayNot 2017, 71 (73).

zu tragen. Allenfalls Erklärungen „alle[r] in Betracht kommende[r] gesetzliche[r] Erben“[628] etwa über die die Inexistenz weiterer Abkömmlinge oder die Nichtgeltendmachung von Pflichtteilsansprüchen wären von gewinnbringender Bedeutung.[629] Hierbei darf aber nicht übersehen werden, dass dies Erforschungen von außerhalb der Urkunde befindlichen Umständen – namentlich solche, die das gesetzliche Erbrecht begründen – voraussetzt. Das führt im Ergebnis zu einer qualifizierten Prüfungs- beziehungsweise Auslegungspflicht,[630] die den Privatrechtsverkehr gerade nicht trifft. Es ist überdies zu sehen, dass auch eine unterstellte, derart weitreichende Prüfungspflicht nicht darüber hinweghelfen würde, dass privatschriftliche Angaben im Vergleich zu eidesstattlichen Versicherungen (vgl. §§ 156, 161 StGB) keine weitere Gewähr für die sachliche Richtigkeit bieten.[631] Bereits deshalb wird man von Kreditinstituten in Ansehung des wirtschaftlichen Risikos (s. o.) nicht verlangen können, sich auf ergänzende privatschriftliche Erklärungen zu verlassen, sodass Letztere als zielführende Auslegungshilfe nicht in Betracht kommen.

Dieses Ergebnis lässt sich schließlich aus systematisch-teleologischer Sicht bestätigen: Die in der verallgemeinerungsfähigen Wertung des § 35 Abs. 1 Satz 2 GBO zum Ausdruck kommende privilegierte Nachweiseignung öffentlicher Verfügungen von Todes wegen geht auf den Umstand zurück, dass die vor einem vorsorgenden Organ der Rechtspflege errichtete Verfügung eine dem Erbschein vergleichbare Sicherheit gewährt. Dies ist aber dann nicht mehr der Fall, wenn die Verfügung erst mit einer Reihe von privatschriftlichen Erklärungen ergänzt werden muss und für den Rechtsverkehr – anders als in einem „regulären“ Fall der unzweifelhaften namentlichen Erbeinsetzung – nicht zuletzt aufgrund der beschränkten Richtigkeitsgewähr ein erhöhtes wirtschaftliches Risiko besteht. In diesen Fällen greift der allgemeine Rechtsgedanke der privilegierten Nachweiseignung notarieller Verfügungen nicht mehr Platz und es bedarf eines Erbscheins als Sicherungsmoment.

(2) Eidesstattliche Versicherungen

Auch eine Glaubhaftmachung – vor allem des Nichteintritts von Tatsachen, worauf es insbesondere bei bedingter Erbeinsetzung oder nicht namentlicher Bezeichnung der Erben ankommt – durch eidesstattliche Versicherung scheidet im Privatrechtsverkehr gegenüber Kreditinstituten aus.[632] Denn Letztere sind nicht zur Entgegennahme einer *strafbewehrten* – und gerade die Strafbewehrung verleiht den

[628] *Szalai*, NotBZ 2016, 370 (374); auf die Notwendigkeit einer Erklärung „sämtlicher Abkömmlinge“ weist überdies *Tersteegen*, RNotZ 2014, 98 (101) hin.

[629] *Szalai*, NotBZ 2016, 370 (374).

[630] So ausschließlich: *Szalai*, NotBZ 2016, 370 (374).

[631] OLG Hamm, MittBayNot 2016, 142 (143): „ohne weitere Gewähr für die sachliche Richtigkeit“; ähnlich: *Braun*, MittBayNot 2017, 71 (72).

[632] *Litzenburger*, ZEV 2015, 279; *ders.*, in: BeckOK, BGB, 67. Ed. Stand: 01.08.2023, § 2232 Rn. 22; vgl. *Ott-Eulberg*, in: Ott-Eulberg/Schebesta/Bartsch, Erbrecht und Banken, 3. Aufl. 2018, § 2 Rn. 14; vgl. auch: DNotI-Report 2006, 80 (81).

besonderen Beweiswert – eidesstattlichen Versicherung befugt, vgl. § 156 StGB („vor einer zur Abnahme einer Versicherung an Eides Statt zuständigen Behörde"). Dass die fehlende Möglichkeit der Glaubhaftmachung durch eidesstattliche Versicherung gegenüber Finanzinstituten unzweideutig der gesetzgeberischen Regelungsabsicht entspricht, unterstreicht auch die Vorschrift des § 22 Abs. 2 BNotO in systematischer Hinsicht: Nach § 22 Abs. 2 BNotO steht Notaren die Aufnahme einer eidesstattlichen Versicherung in allen Fällen zu, in denen einer Behörde oder sonstigen Dienststelle, also einer für die Entgegennahme einer eidesstattlichen Versicherung *zuständigen* Stelle,[633] eine tatsächliche Behauptung oder Aussage glaubhaft gemacht werden soll. Soll die Glaubhaftmachung hingegen gegenüber einer anderen Stelle erfolgen, ist der Notar zur Aufnahme gem. § 22 Abs. 2 BNotO unzuständig.[634] Bei der Auslegung des Behördenbegriffs kann auf § 1 Abs. 4 VwVfG zurückgegriffen werden.[635] Danach ist Behörde jede Stelle, die Aufgaben der öffentlichen Verwaltung wahrnimmt. Daher sind keine Behörden staatliche oder kommunale Wirtschaftsunternehmen sowie sonstige Einrichtungen, die ausschließlich im allgemeinen Rechtsverkehr agieren und über keine öffentlich-rechtlichen Befugnisse verfügen.[636] Deshalb handelt es sich bei Kreditinstituten nicht um Behörden i. S. d. § 1 Abs. 4 VwVfG, die eidesstattliche Versicherungen verlangen können,[637] und zwar auch dann nicht, wenn diese als Anstalt des öffentlichen

---

[633] *Limmer*, in: Frenz/Miermeister, BNotO, 5. Aufl. 2020, § 22 BNotO Rn. 6.

[634] Sofern der Notar zu dem sicheren Schluss kommt, dass die Stelle nicht für die Entgegenahme einer eidesstattlichen Versicherung zuständig ist, wird uneinheitlich beurteilt, ob er die Beurkundung ablehnen darf oder dies sogar muss. Für die Berechtigung zur Ablehnung: *Limmer*, in: Frenz/Miermeister, BNotO, 5. Aufl. 2020, § 38 BeurkG Rn. 13; *Winkler*, BeurkG, 20. Aufl. 2022, § 38 Rn. 6; *Theilig*, in: BeckOGK, BeurkG, Stand: 01.11.2022, § 38 Rn. 7; strenger für eine Pflicht zur Ablehnung: *Dieterle*, BWNotZ 1987, 11 (12 f.); *Klingsch/von Stralendorff*, notar 2017, 3 (5 f.); *Tebben*, in: Armbrüster/Preuß, BeurkG, 9. Aufl. 2023, § 38 BeurkG Rn. 12, 19. Vor dem Hintergrund, dass die Aufnahme nach der Systematik des § 22 Abs. 2 BNotO lediglich der Abnahme durch eine zuständige Stelle vorgeschaltet sein soll und der Normzweck darin liegt, den Verkehr solcher eidesstattlichen Versicherungen möglichst zu vermeiden, die den Anschein der Strafbewehrung erwecken, erscheint die letztgenannte Ansicht vorzugswürdig.

[635] Exemplarisch: *Sandkühler*, in: Arndt/Lerch/Sandkühler, BNotO, 8. Aufl. 2016, § 22 Rn. 19; *Winkler*, BeurkG, 20. Aufl. 2022, § 38 Rn. 5; *Theilig*, in: BeckOGK, BeurkG, Stand: 01.11.2022, § 38 Rn. 7; *Tebben*, in: Armbrüster/Preuß, BeurkG, 9. Aufl. 2023, § 38 BeurkG Rn. 11.

[636] *Winkler*, BeurkG, 20. Aufl. 2022, § 38 Rn. 6; mit Beispielen aus der Rechtsprechung; *Limmer*, in: Frenz/Miermeister, BNotO, 5. Aufl. 2020, § 22 BNotO Rn. 6; ferner: DNotI-Report 2006, 80.

[637] Ausdrücklich: DNotI-Report 2006, 80 (81); *Limmer*, in: Frenz/Miermeister, BNotO, 5. Aufl. 2020, § 22 BNotO Rn. 6; im Kontext des Erbnachweises auch: *Litzenburger*, FD-ErbR 2016, 382719: „Diese Lösung scheidet gegenüber Banken und Versicherungen allerdings aus, da diese zur Entgegennahme einer strafbewehrten eidesstattlichen Versicherung nicht befugt sind".

Rechts – so wie Sparkassen – organisiert sind; denn erforderlich ist, dass die Stelle über öffentlich-rechtliche Befugnisse verfügt.[638]

Daraus folgt: Eine Glaubhaftmachung durch eidesstattliche Versicherung gegenüber Kreditinstituten kommt nach der gesetzlichen Konzeption nicht in Betracht. Eine eidesstattliche Versicherung gegenüber Banken ist in Ermangelung der Strafbewehrung (§§ 156, 161 StGB) sanktionslos[639] und unterscheidet sich deshalb wegen des fehlenden besonderen Beweiswerts von den zuvor dargestellten privatschriftlichen Erklärungen in ihrer Rechtsqualität nicht. Damit ist eine derartige eidesstattliche Versicherung, die gerade keine solche im eigentlichen Sinne darstellt, aber für den Privatrechtsverkehr gleichermaßen wertlos[640] und daher zur Schließung einer Nachweislücke ungeeignet.

Im Übrigen verdeutlicht die nachfolgende Überlegung, welchen eingeschränkten Wert eidesstattliche Versicherungen der Erbprätendenten für den Privatrechtsverkehr hätten:[641] Typischerweise wird sich die eidesstattliche Versicherung auf die Wiedergabe von Nichtwissen beschränken. Recht verstanden wird man insoweit fragen müssen, ob dieser Inhalt tatsächlich einen tauglichen Beweis für beispielsweise das Nichtvorhandensein weiterer Abkömmlinge darstellen kann.[642] Gegen den Wert einer eidesstattlichen Versicherung im Privatrechtsverkehr spricht auch das potentielle Schicksal der abgegebenen Versicherung: Anders als das Nachlassgericht, für welches das FamFG Verfahrensvorschriften – insbesondere sind die in § 345 FamFG erwähnten Beteiligten anzuhören – vorsieht, bestehen für den Privatrechtsverkehr keinerlei entsprechende Vorschriften.[643] Der Teilnehmer des Rechtsverkehrs stellt in dem Moment der Entgegennahme der Versicherung kein „Ersatznachlassgericht"[644] dar. Anders als im nachlassgerichtlichen Verfahren, welches auf Basis des vorgesehenen Verfahrens eine sachgerechte Entscheidungsgrundlage schafft, ob den Versicherungen Glauben geschenkt werden kann,[645] besteht daher kein weitergehendes Kontrollmoment im Privatrechtsverkehr. Dem entspricht auch der grundsätzlich zurückhaltende Umgang mit eidesstattlichen Versicherungen, wonach ge-

---

638 DNotI-Report 2006, 80; *Klingsch/von Stralendorff*, notar 2017, 3 (5); *Limmer*, in: Frenz/Miermeister, BNotO, 5. Aufl. 2020, § 22 BNotO Rn. 6; *Winkler*, BeurkG, 20. Aufl. 2022, § 38 Rn. 6; *Theilig*, in: BeckOGK, BeurkG, Stand: 01.11.2022, § 38 Rn. 7.

639 *Litzenburger*, FD-ErbR 2012, 334607; vgl. *Dieterle*, BWNotZ 1987, 11; *Becker*, NotBZ 2016, 26 (27); *Klingsch/von Stralendorff*, notar 2017, 3 (5); *Winkler*, BeurkG, 20. Aufl. 2022, § 38 Rn. 6.

640 Vgl. *Litzenburger*, FD-ErbR 2012, 334607.

641 Nachstehendes geht zurück auf: *Tönnies*, RNotZ 2012, 326 (327 f.).

642 So auch: *Tönnies*, RNotZ 2012, 326 (327).

643 Vgl. für das Grundbuchamt: *Tönnies*, RNotZ 2012, 326 (328).

644 *Tönnies*, RNotZ 2012, 326 (328).

645 *Tönnies*, RNotZ 2012, 326 (328).

rade nicht jeder Teilnehmer des Rechtsverkehrs zur Forderung einer solchen berechtigt ist.[646]

(3) Sonstige Urkunden

Auch sonstige Personenstandsurkunden, denen – anders als im Rahmen der gesetzlichen Erbfolge – bei bestehenden Auslegungszweifeln keine eigenständige, das Erbrecht nachweisende Bedeutung zukommt, können das Defizit an inhaltlicher Eindeutigkeit nicht beseitigen. So kann der Erbprätendent beispielsweise durch Vorlage von Personenstandsurkunden nicht beweisen, dass außer ihm keine weiteren Abkömmlinge vorhanden sind. Denn nach § 54 PStG erbringen die Beurkundungen in den Personenstandsregistern lediglich für den jeweiligen Inhalt den *positiven* Beweis[647] und *nicht* den *negativen*, dass tatsächlich keine (weiteren) Abkömmlinge vorhanden sind.[648]

bb) Konkrete Anforderungen an die (inhaltliche) Eindeutigkeit

Ergibt die Prüfung des Inhalts der Verfügung von Todes wegen nach den erläuterten Grundsätzen, dass die Erbfolge für den Privatrechtsverkehr nicht hinreichend eindeutig hervorgeht, ist es Banken nicht verwehrt, einen Erbschein zu verlangen.[649] Bei fehlender inhaltlicher Eindeutigkeit der Verfügung ist die fachkundige Prüfung des Nachlassgerichts als Sicherungsmoment für den Rechtsverkehr geboten. Denn gerade die „vielfach schwierige"[650] Prüfung des Verfügungsinhalts soll nach der Zweckrichtung des Erbscheins dem Verkehr abgenommen und dem Nachlassgericht überantwortet werden.[651] Anderenfalls würde das Abstufungsverhältnis zwischen dem Erbschein als einzigem dem Gesetz bekannten formalen Erbnachweis und Verfügungen von Todes wegen als unregelmäßigem Erbnachweis[652] missachtet werden.

---

646 Jüngst mit Zweifeln gegenüber der Eignung eidesstattlicher Versicherungen zum Nachweis negativer, erbfolgerelevanter Tatsachen im Grundbuchverfahren: BGH, ZEV 2022, 358 Rn. 32.

647 OLG Frankfurt a.M., OLGZ 1981, 30 (31); vgl. ferner: *Völzmann*, RNotZ 2012, 380 (385): „ist es nicht möglich, in öffentlicher Urkunde die negative Tatsache nachzuweisen, dass der Erblasser keine weiteren Abkömmlinge hinterlassen hat, als diejenigen, die sich aus den vorgelegten Personenstandsurkunden positiv ergeben."

648 Vgl. OLG Hamm, MittBayNot 1997, 105 (106 f.); *Völzmann*, RNotZ 2012, 380 (385).

649 Vgl. *Starke*, NJW 2005, 3184 (3186); *Schebesta/Kalkbrenner*, Bankprobleme beim Tod eines Kunden, 15. Aufl. 2019, Rn. 610.

650 Vgl. *Mugdan*, Die gesammten Materialien zum Bürgerlichen Gesetzbuch für das Deutsche Reich, V. Band, S. 833 (= Protokolle, S. 7761).

651 Allgemein: *Mugdan*, Die gesammten Materialien zum Bürgerlichen Gesetzbuch für das Deutsche Reich, V. Band, S. 833 (= Protokolle, S. 7761), S. 877 (= Denkschrift, S. 291).

652 Vgl. etwa zur Vorschrift des § 35 Abs. 1 Satz 2 GBO und der darin enthaltenen Wertung: *Krug*, in: FS Spiegelberger, 1025 (1026): „Dieser grundbuchverfahrensrechtlichen Ausnahmeregelung"; außerdem: *Szalai*, NotBZ 2016, 370 (378): „Wenn schon das öffentliche

Es gilt daher: Auch wenn notariellen Verfügungen von Todes wegen grundsätzlich eine widerlegbare Vermutung zum Nachweis der Erbfolge zukommt, ist es nach dem zuvor Gesagten denkbar, dass sich aus dem Inhalt der Verfügung von Todes wegen (konkrete) Zweifel an der Erbfolge ergeben, welche die Vermutung entkräften und das Verlangen eines Erbscheins als gerade nicht rechtsmissbräuchlich erscheinen lassen. Unter Zugrundelegung der an anderer Stelle aufgezeigten Wertungen und Grundsätze soll im Folgenden am Beispiel praxisrelevanter Klauseln veranschaulicht werden, wann ein bestimmter Inhalt der Verfügung dazu führt, dass Kreditinstitute – auch bei Vorlage einer öffentlichen Verfügung von Todes wegen – berechtigterweise einen Erbschein verlangen dürfen.

(1) Pflichtteilsstrafklauseln

Als besonders streitträchtig erweist sich insbesondere die Auswirkung von automatisch wirkenden Pflichtteilsstrafklauseln[653] auf die Eignung der Verfügung als Erbnachweis.[654] Bei einer (üblichen) Pflichtteilsstrafklausel „handelt es sich um die typische letztwillige Anordnung, durch die gemeinschaftlich testierende und sich gegenseitig als Erben einsetzende Ehegatten sicherstellen wollen, dass dem Überlebenden bis zu seinem Tod der Nachlass ungeschmälert verbleibe und er nicht durch das Pflichtteilsverlangen eines Schlusserben gestört werde“.[655] Es geht darum, dass sich Ehegatten wechselseitig zum Alleinerben einsetzen und die gemeinsamen Kinder zu gleichen Teilen als Schlusserben des längerlebenden Elternteils ernennen. Zugleich erfolgt die Aufnahme einer hier thematisierten Pflichtteilsstrafklausel, wonach ein Kind, das nach dem Tod des Erstversterbenden den Pflichtteil verlangt, auch nach dem Schlusserbfall (Tod des Zweitversterbenden) automatisch nur auf den Pflichtteil gesetzt wird.[656] Wenn nunmehr die Kinder nach dem Schlusserbfall etwa die Auszahlung des Bankguthabens unter Vorlage der notariellen Verfügung von Todes wegen samt Eröffnungsniederschrift verlangen, stellt sich die Frage, ob an der in der Verfügung zum Ausdruck kommenden Erbfolge nach den an anderer Stelle aufgestellten Prüfungsmaßstäben konkrete Zweifel bestehen.

Sofern die vorgelegte öffentliche Verfügung von Todes wegen eine solche Pflichtteilsstrafklausel enthält, ist dies zu bejahen und die Banken dürfen einen

Testament nur in Grenzen als Erbnachweis genügt und bereits der ‚fehlende Nachweis‘ genügt, um einen Erbschein verlangen zu können“.

[653] Zur Behandlung sogenannter fakultativer Pflichtteilsklauseln: *Weber*, ZEV 2014, 610, der darin – wenngleich zum Grundbuchrecht – zu Recht keine Auswirkungen auf die Eignung als Erbnachweis sieht. Eine solche wirkt sich auf den Erbnachweis erst dann aus, wenn aufgrund des Pflichtteilsverlangens abweichend verfügt wurde. Dazu etwa: *Braun*, in: BeckOGK, BGB, Stand: 15.02.2023, § 2269 Rn. 60.9.

[654] Vgl. insoweit: BGHZ 209, 329 = NJW 2016, 2409, wenngleich der Entscheidung ein privatschriftliches Testament zugrunde lag.

[655] BayObLGZ 1990, 58 (60) = NJW-RR 1990, 969.

[656] *Röhl*, notar 2022, 239 (240).

Erbschein verlangen.[657] Anhaltspunkte für das tatsächliche Eingreifen der Klausel sind *keine* Voraussetzung für die Annahme konkreter Zweifel. Denn bereits die Aufnahme einer Pflichtteilsstrafklausel führt unmittelbar zu konkreten Zweifeln an der Erbfolge, weil die endgültige Erbfolge *nicht* – wie es die Wertung des § 35 Abs. 1 Satz 2 GBO verlangt – allein aus der Verfügung hervorgeht, sondern nur durch umfangreiche Ermittlungen über außerhalb der Verfügung von Todes wegen liegende Umstände endgültig festgestellt werden kann. Damit unterscheidet sich eine derartige Klausel von den allgemeinen gesetzlichen Wirksamkeitseinschränkungen (exemplarisch Testierunfähigkeit), welche nach der in § 35 Abs. 1 Satz 2 GBO verallgemeinerungsfähig zum Ausdruck kommenden Wertung[658] – um die privilegierte Nachweiseignung notarieller Verfügungen nicht leerlaufen zu lassen – im Grundsatz als nicht vorliegend unterstellt werden. Diese Wertung erfasst nur ebendiese allgemeinen, gesetzlichen Unwirksamkeitsgründe, die *jeder* Verfügung von Todes wegen *abstrakt* anhaften. Zum Inhalt der Verfügung von Todes wegen und demnach zum Nichteingreifen einer Pflichtteilsstrafklausel trifft das Gesetz hingegen keine ausdrückliche Aussage, sondern verlangt nur, dass die vorgelegte notarielle Verfügung *selbst* der Erbnachweis ist und setzt demnach eine eindeutige Erbeinsetzung im Einzelfall voraus, also eine solche Anordnung, die keine konkreten Zweifel an der zum Ausdruck kommenden Erbfolge begründet. Das ist aber, wie an anderer Stelle aufgezeigt, nur dann der Fall, wenn *keine* weiteren Ermittlungen außerhalb der Urkunde befindlicher Umstände erforderlich sind. Letzteres ist jedoch bereits bei Vorliegen einer Pflichtteilsstrafklausel der Fall:

Denn Kreditinstitute können nicht rechtssicher beurteilen, ob der Pflichtteil im Sinne der Klausel geltend gemacht wurde.[659] Eine übliche Pflichtteilsklausel knüpft in der Regel an die Geltendmachung des Pflichtteils an und zielt darauf ab, dass der Nachlass dem Überlebenden bis zu seinem Versterben ungeschmälert verbleibt und ihm die persönlichen Belastungen erspart werden, die mit einer Auseinandersetzung mit dem Pflichtteilsberechtigten regelmäßig einhergehen.[660] Nach üblichem Verständnis greift eine derartige Klausel daher, wenn der Pflichtteil in Kenntnis der Klausel ausdrücklich und ernsthaft gefordert wird.[661] Die Bewertung, ob ein ernst-

---

[657] So auch: *Litzenburger*, FD-ErbR 2016, 378276; *Röhl*, notar 2016, 239 (243); *Braun*, MittBayNot 2017, 71 (72); *Grziwotz*, in: BeckOGK, BGB, Stand: 01.07.2023, § 2231 Rn. 7.1; *Litzenburger*, in: BeckOK, BGB, 67. Ed. Stand: 01.08.2023, § 2232 Rn. 22; wohl auch: *Ott-Eulberg*, in: Ott-Eulberg/Schebesta/Bartsch, Erbrecht und Banken, 3. Aufl. 2018, § 2 Rn. 42; tendenziell auch: *Zimmermann*, Erbschein – Erbscheinsverfahren – Europäisches Nachlasszeugnis, 4. Aufl. 2022, B. Rn. 7; a. A.: *Bonefeld*, ZErb 2014, 157 (159); *Kroiß*, NJW 2016, 2411 (2412).

[658] Dazu unter: Kapitel 3 B. I. 2.

[659] So auch: *Röhl*, notar 2016, 239 (243); vgl. *Litzenburger*, FD-ErbR 2016, 382719.

[660] Beispielsweise: OLG Frankfurt a. M., NJW-RR 2022, 729 Rn. 17; *Musielak*, in: MüKo, BGB, 9. Aufl. 2022, § 2269 Rn. 65.

[661] *Weidlich*, in: Grüneberg, BGB, 82. Aufl. 2023, § 2269 Rn. 14; *Musielak*, in: MüKo, BGB, 9. Aufl. 2022, § 2269 Rn. 65; vgl. *Mayer/Sammet*, in: Reimann/Bengel/Dietz, Testa-

haftes Fordern des Pflichtteils vorliegt, ist dabei aus der Sicht des Erben unter Zugrundelegung des objektiven Empfängerhorizonts vorzunehmen.[662] Um diese Subsumtion überhaupt vornehmen zu können, sind aber umfangreiche Ermittlungen tatsächlicher Umstände im Hinblick auf das potentiell klauselauslösende Verhalten erforderlich. Das ist Banken weder möglich noch zumutbar. Hinzu kommt, dass eine Pflichtteilsklausel im Allgemeinen[663] so auszulegen sein wird, dass sie nur dann ausgelöst wird, wenn die Geltendmachung des Pflichtteils nicht dem Willen des überlebenden Ehegatten entspricht.[664] Eine derartige Geltendmachung des Pflichtteils gegen den Willen des überlebenden Ehegatten liegt aber dann nicht vor, wenn die Geltendmachung im Einvernehmen der Beteiligten erfolgt.[665] Daraus folgt aber, dass bankseitig nicht nur tatsächliche Ermittlungen hinsichtlich der Geltendmachung des Pflichtteils erforderlich wären, sondern darüber hinaus auch im Hinblick darauf, ob der Pflichtteil möglicherweise einvernehmlich geltend gemacht wurde. Insoweit gilt das zuvor Gesagte: Auch diese Prüfung ist Banken weder möglich noch zumutbar. Überdies darf nicht außer Acht gelassen werden, dass sich im Einzelfall – neben den erforderlichen tatsächlichen Ermittlungen, *ob* ein klauselauslösendes Verhalten vorliegt – auch komplexe Auslegungsfragen dahingehend stellen können, *welches* Verhalten als sanktionsbewährt gilt. So kann sich etwa die Frage erheben, ob die Pflichtteilsklausel nach ihrem Zweck so auszulegen ist, dass sie auch eingreift, wenn die Unwirksamkeit des Testaments geltend gemacht und der gesetzliche Erbteil gefordert wird.[666] Derartige, komplexe Auslegungsfragen lassen sich jedoch typischerweise nicht nur anhand des Wortlauts der Klausel beantworten. Vielmehr sind alle Gesamtumstände des Einzelfalls zu berücksichtigen und das überspannt die Auslegungspflicht der Banken.

Es gilt daher: Bei Pflichtteilstrafklauseln handelt es sich stets um konkrete und begründete Zweifel an der in der Verfügung von Todes wegen zum Ausdruck kommenden Erbfolge. Die Ausübung des Leistungsverweigerungsrechts ist daher in diesen Fällen nicht rechtsmissbräuchlich. Insbesondere kann – wie an anderer Stelle ausgeführt –[667] der Nichteintritt der Bedingung auch nicht in einer die Eignung der

---

ment und Erbvertrag, 7. Aufl. 2020, § 2269 Rn. 111; ferner dazu: OLG München, ZEV 2008, 341 (343); OLG Düsseldorf, FamRZ 2012, 331 (332); OLG Hamm, ZEV 2013, 397.

[662] OLG Frankfurt a. M., NJW-RR 2022, 729 Rn. 21; OLG Hamm, ZEV 2023, 231 Rn. 23.

[663] Eine abweichende Auslegung kann nur aufgrund besonderer Umstände des Einzelfalles, etwa zur Wahrung der Interessen weiterer Miterben, gerechtfertigt sein. So: *Musielak*, in: MüKo, BGB, 9. Aufl. 2022, § 2269 Rn. 65.

[664] *Kanzleiter*, in: Staudinger, BGB, Neubearbeitung 2019, § 2269 Rn. 58a; *Leipold*, in: MüKo, BGB, 9. Aufl. 2022, § 2074 Rn. 49.

[665] Vgl. *Kanzleiter*, in: Staudinger, BGB, Neubearbeitung 2019, § 2269 Rn. 58a; *Leipold*, in: MüKo, BGB, 9. Aufl. 2022, § 2074 Rn. 49; *Musielak*, in: MüKo, BGB, 9. Aufl. 2022, § 2269 Rn. 65; vgl. auch: *Dressler*, NJW 1997, 2848 (2850).

[666] Vgl. dazu: OLG München, FamRZ 2011, 1691; *Kanzleiter*, in: Staudinger, BGB, Neubearbeitung 2019, § 2269 Rn. 58a; *Leipold*, in: MüKo, BGB, 9. Aufl. 2022, § 2074 Rn. 48.

[667] Dazu unter: Kapitel 3 B. I. 3. c) aa) (1) und (2).

Verfügung als Erbnachweis begründenden Weise durch ergänzende Erklärung belegt werden.[668]

(2) Auflösend bedingte Erbeinsetzung

Hinsichtlich der auflösend bedingten Erbeinsetzung lässt sich aus dem zuvor Festgestellten die Regel ableiten, dass die Eignung als Erbnachweis im allgemeinen Rechtsverkehr grundsätzlich dann entfällt, wenn die Erbeinsetzung bedingt ist.[669] Wie bei einer Pflichtteilsstrafklausel bedarf es keiner konkreten Anhaltspunkte dafür, dass die Bedingung tatsächlich eingetreten ist. Denn die verallgemeinerungsfähige Wertung des § 35 Abs. 1 Satz 2 GBO sieht – wie aufgezeigt – nur das Nichtvorliegen der normierten, jeder Verfügung abstrakt anhaftenden Unwirksamkeitsgründe grundsätzlich als gegeben an und erst konkrete Anhaltspunkte für das Eingreifen eines derartigen Grundes lassen die Nachweiseignung entfallen. Die Aufnahme einer Klausel, die die Erbeinsetzung auflösend bedingt, stellt jedoch gegenüber den abstrakten Zweifeln hinsichtlich der allgemeinen gesetzlichen Wirksamkeitseinschränkungen ein qualitatives Mehr an Unsicherheit in Form eines aus dem Inhalt der Verfügung stammenden Zweifels an der zum Ausdruck kommenden Erbfolge dar. Hierbei handelt es sich um konkrete Zweifel. Denn bei einer automatisch wirkenden Klausel[670] ergibt sich die Erbfolge – anders als es die in § 35 Abs. 1 Satz 2 GBO verallgemeinerungsfähig zum Ausdruck kommende Wertung voraussetzt – *nicht* allein aus der Verfügung von Todes wegen. Erforderlich ist vielmehr die Ermittlung sonstiger Tatsachen, namentlich der tatsächliche Eintritt der

---

[668] Im Ergebnis wie hier: *Litzenburger*, FD-ErbR 2016, 382719.

[669] So: *Litzenburger*, MittBayNot 2014, 349 (350); *ders.*, in: BeckOK, BGB, 67. Ed. Stand: 01.08.2023, § 2232 Rn. 22; ebenso: *Jakob*, Das Bankkonto im Nachlass, S. 150; *Weidlich*, in: Grüneberg, 82. Aufl. 2023, § 2353 Rn. 76; *Grziwotz*, in: BeckOGK, BGB, Stand: 01.07.2023, § 2231 Rn. 7.1. Siehe für § 35 GBO schon: BGH, ZEV 2016, 635 Rn. 8: „Enthält das Testament dagegen eine bedingte Erbeinsetzung, so genügt es allein als Nachweis der Erbfolge nicht."; ausdrücklich bestätigt durch: BGH, NJW-RR 2022, 657 Rn. 6: „Richtig ist auch, dass der Nachweis der Erbfolge in der Form des § 35 I 2 Hs. 1 GBO uneingeschränkt nur dann möglich ist, wenn die Erbeinsetzung in der Verfügung unbedingt erfolgt ist. Enthält die öffentliche Verfügung von Todes wegen dagegen eine bedingte Erbeinsetzung, so genügt die Vorlage der Verfügung und die Niederschrift über deren Eröffnung durch das NachlassG grundsätzlich nicht."

[670] Davon sind fakultative Klauseln zu unterscheiden. Hierzu etwa: *Wurmnest*, WM 2015, 1597 (1603); *Braun*, in: BeckOGK, BGB, Stand: 15.02.2023, § 2269 Rn. 60.9; vgl. auch: *Litzenburger*, ZEV 2022, 289 (290); *ders.*, in: BeckOK, BGB, 67. Ed. Stand: 01.08.2023, § 2232 Rn. 22. Bei derartigen Klauseln entfällt die Erforderlichkeit des Erbscheins. Denn es handelt sich nur um einen Änderungsvorbehalt, der mit den allgemeinen Zweifeln an der Erbfolge (z. B. Widerruf eines Testaments) vergleichbar ist und nur abstrakte Zweifel an der Erbfolge begründet. Anderenfalls würde die positive Wertentscheidung zugunsten öffentlicher Verfügungen von Todes wegen als Erbnachweis weitgehend unterminiert. Vgl. auch: *Braun*, MittBayNot 2012, 294 (294 f.); *Tönnies*, RNotZ 2012, 326 ff.; *Braun*, MittBayNot 2013, 48 (48 f.); *Fröhler*, in: BeckOGK, BGB, Stand: 01.11.2022, § 2353 Rn. 62; vgl. insoweit auch: *Jakob*, Das Bankkonto im Nachlass, S. 151: „bei Anhaltspunkten für einen möglichen Rücktritt oder bei einem entsprechenden Vortrag anderer Beteiligter einen Erbschein zu verlangen."

Bedingung, um über die Rechtsfolgen der Verfügung zu entscheiden.[671] Überdies kann sich auch gerade die Auslegung aufgenommener Verwirkungsklauseln als komplex erweisen,[672] sodass mittels der zumutbaren Auslegung[673] in der Regel das sanktionsbewährte Verhalten nicht hinreichend klar definiert werden kann. Das gilt insbesondere für allgemein gehaltene Verwirkungsklauseln sowie für spezielle Verwirkungsklauseln mit nicht eindeutigen Verhaltensanforderungen.[674] So ist es etwa bei uneindeutigen Formulierungen, die an die Anfechtung[675] der Verfügung, das Nicht-Unterwerfen[676] oder das nicht vorhandene Einverständnis mit den Testamentsbestimmungen[677] anknüpfen, Kreditinstituten nicht zumutbar, über den Eintritt der Bedingung zu befinden.[678] In solchen Fällen kann nur ein durch Ermittlung außerhalb der Urkunde befindlicher Umstände zu ergründender Erblasserwille Aufschluss geben.[679]

Insbesondere ist auch – wie zuvor dargestellt – zu sehen, dass der Nichteintritt der Bedingung nicht in einer die Eignung der Verfügung als Erbnachweis begründenden Weise durch ergänzende Erklärung belegt werden kann.[680] Hierdurch kann die fragliche Erbfolge nicht mit der im Rechtsverkehr erforderlichen Klarheit nachgewiesen werden. In diesen Fällen dient allein der Erbschein als rechtssicherer Erbnachweis.

(3) Scheidungsklauseln als Ausnahme bei bedingter Erbeinsetzung

Sofern Ehegatten ein gemeinschaftliches öffentliches Testament errichten oder einen Erbvertrag schließen, gehört zu den typischen Regelungsinhalten eine Scheidungsklausel. Wovon die Erbeinsetzung eines Ehegatten genau abhängt, bestimmt sich nach der konkret-individuellen Absicht der Beteiligten: Zum Teil beschränkt sich der Klauselinhalt auf den Wortlaut des § 2077 BGB. Nach § 2077 Abs. 1 Satz 1 BGB ist eine letztwillige Verfügung, durch die der Erblasser seinen

---

[671] Vgl. *Braun*, in: BeckOGK, BGB, Stand: 15.02.2023, § 2269 Rn. 60.9.

[672] Ganz allgemein zur Komplexität von Verwirkungsklauseln: BGH, ZEV 2009, 459 2. Ls.: „Es bedarf in der Regel der Testamentsauslegung, um in objektiver und subjektiver Sicht zu ermitteln, wann nach dem Erblasserwillen ein sanktionsbewehrtes Verhalten des Bedachten gegeben sein soll." Siehe hierzu auch vertiefend die Anmerkung von *Kroppenberg*, ZEV 2009, 463 (464). Daran anknüpfend: BGH, ZEV 2016, 635 Rn. 10. Jüngst zur Unklarheit bei der Verwendung von Verwirkungsklauseln: OLG Saarbrücken, ZEV 2022, 288 Rn. 9.

[673] Vgl. zu diesem Aspekt gerade auch im Hinblick auf den Erbnachweis gegenüber Kreditinstituten: *Litzenburger*, ZEV 2022, 289 (289 f.).

[674] Vgl. zum Grundbuchrecht: BGH, ZEV 2016, 635 Rn. 9–11 sowie die nichtamtlichen Leitsätze 1–3.

[675] OLG Saarbrücken, ZEV 2022, 288.

[676] Darauf hinweisend: *Litzenburger*, ZEV 2022, 289.

[677] BGH, ZEV 2016, 635 Rn. 22.

[678] So auch: *Litzenburger*, ZEV 2022, 289 (290).

[679] BGH, ZEV 2016, 635 Rn. 23.

[680] Im Ergebnis wie hier: *Litzenburger*, FD-ErbR 2016, 382719.

Ehegatten bedacht hat, unwirksam, wenn die Ehe vor dem Tod des Erblassers aufgelöst worden ist. Der Auflösung der Ehe steht es gem. § 2077 Abs. 1 Satz 2 BGB gleich, wenn zur Zeit des Todes des Erblassers die Voraussetzungen für die Scheidung der Ehe gegeben waren und *der Erblasser* die Scheidung beantragt oder ihr zugestimmt hat. Für eine den Inhalt des § 2077 Abs. 1 Satz 2 BGB wiedergebende Klausel folgt aus den zuvor dargestellten Grundsätzen: Enthält die Verfügung keine ausdrückliche Klausel, sondern besteht die Gefahr der Unwirksamkeit nach § 2077 BGB[681] nur abstrakt, kann dies – wie im Rahmen der Ausführungen hinsichtlich der allgemeinen gesetzlichen Wirksamkeitseinschränkungen aufgezeigt – die Eignung als Erbnachweis nicht tangieren.[682] Dies würde die legislativ hervorgehobene Stellung öffentlicher Verfügungen von Todes wegen bei Ehegatten weitgehend unterminieren. Vielmehr ist die Nichtstellung eines Scheidungsantrages oder die nicht erfolgte Zustimmung nach der gesetzesimmanenten Teleologie als unterstellt anzusehen. Anderenfalls würde man die legislatorische Wertentscheidung hinsichtlich der Nachweiseignung notarieller Verfügungen missachten. Konsequenterweise kann nichts anderes gelten, wenn eine ausdrückliche Scheidungsklausel enthalten ist, welche an § 2077 BGB angelehnt ist.[683] Die Aufnahme des Gesetzestextes in die Verfügung kann keine andere Bewertung rechtfertigen – die legislatorisch als abstrakt und daher als unbeachtlich begriffene Möglichkeit der Unwirksamkeit wird nicht dadurch konkret, dass der Inhalt des § 2077 BGB Einzug in die Verfügung von Todes wegen erhält. Damit ginge eine objektiv-teleologisch nicht vorgesehene Entwertung der privilegierten Nachweiseignung öffentlicher Verfügungen von Todes wegen bei Ehegatten einher.

Daneben ist jedoch denkbar, dass der Norminhalt des § 2077 Abs. 1 BGB partiell als zu eng erachtet und als modifizierende Klausel aufgenommen wird, dass die Erbeinsetzung bereits dann nicht wirksam sein soll, wenn einer der beiden Ehegatten zum Zeitpunkt des Todes des Erstversterbenden einen Scheidungsantrag gestellt hat.[684] Es wird also in Abweichung vom Wortlaut des § 2077 Abs. 1 BGB der *bloße Antrag eines Ehegatten* als bedingungsauslösend angesehen. Für eine derartige Klausel gilt nichts Abweichendes zu der zuvor dargestellten, den Inhalt des § 2077 Abs. 1 BGB wiedergebenden Klausel.[685] Dies rechtfertigt sich aus der Überlegung, dass auch eine solche weitergehende Klausel wie die Regelung des § 2077 Abs. 1

[681] Gegebenenfalls i. V. m. §§ 2268, 2279 BGB.

[682] Ebenso für den Bereich des Grundbuchrechts exemplarisch: DNotI-Report 2006, 181 (182); *Böhringer*, ZEV 2017, 68 (71); *Krause/Weber*, Meikel, GBO, 12. Aufl. 2021, § 35 Rn. 119; jüngst dazu auch: BGH, NJW-RR 2022, 657 Rn. 11.

[683] Dazu mit umfangreichen Nachweisen: BGH, NJW-RR 2022, 657 Rn. 12; exemplarisch aus der Literatur: *Lange*, ZEV 2009, 371 (373); *Weber*, MittBayNot 2017, 163 (165).

[684] Vgl. hierzu etwa: *Drexler*, MittBayNot 2020, 365.

[685] So zutreffend: BGH, NJW-RR 2022, 657 Rn. 18; zustimmend: *Keim*, ErbR 2022, 589; *Litzenburger*, in: BeckOK, BGB, 67. Ed. Stand: 01.08.2023, § 2232 Rn. 22; so schon: DNotI-Report 2006, 181 (183); *Volmer*, ZEV 2016, 402 (403); *Weber*, MittBayNot 2017, 163 (165); *Drexler*, MittBayNot 2020, 365 (366 f.); *Krause/Weber*, Meikel, GBO, 12. Aufl. 2021, § 35 Rn. 119; a. A.: *Kollmeyer/Funcke*, ZEV 2022, 473 (474).

Satz 2 BGB *an die Stellung des Scheidungsantrages* anknüpft.[686] Der sodann maßgebende Unwirksamkeitsgrund des Scheidungsantrages ist mit einem allgemeinen, potentiell jeder Verfügung von Todes wegen respektive letztwilligen Verfügung abstrakt anhaftenden (gesetzlichen) Unwirksamkeitsgrund – wie etwa der Testierunfähigkeit oder der Anfechtung der Verfügung – vergleichbar.[687] Ein solcher ist aber entsprechend der in § 35 Abs. 1 Satz 2 GBO zum Ausdruck kommenden Privilegierung notarieller Verfügungen grundsätzlich als nicht gegeben zu unterstellen. Erst konkrete Anhaltspunkte für das Eingreifen eines derartigen Unwirksamkeitsgrundes lassen die Nachweiseignung der Verfügung entfallen. Auf die weitere Voraussetzung des § 2077 Abs. 1 Satz 2 BGB kann es betreffend die Eignung der Verfügung als Erbfolgenachweis nicht ankommen. Denn sowohl bei der wortlautgetreuen als auch bei der modifizierenden Klausel führt die Kenntnis von einem Scheidungsantrag dazu, dass der Erbnachweis durch einen Erbschein zu führen ist: Im Hinblick auf die Scheidungsvoraussetzungen kann der Privatrechtsverkehr nicht die erforderlichen positiven Feststellungen im Hinblick auf die Scheidungsvoraussetzungen treffen. Vielmehr bedarf es insoweit einer nur dem Nachlassgericht möglichen Beweiserhebung.[688] Eine – auch lediglich an einen Scheidungsantrag der Beteiligten anknüpfende – Scheidungsklausel ist demnach in ihrer Wirkungsweise im Gesetz (vgl. § 2077 BGB) angelegt und daher vergleichbar mit einem allgemeinen Unwirksamkeitsgrund, der jeder Verfügung von Todes wegen abstrakt anhaftet. Im Einklang mit der gesetzgeberischen Wertentscheidung (vgl. § 35 Abs. 1 Satz 2 GBO) betreffend allgemeiner Wirksamkeitseinschränkungen ist der Scheidungsantrag daher als nicht gestellt anzusehen.[689] Darin liegt der entscheidende Unterschied zwischen der Scheidungsantragsklausel und sonstigen Verwirkungsklauseln,[690] die nicht an einen bereits im Gesetz verankerten, jeder Verfügung von Todes wegen abstrakt anhaftenden Unwirksamkeitsgrund anknüpfen.[691] Bei derartigen Klauseln handelt es sich hingegen um solche (konkrete) Zweifel, welche nach der gesetzlichen Wertung – anders als stets denkbare, abstrakte Unwirksamkeitsgründe – einer Aufklärung bedürfen.[692]

Es gilt daher: Das Vorhandensein einer Klausel, die an die Stellung des Scheidungsantrags anknüpft, kann die Nachweiswirkung der notariellen Verfügung nicht beeinträchtigen. Denn der insoweit maßgebliche Unwirksamkeitsgrund ist im Gesetz

---

[686] BGH, NJW-RR 2022, 657 Rn. 18 und DNotI-Report 2006, 181 (183).

[687] So zutreffend: BGH, NJW-RR 2022, 657 Rn. 18.

[688] So ausdrücklich für den Grundbuchverkehr: *Litzenburger*, FD-ErbR 2019, 417615. Aufgrund der qualitativen Unterschiede zwischen dem amtlichen und dem privaten Rechtsverkehr muss dies erst recht für Letzteren gelten.

[689] Vgl. DNotI-Report 2006, 181 (183).

[690] BGH, NJW-RR 2022, 657 Rn. 19.

[691] Anders aber: *Kollmeyer/Funcke*, ZEV 2022, 473 (474): „Allein die Frage, ob eine Klausel im Gesetz angelegt ist, beeinflusst gerade nicht die Zweifel des Grundbuchamtes bzgl. der Erbfolge."

[692] Vgl. *Wilsch*, in: BeckOK, GBO, 50. Ed. Stand: 01.08.2023, § 35 Rn. 105.

angelegt und ist mit den allgemeinen, jeder Verfügung abstrakt anhaftenden Unwirksamkeitsgründen vergleichbar, sodass das bloße Vorliegen einer solchen Klausel lediglich einen abstrakten Zweifel darstellt.[693] Deren Vernachlässigung ist aber Ausdruck einer legislativen Wertung, da anderenfalls die allgemeine Privilegierung notarieller Verfügungen von Todes wegen leerliefe.[694] Dieser abstrakte Zweifel kann im Einzelfall in einen konkreten Zweifel an der Erbfolge umschlagen, wenn *konkrete* Anhaltspunkte dafür vorliegen, dass ein Scheidungsantrag gestellt wurde.[695]

d) Klarstellende Wirkung eines Erb- beziehungsweise Zuwendungsverzichts?

Schließlich sind Fälle denkbar, in welchen zwar unter Inhalts- und Wirksamkeitsgesichtspunkten keine konkreten Zweifel bestehen, allerdings sowohl eine Verfügung von Todes wegen als auch ein Erb- beziehungsweise Zuwendungsverzicht vorgelegt werden, um so die (Allein-)Erbenstellung gegenüber der Bank nachzuweisen.[696] Im Folgenden soll dargestellt werden, ob hierdurch die Nachweiseignung der notariellen Verfügung von Todes wegen beeinträchtigt werden kann.

Ein Erb- respektive Zuwendungsverzicht hat im Gegensatz zu einer Verfügung von Todes wegen einen rein negativen Inhalt.[697] In positiver Hinsicht geht daraus nicht hervor, wer letztendlich Erbe geworden ist. Der Verzicht verhindert nur den Erwerb einer Rechtsstellung (Erbe, Vermächtnisnehmer) und zwar so, als hätte der Verzichtende den Erbfall nicht erlebt, (analog) § 2346 Abs. 1 S. 2 BGB.[698] Hierdurch wird allerdings nicht ohne Weiteres die Erbfolge eindeutiger, sodass vielfach die Vorlage der Verfügung von Todes wegen in Kombination mit einem Erb- respektive Zuwendungsverzicht nicht ausreichen dürfte, um den Erbnachweis gegenüber dem Kreditinstitut zu führen.[699] Dem steht insbesondere nicht entgegen, dass derartige Verzichtserklärungen als notariell zu beurkundende Rechtsgeschäfte, §§ 2348, 2352 Satz 2 BGB, eine formale Nähe zu den privilegierten notariellen Verfügungen aufweisen. Denn ein solcher Verzicht kann eine Reihe zusätzlicher Fragen aufwerfen, die die Feststellung des Erbrechts erschweren:

So kann sich die Auslegung gerade bei solchen Erklärungen, die sowohl einen Erbverzicht (§ 2346 BGB) als auch einen Zuwendungsverzicht (§ 2352 BGB) ent-

---

[693] Vgl. BGH, NJW-RR 2022, 657 Rn. 16.

[694] Vgl. allgemein im Rahmen des Grundbuchverkehrs: *Weber*, MittBayNot 2017, 163 (165).

[695] BGH, NJW-RR 2022, 657 Rn. 18.

[696] Vgl. für den Grundbuchverkehr: OLG Celle, BeckRS 2023, 11397.

[697] OLG Celle, BeckRS 2023, 11397 Rn. 9.

[698] Vgl. OLG Celle, BeckRS 2023, 11397 Rn. 9.

[699] Mit gewisser Zurückhaltung für den Grundbuchverkehr auch: OLG Celle, BeckRS 2023, 11397 Rn. 10. Auf die Einschränkung des Gerichts ebenfalls hinweisend: *Litzenburger*, FD-ErbR 2023, 457780.

halten könnten, als komplex erweisen.[700] Auch kann etwa im Hinblick auf die Reichweite eines Zuwendungsverzichts problematisch sein, ob sich der Zuwendungsverzicht wegen der nunmehr in § 2352 Satz 3 BGB enthaltenen Verweisung auf § 2349 BGB auch auf die *Abkömmlinge* des Verzichtenden erstreckt; das ist mit Rücksicht auf die Testierfreiheit des Erblassers im Einzelfall durch (erforderlichenfalls auch ergänzende) Auslegung festzustellen.[701] Im Hinblick auf die Vorschrift des § 2352 Satz 3 BGB ist außerdem zu sehen, dass es nach dem gegenwärtigen Stand an einer höchstrichterlichen Entscheidung zu der Fragestellung, ob §§ 2352 Satz 3, 2349 BGB analog auf *nicht mit dem Erblasser verwandte Personen* anzuwenden ist,[702] fehlt. Ferner kann hinsichtlich der Frage, wer von dem Verzicht profitiert, gerade mit Rücksicht auf den Umstand, dass die Einsetzung von Ersatzerben der Anwachsung vorgeht (§ 2099 BGB), vorrangig durch – gegebenenfalls ergänzende – Auslegung zu ermitteln sein, ob eine Ersatzerbeneinsetzung vorliegt.[703] Die rechtlich zutreffende Einordnung von Erb- beziehungsweise Zuwendungsverzichten kann daher zum einen im Einzelfall eine Reihe tatsächlicher Feststellungen erfordern, um eine einzelfallorientierte und sachgerechte Auslegung vornehmen zu können. Zum anderen kann es auch erforderlich sein, komplexe Rechtsfragen – wie die zuvor bezeichnete analoge Anwendbarkeit – zu beantworten.

Zur Ermittlung der dazu erforderlichen tatsächlichen Gesamtumstände sind Banken indes weder berufen noch imstande. Auch kann Banken nicht zugemutet werden, komplexe Rechtsfragen – etwa betreffend die analoge Anwendbarkeit der §§ 2352 Satz 3, 2349 BGB – mit dem Risiko einer später gegenteiligen höchstrichterlichen Rechtsprechung zu beantworten. Würde man die Finanzinstitute gleichwohl dazu verpflichten, alle im Zusammenhang mit einem Verzicht auftretenden tatsächlichen und rechtlichen Fragen selbstständig beantworten zu müssen, würde dies zu einer gesteigerten Prüfungs- beziehungsweise Auslegungspflicht führen, die dem Privatrechtsverkehr nicht zumutbar ist. Dies gilt umso mehr, als es bei der Auslegung eines solchen Verzichts bereits nicht mehr um die bloße Auslegung der Verfügung von Todes wegen selbst geht, sondern um die Auslegung der Verfügung und des Verzichts. Eine derart weitreichende Prüfungspflicht fällt aber – wie die Zweckrichtung des Erbscheins eindrücklich unterstreicht – nicht in den Aufgabenbereich des Privatrechtsverkehrs, sondern in den des Nachlassgerichts.

Vor diesem Hintergrund erscheint es sachgerecht, bei Vorlage der Verfügung von Todes wegen i. V. m. einem Erb- beziehungsweise Zuwendungsverzicht den Erbnachweis nur in eindeutigen Fällen als erbracht anzusehen. So liegt es etwa, wenn

---

[700] Einzelheiten bei: *Schotten*, in: Staudinger, BGB, Neubearbeitung 2022, § 2352 Rn. 9 ff.; *Everts*, in: BeckOGK, BGB, Stand: 01.06.2023, § 2352 Rn. 10 f.

[701] Wie hier: *Weidlich*, in: Grüneberg, BGB, 82. Aufl. 2023, § 2352 Rn. 5; *ders.*, ZEV 2023, 456 (457).

[702] Übersichtlich dazu: *Schotten*, in: Staudinger, BGB, Neubearbeitung 2022, § 2352 Rn. 75 ff.; *Everts*, in: BeckOGK, BGB, Stand: 01.06.2023, § 2352 Rn. 32 f.

[703] *Weidlich*, in: Grüneberg, BGB, 82. Aufl. 2023, § 2094 Rn. 4; vgl. auch: *Czubayko*, in: Burandt/Rojahn, Erbrecht, 4. Aufl. 2022, § 2094 BGB Rn. 6.

beide aus der Ehe hervorgegangenen Kinder als Schlusserben eingesetzt sind und ein Kind auf seine Zuwendung (Erbenstellung) verzichtet, der Verzichtsvertrag eine eindeutige Regelung zur Erstreckung auf dessen Abkömmlinge enthält und keine entgegenstehenden Anhaltspunkte dafür bestehen, dass der Erbteil nicht dem anderen Kind anwachsen soll.[704]

4. Abschließende Einordnung

Einer eröffneten öffentlichen Verfügung von Todes wegen ist aufgrund der Ausstattung mit besonderen Verfahrensgarantien und der besonderen Beweiskraft der §§ 415, 418 ZPO eine *widerlegliche Vermutung zum Nachweis der Erbfolge* zuzubilligen. Deshalb stellt eine solche auch grundsätzlich einen ausreichenden Erbfolgenachweis dar und es darf – sofern die Vermutung nicht widerlegt ist – kein Erbschein als Erbnachweis verlangt werden, da es an einem schutzwürdigen Interesse des Nachlassschuldners an der Vorlage desselben fehlt, vgl. § 242 BGB. Bloß abstrakte Zweifel, namentlich hinsichtlich der allgemeinen gesetzlichen Unwirksamkeitsgründe, oder Klauseln, die an im Gesetz vorgesehene Unwirksamkeitsgründe anknüpfen, vermögen die Vermutung nicht zu entkräften und rechtfertigen die Forderung der Vorlage eines Erbscheins daher nicht. Die Gesetzesteleologie erachtet diese als nicht ausreichend. Anderenfalls würde die mit der notariellen Errichtung einhergehende Sonderstellung notarieller Verfügungen unterlaufen. Nur konkrete Zweifel an der durch die Verfügung von Todes wegen belegten Erbfolge lassen die Nachweiseignung entfallen. Anknüpfungspunkt für derartige Zweifel können konkrete Anhaltspunkte bezüglich der allgemeinen gesetzlichen Wirksamkeitseinschränkungen oder der Inhalt der Verfügung von Todes wegen sein. Es gilt daher: Sofern die Erbfolge klar und eindeutig aus der Verfügung *selbst* hervorgeht *und keine* konkreten Anhaltspunkte für das Vorliegen der abstrakt jeder Verfügung von Todes wegen anhaftenden gesetzlichen Unwirksamkeitsgründe (etwa Testierunfähigkeit; Anfechtung letztwilliger Verfügungen) bestehen, ist die notarielle Verfügung von Todes wegen tauglicher Erbnachweis, auf den sich der Rechtsverkehr verlassen darf und muss.

II. Die Eignung eines privatschriftlichen Testaments als Erbnachweis

Nach Ansicht des BGH genügt auch ein eröffnetes privatschriftliches Testament zum Nachweis des Erbrechts, wenn dieses die Erbfolge mit der im Rechtsverkehr erforderlichen Eindeutigkeit nachweist. Nur bei konkreten und begründeten Zweifeln an der Richtigkeit der durch das eigenhändige Testament belegten Erbfolge dürfe ein Erbschein verlangt werden.[705] Dadurch wird – ähnlich zur Rechtslage bei

[704] Vgl. für das Grundbuchrecht: OLG Celle, BeckRS 2023, 11397 Rn. 9 f.

[705] BGHZ 209, 329 = NJW 2016, 2409 Ls. und Rn. 25.

notariellen Verfügungen von Todes wegen – auch für das eigenhändige Testament eine „Art Vermutungswirkung [zum Nachweis der Erbfolge etabliert], ohne diese als solche zu benennen.“[706] Damit wird im Ergebnis ein Regel-Ausnahme-Verhältnis zugunsten des privatschriftlichen Testaments installiert, welches in Ansehung der qualitativen Unterschiede zwischen den beiden Testamentsformen in formeller und rechtsbezeugender Hinsicht[707] Bedenken begegnet und eine nähere Auseinandersetzung nicht nur mit den eigentümlichen Schwächen des eigenhändigen Testaments und der damit einhergehenden Rechtsunsicherheit[708] im Hinblick auf die Beurteilung der Erbfolge durch Dritte, sondern konkretisierend mit der *grundsätzlichen* Tauglichkeit desselben zum Nachweis der Erbfolge erforderlich macht, um Klarheit darüber zu gewinnen, ob und inwieweit diesen tatsächlich eine erbscheinsersetzende Funktion beigemessen werden kann.

1. Das Gesetz als Ausgangspunkt

Das Gesetz selbst bildet zur Beantwortung der Frage, ob und inwieweit ein privatschriftliches Testament grundsätzlich zum Erbnachweis geeignet ist, den Ausgangspunkt. § 2231 BGB formuliert, dass ein Testament in ordentlicher Form zur Niederschrift eines Notars, § 2231 Nr. 1 BGB, oder durch eine vom Erblasser nach § 2247 BGB abgegebene Erklärung errichtet werden kann, § 2231 Nr. 2 BGB. Aus dieser Vorschrift folgt lediglich, dass notarielle und eigenhändige Testamente in ihrer *erbrechtsgestaltenden* Wirkung gleichwertig sind.[709] Eine Aussage zur Eignung der Verfügungsarten als Erbfolgenachweis lässt sich § 2231 BGB gerade nicht entnehmen.[710] Auch eine ganzheitliche Sichtung der §§ 1937 ff., 2229 ff. BGB stützt die Nachweiseignung im Privatrechtsverkehr nicht. Vielmehr ist zu sehen, dass Verfü-

---

[706] So nur: *Szalai*, NotBZ 2016, 370 (372).

[707] Vgl. *Klingseis*, in: Soergel, BGB, 14. Aufl. 2021, § 2231 Rn. 4.

[708] Dazu unter: Kapitel 3 A. III. 1. b) bb) (1) (b) und (c).

[709] *Spall*, in: Scherer, Münchener Anwaltshandbuch Erbrecht, 5. Aufl. 2018, § 71 Rn. 44; *Voit*, in: Reimann/Bengel/Dietz, Testament und Erbvertrag, 7. Aufl. 2020, § 2231 Rn. 4; *Kössinger*, in: Nieder/Kössinger, Handbuch der Testamentsgestaltung, 6. Aufl. 2020, § 17 Rn. 3; *Klingseis*, in: Soergel, BGB, 14. Aufl. 2021, § 2231 Rn. 3; *Baumann*, in: Staudinger, BGB, Neubearbeitung 2022, § 2231 Rn. 12; *Sticherling*, in: MüKo, BGB, 9. Aufl. 2022, § 2231 Rn. 1; *Lauck*, in: Burandt/Rojahn, Erbrecht, 4. Aufl. 2022, § 2231 BGB Rn. 2; *Grziwotz*, in: BeckOGK, BGB, Stand: 01.07.2023, § 2231 Rn. 19; die „ebenbürtige erbrechtsgestaltende Wirkung“ des privatschriftlichen Testaments im Vergleich zum notariellen stellt auch *Sarres*, ZAP 2015, 323 unter V. heraus.

[710] So auch: *Szalai*, NotBZ 2016, 370 (372). Vgl. insoweit die Ausführungen des BGH, wonach das Gesetz im Hinblick auf die Nachweiskraft der Testamentsformen abgestufte Wirkungen knüpfe: BGHZ 209, 329 = NJW 2016, 2409 Rn. 22. Vgl. insoweit auch: *Baumann*, in: Limmer/Hertel/Frenz, Würzburger Notarhandbuch, 6. Aufl. 2021, Teil 4: Erbrecht, Kapitel 2 Rn. 98: „Wenn die Testamentsformen materiell-rechtlich oder sogar formal-beweisrechtlich gleichwertig behandelt werden sollen, so wäre es angemessener, auch bei notariellen Testamenten trotz ihrer Beweiswirkungen als öffentliche Urkunden zum Erbnachweis immer einen Erbschein zu verlangen.“

gungen von Todes wegen in erster Linie Rechtsgeschäfte darstellen, durch welche der Erblasser Anordnungen über das Schicksal seines Vermögens für den Todesfall trifft.[711] Geht es demnach bei der Errichtung von letztwilligen Verfügungen um die individuelle Verwirklichung des Erblasserwillens, wird zugleich deutlich, dass Verfügungen von Todes wegen in ihrer eigentlichen Zweckrichtung primär weder vor noch nach ihrer Eröffnung für den Rechtsverkehr als Zeugnis über das Erbrecht determiniert,[712] sondern vielmehr Ausdruck der Autonomie des Erblassers sind.[713]

Der Blick auf die Regelungen an anderer Stelle der Rechtsordnung (§ 35 Abs. 1 Satz 2 GBO, § 41 SchRegO sowie § 86 Abs. 1 Satz 1 LuftFzgG i. V. m. § 41 SchRegO) verdeutlicht vielmehr, dass es eine bewusste gesetzgeberische Wertentscheidung ist, eröffnete privatschriftliche Testamente regelmäßig *nicht* zum Nachweis des Erbrechts genügen zu lassen.[714] Diese Vorschriften billigen *nur öffentlichen* Verfügungen von Todes wegen eine grundsätzliche Erbnachweisfunktion zu. Die darin zum Ausdruck kommende gesetzgeberische Wertentscheidung geht dabei auf den Umstand zurück, dass öffentliche Verfügungen von Todes wegen mit verschiedenen Verfahrensgarantien ausgestattet sind und ihnen die besondere Beweiskraft der §§ 415, 418 ZPO zukommt,[715] wodurch im Ergebnis eine widerlegliche Vermutung zum Erbnachweis gerechtfertigt wird. Die gesetzgeberische Wertentscheidung, das eröffnete privatschriftliche Testament in der Regel gerade nicht zum Nachweis des Erbrechts zuzulassen,[716] lässt sich hingegen darauf zurückführen, dass das eigenhändige Testament – wie bereits an anderer Stelle aufgezeigt[717] – öffentlichen Verfügungen in erbrechtsbezeugender Hinsicht nicht gleichwertig ist.[718] So fehlt es namentlich an der fachkundigen Beratung und Betreuung (§§ 17, 30 BeurkG), dem Schutz vor Fälschung oder Unterdrückung (vgl. § 34 BeurkG), einer Kontrolle der Testierfähigkeit (vgl. § 11 BeurkG) sowie der besonderen Beweiskraft der §§ 415,

[711] *Brox/Walker*, Erbrecht, 29. Aufl. 2021, § 8 Rn. 1; *Otte*, in: Staudinger, BGB, Neubearbeitung 2017, Vorbemerkungen zu §§ 1937–1941 Rn. 2; vgl. auch: *Huynh*, Internationale Nachlassabwicklung im Lichte des Europäischen Nachlasszeugnisses, S. 10.

[712] Vgl. *Westphal*, Rpfleger 1980, 214 (215, 216); *Huynh*, Internationale Nachlassabwicklung im Lichte des Europäischen Nachlasszeugnisses, S. 10: „Alle diese Erbnachweisformen – den Erbschein allerdings ausgeschlossen – haben nicht primär die Funktion, das Erbrecht nachzuweisen. Das öffentliche und privatschriftliche Testament dient der Bestimmung einer gewillkürten Erbfolge durch den Erblasser. Erst aus dem Testament ergibt sich die tatsächliche Erbfolge, die die gesetzliche Erbfolge (ggf. partiell) verdrängt, und erst sekundär und mittelbar kann darin auch der Nachweis des Erbrechts gesehen werden, sofern keine Zweifel an der Erbfolge bestehen."

[713] Vgl. *Huynh*, Internationale Nachlassabwicklung im Lichte des Europäischen Nachlasszeugnisses, S. 10.

[714] So nur: *Szalai*, NotBZ 2016, 370 (372); vgl. außerdem: *Lange/Kuchinke*, Erbrecht, 5. Aufl. 2001, § 16. IV. 4. a) (= S. 334).

[715] *Starke*, NJW 2005, 3184 (3185). Im Einzelnen dazu unter: Kapitel 3 B. I. 1.

[716] So ausdrücklich und zutreffend nur: *Szalai*, NotBZ 2016, 370 (372, 378 f.).

[717] Dazu unter: Kapitel 3 A. III. 1. b) bb) (1) (b) und (c).

[718] Vgl. *Trappe/Plottek*, in: Damrau/Tanck, Praxiskommentar Erbrecht, 4. Aufl. 2020, § 2231 Rn. 23: „Faktische Ungleichheit".

418 ZPO. Insgesamt bleibt das privatschriftliche Testaments daher unter den Gesichtspunkten der Rechtssicherheit und Rechtsklarheit erheblich hinter öffentlichen Verfügungen von Todes wegen zurück.[719] All diese Aspekte berücksichtigte der BGH in seiner Würdigung, ob der Erbnachweis in Form des eröffneten privatschriftlichen Testaments eindeutig ist,[720] nicht, sondern nahm lediglich eine Auslegung des streitgegenständlichen Testaments vor.[721] Es geht indessen um die Eindeutigkeit der Erbfolge, mithin auch um Fragen der (Form-)Wirksamkeit, und nicht um die bloße Eindeutigkeit des Inhalts. Die auf den Inhalt beschränkte Würdigung des BGH führt endlich dazu, dass Kreditinstituten nicht nur das Risiko der falschen Auslegung, sondern insbesondere auch das Risiko der Fälschung einseitig aufgebürdet wird.[722] Die strukturellen Defizite in erbrechtsbezeugender Hinsicht und die damit korrespondierende gesetzgeberische Wertentscheidung (vgl. § 35 Abs. 1 Satz 2 GBO, § 41 SchRegO sowie § 86 Abs. 1 Satz 1 LuftFzgG i. V. m. § 41 SchRegO) rechtfertigen es demnach, dem eigenhändigen Testament seine Eignung zur erbrechtlichen Legitimation *grundsätzlich* abzusprechen.[723] Ein eröffnetes privatschriftliches

---

[719] Vgl. *Obergfell*, in: Hausmann/Hohloch, Handbuch des Erbrechts, 2. Aufl. 2010, Kapitel 6 Rn. 74; *Lange*, Erbrecht, 3. Aufl. 2022, § 14 Rn. 36; ferner: *Lange/Kuchinke*, Erbrecht, 5. Aufl. 2001, § 16. IV. 4. a) (= S. 334); *Baumann*, in: Staudinger, BGB, Neubearbeitung 2022, § 2231 Rn. 14, 23; *Olzen/Looschelders*, Erbrecht, 7. Aufl. 2023, Rn. 280, 289 f.; vgl. auch: *Burkart*, in: FS von Lübtow, 253 (253, 263).

[720] Mit zutreffendem Hinweis darauf, dass es um die Eindeutigkeit des Erbnachweises und nicht um die Eindeutigkeit des eigenhändigen Testaments geht: *Szalai*, NotBZ 2016, 370 (379 Fn. 77).

[721] *Hartlich*, RNotZ 2016, 527.

[722] Zutreffend: *Hartlich*, RNotZ 2016, 527.

[723] Vgl. AG Mannheim, WM 2007, 2240 (2241); gegen die Eignung als Erbnachweis: *Münchmeyer*, Der deutsche Erbnachweis, S. 151; *Strecker*, in: Planck, BGB, V. Band, 4. Aufl. 1930, § 2231 Anm. III. 1; *Burkart*, in: FS von Lübtow, 253; *Lange/Kuchinke*, Erbrecht, 5. Aufl. 2001, § 16. IV. 4. c) (= S. 335); *Starke*, NJW 2005, 3184 (3185); *Gahle*, ZEV 2009, 305; *Günther*, NJW 2013, 3681 (3683); zurückhaltend auch: *Toussaint*, EWiR 2013, 225 (226); so auch noch: *Mayer*, in: MüKo, BGB, 6. Aufl. 2013, § 2353 Rn. 185a; so ebenfalls noch: *Weidlich*, in: Palandt, BGB, 74. Aufl. 2015, § 2353 Rn. 22; *Szalai*, NotBZ 2016, 370 (378); *Baumann*, in: Staudinger, BGB, Neubearbeitung 2022, § 2231 Rn. 12; *Bunte/Artz*, in: Ellenberger/Bunte, Bankrechts-Handbuch, 6. Aufl. 2022, § 3 Nr. 5 AGB-Banken Rn. 17; in einem anderen Kontext kritisch mit Vorschlägen für mehr Rechtssicherheit und Rechtsklarheit: *Baumann*, ErbR 2019, 509. Zurückhaltend gegenüber der Eignung privatschriftlicher Testamente zum Erbnachweis ferner: *Huynh*, Internationale Nachlassabwicklung im Lichte des Europäischen Nachlasszeugnisses, S. 10: „Da insbesondere die Errichtung privatschriftlicher Testamente mit gewissen Risiken (z. B. Fälschung der Verfügung von Todes wegen, Unwirksamkeit der Verfügung von Todes wegen aufgrund eines Formmangels, Möglichkeit des Vorliegens anderer abweichender Verfügungen von Todes wegen sowie Gefahr der Rechtsunkenntnis und unklarer Formulierungen) behaftet ist, sind privatschriftliche Testamente zum zuverlässigen Nachweis des Erbrechts kaum geeignet." Für die Eignung des eröffneten privatschriftlichen Testaments als Erbnachweis: *Bonefeld*, ZErb 2014, 157; *Wurmnest*, WM 2015, 1597 (1603); *Litzenburger*, FD-ErbR 2016, 378276; *Keim*, FamRZ 2016, 1375; *Kroiß*, NJW 2016, 2411; *Braun*, MittBayNot 2017, 71; *Brox/Walker*, Erbrecht, 29. Aufl. 2021, § 35 Rn. 6; *Christ*, in: Ebeling/Geck, Handbuch der Erbengemeinschaft, 56. EL. März 2021, I. Teil § 9 Rn. 342.11; *Grziwotz*, in: MüKo, BGB, 9. Aufl. 2022, § 2353 Rn. 206; *Lange*,

Testament hat daher keine erbscheinsersetzende Funktion, sodass ein Kreditinstitut im Falle der Vorlage eines solchen Testaments grundsätzlich nicht seines berechtigten Interesses an einem rechtssicheren Erbnachweis in Form des Erbscheins verlustig geht. Insbesondere muss dies nicht hinter dem Interesse der Erben an einer raschen und kostengünstigen Nachlassabwicklung zurücktreten.

2. Qualitative Unterschiede zwischen behördlichem und allgemeinem Rechtsverkehr

Ein solches Ergebnis wird auch durch die qualitativen Unterschiede zwischen dem allgemeinen und dem behördlichen Rechtsverkehr getragen. Soweit eröffnete öffentliche Verfügungen von Todes wegen schon in Bereichen, in welchen mehr Rechtskenntnis und weitergehende Erkenntnismöglichkeiten vorhanden sind, nur in Grenzen vom Gesetz – also sofern keine begründeten konkreten Zweifel an der belegten Erbfolge bestehen[724] – als ausreichender Erbnachweis zugelassen werden, ergibt sich im Umkehrschluss daraus, dass eröffnete eigenhändige Testamente im Privatrechtsverkehr grundsätzlich keinen geeigneten Erbnachweis darstellen können. Wenn schon das rechtskundige Grundbuchamt (§ 35 GBO) derartige Urkunden nicht als Nachweis akzeptieren muss, kann für den Privatrechtsverkehr nichts Abweichendes gelten.[725] Vielmehr obliegt den Erben im allgemeinen Rechtsverkehr eine erhöhte Beibringungspflicht im Hinblick auf den Nachweis der Erbrechtsfolge.[726]

3. Bedeutung gegenwärtiger tatsächlicher Entwicklungstendenzen

Anhand gegenwärtiger tatsächlicher Entwicklungstendenzen lassen sich die mit der Prüfung der (Form-)Wirksamkeit einhergehenden Schwierigkeiten verdeutlichen. Sofern der Erblasser durch Wahl eines privatschriftlichen Testaments auf die notarielle Beurkundung verzichtet, sind typischerweise im Nachhinein keinerlei konkrete Feststellungen zur Testierfähigkeit aufzufinden.[727] In Ansehung der stetig

---

Erbrecht, 3. Aufl. 2022, § 78 Rn. 5; *Weidlich*, in: Grüneberg, BGB, 82. Aufl. 2023, § 2353 Rn. 76; *Herzog*, in: Staudinger, BGB, Neubearbeitung 2023, Einleitung zu §§ 2353–2370 Rn. 40; *Wall*, in: BeckOGK, BGB, Stand: 01.04.2023, § 2367 Rn. 7; *Siegmann/Höger*, in: BeckOK, BGB, 67. Ed. Stand: 01.08.2023, § 2353 Rn. 3.

[724] Vgl. *Schöner/Stöber*, Grundbuchrecht, 16. Aufl. 2020, Rn. 788; DNotI-Report 2020, 76.

[725] Mit Recht: *Szalai*, NotBZ 2016, 370 (378): „Wenn schon das öffentliche Testament nur in Grenzen als Erbnachweis genügt und bereits der ‚fehlende Nachweis' genügt, um einen Erbschein verlangen zu können, so ist zu fragen, ob dieses Recht nicht im Erst-Recht-Schluss Banken und sonstigen am Rechtsverkehr beteiligten Personenkreisen bei privatschriftlichen Testamenten ohne weitere Hürden zugestanden werden sollte."

[726] Vgl. *Volmer*, in: KEHE, GBO, 8. Aufl. 2019, § 35 Rn. 2.

[727] *Fries*, AcP 216 (2016), 421 (432). Im Rahmen einer notariellen Verfügung von Todes wegen soll der Notar gem. § 28 BeurkG hingegen seine Wahrnehmungen über die erforderliche Geschäftsfähigkeit des Erblassers in der Niederschrift vermerken. Die Vorschrift stellt die

alternden Gesellschaft und der weiter steigenden Anzahl an degenerativen Hirnerkrankungen rückt vor allem auch die Frage nach der Testierfähigkeit im Zeitpunkt der Testamentserrichtung immer weiter in den Mittelpunkt. Dabei ergeben sich nicht unerhebliche Beweisprobleme in der forensischen Praxis. Ebendieses Problem setzt zudem Anreize der unsachgemäßen Einflussnahme durch nahestehende Personen, um den letzten Willen des Erblassers zu manipulieren.[728] Eingedenk dieser Entwicklung wird die für den Privatrechtsverkehr ohnehin schwierige Frage, ob die vorgelegte privatschriftliche Verfügung vom Testator mit der erforderlichen Testierfähigkeit und ohne Einfluss Dritter abgefasst wurde, erschwert.[729]

Auch ist nicht auszuschließen, dass durch die technische und schulische Entwicklung zukünftig die Prüfung der Formwirksamkeit erschwert wird:[730] Die eigenhändige Errichtung gem. §§ 2231 Nr. 1, 2247 Abs. 1 BGB soll die Authentizität der Erklärung sicherstellen.[731] Eigenhändigkeit meint dabei, dass der Erblasser die rechtlich relevanten Bestandteile des Testaments persönlich in seiner individuellen Handschrift schriftlich verfasst hat.[732] Die Sicherstellung der Authentizität kann nur dann erreicht werden, wenn die Individualisierung der Schrift möglich ist.[733] Technische Kommunikations- und Arbeitsmöglichkeiten drängen jedoch die Handschrift zurück,[734] sodass diese sukzessive aufgrund fehlender regelmäßiger Übung ihre charakteristische Prägung verliert.[735] Erschwerend kommt hinzu, dass in

---

verfahrensrechtliche Sicherung des § 2229 Abs. 4 BGB dar. So: *Winkler*, BeurkG, 20. Aufl. 2022, § 28 Rn. 8; *Grziwotz*, in: BeckOGK, BeurkG, Stand: 01.07.2023, § 28 Rn. 1. Dabei soll der Notar in jedem Fall seine Wahrnehmungen über die Geschäftsfähigkeit angeben. Zweifel sind in der Urkunde festzustellen und bei Überzeugung von der Geschäftsunfähigkeit ist die Beurkundung abzulehnen. Statt vieler: *Grziwotz*, in: BeckOGK, Stand: 01.07.2023, BeurkG, § 28 Rn. 5 ff. m. w. N. Ist der Notar von der fehlenden Testierfähigkeit überzeugt, muss er die Beurkundung ablehnen, vgl. § 11 Abs. 1 Satz 1 BeurkG.

[728] Umfassend zur nachlassenden Testierfähigkeit und den damit einhergehenden Problemen: *Fries*, AcP 216 (2016), 421 (426 ff.) mit umfassenden Nachweisen. Zur steigenden Anzahl an Demenzerkrankungen etwa Fn. 12, 14. Monographisch zum Ganzen: *Christandl*, Selbstbestimmtes Testieren in einer alternden Gesellschaft.

[729] Vgl. hierzu auch: *Klingseis*, in: Soergel, BGB, 14. Aufl. 2021, § 2231 Rn. 11; *Baumann*, in: Staudinger, BGB, Neubearbeitung 2022, § 2247 Rn. 13.

[730] Vgl. auch: *Röthel*, in: Schmoeckel, Das holographische Testament, 33 (50), wonach die Form sodann „einen immer geringeren Beitrag zur Gewährleistung selbstbestimmter Entscheidungen leistet."

[731] *Voit*, in: Reimann/Bengel/Dietz, Testament und Erbvertrag, 7. Aufl. 2020, § 2247 Rn. 13; *Lauck*, in: Burandt/Rojahn, Erbrecht, 4. Aufl. 2022, § 2247 BGB Rn. 6, jeweils unter Bezugnahme auf: BGHZ 47, 68 (70) = NJW 1967, 1124.

[732] *Hergenröder*, ZEV 2018, 7; *Lauck*, in: Burandt/Rojahn, Erbrecht, 4. Aufl. 2022, § 2247 BGB Rn. 7; *Litzenburger*, in: BeckOK, BGB, 67. Ed. Stand: 01.08.2023, § 2247 Rn. 10.

[733] *Voit*, in: Reimann/Bengel/Dietz, Testament und Erbvertrag, 7. Aufl. 2020, § 2247 Rn. 14.

[734] Vgl. *Röthel*, in: Schmoeckel, Das holographische Testament, 33 (46).

[735] Vgl. *Ludwig*, Die Form des ordentlichen Privattestaments, S. 58.

Schulen vielfach statt Schreibschrift die Druckschrift praktiziert wird.[736] Dies erhöht zwar die Lesbarkeit der Schrift, bedingt aber gleichermaßen einen Rückgang individueller Prägung.[737] Vor dem Hintergrund, dass es im Rahmen des § 2247 BGB nicht primär auf die Lesbarkeit, sondern gerade auf die individuelle Prägung ankommt,[738] ist es durchaus denkbar, dass Entwicklungen dieser Art eine erschwerte Prüfung bedingen, ob der Testator den Testamentsinhalt tatsächlich eigenhändig niedergeschrieben hat.[739] Im Hinblick auf die fortschreitende technische Entwicklung ist gerade auch die – de lege lata noch nicht mögliche – Testamentserrichtung durch Smart- oder Touchpen in den Blick zu nehmen.[740] Die zukünftige Zulassung einer derartigen Errichtungsform könnte sich für Kreditinstitute insoweit als nachteilig erweisen, als nicht auszuschließen ist, dass die ohnehin mit dem Rückgang der individuellen handschriftlichen Prägung einhergehenden Schwierigkeiten hierdurch verstärkt zu Tage treten werden. Insofern wird man insbesondere abwarten müssen, ob die graphologische Überprüfbarkeit in gleichem Maße gegeben ist wie bei der herkömmlichen handschriftlichen Errichtung eines Testaments.

4. Zwischenergebnis

Nach alldem ist das eröffnete privatschriftliche Testament aufgrund der damit verbundenen Schwierigkeiten zum Nachweis des Erbrechts grundsätzlich ungeeignet.[741] Daher genießt dessen Vorlage – anders als bei öffentlichen Verfügungen von Todes wegen – keine erbscheinsersetzende Wirkung mit der Konsequenz, dass das Verlangen nach Vorlage eines Erbscheins grundsätzlich *nicht* als missbräuchlich

---

[736] Vgl. *Muscheler*, NJW 2017, 3078 (3079); Siegner Erklärung, S. 3; *Sticherling*, in: MüKo, BGB, 9. Aufl. 2022, § 2247 Rn. 4; vgl. ferner: *Röthel*, in: Schmoeckel, Das holographische Testament, 33 (46).

[737] *Muscheler*, NJW 2017, 3078 (3079); *Ludwig*, Die Form des ordentlichen Privattestaments, S. 58 f.; vgl. auch von einem graphologischen Standpunkt aus betrachtet: *Joos*, Graphologie jetzt: zwischen Tradition und Erneuerung, S. 2 (abrufbar unter: https://www.bdp-verband.de/fileadmin/user_upload/BDP/verband/Untergliederungen/Sektionen/Gesundheits-und-Umweltpsychologie/Schriftpsychologie/Schriftpsychologie-Tagung-2014-joos.pdf; zuletzt abgerufen am: 31.07.2024).

[738] *Sticherling*, in: MüKo, BGB, 9. Aufl. 2022, § 2247 Rn. 27; pointiert: *Muscheler*, NJW 2017, 3078 (3079): „Lesbarkeit gehört jedoch nicht zu den Zwecken des § 2247 BGB."

[739] Vgl. *Ludwig*, Die Form des ordentlichen Privattestaments, S. 58–60; plakativ zur Graphologie daher: *Joos*, Graphologie jetzt: zwischen Tradition und Erneuerung, S. 9 (abrufbar unter: https://www.bdp-verband.de/fileadmin/user_upload/BDP/verband/Untergliederungen/Sektionen/Gesundheits-und-Umweltpsychologie/Schriftpsychologie/Schriftpsychologie-Tagung-2014-joos.pdf; zuletzt abgerufen am: 31.07.2024): „Freilich hängt die Zukunft der Graphologie mit davon ab, dass die Handschrift noch ein individuelles Medium ist – wie immer sie sich unter den kulturellen Veränderungen entwickelt."

[740] Hierzu: *Hergenröder*, ZEV 2018, 7 (8–11).

[741] Im Übrigen sei darauf hingewiesen, dass sich für die Erbnachweiseignung des privatschriftlichen Testaments auch kein historisches Argument findet. Vgl. insoweit die Ausführungen unter: Kapitel 3 A. III. 1. b) bb) (1). Siehe auch: *Szalai*, NotBZ 2016, 370 (375 f.).

angesehen werden kann. Unter Anwendung des Missbrauchsgedankens ist die Eignung zur Legitimation des Erbprätendenten und damit einhergehend die Missbräuchlichkeit des Verlangens eines Erbscheins auf nachstehend zu erörternde Ausnahmefälle (5.–7.) beschränkt.

5. Höhe des betroffenen Guthabens

Eingedenk des historischen Willens des Normsetzers, dass der mitgeteilte Zweck des Erbscheins zuvörderst die Verhütung von drohenden „empfindlichen Nachtheilen" des rechtsgeschäftlichen Kontakts mit dem Scheinerben ist,[742] ist die Höhe der in Rede stehenden Forderung in den Blick zu nehmen.[743] Im Gewand der Missbrauchsdogmatik wirkt sich die Höhe des Guthabens nämlich auf das Gewicht des Schuldnerinteresses am Schutz vor doppelter Inanspruchnahme aus. Denn mit der Höhe des Guthabens korrespondiert unmittelbar das Haftungsrisiko der Bank und damit gerade auch die Dimension der Nachteile des rechtgeschäftlichen Kontakts mit dem Scheinerben. Vor dem Hintergrund, dass der Erbschein und damit auch das Recht auf dessen Vorlage gerade der Verhütung der drohenden Nachteile aus dem rechtsgeschäftlichen Kontakt mit dem *falsus heres* dient, ist es von Bedeutung, ob der Schuldner sich mit dem Bestehen auf Erbscheinsvorlage außerhalb ebendieses Schutzzwecks bewegt, weil die Vermeidung der in Rede stehenden Nachteile auch auf andere zumutbare Weise, namentlich etwa durch Freistellungsvereinbarung,[744]

---

[742] *Mugdan*, Die gesammten Materialien zum Bürgerlichen Gesetzbuch für das Deutsche Reich, V. Band, S. 877 (= Denkschrift, S. 291).

[743] Auf die Höhe des Guthabens respektive das wirtschaftliche Risiko wird im Schrifttum vielfach Bezug genommen: *Canaris*, Bankvertragsrecht, 2. Aufl. 1981, Rn. 2714; *Burghardt*, ZEV 1996, 136 (137); *Hüffer/van Look*, Rechtsfragen zum Bankkonto, 4. Aufl. 2000, Rn. 232; *Werkmüller*, in: Lange/Werkmüller, Der Erbfall in der Bankpraxis, § 12 Rn. 11; *Keim*, WM 2006, 753 (757); *Nobbe*, WuB 2013, 2166; *Toussaint*, EWiR 2013, 225 (226); *Roth/Stöhr*, in: Hellner/Steuer, Bankrecht und Bankpraxis, 105. EL. Oktober 2013, Rn. 2/802; *Bürger*, GWR 2014, 16; *Keim*, ZEV 2014, 277 (280); *Wurmnest*, WM 2015, 1597 (1601); *Schebesta/Kalkbrenner*, Bankprobleme beim Tod eines Kunden, 15. Aufl. 2019, Rn. 635; *Schulteis*, GWR 2020, 53; *Gößmann/Rodi*, in: Hellner/Steuer, Bankrecht und Bankpraxis, 141. EL. Juni 2019, Rn. 1/137f; *Dauber/Henning*, in: Ellenberger/Bunte, Bankrechts-Handbuch, 6. Aufl. 2022, § 16 Rn. 52a; *Bunte/Artz*, in: Ellenberger/Bunte, Bankrechts-Handbuch, 6. Aufl. 2022, § 3 Nr. 5 AGB-Banken Rn. 15; *Bunte/Zahrte*, AGB-Banken. AGB-Sparkassen. Sonderbedingungen, 6. Aufl. 2023, 2. Teil Rn. 102a; *Tonner/Krüger*, Bankrecht, 4. Aufl. 2023, § 8 Rn. 18; auch in der instanzgerichtlichen Rechtsprechung nahm die Höhe des Guthabens eine (mit-) entscheidende Rolle ein: vgl. dazu (allerdings im Kontext der gesetzlichen Erbfolge): LG Augsburg, BeckRS 2019, 22307 Rn. 3.

[744] Zu Haftungsfreistellungserklärungen bereits: *Burghardt*, ZEV 1996, 136 (137f.); *Werkmüller*, ZEV 2001, 340 (342); *Toussaint*, EWiR 2013, 225 (226); *Roth/Stöhr*, in: Hellner/Steuer, Bankrecht und Bankpraxis, 105. EL. Oktober 2013, Rn. 2/802; *Bredemeyer*, ZEV 2016, 322; *Ott-Eulberg*, in: Ott-Eulberg/Schebesta/Bartsch, Erbrecht und Banken, 3. Aufl. 2018, § 2 Rn. 110; *Dauber/Henning*, in: Ellenberger/Bunte, Bankrechts-Handbuch, 6. Aufl. 2022, § 16 Rn. 52a; zur Bedeutung der Bereitschaft zur Abgabe einer solchen Erklärung: *Schebesta/Kalkbrenner*, Bankprobleme beim Tod eines Kunden, 15. Aufl. 2019, Rn. 604.

sichergestellt werden kann.[745] Dies kann für die Bewertung, ob die Erbscheinsvorlage rechtsmissbräuchlich ist, insoweit bedeutsam werden, als die Schutzwürdigkeit des Interesses an der Vorlage eines Erbscheins wegen des überschaubaren, anderweitig beherrschbaren Haftungsrisikos abgemildert wird und spiegelbildlich die berechtigten Interessen der (wahren) Erben wesentlich überwiegen können.[746] Denn im Rahmen der Grenzziehung zwischen Rechtsmissbrauch und zulässiger Rechtsausübung ist insbesondere auf den Sinn und Zweck des in Rede stehenden Rechts sowie gesetzliche Wertungen zurückzugreifen.[747] Bei einem überschaubaren Risiko doppelter Inanspruchnahme tritt der Zweck des Erbscheins daher weniger stark zu Tage.

Auch dem Gesetz ist es grundsätzlich nicht fremd, geringere Anforderungen an den Erbnachweis zu stellen, wenn die Wertgrenze von 3.000,00 EUR unterschritten ist und die Beschaffung des Erbscheins nur mit unverhältnismäßigem Aufwand an Kosten oder Mühe möglich ist, vgl. § 35 Abs. 3 Satz 1 GBO.[748] An der darin zum Ausdruck kommenden gesetzgeberischen Wertentscheidung wird man sich bei der Beurteilung, ob ein geringer Betrag vorliegt, der dazu geeignet ist, die Anforderungen an den Erbnachweis abzuschwächen, orientieren können.[749] In diesem Rahmen erscheint es sachgerecht, dass dem Sicherungsinteresse der Bank durch eine Freistellungserklärung,[750] in welcher sich der Erbprätendent zur Rückzahlung verpflichtet, wenn die Bank an ihn auszahlt und sich sodann herausstellt, dass eine andere Person Erbe ist, hinreichend Rechnung getragen werden kann. Ein zu extensives Verständnis des Betrags, bis zu welchem Kreditinstitute auf eine Haftungsfreistellungsvereinbarung verwiesen werden können, würde allerdings den

---

[745] Allgemein zur zweckwidrigen Berufung auf ein Recht: *Kähler*, in: BeckOGK, BGB, Stand: 01.07.2023, § 242 Rn. 1135, 1158.

[746] Vgl. insoweit zu § 242 BGB: *Looschelders/Olzen*, in: Staudinger, BGB, Neubearbeitung 2019, § 242 Rn. 262; vgl. auch: *Teichmann*, in: Soergel, BGB, 12. Aufl. 1990, § 242 Rn. 293.

[747] Grundlegend: *Looschelders/Olzen*, in: Staudinger, BGB, Neubearbeitung 2019, § 242 Rn. 221, mit Verweis auf: *Brox/Walker*, Allgemeines Schuldrecht, 47. Aufl. 2023, § 7 Rn. 5, wonach gesetzliche Interessenbewertungen, die in anderen Normen zum Ausdruck kommen, wichtige Anhaltspunkte für die Konkretisierung der Generalklausel des § 242 BGB böten.

[748] Auf diese Vorschrift bezugnehmend: *Bartsch*, jurisPR-BKR 2/2013 Anm. 4 unter D.; *Linardatos/Schwarz*, EWiR 2013, 731 (732); im Anschluss daran: *Casper*, in: Derleder/Knops/Bamberger, Deutsches und europäisches Bank- und Kapitalmarktrecht, Band 1, 3. Aufl. 2017, § 4 Rn. 45; ohne auf § 35 Abs. 3 GBO Bezug zu nehmen, die darin zum Ausdruck kommenden Kriterien herausstellend: *Schebesta/Kalkbrenner*, Bankprobleme beim Tod eines Kunden, 15. Aufl. 2019, Rn. 635.

[749] In diese Richtung ansatzweise (in anderem Kontext): *Linardatos/Schwarz*, EWiR 2013, 731 (732); *Casper*, in: Derleder/Knops/Bamberger, Deutsches und europäisches Bank- und Kapitalmarktrecht, Band 1, 3. Aufl. 2017, § 4 Rn. 45.

[750] Vgl. *Bartsch*, jurisPR-BKR 2/2013 Anm. 4 unter D.; *Wurmnest*, WM 2015, 1597 (1601).

damit verbundenen Risiken nicht gerecht werden.[751] Denn eine vertragliche Vereinbarung sichert die Bank zwar gegen den Einwand der Entreicherung (§ 818 Abs. 3 BGB), nicht jedoch gegen das Bonitätsrisiko.[752] Die Bank trägt das Delkredererisiko, mithin das volle wirtschaftliche Risiko der Beitreibung der bereicherungsrechtlichen Forderung gegenüber dem Nichtberechtigten.[753] Dem lässt sich nur mit der Bestellung von Sicherheiten begegnen; dies dürfte allerdings nur in Ausnahmefällen eine praxistaugliche Lösung darstellen, da es typischerweise an der Bereitschaft zur (weitergehenden) Besicherung fehlen wird.[754] In Hinblick auf das Bonitätsrisiko wird konsequenterweise die Bonität sowie die gesamtwirtschaftliche Stellung des Prätendenten eine Rolle für die Frage spielen, ob das Guthaben bzw. das Wertdepot aufgrund seiner Höhe ausgekehrt werden kann.[755]

Ist das Risiko der doppelten Inanspruchnahme demnach überschaubar, mindert sich hierdurch das Interesse des Nachlassschuldners an der Vorlage eines Erbscheins. Erweist sich die Beschaffung des Erbscheins in Relation dazu als unverhältnismäßig aufwändig, wird das Interesse der (wahren) Erben an einer raschen und kostengünstigen Nachlassregulierung aufgewertet. Allerdings darf nicht außer Betracht bleiben, dass das Kreditinstitut keinen Anspruch auf Abgabe einer Freistellungserklärung hat.[756] Fehlt es demnach an der Bereitschaft an einer Haftungsfreistellung, hat dies weiteren Einfluss auf das Gewicht des Sicherungsinteresses.

Nach einer wertenden Gesamtbetrachtung kann sich das Verlangen nach einer Erbscheinsvorlage daher im Einzelfall als rechtsmissbräuchlich darstellen. Um dem Ausnahmecharakter des Nachweises durch eigenhändiges Testament Rechnung zu tragen, ist in die Abwägung ebenfalls miteinzustellen, ob die durch die in der privatschriftlichen Verfügung zum Ausdruck kommende Erbfolge – entsprechend den im Rahmen öffentlicher Verfügungen angestellten Erwägungen – eindeutig ist, also keine konkreten Zweifel an dieser bestehen.[757]

---

[751] Die grundsätzliche Gefahr dieses Vorgehens herausstellend: *Ott-Eulberg*, in: Ott-Eulberg/Schebesta/Bartsch, Erbrecht und Banken, 3. Aufl. 2018, § 2 Rn. 110: „Diese Vorgehensweise ist für die Bank mit erheblichen Risiken verbunden."

[752] *Bredemeyer*, ZEV 2016, 322; *Gößmann/Rodi*, in: Hellner/Steuer, Bankrecht und Bankpraxis, 141. EL. Juni 2019, Rn. 1/155b, 1/159f.

[753] Zum Delkredererisiko: BGH, NJW 2019, 2254 Rn. 26.

[754] *Gößmann/Rodi*, in: Hellner/Steuer, Bankrecht und Bankpraxis, 141. EL. Juni 2019, Rn. 1/159f Fn. 165.

[755] Vgl. *Keim*, WM 2006, 753 (757).

[756] *Gößmann/Rodi*, in: Hellner/Steuer, Bankrecht und Bankpraxis, 141. EL. Juni 2019, Rn. 1/159f.

[757] Auf die Eindeutigkeit hinweisend: *Keim*, WM 2006, 753 (757). Für den Fall, dass neben dem privatschriftlichen Testament ein Erb- beziehungsweise Zuwendungsverzicht vorgelegt wird, gilt das für öffentliche Verfügungen von Todes wegen Gesagte. Vgl. Kapitel 3 B. I. 3. d).

6. Widersprüchliches Verhalten

Das Verlangen eines Erbscheins bei Vorlage eines eröffneten privatschriftlichen Testaments kann darüber hinaus missbräuchlich sein, wenn sich das Kreditinstitut widersprüchlich verhält. Exemplarisch wäre an den Vorwurf widersprüchlichen Verhaltens im folgenden Beispiel zu denken: Der Bank wird nach dem Schlusserbfall ein eigenhändiges gemeinschaftliches Testament vorgelegt, in welchem sich die Ehegatten als Alleinerben und ihre Tochter als Schlusserbin eingesetzt haben. Während die Bank das Testament nach dem Tod des Erstverstorbenen noch ohne Weiteres als Erbnachweis akzeptierte, verlangt sie nunmehr unter Verweis auf eine in der Verfügung evident nicht vorhandene Vermächtnisanordnung nach dem Schlusserbfall einen Erbschein, obgleich hinsichtlich der Schlusserbfolge – etwa aufgrund des Fehlens einer Pflichtteilsstrafklausel und einer eindeutigen Formulierung – keine Zweifel bestehen.

Auch in dem Urteil vom 5. April 2016 warf der BGH dem Kreditinstitut indirekt widersprüchliches Verhalten vor, indem er darauf hinwies, dass die Bank nach dem Tod des erstverstorbenen Ehegatten das vorgelegte gemeinschaftliche privatschriftliche Testament – das neben der jeweiligen Alleinerbeneinsetzung der Ehegatten eine Schlusserbeneinsetzung der beiden aus der Ehe hervorgegangenen Kinder nach dem Tod des letztversterbenden Ehegatten und darüber hinaus eine Pflichtteilsstrafklausel enthielt – noch ohne Einwendungen akzeptiert habe, nach Eintritt des Schlusserbfalls jedoch nicht mehr.[758]

Die Missbräuchlichkeit eines bankseitigen Verhaltens kann vorliegen, „wenn sich objektiv das Gesamtbild eines widersprüchlichen Verhaltens ergibt, weil das frühere Verhalten mit dem späteren sachlich unvereinbar ist, und die Interessen der Gegenpartei im Hinblick darauf vorrangig schutzwürdig erscheinen".[759] Die Bewertung als widersprüchliches Verhalten hängt von der Interessenabwägung im Einzelfall ab.[760] Für die Beurteilung, ob ein Verhalten nach seinem Gesamtbild widersprüchlich ist, kann maßgeblich sein,[761] ob für die Gegenpartei ein Vertrauenstatbestand ge-

[758] BGHZ 209, 329 = NJW 2016, 2409 Rn. 28, 29.

[759] BGH, NJW 2009, 1343 Rn. 41; vgl. weiter: BGH, NJW 2014, 2790 Rn. 41; BGHZ 202, 102 = NJW 2014, 2723 Rn. 33; BGH, NJOZ 2016, 82 Rn. 12; BGH, GRUR 2017, 702 Rn. 96; BGH, NJW 2019, 1147 Rn. 25; BGH, NJW-RR 2019, 1369 Rn. 20; *Schubert*, in: MüKo, BGB, 9. Aufl. 2022, § 242 Rn. 364; *Grüneberg*, in: Grüneberg, BGB, 82. Aufl. 2023, § 242 Rn. 55.

[760] Siehe nur: BGH, NJOZ 2016, 82 Rn. 12; *Looschelders/Olzen*, in: Staudinger, BGB, Neubearbeitung 2019, § 242 Rn. 289; *Sutschet*, in: BeckOK, BGB, 67. Ed. Stand: 01.08.2023, § 242 Rn. 113.

[761] *Looschelders/Olzen*, in: Staudinger, BGB, Neubearbeitung 2019, § 242 Rn. 289: „Fälle, in denen die Annahme widersprüchlichen Verhaltens jedenfalls nahe liegt, knüpfen an die bereits genannten Aspekte des Vertrauensschutzes einerseits und der Unauflöslichkeit des Widerspruchs im Verhalten des Rechtsträgers andererseits an."

schaffen wurde[762] oder ob ein unlösbarer Widerspruch zwischen früherem und späterem Verhalten vorliegt.[763]

In dem der Entscheidung des BGH zugrunde liegenden Fall lag jedoch kein widersprüchliches Verhalten vor. Es muss gesehen werden, dass die unterschiedliche Handhabung der Erbfälle auf die für den Schlusserbfall gewählte Gestaltungsform, insbesondere die Pflichtteilsstrafklausel, zurückgeht.[764] Wenn sich aber die Gestaltung des Schlusserbfalls als erbrechtlich komplexer erweist und damit das Risiko doppelter Inanspruchnahme im Vergleich zum „ersten“ Erbfall (Tod des erstverstorbenen Ehegatten) erhöht ist, kann die Interessenabwägung nicht zulasten des Kreditinstituts gehen und dieser widersprüchliches Verhalten vorgeworfen werden.[765] Mit der einfachen Abwicklung des Todes des erstverstorbenen Ehegatten wird kein schutzwürdiges Vertrauen für die Handhabung des rechtlich abstrakt davon zu beurteilenden Schlusserbfalles begründet. Dass das privatschriftliche Testament aufgrund der erbrechtlich schwierigeren Gestaltung des Schlusserbfalls nicht als Erbnachweis zugelassen wird, begründet aufgrund der unterschiedlichen Komplexität auch keinen unauflösbaren Widerspruch[766] zwischen gegenwärtigem und früherem Verhalten.

Umgekehrt erweist sich das Verhalten der Bank in dem eingangs geschilderten Fall als missbräuchlich. Anders als in dem vom BGH entschiedenen Fall erweist sich die Gestaltung des Schlusserbenfalls nicht als erbrechtlich komplexer. Das Risiko doppelter Inanspruchnahme ist daher im Vergleich zum „ersten“ Erbfall (Tod des erstverstorbenen Ehegatten) nicht erhöht. Vielmehr wurde mit der einfachen Abwicklung des Todes des erstverstorbenen Ehegatten ein schutzwürdiges Vertrauen für die Handhabung des Schlusserbfalles begründet. Im Schlusserbfall kann die Bank nicht auf die eigentümlichen Schwächen des privatschriftlichen Testaments verweisen. Wenn sie diese bereits nach dem Tod des Erstverstorbenen nicht geltend gemacht hat, wäre es widersprüchlich, sich im Schlusserbfall darauf zu berufen.

Es muss daher stets ein genaues Augenmerk darauf gerichtet werden, aus welchem Grund ein vermeintlicher Widerspruch zwischen früherem und späterem Verhalten zu Tage tritt.

---

[762] BGHZ 202, 102 = NJW 2014, 2723 Rn. 33; BGH, GRUR 2017, 702 Rn. 96.

[763] BGHZ 202, 102 = NJW 2014, 2723 Rn. 33; BGH, NJOZ 2016, 82 Rn. 12; BGH, GRUR 2017, 702 Rn. 96; BGH, NJW 2019, 1147 Rn. 25; BGH, NJW-RR 2019, 1369 Rn. 20; *Looschelders/Olzen*, in: Staudinger, BGB, Neubearbeitung 2019, § 242 Rn. 289; *Schubert*, in: MüKo, BGB, 9. Aufl. 2022, § 242 Rn. 364: „In den meisten Fällen treffen beide Gesichtspunkte zusammen“, vgl. auch Rn. 413; *Grüneberg*, in: Grüneberg, BGB, 82. Aufl. 2023, § 242 Rn. 59.

[764] *Litzenburger*, FD-ErbR 2016, 378276.

[765] Vgl. *Litzenburger*, FD-ErbR 2016, 378276.

[766] Dazu: *Looschelders/Olzen*, in: Staudinger, BGB, Neubearbeitung 2019, § 242 Rn. 289, 296.

7. Verbleibender Bereich der Interessenabwägung

Zuzugeben ist, dass sich die vorstehende „Systematisierung" in Fallgruppen nur als partiell zielführend erweist, da denknotwendig nicht alle erdenklichen Fälle eines unzulässigen Erbscheinsverlangens erfasst sein können. Es verbleibt ein amorpher[767] Bereich einzelfallbezogener Interessenabwägung.[768]

Unter Würdigung des konkreten Einzelfallgeschehens kann die Interessenanalyse ausnahmsweise das Verlangen nach Vorlage eines Erbscheins trotz Vorlage eines (bloß) privatschriftlichen Testaments als missbräuchlich erscheinen lassen. Hierbei sind eine Vielzahl an Faktoren in die Abwägung miteinzustellen. Dazu gehört zunächst immer die inhaltliche Eindeutigkeit der in Rede stehenden Verfügung; insoweit gelten die für öffentliche Verfügungen von Todes wegen gewonnenen Grundsätze.[769] Das Verkehrssicherungsbedürfnis darf in den Fällen, in welchen aufgrund der testamentarischen Anordnung konkrete Zweifel an der zum Ausdruck kommenden Erbfolge bestehen, nicht zurücktreten. Gerade dann besteht ein Sicherungsinteresse des Verkehrs, das Hintergrund der Einführung des Erbscheins war. Ferner dürfen keine konkreten Zweifel an der Wirksamkeit und Echtheit existieren;[770] auch insofern gelten die für öffentliche Verfügungen von Todes wegen aufgezeigten Grundsätze. Von Bedeutung kann daneben insbesondere auch Sonderwissen[771] der Bank aus eigenen Erkenntnisquellen sein. So kann das Sicherungsbedürfnis abgemildert werden, wenn die Erbprätendenten sowie der Erblasser selbst der Bank bekannt sind. Ferner ist von Bedeutung, ob Kenntnis darüber vorliegt, dass Streitigkeiten zwischen den potentiellen Erben bestehen.[772] Auch der auszukehrende Gegenstand kann relevant werden. Handelt es sich hierbei nicht um das klassische Bankguthaben, sondern um ein volatiles Aktienpaket, können drohende Kursverluste abwägungsrelevanter Faktor werden.[773] Sofern Tatsachen existieren, die die Annahme rechtfertigen, dass alsbaldige Vermögenseinbußen zu befürchten sind, besteht ein gesteigertes Bedürfnis an einer zeitnahen Zugänglichmachung. In diesem Kontext sind die bereits erörterten Aspekte der Bonität des Prätendenten, dessen

---

[767] Zu dieser Terminologie im Rahmen der unzulässigen Rechtsausübung: *Schubert*, in: MüKo, BGB, 9. Aufl. 2022, § 242 Rn. 559.

[768] Vgl. *Schubert*, in: MüKo, BGB, 9. Aufl. 2022, § 242 Rn. 559; *Sutschet*, in: BeckOK, BGB, 67. Ed. Stand: 01.08.2023, § 242 Rn. 82.

[769] Vgl. Kapitel 3 B. I. 3. Für den Fall, dass neben dem privatschriftlichen Testament ein Erb- beziehungsweise Zuwendungsverzicht vorgelegt wird, gilt das für öffentliche Verfügungen von Todes wegen Gesagte. Vgl. Kapitel 3 B. I. 3. d).

[770] Vgl. zu diesen Aspekten: *Herzog*, in: Staudinger, BGB, Neubearbeitung 2023, Einleitung zu §§ 2353–2370 Rn. 40.

[771] Vgl. *Jakob*, Das Bankkonto im Nachlass, S. 144.

[772] Vgl. *Schebesta/Kalkbrenner*, Bankprobleme beim Tod eines Kunden, 15. Aufl. 2019, Rn. 635; *Jakob*, Das Bankkonto im Nachlass, S. 144.

[773] *Bartsch*, ZFE 2005, 115.

Bereitschaft, eine Haftungsfreistellungserklärung abzugeben und die Forderung in der gegenständlichen Höhe zu besichern, von besonderer Bedeutung.[774]

Die vorzunehmende wertende Gesamtabwägung muss sich einerseits am Zweck des Erbscheins, dem Schutz des Nachlassschuldners in Gestalt von Banken vor den Nachteilen des rechtsgeschäftlichen Kontakts mit dem Scheinerben, und andererseits an den Interessen der Erben an rascher und kostengünstiger Nachlassregulierung orientieren. In solchen Fallkonstellationen, in denen die Gesamtabwägung zugunsten der Erbprätendenten ausfällt, ist ein korrigierender Eingriff nach § 242 BGB angezeigt.

III. Gesetzliche Erbfolge – Urkunden zum Nachweis der gesetzlichen Erbfolge

Nach der Analyse, ob und inwieweit Verfügungen von Todes wegen zum Nachweis der gewillkürten Erbfolge geeignet sind, ist abschließend die grundsätzliche Nachweiseignung solcher Urkunden in den Blick zu nehmen, aus denen sich die gesetzliche Erbfolge ergibt. Insoweit konstatierte der BGH in einem *obiter dictum*, dass im Falle der gesetzlichen Erbfolge der Erbfolgenachweis auch durch Urkunden, aus denen sich diese ergibt, geführt werden könne.[775] Das vermag nicht zu überzeugen.[776] Es existiert keine positiv formulierte gesetzgeberische Wertentscheidung zugunsten des Erbfolgenachweises durch Urkunden, aus welchen sich die gesetzliche Erbfolge ergibt.[777] Vielmehr ist vom Gegenteil auszugehen: Die von der

[774] Dazu unter: Kapitel 3 B. II. 6.

[775] BGHZ 209, 329 = NJW 2016, 2409 Rn. 18.

[776] Ebenfalls kritisch: *Litzenburger*, FD-ErbR 2016, 378276; *Röhl*, notar 2016, 239 (243); *Szalai*, NotBZ 2016, 370 (379); *Braun*, MittBayNot 2017, 71 (72); *Dreyer/Mahlmann*, in: Kontoführung und Zahlungsverkehr, 5. Aufl. 2017, Kapitel 4 Rn. 979; für ein Recht auf Erbscheinsvorlage im Falle der gesetzlichen Erbfolge: *Starke*, NJW 2005, 3184 (3185); *Linardatos/Schwarz*, EWiR 2013, 731 (732); *Keim*, ZEV 2014, 277 (280 f.); *Litzenburger*, FD-ErbR 2016, 378276; *Röhl*, notar 2016, 239 (243); *Szalai*, NotBZ 2016, 370 (379); *Braun*, MittBayNot 2017, 71 (72); *Dreyer/Mahlmann*, in: Kontoführung und Zahlungsverkehr, 5. Aufl. 2017, Kapitel 4 Rn. 979; *Christ*, in: Ebeling/Geck, Handbuch der Erbengemeinschaft, 56. EL. März 2021, I. Teil § 9 Rn. 342.11; *Weidlich*, in: Grüneberg, BGB, 82. Aufl. 2023, § 2353 Rn. 76; siehe auch: *Jakob*, Das Bankkonto im Nachlass, S. 144; ebenso wohl auch: *Gößmann/Rodi*, in: Hellner/Steuer, Bankrecht und Bankpraxis, 141. EL. Juni 2019, Rn. 1/137f; mit Verweis auf eine Interessenabwägung: *Schebesta/Kalkbrenner*, Bankprobleme beim Tod eines Kunden, 15. Aufl. 2019, Rn. 635; für eine Interessenabwägung auch: LG Augsburg, BeckRS 2019, 22307 Rn. 3; vgl. ferner: *Wurmnest*, WM 2015, 1597 (1604), der zwar davon ausgeht, dass Banken im Falle der gesetzlichen Erbfolge häufiger die Vorlage eines Erbscheins verlangen könnten, allerdings Ausnahmen in unterkomplexen Familienverhältnissen und Bagatellfällen mit geringen Beträgen, solventen Erben und erbrechtlich einfach gelagerten Sachverhalten für geboten erachtet.

[777] Ansatzweise: *Litzenburger*, FD-ErbR 2016, 378276, indem dieser auf die vom Senat zitierten gesetzlichen Sonderregelungen hinweist, die im Falle der gesetzlichen Erbfolge grundsätzlich die Vorlage eines Erbscheins erforderlich machen. Vgl. § 35 GBO.

Rechtsprechung zitierten Sonderregelungen – wie exemplarisch § 35 GBO – sehen für den Fall der gesetzlichen Erbfolge grundsätzlich die Vorlage eines Erbscheins vor. Wenn schon der rechtskundigere behördliche Rechtsverkehr in dieser Konstellation einen Erbschein fordern darf, muss dies erst recht für den allgemeinen Privatrechtsverkehr gelten.[778] Dieses Ergebnis bestätigt der Umstand, dass die Bank weder rechtlich noch tatsächlich in der Lage ist, die gesetzliche Erbfolge zu ermitteln.[779] Denn die Ermittlung einer gesetzlichen Erbfolge setzt neben der Vorlage von Personenstandsurkunden weitergehend – auch in scheinbar einfach gelagerten Fällen wie dem Tod eines Elternteils[780] – die Untersuchung einer Vielzahl urkundlich nicht nachweisbarer Tatsachen voraus.[781] Das gilt zum einen für die Bestimmung des letzten gewöhnlichen Aufenthaltsortes, der für das anwendbare Recht maßgeblich ist.[782] Zum anderen können die für die gesetzliche Erbfolge maßgebenden negativen Tatsachen, namentlich dass der Erblasser keine Verfügungen von Todes wegen errichtet hat oder dass weitere oder vorrangige gesetzliche Erben nicht vorhanden sind, nicht durch Urkunden nachgewiesen werden.[783] Insbesondere kann die Vorlage von Personenstandsurkunden nicht beweisen, dass außer dem Erbprätendenten keine weiteren Abkömmlinge vorhanden sind. Nach § 54 PStG erbringen die Beurkundungen in den Personenstandsregistern lediglich für den jeweiligen Inhalt den positiven Beweis.[784] Umgekehrt beweist die fehlende Eintragung aber nicht die negative Tatsache, dass tatsächlich keine (weiteren) Abkömmlinge vorhanden sind.[785] Eine eindeutige Klärung der gesetzlichen Erbfolge ist daher ohne eine Reihe von eidesstattlichen Versicherungen über negative Tatsachen nicht möglich.[786] Eine Glaubhaftmachung in Form von eidesstattlichen Versicherungen ist jedoch im Privatrechtsverkehr gerade nicht vorgesehen. Darüber hinaus setzt die präzise Bestimmung der gesetzlichen Erbfolge, neben der Kenntnis der tatsächlichen Umstände, stets auch rechtliche Wertungen voraus.[787] All diese strukturellen Unsicherheiten führen dazu, dass im Falle der Berufung des oder der Erben auf die gesetzliche Erbfolge das Sicherungsinteresse der Kreditinstitute überwiegt und die

---

778 So zutreffend: *Litzenburger*, FD-ErbR 2016, 378276.

779 *Litzenburger*, FD-ErbR 2016, 378276; vgl. *Keim*, ZEV 2014, 277 (280).

780 *Litzenburger*, FD-ErbR 2016, 378276.

781 *Braun*, MittBayNot 2017, 71 (72).

782 *Braun*, MittBayNot 2017, 71 (72).

783 *Litzenburger*, FD-ErbR 2016, 378276; *Braun*, MittBayNot 2017, 71 (72).

784 OLG Frankfurt a.M., OLGZ 1981, 30 (31); vgl. ferner: *Völzmann*, RNotZ 2012, 380 (385): „ist es nicht möglich, in öffentlicher Urkunde die negative Tatsache nachzuweisen, dass der Erblasser keine weiteren Abkömmlinge hinterlassen hat, als diejenigen, die sich aus den vorgelegten Personenstandsurkunden positiv ergeben."

785 Vgl. OLG Hamm, MittBayNot 1997, 105 (106f.); *Völzmann*, RNotZ 2012, 380 (385).

786 *Litzenburger*, FD-ErbR 2016, 378276; *Braun*, MittBayNot 2017, 71 (72).

787 *Braun*, MittBayNot 2017, 71 (72).

Nachweiseignung sonstiger Urkunden, aus denen sich die gesetzliche Erbfolge ergibt, grundsätzlich zu verneinen ist.[788]

Vor diesem Hintergrund wird man nur in den Fällen, in welchen das Kontoguthaben einen in Anlehnung an § 35 Abs. 3 GBO[789] zu bestimmenden, niedrigen vierstelligen Betrag nicht übersteigt und die Beschaffung des Erbscheins nur mit unverhältnismäßigem Aufwand an Kosten oder Mühe möglich ist, Ausnahmen zulassen können.[790] Dabei wird es – wie im Rahmen des privatschriftlichen Testaments – auch auf die Bonität und Sicherungsbereitschaft des Prätendenten ankommen.[791] Voraussetzung ist hierbei jedoch, dass die erbrechtliche Situation rechtlich und tatsächlich evident ist,[792] etwa im Falle des Versterbens eines nicht testierfähigen und geschlechtsunreifen Kindes.[793] Insoweit kann von Bedeutung sein, ob der Erblasser und die potentiellen Erben, mithin die familiäre Situation, dem Kreditinstitut bekannt sind.[794] Die Geringfügigkeit des betroffenen Guthabens führt daher nicht per se dazu, dass trotz unklarer Erbfolge[795] geleistet werden müsste. In Ansehung des berechtigten Sicherungsinteresses des Kreditinstituts wird sich dieses – eingedenk der Zweckrichtung – nicht der Gefahr von Rückabwicklungsschwierig-

---

[788] *Braun*, MittBayNot 2017, 71 (72); im Ergebnis ebenfalls gegen eine Eignung sonstiger Urkunden zum Nachweis der Erbfolge: *Litzenburger*, FD-ErbR 2016, 378276; *Szalai*, NotBZ 2016, 370 (379).

[789] § 35 Abs. 3 GBO: „Zur Eintragung des Eigentümers oder Miteigentümers eines Grundstücks kann das Grundbuchamt von den in den Absätzen 1 und 2 genannten Beweismitteln absehen und sich mit anderen Beweismitteln, für welche die Form des § 29 nicht erforderlich ist, begnügen, wenn das Grundstück oder der Anteil am Grundstück weniger als 3.000 Euro wert ist und die Beschaffung des Erbscheins, des Europäischen Nachlasszeugnisses oder des Zeugnisses nach § 1507 des Bürgerlichen Gesetzbuchs nur mit unverhältnismäßigem Aufwand an Kosten oder Mühe möglich ist. Der Antragsteller kann auch zur Versicherung an Eides Statt zugelassen werden."; vgl. insoweit auch: *Wurmnest*, WM 2015, 1597 (1604): „Darüber hinaus halte ich eine Ausnahme in Bagatellfällen für geboten, in denen das wirtschaftliche Risiko der doppelten Inanspruchnahme begrenzt ist und andere Sicherungsmechanismen dazu beitragen können, das Schadensrisiko der Bank zu minimieren."

[790] Hierzu: *Jakob*, Das Bankkonto im Nachlass, S. 144.

[791] Vgl. *Wurmnest*, WM 2015, 1597 (1604).

[792] Vgl. *Wurmnest*, WM 2015, 1597 (1604); *Jakob*, Das Bankkonto im Nachlass, S. 144: „Bei einfach gelagerten Fällen, in denen dem Kreditinstitut die familiäre Situation des Erblassers gut bekannt, im Nachhinein keine erbrechtliche ‚Überraschung' zu erwarten und in denen das Nachlassvermögen überschaubar ist"; vgl. auch: *Gößmann/Rodi*, in: Hellner/Steuer, Bankrecht und Bankpraxis, 141. EL. Juni 2019, Rn. 1/137f: „Ausnahmen mögen wiederrum bei in rechtlicher und tatsächlicher Hinsicht evidenten Fällen bestehen."

[793] Zu diesem Beispiel: *Wurmnest*, WM 2015, 1597 (1604).

[794] Vgl. *Schebesta/Kalkbrenner*, Bankprobleme beim Tod eines Kunden, 15. Aufl. 2019, Rn. 635; *Jakob*, Das Bankkonto im Nachlass, S. 144.

[795] Vgl. etwa: *Wurmnest*, WM 2015, 1597 (1604): „Anders liegen die Dinge bei komplexeren Familienverhältnissen, da der Bank nicht zugemutet werden kann, auf eigenes Risiko weit entfernte Erben zu ermitteln."

keiten aussetzen müssen. Dies gilt umso mehr, als bei einem niedrigen Nachlasswert die Kosten des Erbscheins ohnehin eine hinnehmbare Höhe nicht übersteigen.[796]

Im Ergebnis sind sonstige Urkunden zum Nachweis des gesetzlichen Erbrechts noch weniger zum Nachweis der Erbfolge geeignet als das privatschriftliche Testament. Das Verlangen eines Erbscheins im Falle gesetzlicher Erbfolge wird sich daher nur in absoluten Ausnahmefällen als rechtsmissbräuchlich erweisen können.

IV. Zusammenfassung der Ergebnisse

Hinsichtlich ihrer Eignung zum Erbfolgenachweis ist nach der Art der Verfügung von Todes wegen zu differenzieren. Eröffnete öffentliche Verfügungen von Todes wegen haben aufgrund ihrer charakteristischen Eigenschaften, die Ausstattung mit Verfahrensgarantien und die besondere Beweiskraft der §§ 415, 418 ZPO, einen besonderen Nachweiswert. Das lässt sich der Rechtsordnung – wie § 35 Abs. 1 Satz 2 GBO verallgemeinerungsfähig zum Ausdruck bringt – als allgemeiner Rechtsgedanke entnehmen. Notariellen Verfügungen von Todes wegen ist daher eine widerlegliche Vermutung zum Nachweis der Erbfolge beizumessen. Sofern die Vermutung nicht widerlegt ist, ist das Verlangen eines Erbscheins rechtsmissbräuchlich. Bloße abstrakte Zweifel an der in der Verfügung von Todes wegen zum Ausdruck kommenden Erbfolge vermögen die Vermutung nicht zu widerlegen und rechtfertigen das Verlangen des Erbscheins daher nicht. Dafür müssen vielmehr konkrete und begründete Zweifel an der Erbfolge vorliegen.

Umgekehrt ist es eine bewusste gesetzgeberische Wertentscheidung, eröffnete privatschriftliche Testamente regelmäßig *nicht* zum Nachweis des Erbrechts genügen zu lassen. Vielmehr rechtfertigen die fehlende notarielle Begleitung des Errichtungsprozesses und die damit verbundenen Defizite im Hinblick auf die Aspekte der Rechtssicherheit sowie Rechtsklarheit die Annahme, das privatschriftliche Testament grundsätzlich nicht als Erbnachweis zuzulassen. Für Ausnahmefälle kann der Missbrauchsgedanke fruchtbar gemacht werden.

Sonstige Urkunden, die potentiell die gesetzliche Erbfolge belegen, sind zur Legitimation der Erben ebensowenig wie das privatschriftliche Testament geeignet. Bei Fehlen einer Verfügung von Todes wegen ist die Klärung der gesetzlichen Erbfolge grundsätzlich nicht Aufgabe des Kreditinstituts. Wie bei privatschriftlichen Testamenten sind Ausnahmen nur in engen Grenzen denkbar.

[796] *Keim*, ZEV 2014, 277 (280 f.).

Kapitel 4

Schluss

Im Lichte der eingangs zugrunde gelegten Maxime, wonach die Privatrechtsdogmatik nicht bei der Herausarbeitung eines historischen Legislativwillens stehen bleiben darf, sondern ihre Aufgabe darin liegt, Systematik und Wertung des Gesetzes miteinander in Einklang zu bringen und im Verhältnis zueinander zu würdigen,[1] konnten im Rahmen der vorliegenden Untersuchung folgende Ergebnisse gewonnen werden: Ausgehend vom Standpunkt des historischen Gesetzgebers, der in den Materialien zur Entstehungsgeschichte Ausdruck gefunden hat und wegen Art. 20 Abs. 2 Satz 2, Abs. 3 GG besonders zu berücksichtigen ist, bedurfte es einer umfassenden und vor dem Hintergrund der systematischen Rechtsentwicklung kritischen Würdigung, um ihn in das heutige Regelungsumfeld einzuordnen. Dabei gelangte die Untersuchung zu der Erkenntnis, dass die damalige Haltung des Normsetzers gegenüber der Aufnahme eines Leistungsverweigerungsrechts des Nachlassschuldners bis zur Erbscheinsvorlage keine Geltung mehr beanspruchen kann. Darauf aufbauend war es Ziel, den gesetzgeberischen Willen anhand objektiver Kriterien zu gewinnen. Anhand des mitgeteilten Legislativwillens zur Aufnahme des Erbscheins, der Gesetzessystematik sowie der Teleologie konnte sodann ein gesetzgeberischer Regelungsplan erforscht werden. Dabei wurde in Ansehung der gesetzesimmanenten Wertungen offenbar, dass eine Regelung in Gestalt eines Leistungsverweigerungsrechts des Nachlassschuldners vermisst wird. Diese Lücke konnte im Wege der Rechtsfortbildung durch Analogie geschlossen werden, sodass sich folgender Grundsatz formulieren lässt:

Analog § 410 Abs. 1 Satz 1 BGB ist das Kreditinstitut dem Erbprätendenten gegenüber zur Leistung grundsätzlich nur gegen Vorlage des Erbscheins verpflichtet.

Diese aufgestellte Regel ist jedoch unter Berücksichtigung der in der Rechtsprechung entwickelten Grundsätze anhand des Missbrauchsgedankens (§ 242 BGB) einzugrenzen. Insbesondere führen die charakteristischen Eigenschaften öffentlicher Verfügungen von Todes wegen dazu, ihnen eine gesteigerte Erbnachweiseignung zuzusprechen, sodass grundsätzlich eine widerlegbare Vermutung zum Nachweis der Erbfolge gerechtfertigt ist. Daher hat eine solche Verfügung (respektive eine beglaubigte Abschrift) in Kombination mit der zugehörigen (beglaubigten Abschrift der) Eröffnungsniederschrift grundsätzlich eine erbscheinsersetzende Funktion und genügt deshalb als Erbnachweis, wenn keine konkreten Zweifel an der Erbfolge bestehen, die sich insbesondere aus dem Inhalt der Verfügung er-

[1] Vgl. *Petersen*, in: Liber Amicorum für Detlef Leenen, 219 (226).

geben können. Im Gegensatz dazu stellen eröffnete privatschriftliche Testamente und sonstige Urkunden, aus welchen sich die gesetzliche Erbfolge ergeben kann, im Grundsatz keine für den Privatrechtsverkehr zu akzeptierenden Erbnachweise dar. Es ist eine gesetzgeberische Wertentscheidung, diese Art von Erbnachweisen nicht in der Regel zum Nachweis des Erbrechts ausreichen zu lassen. Ausnahmen sind wegen der mit diesen Nachweismöglichkeiten einhergehenden Defizite an Rechtssicherheit und Rechtsklarheit für den Privatrechtsverkehr nur in engen Grenzen denkbar.

Literaturverzeichnis

Adam, Simon, Die Vereinheitlichung der gerichtlichen Erbenfeststellung, in: ZEV 2016, 233–239.

Amend-Traut, Anja/*Hergenröder*, Cyril, Kryptowährungen im Erbrecht, in: ZEV 2019, 113–121.

Amend-Traut, Anja/*Schlereth*, Erik, Beistandschaft des Jugendamts – quo vadis? – zugleich Besprechung von BGH, Beschluss v. 2. 12. 2020 – XII ZB 303/20 – FamRZ 2021, 447 –, in: FamRZ 2021, 1599–1603.

Anlagen zu den Stenographischen Berichten über die Verhandlungen über die Verhandlungen des Hauses der Abgeordneten. Dritter Band. Nr. 158–258. von Seite 1017–1472, Berlin 1869.

Armbrüster, Christian/*Preuß*, Nicola (Hrsg.), BeurkG mit NotAktVV und DONot. Kommentar, 9. Aufl., Bonn 2023.

Arndt, Herbert (Begr.)/*Lerch*, Klaus/*Sandkühler*, Gerd, BNotO. Bundesnotarordnung. Kommentar, 8. Aufl., Köln 2016.

Arretz, Frank/*Artzt*, Matthias et al., Kontoführung und Zahlungsverkehr. Rechtsfragen aus der Bankpraxis, 5. Aufl., Heidelberg 2017.

Aumann, Christoph, Formfragen im neuen Stiftungsrecht – Ein Überblick zur Rolle der Notarinnen und Notare nach der Stiftungsrechtsreform –, in: DNotZ 2022, 894–905.

Baldus, Christian, Einleitung, in: Baldus, Christian/Theisen, Frank/Vogel, Friederike (Hrsg.), „Gesetzgeber“ und Rechtsanwendung, Tübingen 2013, 1–4.

Baldus, Christian, Gut meinen, gut verstehen? Historischer Umgang mit historischen Intentionen, in: Baldus, Christian/Theisen, Frank/Vogel, Friederike (Hrsg.), „Gesetzgeber“ und Rechtsanwendung, Tübingen 2013, 5–28.

Barczak, Tristan, Rechtsgrundsätze. Baupläne für die normative Einheits- und Systembildung, in: JuS 2021, 1–7.

Bartholomeyczik, Horst, Erbeinsetzung, andere Zuwendungen und Erbschein. 5. Denkschrift des Erbrechtsausschusses der Akademie für Deutsches Recht, Tübingen 1942.

Bartsch, Herbert, Anm. zu OLG Hamm, Urt. v. 01. 10. 2012 – 31 U 55/12, jurisPR-BKR 2/2013 Anm. 4.

Bartsch, Herbert, Das Bankkonto im Todesfall, in: ZFE 2005, 115–116.

Bauer, Hans-Joachim/*Schaub*, Bernhard (Hrsg), Grundbuchordnung. Kommentar, 5. Aufl., München 2023.

Baumann, Wolfgang, Anm. zu OLG Frankfurt a. M., Beschl. v. 27. 12. 2018 – 20 W 250/17, in: ErbR 2019, 509.

Baur, Fritz (Begr.)/*Baur*, Jürgen F./*Stürner*, Rolf, Sachenrecht, 18. Aufl., München 2009.

Becker, Peter, „Auf das Pferd gekommen …“ zur Zulässigkeit der Aufnahme eidesstattlicher Versicherungen durch den Notar zur Erlangung von Zweitschriften von Pferdeeigentumsurkunden, in: NotBZ 2016, 26–27.

beck.online.Großkommentar zum Zivilrecht, BeurkG, hrsg. v. *Gsell*, Beate/*Krüger*, Wolfgang/*Lorenz*, Stephan/*Reymann*, Christoph, München 2023.

beck.online.Großkommentar zum Zivilrecht, BGB, hrsg. v. *Gsell*, Beate/*Krüger*, Wolfgang/*Lorenz*, Stephan/*Reymann*, Christoph, München 2023.

Beck'scher Online-Kommentar, BGB, hrsg. v. *Hau*, Wolfgang/*Poseck*, Roman, 67. Ed. Stand: 01.08.2023, München 2023.

Beck'scher Online-Kommentar, FamFG, hrsg. v. *Hahne*, Meo-Micaela/*Schlögel*, Jürgen/*Schlünder*, Rolf, 47. Ed. Stand: 01.08.2023, München 2023.

Beck'scher Online-Kommentar, GBO, hrsg. v. *Hügel*, Stefan, 50. Ed. Stand: 01.08.2023, München 2023.

Beck'scher Online-Kommentar, Kostenrecht, hrsg. v. *Dörndorfer*, Josef/*Wendtland*, Holger/*Gerlach*, Karl-Heinz/*Diehn*, Thomas, 42. Ed. Stand: 01.07.2023, München 2023.

Beck'scher Online-Kommentar, ZPO, hrsg. v. *Vorwerk*, Volkert/*Wolf*, Christian, 49. Ed. Stand: 01.07.2023, München 2023.

Beck'sches Notar-Handbuch, hrsg. v. *Heckschen*, Heribert/*Herrler*, Sebastian/*Münch*, Christof, 7. Aufl., München 2019.

Beutgen, Monika, Die Geschichte der Form des eigenhändigen Testaments, Berlin 1992.

Böhringer, Walter, Erbschein trotz notarieller Verfügung von Todes wegen?, in: ZEV 2017, 68–72.

Bonefeld, Michael, Banken und Erbschein bzw. Testamentsvollstreckerzeugnis, in: ZErb 2014, 157–161.

Bork, Reinhard, Allgemeiner Teil des Bürgerlichen Gesetzbuchs, 4. Aufl., Tübingen 2016.

Bork, Reinhard/*Roth*, Herbert (Hrsg.), Stein/Jonas. Kommentar zur Zivilprozessordnung. Band 4: §§ 271–327, 23. Aufl., Tübingen 2018.

Bormann, Jens/*Diehn*, Thomas/*Sommerfeldt*, Klaus (Hrsg.), Gesetz über Kosten der freiwilligen Gerichtsbarkeit für Gerichte und Notare (Gerichts- und Notarkostengesetz – GNotKG). Kommentar, 4. Aufl., München 2021.

Boujong, Karlheinz/*Ebenroth*, Thomas (Begr.)/*Joost*, Detlev (Begr./Hrsg.)/*Strohn*, Lutz (Hrsg.), Handelsgesetzbuch, 4. Aufl., München 2020

– Band 1: §§ 1–342e

– Band 2: §§ 343–475h. Transportrecht. Bank- und Börsenrecht.

Braun, Stefan, Anm. zu BGH, Urt. v. 05.04.2016 – XI ZR 440/15, in: MittBayNot 2017, 71–73.

Braun, Stefan, Anm. zu OLG München, Beschl. v. 03.11.2011 – 34 Wx 272/11, in: MittBayNot 2012, 294–295.

Braun, Stefan, Anm. zu OLG München, Beschl. v. 31.05.2012 – 34 Wx 15/12, in: MittBay-Not 2013, 48–49.

Brechtel, Micha, Die Hinterlegung wegen Gläubigerunsicherheit (§ 372 S. 2 BGB), in: JuS 2017, 495–499.

Bredemeyer, Dierk, Anm. zu BGH, Urt. v. 05.04.2016 – XI ZR 440/15, in: ZEV 2016, 322–323.

Bredemeyer, Dierk, Das Sparbuch im Erbfall, in: ZEV 2013, 483–488.

Bredemeyer, Dierk, Erbrechtliche Legitimation durch Erbschein, Europäisches Nachlasszeugnis, Testament oder Vollmacht, in: ZEV 2016, 65–71.

Brisch, Klaus/*Müller-ter Jung*, Marco, Digitaler Nachlass – Das Schicksal von E-Mail- und De-Mail-Accounts sowie Mediencenter-Inhalten. Anforderungen an Internet-Provider nach dem Tode des Account-Inhabers, in: CR 2013, 446–455.

Brox, Hans (Begr.)/*Walker*, Wolf-Dietrich, Allgemeiner Teil des BGB, 46. Aufl., München 2022.

Brox, Hans (Begr.)/*Walker*, Wolf-Dietrich, Allgemeines Schuldrecht, 47. Aufl., München 2023.

Brox, Hans (Begr.)/*Walker*, Wolf-Dietrich, Erbrecht, 29. Aufl., München 2021.

Bumiller, Ursula/*Harders*, Dirk/*Schwamb*, Werner, FamFG. Gesetz über das Verfahren in Familiensachen und in den Angelegenheiten der freiwilligen Gerichtsbarkeit, 13. Aufl., München 2022.

Bunte, Hermann-Josef, AGB-Banken und Sonderbedingungen mit AGB-Sparkassen und AGB-Postbank, 3. Aufl., München 2011.

Bunte, Hermann-Josef/*Zahrte*, Kai, AGB-Banken. AGB-Sparkassen. Sonderbedingungen, 6. Aufl., München 2023.

Burandt, Wolfgang/*Rojahn*, Dieter (Hrsg.), Erbrecht, 4. Aufl., München 2022.

Bürger, Robert, Anm. zu BGH, Urt. v. 08.10.2013 – XI ZR 401/12, in: GWR 2014, 16.

Burghardt, Wolfgang, Verfügungen über Nachlaßkonten in der Bankpraxis, in: ZEV 1996, 136–139.

Burkart, Erich, Das eigenhändige Testament nach § 2247 BGB – Seine Problematik und seine Zukunft, in: Slapnicar, Klaus (Hrsg.), Tradition und Fortentwicklung im Recht. Festschrift zum 90. Geburtstag von Ulrich von Lübtow am 21. August 1990, Rheinfelden u. a. 1991, 253–264.

Bydlinski, Franz, Juristische Methodenlehre und Rechtsbegriff, 2. Aufl., Wien/New York 2011.

Bydlinski, Franz/*Bydlinski*, Peter, Grundzüge der juristischen Methodenlehre, 3. Aufl., Wien 2018.

Canaris, Claus-Wilhelm, „Falsches Geschichtsbild von der Rechtsperversion im Nationalsozialismus“ durch ein Porträt von Karl Larenz? Wider einen Versuch „unbegrenzter Auslegung“ eines wissenschaftlichen Textes, in: JZ 2011, 879–888.

Canaris, Claus-Wilhelm, Bankvertragsrecht, 2. Aufl., Berlin 1981.

Canaris, Claus-Wilhelm, Die Feststellung von Lücken im Gesetz. Eine methodologische Studie über Voraussetzungen und Grenzen der richterlichen Rechtsfortbildung praeter legem, 2. Aufl., Berlin 1983.

Canaris, Claus-Wilhelm, Die Vertrauenshaftung im deutschen Privatrecht, München 1971.

Canaris, Claus-Wilhelm, Systemdenken und Systembegriff in der Jurisprudenz entwickelt am Beispiel des deutschen Privatrechts, Berlin 1969.

Canaris, Claus-Wilhelm/*Schilling*, Wolfgang/*Ulmer*, Peter (Hrsg.), Handelsgesetzbuch. Großkommentar. Fünfter Band. Bankvertragsrecht. Erster Teil, 4. Aufl., Berlin 2005.

Chelidonis, Apostolos, „Legalität und Legitimation" – Gedanken zum Verhältnis von subjektivem Recht und Rechtsmissbrauch, in: JURA 2010, 726–734.

Christandl, Gregor, Selbstbestimmtes Testieren in einer alternden Gesellschaft. Eine Untersuchung zum Schutz des Erblassers vor Fremdbestimmung, Tübingen 2016.

Coester-Waltjen, Dagmar, Die Abtretung, in: JURA 2003, 23–30.

Coing, Helmut, Europäisches Privatrecht, München

- Band I: Älteres Gemeines Recht. 1500 bis 1800, 1985
- Band II: 19. Jahrhundert. Überblick über die Entwicklung des Privatrechts in den ehemals gemeinrechtlichen Ländern, 1989.

Cording, Clemens, Beweismittel zur Klärung der Testier(un)fähigkeit, in: ZEV 2010, 23–28.

Cording, Clemens, Kriterien zur Feststellung der Testier(un)fähigkeit, in: ZEV 2010, 115–121.

Dallafior, Roberto, Die Legitimation des Erben. Eine rechtsvergleichende und internationalprivatrechtliche Studie, Zürich 1990.

Damrau, Jürgen/*Tanck*, Manuel (Hrsg.), Praxiskommentar Erbrecht, 4. Aufl., Bonn 2020.

Demharter, Johann, Grundbuchordnung mit dem Text der Grundbuchverfügung und weiterer Vorschriften, 32. Aufl., München 2021.

Derleder, Peter/*Knops*, Kai-Oliver/*Bamberger*, Heinz Georg (Hrsg.), Deutsches und europäisches Bank- und Kapitalmarktrecht. Band 1, 3. Aufl., Berlin/Heidelberg 2017.

Dernburg, Heinrich, Lehrbuch des Preußischen Privatrechts und der Privatrechtsnormen des Reichs. Dritter Band, 4. Aufl., Halle 1896.

Dieker, Thomas, Das Gemeinschaftskonto mit Einzelverfügungsbefugnis, Tübingen 2021.

Dieterle, Werner, Die Beglaubigung von Unterschriften unter einer eidesstattlichen Versicherung, in: BWNotZ 1987, 11–15.

DNotI, Gutachten:

- Beurkundung eines Testaments oder Erbvertrags durch Übergabe einer offenen Schrift; Beurkundungsverfahren; notwendige Unterzeichnung des Erblassers, BGB § 2231; BeurkG § 30, in: DNotI-Report 2020, 50–52
- Eidesstattliche Versicherung gegenüber Kreditinstitut (Vermögensverzeichnis), BNotO § 22 Abs. 2; BeurkG § 38, in: DNotI-Report 2006, 80–81
- Nachweis der Erbfolge bei Ehegattentestament mit Scheidungsklausel, GBO § 35; BGB §§ 2077, 2268 Abs. 2, 2279 Abs. 2, in: DNotI-Report 2006, 181–183

– Insolvenz des Nacherben und Zustimmung des Insolvenzverwalters zu Verfügungen des Vorerben; gegenständlicher Pflichtteilsverzicht; Auswirkungen auf eine Restschuldbefreiung, InsO §§ 35, 36, 80, 83, 295; BGB §§ 2113, 2346, in: DNotI-Report 2009, 65–68

– Nachweis der Erbfolge bei Testamentserrichtung durch Übergabe einer Schrift, BeurkG § 30; GBO § 35, in: DNotI-Report 2020, 76–77.

Dorth, Katharina, Das Verhältnis von Erbschein und Europäischem Nachlasszeugnis, Baden-Baden 2019.

Drechsler, Stefan, Grundlagen und Grenzen der richterlichen Rechtsfortbildung, in: ZJS 2015, 344–355.

Dressler, Rainer, Vereinbarungen über Pflichtteilsansprüche – Gestaltungsmittel zur Verringerung der Erbschaftsteuerbelastung, in: NJW 1997, 2848–2854.

Dressler-Berlin, Alexander, Anm. zu OLG Saarbrücken, Beschl. v. 13.12.2021 – 5 W 70/21, in: FGPrax 2022, 61–62.

Drexler, Florian, Anm. zu OLG Naumburg, Beschl. v. 11.12.2018 – Wx 59/18, in: MittBayNot 2020, 365–366.

Dutta, Anatol/*Jacoby*, Florian/*Schwab*, Dieter (Hrsg.), FamFG. Kommentar zum Gesetz über das Verfahren in Familiensachen und in den Angelegenheiten der freiwilligen Gerichtsbarkeit, 4. Aufl., Bielefeld 2022.

Ehmer, Matthias, Miniatur: Ontologie des Problems an sich – Notiz zu Gadamers „Wahrheit und Methode", in: ZfPW 2020, 505–512.

Eibenstein, Henrik, Das mit Parité-Gesetzen verfolgte Leitbild der Gruppensouveränität vor dem grundgesetzlichen Demokratieprinzip, Berlin 2023.

Ellenberger, Jürgen/*Bunte*, Hermann-Josef (Hrsg.), Bankrechts-Handbuch. Band I, 6. Aufl., München 2022.

Endemann, Friedrich, Lehrbuch des Bürgerlichen Rechts, Dritter Band Erbrecht Zweite Hälfte, 8. und 9. Aufl., Berlin 1920.

Engisch, Karl, Einführung in das juristische Denken, 12. Aufl., Stuttgart 2018.

Erbs, Georg (Begr.)/*Kohlhaas*, Max (vormals Hrsg.), Strafrechtlichte Nebengesetze, Werkstand: 247. Ergänzungslieferung Juni 2023, München 2023.

Erman, Walter (Begr.)/*Westermann*, Harm Peter/*Grunewald*, Barbara/*Maier-Reimer*, Georg (Hrsg.), Bürgerliches Gesetzbuch. Kommentar, 17. Aufl., Köln 2023.

Eßlinger, Wilhelm, Der Erbschein nach dem Bürgerlichen Gesetzbuche für das Deutsche Reich, Würzburg/München 1902.

Fest, Timo, Anm. zu BGH, Urt. v. 08.10.2013 – XI ZR 401/12, in: JZ 2014, 152–156.

Fischer, Reinfrid/*Schulte-Mattler*, Hermann (Hrsg.), KWG. CRR-VO. Kommentar zu Kreditwesengesetz, VO (EU) Nr. 575/2013 (CRR) und Ausführungsvorschriften, Band 1, 6. Aufl., München 2023.

Fleischer, Holger, Rechtsvergleichende Beobachtungen zur Rolle der Gesetzesmaterialien bei der Gesetzesauslegung, in: AcP 211 (2011), 317–351.

Flume, Werner, Allgemeiner Teil des Bürgerlichen Rechts. II. Band: Das Rechtsgeschäft, 4. Aufl., Berlin/Heidelberg/New York 1992.

Frank, Rainer (Begr.)/*Helms*, Tobias, Erbrecht, 7. Aufl., München 2018.

Frenz, Norbert/*Miermeister*, Uwe (Hrsg.), BNotO. Bundesnotarordnung mit BeurkG, Richtlinienempfehlungen BNotK, DONot. Kommentar, 5. Aufl., München 2020.

Frieling, Timo, Gesetzesmaterialien und Wille des Gesetzgebers. Fallgruppen verbindlicher Willensäußerungen, Tübingen 2017.

Fries, Martin, Nachlassende Testierfähigkeit. Zum rechtlichen Umgang mit einem schwindenden letzten Willen, in: AcP 216 (2016), 421–458.

Früh, Andreas, Juristisch auslegen, argumentieren und überzeugen, in: JuS 2021, 905–913.

Funke, Andreas, Wollen müssen. Der Wille des Gesetzgebers in der jüngeren öffentlichrechtlichen Methodendiskussion, in: Baldus, Christian/Theisen, Frank/Vogel, Friederike (Hrsg.), „Gesetzgeber" und Rechtsanwendung, Tübingen 2013, 175–187.

Gaaz, Berthold, Das neue Personenstandsgesetz, in: FamRZ 2007, 1057–1063.

Gaaz, Berthold/*Bornhofen*, Heinrich/*Lammers*, Thomas, Personenstandsgesetz. Handkommentar, 5. Aufl., Frankfurt am Main/Berlin 2020.

Gahle, Christoph, Anm. zu LG Lüneburg, Urt. v. 30.04.2008 – 6 O 28/08, in: ZEV 2009, 305.

Geck, Reinhard/*Christ*, Jürgen/*Klose*, Holger/*Ossinger*, Andre, Handbuch der Erbengemeinschaft, Werkstand: 61. Ergänzungslieferung Januar 2023, Köln 2023.

Gößmann, Wolfgang/*Wagner-Wieduwilt*, Klaus/*Weber*, Ahrend, Allgemeine Geschäftsbedingungen der Banken. Sonderdruck aus dem Loseblattwerk „Bankrecht und Bankpraxis", Köln 1993.

Greiner, Verena, Anm. zu BGH, Urt. v. 17.02.2016 – 2 StR 328/15, in: NStZ-RR 2016, 223–224.

Groll, Klaus Michael (Begr.)/*Steiner*, Anton (Hrsg.), Praxis-Handbuch Erbrechtsberatung, 5. Aufl., Köln 2019.

Große-Wilde, Franz M./*Ouart*, Peter E. (Hrsg.), Deutscher Erbrechtskommentar, 2. Aufl., Köln 2010.

Gruchot, Julius Albert, Preußisches Erbrecht in Glossen zum Allgemeinen Landrecht auf römischer und germanischer Grundlage unter Berücksichtigung der neueren Gesetzgebung. I. Band 1. Hälfte, Berlin 1865.

Grüneberg, Christian (Hrsg.), Bürgerliches Gesetzbuch mit Nebengesetzen, 82. Aufl., München 2023.

Grziwotz, Herbert, Anm. zu BGH, Urt. v. 10.10.1995 – XI ZR 263/94, in: JR 1996, 286–287.

Grziwotz, Herbert, Anm. zu BGH, Urt. v. 05.04.2016 – XI ZR 440/15, in: EWiR 2016, 357–358.

Grziwotz, Herbert, Erbscheinsverfahren neu geregelt, in: FamRZ 2016, 417–426.

Grziwotz, Herbert/*Heinemann*, Jörn, Beurkundungsgesetz, 3. Aufl., Köln 2018.

Günther, Thomas, Legitimationsprüfungen bei Erben, Betreuern und Bevollmächtigten. Welche Dokumente darf ein Kreditinstitut zur Legitimation (noch) verlangen?, in: NJW 2013, 3681–3686.

Hager, Johannes, Verkehrsschutz durch redlichen Erwerb, München 1990.

Hahn, Carl, Die gesammten Materialien zu den Reichs-Justizgesetzen. V. Band: Materialien zum Gesetz über die Zwangsversteigerung und die Zwangsverwaltung und zur Grundbuchordnung, Berlin 1897.

Hardt, Markus, Amtsermittlung, Parteiverhalten und Feststellungslast im Erbscheinsverfahren. Zugleich eine Untersuchung über die Verteilung der Beweislast bei Errichtung und Anfechtung privatschriftlicher Testamente, Baden-Baden 1999.

Harter, Sebastian, Anm. zu OLG Hamm, Urt. v. 01.10.2012 – I-31 U 55/12, in: BKR 2013, 305–308.

Hartlich, Timo, Anm. zu BGH, Urt. v. 05.04.2016 – XI ZR 440/15, in: RNotZ 2016, 527–528.

Hausmann, Rainer/*Hohloch*, Gerhard (Hrsg.), Handbuch des Erbrechts, 2. Aufl., Berlin 2010.

Haußleiter, Martin (Hrsg.), FamFG. Gesetz über das Verfahren in Familiensachen und in den Angelegenheiten der freiwilligen Gerichtsbarkeit, 2. Aufl., München 2017.

Hellner, Thorwald/*Steuer*, Stephan (Begr.), Bankrecht und Bankpraxis, Werkstand: 162. Ergänzungslieferung Dezember 2022, Köln 2022.

Hellwig, Konrad, Anspruch und Klagerecht. Beiträge zum bürgerlichen und zum Prozessrecht, Jena 1900.

Hellwig, Konrad, Darf der Schuldner die Vorlage eines Erbscheins verlangen?, in: Dr. J. A. Seuffert's Blätter für Rechtsanwendung 69 (1904), 473–478.

Hergenröder, Cyril, Testieren 2.0: Errichtung eines digitalen eigenhändigen Testaments mittels Touch- oder Smartpen?, in: ZEV 2018, 7–11.

Hergenröder, Cyril/*Schlereth*, Erik, Pflichtteilsrecht und Auslegungsmethodik – Anmerkung zu BGH IV ZR 60/22 aus didaktischer Perspektive, in: JURA 2023, 907–911.

Herminghausen, Paul, Auswirkung von einander inhaltlich widersprechenden Erbscheinen, in: NJW 1986, 571–573.

Herzog, Stephanie, Das streitige Erbscheinsverfahren aus anwaltlicher Sicht unter besonderer Berücksichtigung des Einwands der Testierunfähigkeit, in: ZErb 2016, 36–46.

Hillgruber, Christian, „Neue Methodik" – Ein Beitrag zur Geschichte der richterlichen Rechtsfortbildung in Deutschland, in: JZ 2008, 745–755.

Hirsch, Günter, Im Namen des Volkes: Gesetz – Recht – Gerechtigkeit, in: ZRP 2012, 205–209.

Hirsch, Hans Joachim, Richterrecht und Gesetzesrecht, in: JR 1966, 334–342.

Hirsch, Mirco Peter, Von der Erbbescheinigung des Preußischen Rechts zum Erbschein des Bürgerlichen Gesetzbuchs. Historische Entwicklung und höchstrichterliche Rechtsprechung, Frankfurt am Main 2004.

Hochwald, Monika, Mehrsprachiger Auszug aus dem Sterberegister, wenn der Verstorbene in einer eingetragenen Lebenspartnerschaft lebte, in: StAZ 2018, 93–95.

Hoeren, Thomas, Der Tod und das Internet – Rechtliche Fragen zur Verwendung von E-Mail- und WWW-Accounts nach dem Tode des Inhabers, in: NJW 2005, 2113–2117.

Hoffmann, Jochen, Abtretungsrechtlicher Schuldnerschutz bei nichtiger Globalzession und bei dinglicher Teilverzichtsklausel, in: WM 2011, 433–442.

Holzer, Johannes, Das Erbscheinsverfahren nach dem FamFG, in: ZNotP 2015, 258–264.

Honsell, Heinrich, Die rhetorischen Wurzeln der juristischen Auslegung, in: ZfPW 2016, 106–128.

Hopt, Klaus J., Handelsgesetzbuch mit GmbH & Co. Handelsklauseln, Bank- und Kapitalmarktrecht, Transportrecht (ohne Seerecht), 42. Aufl., München 2023.

Horn, Claus-Henrik, Materialienkommentar Erbrecht, Baden-Baden 2020.

Horn, Claus-Henrik/*Krätzschel*, Holger, Kosten im Erbscheinsverfahren, in: NJW 2016, 3350–3352.

Horn, Claus-Henrik/*Kroiß*, Ludwig, Testamentsauslegung – Strategien bei unklaren letztwilligen Verfügungen –, 2. Aufl., München 2019.

Horn, Norbert, Ein Jahrhundert Bürgerliches Gesetzbuch, in: NJW 2000, 40–46.

Hosemann, Eike Götz, Von den Bedenken gegen das Testieren „im stillen Kämmerlein“– Die Geschichte des eigenhändigen Testaments in Deutschland, dargestellt aus Anlass des 200. Geburtstags des Badischen Landrechts –, in: RNotZ 2010, 520–529.

Hüffer, Uwe/*Look*, Frank van, Rechtsfragen zum Bankkonto, 4. Aufl., Köln 2000.

Huynh, Duy Tuong, Internationale Nachlassabwicklung im Lichte des Europäischen Nachlasszeugnisses. Zugleich eine rechtsvergleichende Betrachtung zu den Erbnachweisen im deutschen, österreichischen und europäischen Recht, Tübingen 2021.

Jahrbücher für die preußische Gesetzgebung, Rechtswissenschaft und Rechtsverwaltung. Band 43. Heft 85/86, Berlin 1834.

Jakob, Barbara, Das Bankkonto im Nachlass, Bonn 2022.

Jakobs, Horst Heinrich/*Schubert*, Werner (Hrsg), Die Beratung des Bürgerlichen Gesetzbuchs in systematischer Zusammenstellung der unveröffentlichten Quellen, Berlin/New York

– Allgemeiner Teil, §§ 1–240, 2. Teilband, 1985

– Erbrecht, §§ 1922–2385, 2. Teilband, 2002.

Jansen, Paul, in: Lux, Walter, Schulung für die juristische Praxis. Ein induktives Lehrbuch. Band 3: Freiwillige Gerichtsbarkeit und Notariat, 6. Aufl., Berlin 1971.

Jauernig, Othmar (Begr.)/*Stürner*, Rolf (Hrsg.), Bürgerliches Gesetzbuch mit Rom-I-, Rom-II-VO, Rom-III-VO, EG-UnthVO/HUntProt und EuErbVO. Kommentar, 19. Aufl., München 2023.

Jocham, Felix, Die Grenzen der richterlichen Rechtsfortbildung im Privatrecht, Berlin 2021.

Joos, Renate, Graphologie jetzt: zwischen Tradition und Erneuerung, 2014 (abrufbar unter: https://www.bdp-verband.de/fileadmin/user_upload/BDP/verband/Untergliederungen/Sektionen/Gesundheits-und-Umweltpsychologie/Schriftpsychologie/Schriftpsychologie-Tagung-2014-joos.pdf).

Jung, Michael/*Szalai*, Stephan, Errichtung öffentlicher Testamente durch Übergabe einer Schrift nach § 2232 BGB, in: NotBZ 2020, 208–215.

juris Praxiskommentar BGB, hrsg. v. *Herberger*, Maximilian/*Martinek*, Michael/*Rüßmann*, Helmut/*Weth*, Stephan/*Würdinger*, Markus, Saarbrücken

– Band 1: Allgemeiner Teil, 10. Aufl., 2023

– Band 2: Schuldrecht, 9. Aufl., 2020

– Band 5: Erbrecht, 10. Aufl., 2023.

Kant, Immanuel, Kritik der reinen Vernunft, 2. Aufl., Riga 1787, abgedruckt in: Weischedel, Wilhelm (Hrsg.), Immanuel Kant, Werke in sechs Bänden. Band II, Reutlingen 1956.

Keidel, Theodor (Begr.)/*Sternal*, Werner (Hrsg.), FamFG. Gesetz über das Verfahren in Familiensachen und in den Angelegenheiten der freiwilligen Gerichtsbarkeit. Kommentar, 21. Aufl., München 2023.

Keim, Christopher, Anm. zu BGH, Beschl. v. 17.02.2022 – V ZB 14/21, in: ErbR 2022, 589–590.

Keim, Christopher, Der Erbnachweis gegenüber Banken nach dem BGH-Urteil vom 8.10.2013, in: ZEV 2014, 277–282.

Keim, Christopher, Erbnachweis gegenüber Banken ohne Erbschein?, in: WM 2006, 753–758.

Keim, Christopher/*Lehmann*, Daniel (Hrsg.), Beck'sches Formularbuch Erbrecht, 5. Aufl., München 2023.

Keller, Christoph/*Schrenck*, Albert von, Prüfungsschwerpunkte im Erbscheinsverfahren, in: JA 2016, 51–60.

Kindler, Peter/*Paulus*, David, Redlicher Erwerb – Grundlagen und Grundprinzipien, in: JuS 2013, 393–398.

Kindler, Peter/*Paulus*, David, Redlicher Erwerb – Grundlagen und Grundprinzipien, in: JuS 2013, 490–495.

Kipp, Theodor (Begr.)/*Coing*, Helmut, Erbrecht. Ein Lehrbuch, 14. Bearb., Tübingen 1990.

Klinck, Fabian, Der Erwerb der Erbschaft oder eines Erbteils vom Erbscheinserben, in: AcP 215 (2015), 1–16.

Klingsch, Welf/ *Stralendorff*, Niclot von, Eidesstattliche Versicherungen und Eide in der notariellen Praxis, in: notar 2017, 3–10.

Knauss, Alexander, Anm. zu BGH, Urt. v. 08.10.2013 – XI ZR 401/12, in: ErbR 2014, 27–28.

Knauss, Alexander, „Einstweilige Einziehung" eines notariellen Testaments nebst Eröffnungsprotokoll?, in: ErbR 2014, 310–313.

Kohler, Josef, Zwölf Studien zum Bürgerlichen Gesetzbuch. VII. Studie, in: ArchBürgR 24 (1904), 179–191.

Koller, Ingo, Anm. zu BGH, Urt. v. 10.10.1995 – XI ZR 263/94, in: LM H. 3/1996 § 675 Nr. 222.

Kollmeyer, Daniel, Antrag auf Erteilung eines quotenlosen Erbscheins durch einen Miterben, in: NJW 2021, 1136–1138.

Kollmeyer, Daniel/*Funcke*, Bianca, Anm. zu BGH, Beschl. v. 17.02.2022 – V ZB 14/21, in: ZEV 2022, 473–475.

Korintenberg, Werner (Begr.), Gerichts- und Notarkostengesetz. Kommentar, 22. Aufl., München 2022.

Krampe, Christoph, Anm. zu BGH, Urt. v. 10.10.1995 – XI ZR 263/94, in: ZEV. 1995, 63–64.

Krätzschel, Holger/*Falkner*, Melanie/*Döbereiner*, Christoph, Nachlassrecht, 12. Aufl., München 2022.

Kroiß, Ludwig, Anm. zu BGH, Urt. v. 05.04.2016 – XI ZR 440/15, in: NJW 2016, 2411–2412.

Kroiß, Ludwig, Die Erbscheinsklausur nach dem FamFG, in: JA 2009, 882–889.

Kroiß, Ludwig, Kosten und Gebühren im Erbscheinsverfahren: Aktuelle Entwicklungen in der Rechtsprechung, in: ZEV 2016, 619–623.

Kroiß, Ludwig, Kostenrechtsmodernisierung: Die Gerichtskosten in Nachlasssachen nach dem neuen Gerichts- und Notarkostengesetz (GNotKG), in: ZEV 2013, 413–418.

Kroiß, Ludwig/*Horn*, Claus-Henrik/*Solomon*, Dennis (Hrsg.), Nachfolgerecht – Erbrechtliche Spezialgesetze, 2. Aufl., Baden-Baden 2019.

Kroppenberg, Inge, Anm. zu BGH, Urt. v. 24.06.2009 – IV ZR 202/07, in: ZEV 2009, 463–464.

Krug, Walter, Notarielle Urkunden als Ersatz für einen Erbschein, in: Wachter, Thomas (Hrsg.), Vertragsgestaltung im Zivil- und Steuerrecht. Festschrift für Sebastian Spiegelberger zum 70. Geburtstag, Bonn 2009, 1025–1034.

Kühne, Andreas Otto, Bankvermögen im Erbfall und der vorweggenommenen Erbfolge, in: ZErb 2015, 33–37.

Kuntze, Joachim/*Ertl*, Rudolf/*Herrmann*, Hans/*Eickmann*, Dieter (Begr.), Grundbuchrecht. Kommentar, 8. Aufl., Bonn 2019.

Lange, Heinrich (Begr.)/*Kuchinke*, Kurt, Erbrecht. Ein Lehrbuch, 5. Aufl., München 2001.

Lange, Knut Werner, Erbrecht, 3. Aufl., München 2022.

Lange, Knut Werner/*Werkmüller*, Maximilian A. (Hrsg.), Der Erbfall in der Bankpraxis. Vorsorge. Vermögensplanung. Vermögensnachfolge, München 2002.

Lange, Wolfgang, Dürfen Grundbuchamt und/oder Handelsregister trotz Vorliegens einer notariellen Verfügung von Todes wegen einen Erbschein verlangen?, in: ZEV 2009, 371–374.

Langenbucher, Katja/*Bliesener*, Dirk H./*Spindler*, Gerald (Hrsg.), Bankrechts-Kommentar, München 2020.

Langenfeld, Gerrit, Wandlungen der Vermögensnachfolge – Zur Aufgabe der Vertragsgestaltung in Praxis und Ausbildung, in: NJW 1996, 2601–2606.

Larenz, Karl, Lehrbuch des Schuldrechts. Erster Band. Allgemeiner Teil, 14. Aufl., München 1987.

Larenz, Karl, Methodenlehre der Rechtswissenschaft, 6. Aufl., Berlin/Heidelberg/New York/Tokyo 1991.

Larenz, Karl/*Canaris*, Claus-Wilhelm, Methodenlehre der Rechtswissenschaft, 3. Aufl., Berlin/Heidelberg/New York 1995.

Leipold, Dieter, Erbrecht. Ein Lehrbuch mit Fällen und Kontrollfragen, 23. Aufl., Tübingen 2022.

Leipold, Dieter, Ist unser Erbrecht noch zeitgemäß? Gedankensplitter zu einem großen Thema, in: JZ 2010, 802–811.

Lemke, Rainer, Der Erbschein im System der Gutglaubensvorschriften, Göttingen 1981.

Lieder, Jan, Die Lehre vom unwirksamen Rechtsscheinträger. Ein Beitrag zu den rechtsdogmatischen und rechtsökonomischen Grundlagen des redlichen Erwerbs, in: AcP 210 (2010), 857–912.

Lieder, Jan, Die rechtsgeschäftliche Sukzession. Eine methodenpluralistische Grundlagenuntersuchung zum deutschen Zivilrecht und Zivilprozessrecht sowie zum Internationalen und Europäischen Privatrecht, Tübingen 2015.

Lieder, Jan, Gutgläubiger Erwerb im Erb- und Gesellschaftsrecht, in: JURA 2010, 801–808.

Limmer, Peter, Notarielle Bescheinigungen und Bestätigungen, in: ZnotP 2002, 261–269.

Limmer, Peter/*Hertel*, Christian/*Frenz*, Norbert (Hrsg.), Würzburger Notarhandbuch, 6. Aufl., Hürth 2021.

Linardatos, Dimitrios/*Schwarz*, Philip, Anm. zu BGH, Urt. V. 08.10.2013 – XI ZR 401/12, in: EwiR 2013, 731–732.

Litzenburger, Wolfgang, Anm. zu BGH, Beschl. v. 02.06.2016 – V ZB 3/14, in: FD-ErbR 2016, 382719.

Litzenburger, Wolfgang, Anm. zu BGH, Beschl. v. 05.04.2016 – XI ZR 440/15, in: FD-ErbR 2016, 378276.

Litzenburger, Wolfgang, Anm. zu BGH, Urt. V. 08.10.2013 – XI ZR 401/12, in: MittBayNot 2014, 349–350.

Litzenburger, Wolfgang, Anm. zu LG Aschaffenburg, Beschl. v. 12.08.2009 – 4 T 113/09, in: FD-ErbR 2009, 291786.

Litzenburger, Wolfgang, Anm. zu OLG Celle, Beschl. v. 10.05.2023 – 18 W 17/23, in: FD-ErbR 2023, 457780.

Litzenburger, Wolfgang, Anm. zu OLG Hamm, Beschl. v. 27.07.2022 – 10 W 12/22, in: FD-ErbR 2023, 455164.

Litzenburger, Wolfgang, Anm. zu OLG Köln, Beschl. v. 03.11.2014 – 2 Wx 304/14, in: ZEV 2015, 279–280.

Litzenburger, Wolfgang, Anm. zu OLG München, Beschl. v. 31.05.2012 – 34 Wx 15/12, in: FD-ErbR 2012, 334607.

Litzenburger, Wolfgang, Anm. zu OLG Naumburg, Beschl. v. 11.12.2018 – 12 Wx 59/18, in: FD-ErbR 2019, 417615.

Litzenburger, Wolfgang, Anm. zu OLG Saarbrücken, Beschl. v. 13.12.2021 – 5 W 70/21, in: ZEV 2022, 289–290.

Looschelders, Dirk/*Roth*, Wolfgang, Juristische Methodik im Prozeß der Rechtsanwendung. Zugleich ein Beitrag zu den verfassungsrechtlichen Grundlagen von Gesetzesauslegung und Rechtsfortbildung, Berlin 1996.

Lorenz, Stephan, Erbstatut, Erberwerbsstatut und Erbenhaftung im deutsch-österreichischen Verhältnis: „le mort saisit le vif" contra „hereditas iacens" und die Folgen, in: IPRax 2004, 536–540.

Löwe, Ewald Karl August Erdmann/*Rosenberg*, Werner (Begr.), Die Strafprozeßordnung und das Gerichtsverfassungsgesetz. Großkommentar. Neunter Band. Teilband 2: §§ 373b–406 l, 27. Aufl., Berlin/Boston 2022.

Lübbert, Friedwald, Verwirkung der Schlußerbfolge durch Geltendmachung des Pflichtteils, in: NJW 1988, 2706–2713.

Lübtow, Ulrich von, Erbrecht. Eine systematische Darstellung. 2. Halbband, Berlin 1972.

Ludwig, Dorothea, Die Form des ordentlichen Privattestaments. Überlegungen zum Videotestament, Frankfurt am Main 2019.

Luther, Christoph, Die juristische Analogie, in: JURA 2013, 449–453.

Mangoldt, Hermann von (Begr.)/*Klein*, Friedrich/*Starck*, Christian, Grundgesetz. Band 3: Artikel 83–146. Kommentar, 7. Aufl., München 2018.

Medicus, Dieter, Besitz, Grundbuch und Erbschein als Rechtsscheinträger, in: JURA 2001, 294–299.

Medicus, Dieter (Begr.)/*Lorenz*, Stephan, Schuldrecht I. Allgemeiner Teil. Ein Studienbuch, 22. Aufl., München 2021.

Meier, Patrick, „Echte" und „unechte" Satzungsbestandteile – eine überflüssige Unterscheidung, in: ZGR 2020, 124–153.

Meier, Patrick/*Jocham*, Felix, Rechtsfortbildung – Methodischer Balanceakt zwischen Gewaltenteilung und materieller Gerechtigkeit, in: JuS 2016, 392–398.

Meier, Patrick/*Jocham*, Felix, Wie man Argumente gewinnt, in: JuS 2015, 490–496.

Meikel, Georg (Begr.), Grundbuchordnung. Kommentar, 12. Aufl., Hürth 2021.

Metternich, Gabriele, Verfügungsverhalten von Erblassern. Eine empirische Untersuchung als Beitrag zur Rechtstatsachenforschung und Reformdiskussion auf dem Gebiet des Erbrechts, Frankfurt am Main 2010.

Michalski, Lutz/*Schmidt*, Jessica, BGB-Erbrecht, 5. Aufl., Heidelberg 2019.

Mischke, Winfried/*Nouvertné*, Richard, Muss der Erbe dem Kreditinstitut, bei dem der Erblasser seine Anlagen unterhält, einen Erbschein vorlegen? Wer trägt das Risiko, wenn das Kreditinstitut an einen Scheinerben zahlt?, in: ZErb 2005, 234–239.

Möllers, Thomas M. J., Juristische Methodenlehre, 4. Aufl., München 2021.

Mugdan, Benno, Die gesammten Materialien zum Bürgerlichen Gesetzbuch für das Deutsche Reich, Berlin 1899

– I. Band: Einführungsgesetz und Allgemeiner Theil

– II. Band: Recht der Schuldverhältnisse

– V. Band: Erbrecht.

Mülbert, Peter O., Der Kontovertrag als bankgeschäftlicher Vertragstypus, in: Ekkenga, Jens/Hadding, Walther/Hammen, Horst (Hrsg.), Bankrecht und Kapitalmarktrecht in der Entwicklung. Festschrift für Siegfried Kümpel zum 70. Geburtstag, Berlin 2003, 395–410.

Mülbert, Peter O./*Früh*, Andreas/*Seyfried*, Thorsten (Hrsg.)/*Kümpel*, Siegfried (Begr.), Bankrecht und Kapitalmarktrecht, 6. Aufl., Köln 2022.

Müller, Friedrich/*Christensen*, Ralph, Juristische Methodik. Band I. Grundlegung für die Arbeitsmethoden der Rechtspraxis, 11. Aufl., Berlin 2013.

Münchener Kommentar zum Bürgerlichen Gesetzbuch, hrsg. *Säcker*, Franz Jürgen von/*Rixecker*, Roland/*Oetker*, Hartmut/*Limperg*, Bettina, München

– Band 1: Allgemeiner Teil, §§ 1–240, AllgPersönlR. ProstG. AGG, 9. Aufl., 2021

– Band 2: Schuldrecht – Allgemeiner Teil I, 9. Aufl., 2022

– Band 3: Schuldrecht – Allgemeiner Teil II, 9. Aufl., 2022

– Band 7: Schuldrecht – Besonderer Teil IV, §§ 705–853, Personengesellschaftsgesetz. Produkthaftungsgesetz, 8. Aufl., 2020

– Band 9: Erbrecht, §§ 1922–2385, §§ 27–35 BeurkG, 4. Aufl., 2004

– Band 9: Erbrecht, §§ 1922–2385, §§ 27–35 BeurkG, 6. Aufl., 2013

– Band 10: Erbrecht §§ 1922–2385, §§ 27–35 BeurkG, 7. Aufl., 2017

– Band 11: Erbrecht, §§ 1922–2385, §§ 27–35 BeurkG, 9. Aufl., 2022.

Münchener Kommentar zum FamFG, Gesetz über das Verfahren in Familiensachen und in den Angelegenheiten der freiwilligen Gerichtsbarkeit (FamFG) mit Internationalem und Europäischem Zivilverfahrensrecht in Familiensachen (IZVR, EuZVR), hrsg. v. *Rauscher*, Thomas, München

– Band 1; §§ 1–270, 3. Aufl., 2018

– Band 2: §§ 271–493. Internationales und Europäisches Zivilverfahrensrecht in Familiensachen, 3. Aufl., 2019.

Münchener Kommentar zur Zivilprozessordnung, hrsg. *Rauscher*, Thomas von/*Krüger*, Wolfgang, München

– Band 1: §§ 1–354, 6. Aufl., 2020

– Band 2: §§ 355–945b, 6. Aufl., 2020.

Münchmeyer, Carl F., Der deutsche Erbnachweis, Hannover/Berlin 1904.

Muscheler, Karlheinz, Anm. zu BGH, Beschl. v. 03.02.1967 – III ZB 14/66, in: NJW 2017, 3078–3079.

Muscheler, Karlheinz, Das Erbrecht des BGB: Vergangenheit und Zukunft, in: ErbR 2006, 34–43.

Muscheler, Karlheinz, Der Erbschein, in: JURA 2009

– Teil 1, 329–335

– Teil 2, 567–574

– Teil 3, 731–741.

Muscheler, Karlheinz, Die erbrechtliche Universalsukzession

– 1. Teil, in: JURA 1999, 234–246

– 2. Teil, in: JURA 1999, 289–297.

Muscheler, Karlheinz, Erbrecht, Tübingen 2010

– Band I

– Band II.

Muscheler, Karlheinz, Universalsukzession und Vonselbsterwerb: Die rechtstechnischen Grundlagen des deutschen Erbrechts, Tübingen 2002.

Musielak, Hans-Joachim, Der Irrtum des Erblassers und der Erben, in: ZEV 2016, 353–360.

Musielak, Hans-Joachim, Eigentumserwerb an beweglichen Sachen nach §§ 932 ff. BGB, in: JuS 1992, 713–723.

Musielak, Hans-Joachim/*Voit*, Wolfgang (Hrsg.), Zivilprozessordnung mit Gerichtsverfassungsgesetz. Kommentar, 20. Aufl., München 2023.

Naczinsky, Magdalena, Möglichkeiten der Nachlassbeteiligten im Hinblick auf den digitalen Nachlass, in: ZEV 2021, 227–232.

Nieder, Heinrich (Begr.)/*Kössinger*, Reinhard/*Kössinger*, Winfried/*Najdecki*, Damian Wolfgang/*Zintl*, Josef (Bearb.), Handbuch der Testamentsgestaltung. Grundlagen und Gestaltungsmittel für Verfügungen von Todes wegen und vorbereitende Erbfolgemaßnahmen, 6. Aufl., München 2020.

Nobbe, Gerd, Anm. zu BGH, Urt. v. 08.10.2013 – XI ZR 401/12, in: WuB 2013, 2166.

Nomos Kommentar BGB, hrsg. *Dauner-Lieb*, Barbara von/*Heidel*, Thomas/*Ring*, Gerhard, Baden-Baden

– BGB. Allgemeiner Teil. Band 1: §§ 1–240, EGBGB, 4. Aufl., 2021

– BGB. Erbrecht. Band 5: §§ 1922–2385, 6. Aufl., 2022.

Nörr, Knut Wolfgang/*Scheyhing*, Robert/*Pöggeler*, Wolfgang, Handbuch des Schuldrechts – Sukzessionen – Forderungszession, Vertragsübernahme, Schuldübernahme, 2. Aufl., Tübingen 1999.

Nouvertné, Richard, Risikoverlagerung auf Verbraucher in Banken-AGB, in: BKR 2014, 496–501.

Olzen, Dirk/*Looschelders*, Dirk, Erbrecht, 7. Aufl., Berlin/Boston 2023.

Omlor, Sebastian, Gutglaubensschutz durch das Europäische Nachlasszeugnis, in: ErbR 2015, 286–291.

Ott-Eulberg, Michael/*Schebesta*, Michael/*Bartsch*, Herbert (Hrsg.), Erbrecht und Banken, 3. Aufl., Bonn 2018.

Paech, F., Ist auch im Falle des Testaments erforderlich?, in: DJZ 8 (1903), 496–497.

Palandt, Otto (Begr.), Bürgerliches Gesetzbuch mit Nebengesetzen, 74. Aufl., München 2015.

Parodi, Silvana, Die Maßgeblichkeit der Kenntnis vom Erbschein für einen gutgläubigen Erwerb einer beweglichen Sache nach § 2366 BGB, in: AcP 185 (1985), 362–374.

Petersen, Jens, Anfechtung und Widerruf des Vertrags, in: Häublein, Martin/Utz, Stephen (Hrsg.), Rechtsgeschäfts, Methodenlehre und darüber hinaus. Liber Amicorum für Detlef Leenen zum 70. Geburtstag am 4. August 2012, Berlin/Boston 2012, 219–228.

Planck, Gottlieb (Begr.), Planck's Kommentar zum Bürgerlichen Gesetzbuch

– II. Band. 1. Hälfte: Recht der Schuldverhältnisse (Allgemeiner Teil) §§ 241–432, 4. Aufl., Berlin 1914

– V. Band. Erbrecht: §§ 1922–2385, 4. Aufl., Berlin/Leipzig 1930.

Prütting, Hanns/*Gehrlein*, Markus (Hrsg.), Zivilprozessordnung. Kommentar, 15. Aufl., Hürth 2023.

Prütting, Hanns/*Helms*, Tobias (Hrsg.), FamFG. Kommentar, 6. Aufl., Köln 2023.

Prütting, Hanns/*Wegen*, Gerhard/*Weinreich*, Gerd (Hrsg.), Bürgerliches Gesetzbuch. Kommentar, 18. Aufl., Hürth 2023.

Regenfus, Thomas, Der Schutz des Schuldners gegen Ungewissheit hinsichtlich der Person des Gläubigers in: JA 2017

– Teil I, 81–88

– Teil II, 161–165.

Reichsgerichtsrätekommentar BGB, Das Bürgerliche Gesetzbuch mit besonderer Berücksichtigung der Rechtsprechung des Reichsgerichts und des Bundesgerichtshofes. Kommentar, hrsg. von Mitgliedern des Bundesgerichtshofes, Berlin/New York

– Band II: 1. Teil, §§ 241–413, 12. Aufl., 1976

– Band V: 2. Teil, §§ 2147 bis 2385, 12. Aufl., 1975.

Reimann, Wolfgang/*Bengel*, Manfred/*Dietz*, Florian (Hrsg.), Testament und Erbvertrag, 7. Aufl., Köln 2020.

Reimann, Wolfgang/*Holtz*, Michael/*Röhl*, Christoph (Hrsg.), Handbuch der Testamentsvollstreckung, 8. Aufl., München 2023.

Reimer, Franz, Juristische Methodenlehre, 2. Aufl., Baden-Baden 2020.

Renz, Burkhardt, Digitalisierung im Standesamt. Die Entwicklung digitaler Verfahren im und für das Standesamt in den letzten 30 Jahren, in: StAZ 2021, 193–202.

Rodi, Daniel, Zur Modernisierungsbedürftigkeit der AGB-Banken. Eine Untersuchung von Nr. 4, Nr. 5 Satz 2, 3 Nr. 6 Abs. 1 und Nr. 6 Abs. 2 AGB-Banken. Teil II (Nr. 5 Satz 2, 3, Nr. 6 Abs. 1 und Nr. 6 Abs. 2 AGB-Banken), in: WM 2021, 2217–2224.

Röhl, Christoph, Erbrecht. Aktuelle Entwicklungen, in: notar 2016, 239–252.

Röhl, Christoph, Zum Nachweis der Erbenstellung gegenüber dem Grundbuchamt, in: notar 2022, 239–246.

Rosenberg, Leo, Die Beweislast auf der Grundlage des Bürgerlichen Gesetzbuchs und der Zivilprozessordnung, 5. Aufl., München und Berlin 1965.

Röthel, Anne, Erbrecht, 18. Aufl., München 2020.

Röthel, Anne, Testamentsformen, in: JURA 2014, 475–482.

Röthel, Anne, Testierfreiheit und Testiermacht, in: AcP 210 (2010), 32–66.

Rotter, Klaus/*Placzek*, Thomas, Beck'sches Mandatshandbuch Bankrecht. Ansprüche, Verfahren, Strategie, 2. Aufl., München 2019.

Rottmann, Daniel, Der unrichtige Erbschein, in: JuS 2023, 815–820.

Rüthers, Bernd, Klartext zu den Grenzen des Richterrechts, in: NJW 2011, 1856–1858.

Rüthers, Bernd, Trendwende im BVerfG? Über die Grenzen des „Richterstaates", in: NJW 2009, 1461–1462.

Rüthers, Bernd/*Fischer*, Christian/*Birk*, Axel, Rechtstheorie und Juristische Methodenlehre, 12. Aufl., München 2022.

Saenger, Ingo (Hrsg.), Zivilprozessordnung. Familienverfahren. Gerichtsverfassung. Europäisches Verfahrensrecht. Handkommentar, 10. Aufl., Baden-Baden 2023.

Sammlung sämtlicher Drucksachen des Herrenhauses. Sitzungs-Periode von 1868/69. Band I. von Nr. 1 bis 36, Berlin 1869.

Sarres, Ernst, AGB Sparkassen/Banken: Kreditinstitut und Legitimation des Erben: Erbnachweis verlangen Rechtssicherheit, in: EE 2018, 173–175.

Sarres, Ernst, Auslegung von Einzeltestamenten. Ausgewählte Aspekte für die Mandatspraxis, in: ZAP 2015, 323–332.

Savigny, Friedrich Carl von, System des heutigen römischen Rechts. Erster Band, Berlin 1840.

Schäfers, Dominik, Einführung in die Methodik der Gesetzesauslegung, in: JuS 2015, 875–880.

Schebesta, Michael/*Kalkbrenner*, Arndt, Bankprobleme beim Tod eines Kunden, 15. Aufl., Wiesbaden 2019.

Scheer, Ingrid, Der Erbschein. Erteilung, Einziehung und Änderung, Berlin 1988.

Scherer, Inge, Die Fortführung des Zivilprozesses durch den Scheinerben, in: JR 1994, 401–405.

Scherer, Stephan (Hrsg.), Münchener Anwaltshandbuch Erbrecht, 5. Aufl., München 2018.

Schlinker, Steffen/*Zickgraf*, Peter, Gutgläubiger Erwerb im Erbrecht, in: JuS 2013, 876–879.

Schmitt, Gottfried von, Erbrecht. Teil 1: Testament, Erbeinsetzungsvertrag, Gesetzeserben, Pflichtteilsberechtigte, in: Schubert, Werner (Hrsg.), Die Vorlagen der Redaktoren für die erste Kommission zur Ausarbeitung des Entwurfs eines Bürgerlichen Gesetzbuches, Berlin/New York 1984.

Schmoeckel, Mathias, Erbrecht, 6. Aufl. 2021, Baden-Baden 2021.

Schmoeckel, Mathias/*Rückert*, Joachim/*Zimmermann*, Reinhard (Hrsg.), Historisch-kritischer Kommentar zum BGB. Band II: Schuldrecht: Allgemeiner Teil. §§ 241–432. 1. Teilband: vor § 241–304, Tübingen 2007.

Schneider, Norbert, Kosten im Erbscheinverfahren, in: ErbR 2017, 134–137.

Schöner, Hartmut/*Stöber*, Kurt, Handbuch der Rechtspraxis. Band 4: Grundbuchrecht, 16. Aufl., München 2020.

Schröder, Holger/*Meyer*, Torben, Eröffnetes notarielles Testament versus Erbschein – Zum „Regelfall“ des Nachweises der Erbenstellung, in: NJW 2006, 3252–3255.

Schulte-Bunert, Kai/*Weinreich*, Gerd (Hrsg.), Kommentar des FamFG mit FamGKG, 7. Aufl., Köln 2023.

Schulteis, Thomas, Anm. zu LG Augsburg, Beschl. v. 15.07.2019 – 472 S 418/19, in: GWR 2020, 53.

Schulze, Reiner, Bürgerliches Gesetzbuch. Handkommentar, 11. Aufl., Baden-Baden 2022.

Schwacke, Peter, Juristische Methodik mit Technik der Fallbearbeitung, 5. Aufl., Stuttgart 2011.

Sikora, Markus, Notar- und Gerichtskosten im Erbrecht, in: NJW 2018, 1572–1576.

Soergel, Hans Theodor (Begr.), Bürgerliches Gesetzbuch mit Einführungsgesetz und Nebengesetzen, Stuttgart

- Band 2: Schuldrecht I (§§ 241–432), 12. Aufl., 1990
- Band 22: Erbrecht 2, §§ 2064–2273, §§ 1–35 BeurkG, 13. Aufl., 2003
- Band 23: Erbrecht 3, §§ 2274–2385, 13. Aufl., 2002
- Band 33: Erbrecht 2, §§ 2147–2385, 14. Aufl., 2021.

Stadler, Astrid, Allgemeiner Teil des BGB, 21. Aufl., München 2022.

Starke, Timm, Erbnachweis durch notarielles Testament, in: NJW 2005, 3184–3187.

Staudinger, Julius von (Begr.), J. von Staudingers Kommentar zum Bürgerlichen Gesetzbuch mit Einführungsgesetz und Nebengesetzen, Berlin

- Buch 1: Allgemeiner Teil, Einleitung zum BGB, §§ 1–14; VerschG (Natürliche Personen, Verbraucher, Unternehmer), Neubearbeitung 2018
- Buch 1: Allgemeiner Teil, §§ 90–124; §§ 130–133 (Sachbegriff, Geschäftsfähigkeit, Willenserklärung, Anfechtung, Auslegung), 2021
- Buch 1: Allgemeiner Teil, §§ 125–129; BeurkG (Formvorschriften AT; Beurkundung), 2023
- Buch 1: Allgemeiner Teil, §§ 164–240 (Stellvertretung, Zustimmung, Fristen, Verjährung, Selbsthilfe, Sicherheitsleistung), 2019
- Buch 2: Recht der Schuldverhältnisse, §§ 241–243 (Treu und Glauben), 2019
- Buch 2: Recht der Schuldverhältnisse: §§ 305–310; UKlaG (AGB-Recht 1 und Unterlassungsklagengesetz), 2022
- Buch 2: Recht der Schuldverhältnisse, Anhang zu §§ 305–310 (AGB-Recht 2: AGB-Kontrolle wichtiger Vertragstypen), 2022
- Buch 2: Recht der Schuldverhältnisse, §§ 362–396 (Erfüllung, Hinterlegung, Aufrechnung), 2022
- Buch 2: Recht der Schuldverhältnisse, §§ 397–432 (Erlass, Abtretung, Schuldübernahme, Mehrheit von Schuldnern und Gläubigern), 2022
- Buch 3: Sachenrecht, §§ 925–984, Anhang zu §§ 929–931 (Eigentum 2 – Erwerb und Verlust des Eigentums), 2020

– Buch 5: Erbrecht, §§ 1922–1966 (Erbfolge), 2017

– Buch 5: Erbrecht, §§ 1967–2063 (Rechtsstellung des Erben), 2020

– Buch 5: Erbrecht, §§ 2197–2228 (Testamentsvollstrecker), 2021

– Buch 5: Erbrecht, §§ 2229–2302 (Errichtung und Aufhebung eines Testaments, Gemeinschaftliches Testament, Erbvertrag), 2022

– Buch 5: Erbrecht, §§ 2265–2302 (Gemeinschaftliches Testament, Erbvertrag), 2019

– Buch 5: Erbrecht, §§ 2346–2385 (Erbverzicht, Erbschein, Erbschaftskauf), 2016

– Buch 5: Erbrecht, §§ 2353–2370 (Erbschein), 2023.

Steiner, Anton, Die Feststellung des Erbrechts aus anwaltlicher Sicht, in: ZEV 2019, 450–453.

Stenographische Berichte über die Verhandlungen der durch die Allerhöchste Verordnung vom 15. Oktober 1868 einberufenen beiden Häuser des Landtages. Herrenhaus. Zweiter Band. Anlagen zu den Verhandlungen des Herrenhauses von Nr. 1–180, S. 1–479, Berlin 1869.

Strauß, Benedikt, Praxisupdate IPR, in: MittBayNot 2021, 440–451.

Stüer, Bernhard, Verwaltungsverfahren und Personenstandsrecht als Konkretisierungsaufgabe, in: DÖV 2020, 190–194.

Szalai, Stephan, Nachweis des Erbrechts durch eigenhändiges Testament und andere Urkunden. zugleich Anmerkung zu BGH, Urt. v. 05.04.2016 – XI ZR 440/15, MDR 2016, 716, in: NotBZ 2016, 370–379.

Terner, Anna Helena, Die Erbscheinserteilung nach dem FamFG, Köln 2014.

Tersteegen, Jens, Legitimation gegenüber Banken durch Vorlage notarieller Urkunden. zugleich eine Anmerkung zur Entscheidung des BGH vom 8. Oktober 2013, in: RNotZ 2014, 98–101.

Thomale, Chris/*Schüßler*, Marc, Das innere System des Rechsscheins, in: ZfPW 2015, 454–488.

Tonner, Martin/*Krüger*, Thomas, Bankrecht, 4. Aufl., Baden-Baden 2023.

Tönnies, Ralf, Keine Beeinträchtigung der Erbnachweisfunktion eröffneter öffentlicher Urkunden gemäß § 35 (1) S. 2 1. Hs. GBO durch Rücktrittsvorbehalt – Zugleich Anmerkung zum Beschluss des OLG München vom 3. 11. 2011 – 34 Wx 272/11, RNotZ 2012, 128 f. –, in: RNotZ 2012, 326–328.

Toussaint, Guido, Anm. zu OLG Hamm, Urt. v. 01.10.2012 – I-31 U 55/12, in: EWiR 2013, 225–226.

Ulmer, Peter/*Brandner*, Hans Erich/*Hensen*, Horst-Diether, AGB-Recht. Kommentar zu den §§ 305–310 BGB und zum UKlaG, 13. Aufl., Köln 2022.

Volmer, Michael, Anm. zu OLG München, Beschl. v. 28.10.2015 – 34 Wx 274/15, in: ZEV 2016, 402–403.

Völzmann, Alexander, Der Nachweis negativer Tatsachen im Grundbuchverfahren, in: RNotZ 2012, 380–386.

Wachler, Paul (Bearb.), Gesetz betreffend die Ausstellung gerichtlicher Erbbescheinigungen vom 12. März 1869 nebst den die Kostenerhebung und das Erbschaftsstempel-Wesen regulirenden Bestimmungen, Berlin 1869.

Wank, Rolf, Grenzen richterlicher Rechtsortbildung, Berlin 1978.

Wank, Rolf/*Maties*, Martin, Die Auslegung von Gesetzen, 7. Aufl., München 2023.

Weber, Johannes, Anm. OLG Hamm, Beschl. v. 27.05.2014 – I-15 W 144/13, in: ZEV 2014, 610–611.

Weber, Johannes, Anm. zu BGH, Beschl. v. 02.06.2016 – V ZB 3/14, in: MittBayNot 2017, 163–165.

Wedemann, Frauke, Die Rechtsfolgen der Geschäftsunfähigkeit, in: AcP 209 (2009), 668–705.

Weidlich, Dietmar, Anm. zu OLG Celle, Beschl. v. 17.04.2023 – 6 W 37/23, in: ZEV 2023, 456–458.

Wellenhofer, Marina, Sachenrecht, 37. Aufl., München 2022.

Werkmüller, Maximilian A., Anm. zu BGH, Urt. v. 08.10.2013 – XI ZR 401/12, in: ZEV 2014, 45–46.

Werkmüller, Maximilian A., Aufgaben und Funktionen der Bank in der Erbauseinandersetzung, in: ZEV 2001, 340–343.

Westphal, Herbert, Die beglaubigte Testamentskopie als Erbausweis im Rechtsverkehr, in: Rpfleger 1980, 214–216.

Westphal, Herbert, Nochmals: Die beglaubigte Testamentskopie als Erbausweis im Rechtsverkehr, in: Rpfleger 1980, 458–460.

Westphalen, Friedrich Graf von/*Pamp*, Rüdiger/*Thüsing*, Gregor (Hrsg.), Vertragsrecht und AGB-Klauselwerke, Werkstand: 59. Ergänzungslieferung März 2023, München 2023.

Wiegand, Wolfgang, Rechtsableitung vom Nichtberechtigten. Rechtsschein und Vertrauensschutz bei Verfügungsgeschäften, in: JuS 1978, 145–150.

Winkler, Karl, Beurkundungsgesetz. Kommentar, 20. Aufl., München 2022.

Wischmeyer, Thomas, Der „Wille des Gesetzgebers“. Zur Rolle der Gesetzesmaterialien in der Rechtsanwendung, in: JZ 2015, 957–966.

Würdinger, Markus, Das Ziel der Gesetzesauslegung – ein juristischer Klassiker und Kernstreit der Methodenlehre, in: JuS 2016, 1–6.

Wurmnest, Wolfgang, Der Erbnachweis gegenüber Banken – Legitimationsklauseln im Visier der AGB-Kontrolle, in: WM 2015, 1597–1604.

Wüstenberg, Tim/*von der Ohe*, Martin, Die zivilrechtliche Systematik des Rechtsscheins in Examensklausuren, in: JA 2018, 820–824.

Zeranski, Dirk, Prinzipien und Systematik des gutgläubigen Erwerbs beweglicher Sachen, in: JuS 2002, 340–348.

Zimmermann, Theodor, Juristische und psychiatrische Aspekte der Geschäfts- und Testierfähigkeit, in: BWNotZ 2000, 97–108.

Zimmermann, Walter, Anm. zu EuGH, Urt. v. 21.06.2018 – C-20/17, in: ZEV 2018, 468.

Zimmermann, Walter, Anm. zu OLG Düsseldorf, Beschl. v. 17.12.2019 – 25 Wx 55/19, in: ZEV 2020, 170–171.

Zimmermann, Walter, das Erbscheinsverfahren im FamFG, in: JuS 2009, 817–821.

Zimmermann, Walter, Das Verhältnis des Erbscheinsverfahrens zur Erbenfeststellungsklage, in: ZEV 2010, 457–462.

Zimmermann, Walter, Erbschein – Erbscheinsverfahren – Europäisches Nachlasszeugnis, 4. Aufl., Berlin 2022.

Zippelius, Reinhold, Juristische Methodenlehre, 12. Aufl., München 2021.

Zöller, Richard (Begr.), Zivilprozessordnung. mit FamFG (§§ 1–185, 200–270) und Gerichtsverfassungsgesetz, den Einführungsgesetzen, mit Internationalem Zivilprozessrecht, EuGVVO und weiteren EU-Verordnungen, Kostenanmerkungen. Kommentar, 34. Aufl., Köln 2022.

Stichwortverzeichnis

Damiano Mascia

Die Nachlassteilhabe von Sozialhilfeempfängern

Eine dogmatische Betrachtung effektiver Gestaltungsmöglichkeiten vor und nach dem Erbfall

Die Nachlassteilhabe von Sozialhilfeempfängern kann durch solche Gestaltungsmöglichkeiten effektiv erzielt werden, bei denen Sozialhilfeempfänger im Hinblick auf die sozialhilferechtlichen Regelungssysteme funktional-begünstigend, also positiv, zugleich nicht leistungsschädlich und rechtswirksam am Nachlass teilhaben können. Dabei werden nicht nur Gestaltungsmöglichkeiten von Erblassern untersucht, sondern auch eigene rechtsgestalterische Möglichkeiten von Sozialhilfeempfängern. Es werden deshalb Gestaltungsmöglichkeiten vor und nach dem Erbfall diskutiert.

Im Mittelpunkt steht die Frage der Vereinbarkeit einzelner Gestaltungsinstrumente mit den guten Sitten und inwieweit sozialhilferechtliche Sanktionen oder Kostenersatzansprüche ausgelöst werden können. Auch nach Einführung des Bürgergelds ist eine praxistaugliche Umsetzung komplex. Dies führt zu einer notwendigen konstruktiv-kritischen Betrachtung auf die entsprechenden geltenden Vorschriften, wodurch die Arbeit abgerundet wird.

Schriften zum Bürgerlichen Recht, Band 573
351 Seiten, 2024
ISBN 978-3-428-19032-4, € 89,90
Titel auch als E-Book erhältlich.